中国人民大学国家发展与战略研究院
中国人民大学国学院 编

丝绸之路研究

段晴教授纪念专号

生活·讀書·新知 三联书店

图书在版编目（CIP）数据

丝绸之路研究．段晴教授纪念专号 / 中国人民大学国家发展与战略研究院，中国人民大学国学院编．—北京：生活 · 读书 · 新知三联书店，2024.5
ISBN 978-7-108-07730-1

Ⅰ．①丝…　Ⅱ．①中…　②中…　Ⅲ．①丝绸之路－文集　Ⅳ．①K928.6-53

中国国家版本馆 CIP 数据核字 (2023) 第 197060 号

责任编辑　邵慧敏
装帧设计　薛　宇
责任校对　曹秋月
责任印制　宋　家
出版发行　生活·讀書·新知 三联书店
（北京市东城区美术馆东街 22 号 100010）
网　　址　www.sdxjpc.com
经　　销　新华书店
印　　刷　天津裕同印刷有限公司
版　　次　2024 年 5 月北京第 1 版
2024 年 5 月北京第 1 次印刷
开　　本　889 毫米 × 1194 毫米　1/16　印张 15
字　　数　300 千字　图 134 幅
印　　数　0,001－1,000 册
定　　价　198.00 元
（印装查询：01064002715；邮购查询：01084010542）

《丝绸之路研究》编委会

丝绸之路研究
（段晴教授纪念专号）

目录

第一编　追思段晴教授

海棠先著北枝花

——我所知道的段晴老师和她的冷门绝学

朱玉麒（北京大学）

一、北大声誉：和段老师的第一次见面

我知道段晴老师的名字，是在20世纪90年代中期。那时我在新疆工作，看到刊物上登载段老师关于于阗研究的文章，想当然地认为这可能是殷晴的误写。殷晴是新疆社会科学院的前辈学者，曾经在和田地区工作20多年，其后终身从事于阗历史的研究。20世纪80年代以来，他以于阗与丝路南道研究的论著蜚声学界。当段老师于阗研究的论文开始在《西域研究》等刊物上发表的时候，将殷晴和段晴误认为一人的，不止我一个人。

刚刚过去的3月下旬，风雨不绝，于阗学的天空也是阴霾密布，连失二“晴”。段晴老师不幸辞世五天之后，殷晴先生也西天远行。段老师一篇最新的文章《浸没的家产——中国国家图书馆藏于阗语案牍BH4-68研究》，刚刚经由我手，编入《坚固万岁人民喜——刘平国刻石与西域文明学术研讨会论文集》，尚未印行；殷晴老师最后的长文《汉唐西域城市研究》，也正在《西域文史》最新一辑排队。对于一个丝路研究同人论集的编辑者而言，这些文章最终无法让作者见到，我的伤痛无以言表。

2002年的夏天，我第一次见到段老师。

我从北京大学历史学系的博士后流动站出站，当时撰写的出站报告与西域史地相关，合作导师荣新江教授邀请外国语学院的王邦维老师担任委员，我因此到当时还在静园一院的东方文学研究中心请王老师签字。这时，段老师风风火火地走进来，要和王老师说事情。恰好王老师的一位博士后进站，也在办公室，王老师便把我俩介绍给了段老师。

那位博士后的专业与段老师比较接近，段老师比较了解他的学术，立马就对他毫不客气地教训了一番。大概的意思就是：你来北大就好，就要有北大的样子，不要写那些乱七八糟的文章，坏了北大的声誉。站在一旁的王老师一直宽厚地笑着，大概也默许了段老师为他的博士后做当头棒喝的“入站教育”。

即使不是在说我，旁边的我也是坐立不安，并暗自庆幸与段老师在专业上没有任何交集，不必遭遇如此猛烈的批评。

然而我在出站不久，和段老师频繁的交集开始发生，当然也不可避免地遭遇一如我当年旁观、现在却要正面迎接的凌厉泼辣的风格。

如今我更加庆幸的是，有机会在段老师最后十多年的学术生涯中，能够走近她，她的学术天地和人格魅力给我留下无尽的回忆。

二、于阗：丝路文明研究的一把钥匙

昆仑山的冰川融雪，在塔里木盆地的南缘冲出玉龙喀什和喀拉喀什两道奔腾不息的河流，孕育了丝路南道上最为广阔的和田绿洲，西域三十六国在丝路南道上最大的王国“于阗”，玉韫山辉，就在这里诞生。

在长达千年的历史长河中，于阗古代文明的建设者，是塔里木盆地中操印欧语系印伊语族东伊朗语支的于阗语的族群。他们在这里建立的于阗佛教文化——思想、绘画、歌舞……与和田玉一起，经由玉门关而输入中原，成为中华文明的重要因子。于阗矗立在东来西往、南下北上的十字路口，对于阗历史文化的解读，堪称丝路文明研究的一把钥匙。

物换星移，千年过去，如人类曾经使用而被遗忘的众多语言一样，于阗语退出了历史舞台。20世纪的百年历程，西方学者通过探险家获得的出土文书，破译了婆罗米字母书写的于阗语，揭开了于阗历史曾经的光辉。而在于阗语破译之初，中国学者始终缺席，不能不说是丝路研究的缺憾。

21世纪初元，中国国家图书馆终于入藏了一批来自和田绿洲的以于阗语为代表的非汉语出土文书。它的存在，从语文学的角度，为中华文明的多元一体、丝路文明的多样性等特质提供了鲜活的注脚，因此继前此敦煌遗书、《赵城金藏》、《永乐大典》和文津阁《四库全书》组成的国家图书馆“四大镇馆之宝”之后，这一批文书堪列“五大”。而地不爱宝，此前此后，新疆维吾尔自治区博物馆、中国人民大学博物馆等也征集到了新的多语种文书。

然而，谁来释读中国宝藏里这批新出现的非汉语文书？

历史将这一重任交给了当时中国唯一的于阗语传人段晴教授。

段晴老师是北大外国语学院梵巴专业的教师，梵文、巴利文是她早年跟随季羡林先生、蒋忠新先生攻读印度学硕士学位的主业。然而，富有远见的季羡林先生很早就将段老师送赴德国，在汉堡大学师从历史语言学大师恩默雷克（R. E. Emmerick）教授主修伊朗学，钻研于阗文。学成归国的段老师一方面在梵巴专业的领域里讲授梵语、巴利语、犍陀罗语、中古伊朗语等语言及相关文献课程，带领自己的团队在中印佛教文化的文献译介与研究中冲锋陷阵；另一方面，她也在西域非汉语文书的“冷门绝学”领域中，根据零星的出土文献默默耕耘，操练其屠龙之技，直到成批的于阗语文书出现在她的眼前。

千年等一回！

新世纪的门槛上，段晴教授郑重接受了文书的释读任务，为中国学者在丝路历史语言的释读中争得了一席之地。不仅如此，丝绸之路上的其他语种如犍陀罗语、据史德语等等，也都在她的整理和研究范围之中。“山川异所，草木同春！”丝路古代语言的研究因此突飞猛进，为国际学界所瞩目。

然而，3月26日，段老师走了。

那一天早晨起来，看到这个消息，我感到世界一片沉寂，仿佛与段老师行走在前往中亚的考察途中，穿过一片现代人生活着的绿意盎然的村庄，忽然站到了阒无人烟的断垣残壁前。我知道，段老师清脆悦耳的声音从此不再传来。

只是，对于段老师的回忆，此后却像春日的飞絮一般，每天都在心头萦绕。回忆与她相识的场景，总是恍惚在不同的学术研讨会场合，看到段老师从听众席上站起来，向主席台上的演讲者语如闪电般地发问；而我个人历年来接收段老师发过来的种种批评和教诲，似乎也能听到她噼里啪啦打字传过来的键盘声音。

三、于阗语：从佛教经典到人间烟火

2008年，段晴老师的《于阗文本〈修慈分〉》在《西域文史》发表，是我有幸与段老师学术交流的开始。

我从北京大学博士后出站回到新疆师范大学工作，承乏担当起了该校西域文史学科的建设。我在那里开始主编《西域文史》的同人集刊，希望在西域本土创立一个与国际学界相呼应的学术园地。这项工作得到了荣新江教授的鼎力支持，经由荣老师的推荐，段老师将她多年写成的上述长文在《西域文史》第3辑首发。

今天来回顾这篇文章在于阗语研究史上的地位，确实显示出了段老师将在新世纪里大显身手的开端，气象非凡。该文研究的对象实际上是于阗语破译过程中的重要文本《赞巴斯特之书》。这部佛典是集成性质的于阗语文献，率先由段老师的德国导师恩默雷克完成了释读和翻译，为欧洲学者在于阗语研究领域的长足进展奠定了基础。然而作为消亡千年的死语言，发现梵、藏、汉平行文本的存在，得到对应的解读，是破译的关键。段晴老师的团队在研读《赞巴斯特之书》过程中，发现其第三章正是武则天时期的于阗僧人提云般若汉译的《大方广佛华严经修慈分》。由于这部经文再无梵语或藏语平行文本存在，汉语佛典的发现，就成为于阗语研究领域的最新成果，《赞巴斯特之书》中的许多于阗语词汇得到了更完善的解读。该文发表的《修慈分》于阗语-汉语对勘，以及附录的于阗语-英语-汉语的词汇对照表，无论对于语言研究本身，还是对佛教义理以及于阗佛教史研究而言，都有着不可替代的意义。

2013年，我们在新疆师范大学黄文弼中心成立大会上举办“黄文弼与中瑞西北科学考察团国际学术研讨会”时，段晴老师继续贡献了《于阗语〈无垢净光大陀罗尼经〉之源与流》的大作。她不仅在以往的于阗语文献和中国国家图书馆新藏的BH3-75/1、BH3-75/2中比定出贝叶经格式的《无垢经》残片，而且也对一件长达539行的私人于阗语长卷《无垢经》进行了比定，揭示了这一佛经从犍陀罗故地到于阗、中原、朝鲜、日本一路东来，在千山万水之隔的丝绸之路上，以不同的文字和语言谱写出源远流长的文化传承。这篇长文发表在由荣老师和我共同主编的会议论文集《西域考古·史地·语言研究新视野》中。此后她关于长卷《无垢经》的整理，更是在2019年出版了专著。

如果说于阗语本《修慈分》和《无垢经》的研究体现了段老师在传世的佛典中利用平行文本而给于阗语学界带来了福音，那么此后她在新出土于阗语世俗文书方面的破译，更展现了精湛的绝学造诣。

2011年，《西域文史》第7辑发表了段老师对出土在策勒县达玛沟的于阗语买卖契约的释读文章《尉迟曜十一年裴捺卖地案牍》。于阗王国的契约文书是中原木匣式的形制，而书写的文字则是婆罗米文的于阗语。这篇论文释读了发生在于阗王尉迟曜第十一年（公元777年）一位名叫裴捺的人出卖房产的事情，同时也讨论了作为“村”的概念的于阗语常见词Bisā-的语源。这桩房产买卖的主人裴捺，也出现在国家图书馆藏BH5-2号案牍涉及一桩舅卖甥女案件的木牍中。此后段老师还将这些零散的裴捺事件缩结起来，写出了《裴捺的人生轨迹》，勾勒出8世纪一个于阗人清晰可循的人生历程。

2018年，北京大学中国古代史研究中心和冯其庸学术馆举办“北京大学丝绸之路文明高峰论坛”时，段老师提供的《于阗伏阇雄时代的两件契约》一文，再次对新疆博物馆藏XB17334、XB17335的于阗语案牍进行了释读。在这里，发生在更早的7世纪后期的于阗王伏阇雄五年和八年的一位名叫清福的人的契约被发现，此人因买卖人口而订下契约、因家人偷窃赔偿而立下字据。这些于阗王国的日常社会琐事，通过揭开封泥、解下绳缚的木牍得以还原。若干重要的于阗语词汇在上下文的语境中找到了对应的词义，为今后其他于阗语文献的解读提供了帮助。我也因此有幸与荣新江老师在会议论文集《丝绸之路新探索：考古、文献与学术史》中编辑了这篇有意思的论文。

2021年，我们又在新疆拜城举办了“刘平国刻石与西域文明学术研讨会”，段老师提供的最新的研究成果，是关于国家图书馆藏BH4-68的于阗语案牍的。这篇题为《浸没的家产》的论文，记录了于阗国一个僧房被盗的案件，这一份梵语和于阗语夹杂的文书，详细记载了盗窃案被侦破的过程，以及对于行窃者喆遮疾的重罚——所有家产被浸没。文书的发生时间，也被准确地考订在629年前后。这一细节清晰的案子被揭秘的论文，发表在李肖教授和我共同编辑的《坚固万岁人民喜》的论文集中。可惜，在我写作这篇怀念文章的此时此刻，它才被印刷出来，段老师已经不能亲眼看到。

段老师“重译”的这些于阗语文书，为我们展示了千年以前的丝路古道上，一个绿洲王国在成熟的社会制度下的民间日常生活。它们与前此揭示的于阗语佛教经典一道，共同构成了千年以往僧俗交融的于阗文明之一斑。

四、犍陀罗语：佉卢文释读的新时代

事实上，关于裴捺的于阗语契约在《西域文史》发表之前，段晴老师和她的团队已经在国家图书馆藏新出其他非汉语文书方面整理有年，其中一批是比前此于阗语文书还要早差不多四五百年的佉卢文木牍。

佉卢文本身是一种死文字，是梵语“佉卢虱吒”一词的简称，汉译佛经称为“驴唇”，意指“像驴唇形状的文字”。它最初起源于犍陀罗地区，书写于印度西北地区的俗语方言，剑桥大学的伊朗语大师贝利（H. W. Bailey）将其命名为“犍陀罗语”。这种文字在3—4世纪流行于环塔里木盆地诸绿洲，一个世纪前的西方探险家如斯坦因、斯文·赫定（Sven Hedin）等最早在这一地区获得了一批文献。它们没有可以凭借的平行文书，因此，段老师和她的团队在以往学者研究的基础上，知难而行，后来居上，再度开启了21世纪中国学者佉卢文研究的新里程。

2010年，《西域文史》第6辑有幸接收了这些文书的第一批成果：段老师和她的学生张雪杉、皮建军对中国国家图书馆藏四件佉卢文木牍的释读文章《中国国家图书馆藏BH5-3佉卢文买卖土地契约》等三篇。论文不仅将这些丝路南道上的信件、买卖土地契约和判决文书进行了完美解读，确定了它们制作于3世纪末4世纪初的时间，解决了它们的出土地点是在精绝国，还附录了以这些木牍文书为基础而制作的佉卢文字母表，为后期文书的不断解读提供了参照。而后续的成果确实接二连三，喷薄而出。

2017年，在我和孟宪实教授编辑的王炳华先生八十华诞祝寿文集《探索西域文明》中，段老师提供了《佉卢文的证言——青海藏医药文化博物馆藏两件佉卢文尺牍研究》一文。青海藏医药文化博物馆总计收藏有4件佉卢文尺牍，这篇文章刊布了其中两件，发表了她的转写、翻译、释文等。虽然这些尺牍的征集地远在拉萨，段老师根据“此文牒由佛图军（Budhasena）持有”的字样，判断它们均出土自新疆民丰县的精绝遗址，也确定了它们撰写于安归伽王二十五年、二十六年（约271年、272年前后）的时间点。其中的文牒一是证明自身清白的法律文书，文牒二也是一件法律证书，通过立誓标明其完成的宗教仪轨是“神咒”而非巫术。它们都涉及鄯善王国解决纠纷的一项特殊法律程序——证言的重要性。

2018年，段老师将她团队中的研究生姜一秀的文章《中国所出佉卢文书所记载的古鄯善国的刑罚及其源流》推荐在《西域文史》第12辑发表。在研究新疆博物馆所藏30余件未经释读的佉卢文文书的基础上，作者在这篇文章中对中国所出佉卢文文书中的刑罚问题做出了汇总，从受刑者身份、罪行以及刑罚方式等方面考察鄯善的刑罚类别与特征，结合同时代鄯善国周边文明中涉及刑罚的传世文献与出土文书，总结了这些刑罚源自多种文化的影响。

正如段老师论文所言：“每一件佉卢文简牍皆是奇迹，将发生在久远之前的、被沙漠掩埋的、一隅之地的人类文明保鲜下来，至今令人能够通过这些文书而窥见、感触到鄯善王国的社会生活。”

正是这样一点点的积累，塔里木盆地的佉卢文文书，迎来了释读的新时代。

五、据史德语：面对百年挑战

段老师在《西域文史》发表的最后一篇文章，是2021年的第15辑上《黄文弼发现的两件据史德语文书》。这篇论文涉及另外一种塔里木盆地的语言——“据史德语”，它是用婆罗米字母记录的在今巴楚、图木舒克绿洲中古民族所使用的语言。1935年，国际语言学界把德国吐鲁番探险队从新疆图木舒克发现的一组婆罗米文写本分离为东伊朗语支的一支方言，并在其后命名为“图木舒克语”。作为一个非正式的称呼，一直到1992年，才有荣新江老师发表论文《所谓图木舒克语中的“gyaźdi-”》，揭示其真正的语言名称为“据史德语”；其后他还和段晴老师一起合作了《据史德语考》的中文论文，更全面地为这一塞语方言的名称定谳。但是迄今为止，这一语言的写本总数也不到80件，而且绝大部分是世俗文书，几乎没有可以参照的平行文本。

2014年，刘子凡博士毕业来北大博士后流动站，由我承乏担任合作导师，进行“黄文弼与中国早期西北考察”的研究。那时，另一位年轻的西域历史语言学家庆昭蓉博士刚刚发表一篇论文，认为黄文弼《塔里木盆地考古记》中记录的在图木舒克“托和沙赖”遗址（今多译为“托库孜萨来”，俗称唐王城）发现的4件非汉语文书是龟兹语的世俗文书，因此其出土地点应该是库车某地。她通过文书内证做出的结论非常坚实，但也遭到外行的质疑。如果能够找到黄文弼在图木舒克获得的文书，这个疑问就涣然冰释。我请刘子凡博士根据线索，首先做这一调查。他果然不负所望，在中国社会科学院近代史所档案馆的胡适与黄文弼的通信中发现了附录其中的未经刊布的两件非汉语文书照片。这正是所谓的“托和沙赖”文书！

作为于阗邻近地区出土的婆罗米字母文书，我们当然想到了请段晴老师来进行破译。段老师也首先是在第一件文书第10行判断出“据史德国王”一词的。此时的段老师，正在巴利语佛典的翻译和于阗语、犍陀罗语的文献整理中“南征北战”，分身乏术。但是她毫不犹豫地接受了这一项目。2020年，她花了几个月的时间，投身据史德语的研究，最终破解了这两份难得的文书。

按照段老师的研究：图木舒克遗址区出土的写本所使用的婆罗米文字，与龟兹一带出土的吐火罗语B所用文字几近一致，却有独创的12个字符，体现了据史德人的身份文化认同。黄文弼发现的文书，使用了受中原影响的生肖纪年，书写时间相当于唐高宗年间（650—683年），第一件《弥那藩王的承诺》记载了两项承诺，一是弥那藩王邀请米奴一家定居从事畜牧业，承诺提供食物和住房，二是青年男子乌郎在母亲失踪的情况下，承诺成为妹妹妙意的监护人。第二件《供养师傅书》则可能是某人表达供养师傅的意愿文书。在这一系列民间契约文书的背后，又隐含着图木舒克绿洲在6世纪前后受到丝路南北道当地文化和唐朝经营西域的多元影响。

1929年，黄文弼穿越塔克拉玛干沙漠，在图木舒克获得的这两件文书，曾经委托当时在北平的语言学大师钢和泰（Alexander von Stael-Holstein）、葛玛丽（Annemarie von Gabain）予以释读，也请中国西北科学考查团的外方团长斯文·赫定和理事长胡适寻找解人。但在当时的国际语言学界，尚未能够破解据史德语，这两件文书在将近百年的时间中延宕着，也被历经战乱的黄文弼所遗忘，直到与段老师邂逅。

2021年5月，北京大学举行期刊建设的座谈会，书记和校长都极为重视，同时前来参加。《西域文史》作为全校60多种人文社科集刊中唯一的丝绸之路研究刊物，被要求作为代表进行汇报。在论及本刊“展示高水平研究成果”的目标时，我只是举了段老师的这篇文章予以说明：

> 在“展示高水平研究成果”方面，以最新一集的《西域文史》为例，打头的文章是本校外国语学院段晴教授的《黄文弼发现的两件据史德语文书》。据史德语是曾经流行在新疆丝绸之路上图木舒克一带的已经死去的语言，因为文献资料的缺失，破译艰难。1929年，北京大学教师黄文弼参加中国西北科学考查团，获得的两片据史德语文书，曾经委托斯文·赫定在欧洲寻找解人，也曾交给当时的北京大学校长胡适在他遍地是朋友的美国予以识读，但都没有成功。90多年以后，我们从胡适档案里找到这两片雪藏了差不多一个世纪的文书图片，终于由段晴老师成功破解。这篇文章，对于丝绸之路的研究、对于国际历史语言学界来说，差不多也会是一个小小的地震。

虽然是很外行的介绍，但段晴老师在北大的耕耘和收获，已经使全场为之动容。会议结束，书记走过来要走了被我涂改满篇的发言稿。

在一个月后《西域文史》出版之际，德国的回鹘语大师彼得·茨默（Peter Zieme）先生即迫不及待地来信，希望尽快读到这篇文章。

事实也确实如此，是段老师的释读，使得黄文弼发现的文书百年重生，据史德语千年梦回！

六、下车间：为了中国学术的进步

我是如此荣幸，得以通过《西域文史》和各种不同的会议论文集，编辑了8篇段老师关于西域古代语言研究的中文论文，先睹为快她在西域非汉语文书研究中的成就，并一斑窥豹，视如家珍地在这里介绍我所知道的段老师成果的点点滴滴，虽然它们还远远不能涵盖段老师在冷门绝学的多个领域散发出来的耀眼光芒。

但是，这种不仅属于我、也属于所有中文读者的荣幸，却是建立在段老师对于自己的研究成果付出双倍精力的情况下才得以实现的。因为，段老师的学术成果首先属于英文通用语的国际学界，正如荣老师在《西域胡语文献研究获得新进展——段晴教授及其团队的贡献》中所说："这些西域文书的解读研究，在国际上是属于伊朗学、印度学、中亚学领域，因此备受关注，但这些学术领域的通用语言是英语。因此，这个团队从一开始就具有国际视野，把陆续取得的研究成果，用中英文同时发表。这就是我们从本文注释中看到的，大多数中文文章都有对应的英文论文。"

然而，段老师始终将她的成果面向国际语言学界和中国文化两个不同的层面，这是她从季羡林先生那里继承的重要学术品格。在《德国的印度学之初与季羡林先生的学术底蕴》一文中，她称道季羡林先生："能使用两种不同的风格面对两个不同的学术群体，这是因为季先生了解中国学术圈的水平以及所关心的问题所在，也了解世界相关学术领域的水平。唯有处于中外两个不同学术世界之水平之巅的人，才能游刃于两个世界。"毫无疑问，这也成为她努力的目标。但是面对中国学界长期脱节于国际学术的轨道，段老师需要付出更多的精力来处理她的中文面向。

我从最初接收《于阗文本〈修慈分〉》开始，便见识了这份辛苦。

这篇将近60页的文章，首先就在排版过程中遇到了不小的麻烦。它涉及西方语言学规范中无数的排版细节，在《西域文史》过去的编辑过程中，还没有遇到过如此巨大的挑战。《西域文史》的出版单位科学出版社，也算是国内顶级的出版社，但是通过原有的以中文为主要对象的排版系统打出的校样，与应有的语言规范差距甚大。段老师在之前赐稿的时候，就特别强调："我的稿件中很多特殊字符，请校对人员认真把关，我自己也要看校样，必要时去车间修订。"此后，在与刚刚接任《西域文史》责编的郝莎莎的通信中，我知道段老师果真去了两次排版厂，盯着排版逐字改定。有一次，莎莎告诉我："段老师昨天在排版厂一直待到晚上十点，拿走了新出的样稿再校正一遍，基本就差不多了。"

那时我在新疆，无法体会到段老师不断下厂的费心费力。不过，为了一篇文章的校勘需要两次前往排版厂去对接，如果是我的论文，也会火冒三丈。

2010年，我重返北大，《西域文史》也成为北京大学中国古代史研究中心和新疆师范大学西域文史研究中心共同合办的同人刊物。当我再次写信向段老师约稿的时候，她凌厉的语言通过邮件接二连三追了过来：

> 告诉我，什么时候截稿？另外，再不要在那家出版社出。
>
> 如果仍在那家出版社，一定要换排版公司。不然，即使辛苦，也是没用的。上次勉强排出来的东西，是不合规范的。说是别地的出版物，还勉强可以，但是，如果说是北大的，一定不合格。
>
> 排版问题不解决，出版这一期是没有意义的。请出版社找能够用Indesign排版的公司，即可解决问题。
>
> ……

在来来往往的信件中，段老师简洁的短语劈头盖脸，让我无地自容。我于是想起了第一次在静园见到段老师的样子。从那时候的"北大声誉"到眼前"北大的出版物"的提醒，段老师已然用北大与一流学术的标准自律律人，不进则退！

最后，《西域文史》从第6辑起，使用了兼容性更强的Indesign排版系统；之后我参与编辑的论文集，遇到特殊字符较多的论文，也一定向出版社声明这一要求，保证了一校出来不至于一塌糊涂。即便如此，段老师在校勘上付出的精力并不因此减少，我也多次听说她在京沪两地奔波，就是为了去上海校勘她在中西书局和上海古籍出版社的论著。一旦遭遇大量的西文和特殊字符，国内排版的短板便暴露无遗，这似乎不是《西域文史》和科学出版社一家单位的问题。中国学术尤其是丝绸之路研究的全球化，即此一点，就有待于我们共同的努力。

此后的段老师依旧乐此不疲地用英汉双语在海外和国内发表她的成果。我想，她时刻记得在她的文章中引用的季羡林先生的名言："我们也绝不能把自己关在自己民族语言研究的大门之外。我们在这方面应该做出至少不低于其他国家学者水平的贡献，这才符合我们国家的地位。"（季羡林《吐火罗文研究》）她也一定在以学术的行动默默承担着中国学术进步的重任。

正是由于段老师的身体力行，《西域文史》开始不断发表排版唯艰的西域历史语言研究论文，确实为刊物在国际学界创下了品牌。沈卫荣教授那时也在中国人民大学国学院创办了《西域历史语言研究所集刊》，曾经和我开玩笑说：你的刊物也快成了"西域历史语言研究集刊"了。

七、重建巴别塔：充满爱心的学术共同体

巴别塔是《圣经·创世记》中的一个故事：人类在使用同一种语言的时代，希望建立一个通往天堂的高塔；这时上帝出来，让人类说不同的语言，分散各地，阻止了这个计划。"重建巴别塔"从此成为语言学乃至全球化的一个隐喻，表达了人类实现沟通、取得共识的追求。

回忆与段老师的交往，我深感她正是这样一位用爱心重建巴别塔、打造学术共同体的理想主义者。

段老师及其团队解读于阗语等非汉语文书的杰出才能，一方面是他们与西方学界交流、对西方学者释读中古非汉语文书成果的继承，另一方面也在于他们对西域汉文文献成果的理解。众所周知，两汉时期中原王朝的西域经营，已经在塔里木盆地的西域三十六国中带来了持续的汉文化影响，从制度到词汇的互相接受，对于不懂汉语的西方学者来说，是一个缺憾。段老师却在西域文史的领域里，深入到中国学者不同的群体中左右逢源。在我参与组织的几次偏重于历史、考古的西域学术会议中，段老师总是最积极的参加者，甚至呼啦啦地就约了一批从事语言学的同道参加进来，组成了会议的一个语言学主题。

我至今还记得段老师在完成佉卢文木牍的论文时，向我咨询文中弥里码（milima）这一容量单位如何换算为作物的重量单位的问题。这在西域汉文文书的研究中已经不是问题，裴成国博士提供了吴震先生的研究成果，解决了她的度量衡换算。而在佉卢文木牍中频繁出现的"cozbo"一词，她也在后来的研读中，由原来释读的"州长"而改为与汉语官称"主簿"的完美勘同。在《黄文弼发现的两件据史德语文书》中，段老师对据史德王时代的种种文化变迁，提示了贞观二十二年唐朝进击龟兹对塔里木盆地周边邻国之间的制度影响。这些，无疑都是她与不同的学术圈互动而获得新知的结果。

《西域文史》也总是时不时地得到段老师代为邀约的丝路文明研究的不同文章。有时是段老师带着一组文章来投稿，如前述张雪杉、皮建军等人的论文；有时是她将青年同事的文章引荐给我。从事巴列维语研究的吴赟培的《琐罗亚斯德教星象学》、从事乌尔都语研究的张嘉妹的《〈福乐智慧〉中的苏非主义思想》，都是这样不期而然地成为《西域文史》的重要篇章的。2021年7月，甚至为了外院

蒙古语青年教师袁琳的研究，她也会热心张罗一个小型报告会，不耻下问地让我安排历史圈的相关研究者带着“历史系的思路以及掌握的材料给我们新的启发”。正是有了段老师这样热心者的参与，《西域文史》这样一个冷僻的刊物，总能在不同的领域遇到它的作者。

段老师去世的那一天，北大图书馆的汤燕老师发给我一张照片，是我们一起在2021年6月参加“刘平国刻石与西域文明学术研讨会”的留影。我在博孜克日格沟口为与会专家介绍刘平国刻石的情况，段老师举着她的手机录音给后续前来的她的团队。那天谷口的风出奇地大，但是她坚持着托举手机的动作，直到我讲完。她的团队意识，总是出现在她生命的时时刻刻。

在我的记忆中，段老师也是少数因为研究新疆而去过无数次新疆的学者。我虽然在新疆生活多年，后来与段老师一起到新疆，却常常有她的朋友在各地出面前来招待。究其原因，也是她毫不吝惜为新疆奉献的缘故。2016年，她忽然就申请了一个公益项目去做“新疆地区民间文化的调查与传扬”，并在翌年在石河子大学举办了“首届新疆民间文化高级研修班”，全程免费给新疆各地特别是南疆喀什、和田的地方院校教师提供进修的机会。

最初在她申请这个项目并请我们提供建议时，我认为那纯粹是一个耽误自己研究的工夫而得不偿失的举动。当然，在她义无反顾地开始执行这个项目时，我也认真准备了一次演讲前往“声援”。

其实，在报到的第一天，当我看到从南疆和田前来的老师带着兴奋而紧张的表情在石河子大学的校园里问路时，忽然便热泪盈眶：对于边疆地区的教师来说，这是个多么难得而幸福的充电机会！也许，他们在遥远的地方，已经多少年没有这般轻松的交流了。为什么不是我，而是段老师——她比我更加感同身受——安排了这一场学术的盛宴呢？

3月30日，阴雨霏霏的日子，我在校园里坐大巴去送段老师最后一程，文研院的渠敬东老师与我邻座，共同回忆起2021年和段老师的最后一面。他说：去年接到段老师的最后一个电话，是在她手术之后，托付我为9月份前来文研院驻访的一位新疆少数民族教师安排好住宿。

无论有多远，哪里是段老师的学术研究覆盖到的地方，哪里就是她关爱的学术共同体所在！

八、梵巴教研室：海棠依旧，先开了北枝

每年的春天来临，从北大西门过校友桥，便是一片姹紫嫣红、次第开放的花海。外文楼前的一溜西府海棠，在西头的杏花盛开的时候，都在悄悄含苞，以待接力。4月初的时候前来，资深的北大人会告诉你一个特别的秘密：只有外文楼前的六株海棠花，浑不吝“向阳花木易为春”的格言，靠墙的北枝总是先期怒放。

五年前，段老师被聘任为北京大学的博雅讲席教授。一次餐叙时，我写了一首诗表示祝贺，便把这个物理现象嫁接给了她：

贺段晴博士受聘北京大学博雅讲席教授

东语系南墙海棠，每岁北枝必先著花，簇拥段师二楼窗前。岂花亦解语，而必为之首开欤？

梵巴贝叶驴唇字，
更探氍毹吉尔伽。
筑得人间巴别塔，

海棠先著北枝花。

每句都用了典故，实际是诗之大忌，但都是段老师这个圈子里的典，她一看就懂。第一句是说她在梵文、巴利文、贝叶经、佉卢文等非汉语领域的独步，第二句是说她近几年来从和田一组地毯识读来自苏美尔史诗《吉尔伽美什》元素的研究心得，第三、四句是说她的事业如巴别塔的重建，连海棠也为她改变物性、先开了北边的花朵。第三句本来也写作“老妇皤皤谁晓得”，用段老师的今典，因为在她得意的时候，便会自称“大老太太”，便会用苏白“晓得伐”。

段老师看了我的诗，忽然诗兴大发，说我这句不行、那句不行，塞给了我一堆需要修改的方案，如应该要写季先生梵巴教研室的开创之功、要写我们团队继承了季先生的学术在国际学界如何如何、要写……我苦笑一下，打断她说：段老师，小诗容不下您这么多前因后果。

是的，段老师的一生是那多姿多彩的诗，我怎么写得动？

又是人间的四月天，月初的一个傍晚，我特地去了一次外文楼下。我在那里伫立很久，只为了在这篇文章的结尾，对段老师说一声：

梵巴教研室南窗下，海棠依旧，先开了北枝。

2022 年 4 月 26 日，段晴老师辞世一月之际

“道是无晴却有晴——段晴教授追思会”纪要

袁　勇（北京大学）

北京大学外国语学院段晴教授因病于2022年3月26日不幸去世。

段晴教授是北京大学博雅讲席教授，毕生致力于中古伊朗语、梵语、巴利语、犍陀罗语等相关领域的教学与研究，在印度学、佛教学、丝绸之路文献和梵文贝叶经等研究领域成就卓著，享誉国际学界。她的逝世是中国学术界的重大损失。

段晴教授生前一直支持《西域文史》《丝绸之路研究》的编辑工作，带领她的团队，在上述二刊发表具有前沿性、创新性的历史语言学的高质量论文多篇，推动了丝绸之路文明的研究，提高了刊物的学术地位。2022年4月10日，由《西域文史》与《丝绸之路研究》两家集刊发起，在北京大学中国古代史研究中心报告厅举行了“段晴教授追思会”，缅怀段晴教授无尽的学术财富和精神财富。

追思会在下午2点正式开始，全体人员起立默哀，以表达对段晴教授逝世的悼念。

之后，荣新江教授（北京大学历史学系暨中国古代史研究中心）首先介绍了此次追思会的举办缘起。由于段晴老师对《西域文史》与《丝绸之路研究》两家出版物的重要贡献，因此今天由刊物发起，将与段晴老师在西域胡语和丝绸之路研究上相关的同道，以及经常在丝路共同考察的朋友们聚在一起，从多个角度畅谈段晴老师的学术贡献，回顾段晴老师的快乐人生，聊聊与段晴老师的交往经历。

会场播放了展示段晴老师学术考察和学术活动的短片——“道是无晴却有晴”。荣新江逐一介绍了其间的历程，整个短片主要分为“行走在丝绸之路”“研究西域文明”两个部分，前一部分展示了段晴在伊朗、中亚、欧洲等地考察的行踪，后者集中展现了她在中国各地、在北大、在中古史中心从事研究的身影，这些照片重点展示了段晴教授在丝绸之路上的考察活动以及与国际学者的交流。短片展现了段晴老师的精彩人生，她虽然离开了我们，但她的精神和著作将永垂人世。

其后，《丝绸之路研究》主编李肖教授主持了前半场的追思活动。

作为段晴老师的同门兼同事，王邦维教授（北京大学外国语学院）在发言中表示自己认识段老师的时间最长，自20世纪70年代末以来，与段老师相识已有几十年了。段老师的离世是令人伤心的事，对于西域胡语的研究，尤其是伊朗学的研究来说是一大损失。段老师在当年同一级的研究生同学中是年龄最小的人之一，但她却是走得最早的一个。段老师的这一生活得很精彩，特别是最后这十多年时光。段老师活得洒脱、快乐，从不言愁。她最近十多年完成了许多事，也很拼命。他说：由于种种原因，段老师前半生未能做到的，在后半生赶上了新时期，都做到了，也做得十分精彩。段老师在近二十年来与国内历史学界、考古学界积极互动，希望以后能以这种形式（学科与学科之间配合）继续开展下去，这是对段老师最好的悼念和追思。王邦维老师补充道，段老师的一生多姿多彩，率性而为。她在学术上始终充满了劲头，填补了国内于阗语研究的空白。

尚刚教授（清华大学美术学院）在发言中提到他认识段老师不算早，但她让人感觉特别亲近、直爽，这不仅反映在待人接物上，而且反映在学术研究上。尚刚表示这些年在学术界有一种"病态"的风气，对于任何学术成果，都说好，很少说坏。但是，段老师在学术上有风骨，她能直接指出别人的问题，这种风骨值得我们永远纪念。他表示如果学界有更多这样的人，中国的学术也会有更大的推进。最后，他表示段老师从语言的角度切入解决问题，是很了不起的，她的学术成就一定会被以后的学术界铭记，她的人格也一定会被我们铭记。

李华瑞教授（首都师范大学历史学院）表示他与段老师的研究领域相隔比较远，认识段老师也比较晚。在2015年吐鲁番举行的"丝绸之路出土民族契约研究国际学术论坛"上，他才初识段老师。他回顾了与段老师相处的经历，到目前为止也仅见过6次面。段老师给他留下的印象是为人率真，在学术上认真。他表示自己与段老师相识虽晚，但一见如故。他也提到现在的评议多说好话，一味地歌功颂德，而段老师学术评议认真、较真。最后他提到从大家的文章中，自己也感受到了段老师的学术魅力与人格魅力。

孟嗣徽研究员（故宫博物院）表示自己与段老师相识的时间也不算久，最近几次与段老师出访考察，慢慢地认识了段老师，感受到了段老师的率真。她回忆起最近一次去拜城参会时，段老师依然保持着自己的风格。当赞赏的时候，她长时间地鼓掌，当不同意的时候，她立马站起来表示反对。孟嗣徽提起在段老师去世前一周，她去见了段老师最后一面。当大家说起在拜城的经历，段老师似乎也听见了大家在说话，还扬了扬左手。她在整理照片时发现，照片中的段老师永远都是笑容灿烂的，给人留下的永远都是快乐的感觉。她回顾了与段老师一起考察的两次经历：第一次是2014年参加"于阗与敦煌"项目的考察活动。第二次是2018年去巴基斯坦犍陀罗地区考察，段老师做了细致丰富的准备工作，把考察活动安排得十分丰富，考察结束后，又组织工作坊汇报考察成果、在文研院举办展览、参编《犍陀罗的微笑》——段老师在筹款、校对等方面都付出了巨大的辛劳。最后她希望能把在巴基斯坦斯瓦特考察的项目进行下去，也算是对段老师的纪念。

孟宪实教授（中国人民大学历史学院）表示，他在新疆时虽已听说段老师的名字，但尚未见过其人。直至1994年来北大以后，特别是在编辑《敦煌吐鲁番研究》杂志的过程中，二人的接触逐渐增多。他认为段老师是一个纯粹的人，她对学术一门心思，对任何问题都直率地表达自己的观点，对于不同的观点她也可以直截了当地表达自己的意见。这就是一个纯粹的人的标志，无论对人也好，对事也好，她人前人后都一样，不拐弯，有段老师在的场合，也都不会冷场。作为一个纯粹的人，她也是一门心思地扑在于阗研究上。最近几年，她对中国人民大学博物馆收藏的于阗语文书也一直很关心，直到最后一刻。在重病之时，她也依然想着学术。最后他总结道，段老师的一生精彩，是因为她是一个非常难得的纯粹的人，她特别值得我们怀念。

沈卫荣教授（清华大学中文系）在发言中表示，他在2021年9月底得知段老师重病的消息，没想到她这么快就离开了我们，这是一个令人难以接受的事实。段老师在印度学、西域和丝绸之路研究的小圈子中是一个特别的人，她的去世可以说是让这个小圈子"江河失色"。沈卫荣回顾了二人相识的经历。他在20世纪80年代已听闻其名，但尚未相识，直到2006年才第一次见面，开始了此后密切的交往。他回顾了二人的学术交往，总结了段老师的学术贡献，表达了对段老师的崇敬。他表示从段老师纪念季羡林先生的文章（《德国的印度学之初与季羡林先生的学术底蕴》）中可以看出她对学术的理解，她是真正理解欧洲的语文学传统和印度学传统的，是最懂季羡林先生学术的人。段老师对“philology”（语言学）的翻译体现了她的学术理念和学术特点，与后来德国印度学专注于吐鲁番出土文书的文本研究的主流做法不同，段老师的学术更钟情于传统的语言研究。她接续了欧洲的语言学传统，从能力上讲，在欧洲现在也很少有能同时解读这么多语言的学者。段老师一直在开辟新的学术领域，保持高质量的学术产出。那一代学者普遍缺少真正扎实的学术训练，许多学者的学术与80年代相比缺少进步，但段老师在学术上不断地在进步，十分难得。她的早逝，是令人伤心的；她给许多人带来了快乐，但她对不入流的学术是不能容忍的，而最后一点正是我们今天所欠缺的。

罗新教授（北京大学历史学系暨中国古代史研究中心）表示，他认识段老师很晚，但有两次与段老师一起进行长时间考察的经历。段老师的性格很有特点，大多数人都在背后议论别人，段老师却是当面也敢说。他表示在今天这个时代，有这种性格的人恐怕很难成长到段老师这一步，这也要感谢那个宽容的、允许多样性的时代。今后这样既有性格、又有学术能力的人恐怕很难见到了。段老师在学术生涯的后期爆发，这是很难得的。这既得益于这一个特别的时期，也是因为她有充分的学术准备。即使没有这些出土文书的支撑，也就是说没有后来的学术爆发，段老师的学术积累，仍不失为一个成就了自己的学者。她是一个真正的读书人，也是一个范例。从段老师身上，我们每个人也可以反思今后应当怎么办，因为总有一点特别的东西需要我们坚持，做自己，将来写点有价值的东西。

陆扬教授（北京大学历史学系暨中国古代史研究中心）在发言中回顾了自己与段老师的“因缘”。他表示自己与段老师的关系是“特殊的”和“多重的”，既有学术的，也有个人的。他回顾了在1987年去维也纳之前，自己在外文楼第一次见到段老师的经历，当时段老师向他推荐了研究唯识学的德国学者的文章，给他留下了深刻印象。他表示段老师也是对自己影响最大的师姐，她是语言学学者，同时也有扎实的佛教学造诣。他回顾自己走上中国史的研究道路后，转移了学术兴趣和学术领域，但之前的学术训练仍然在影响着自己。他回顾了自己回国以来与段老师的交往，认为这是对自己学术上“再教育”的过程，也让自己对师门传承有了同情和理解。王邦维补充表示，在当年的学术困难时期，段老师也一直在坚持学术研究，如果不是因为疾病而过早去世，她肯定还会有更多的产出。荣新江补充了当年和段老师一起在静园六院南亚研究所会议室参加“西域研究读书班”的经历，特别是1989年最后一次讨论“疏勒语考”的故事。

朱玉麒教授（北京大学历史学系暨中国古代史研究中心）在发言中回顾了与段老师的接触。朱玉麒老师表示在新疆的时候，他只知“殷晴”，而不知“段晴”，来北大做博士后，才第一次领略段老师快人快语的风采。因为编辑《西域文史》，他再次回到新疆后，开始了与段老师的学术联系。当《西域文史》第3辑刊登段老师的文章时，她竟然亲自下厂校对，指导排版，给了他很大的触动。从此以后，《西域文史》就开始经常刊登段老师和她的团队关于历史语言学方面的文章，而当他回到北大时，段老师更是严格地要求《西域文史》的编辑、排版工作应该达到一流水平，《西域文史》发展到今天，离不开段老师的支持。朱老师回顾说：段老师做关于新疆的学问，也很热爱新疆，为新疆做了很多公益的学术事业。段老师和陈泳超老师合作在石河子大学举办讲学活动，普及新疆民间文化，这对于南疆的老师们来说是一个难得的机会。她愿意分出自己的时间做这些事，让人很感动。他表示段老师是一个“色厉内荏”的人，和她接触者很少有人没挨过她快人快语的“叱骂”的，但想一想其实都是一些无谓而有趣的事。段老师的离世，真的让这个“学术江湖”安静了下来，失去了乐趣。

《西域文史》主编朱玉麒教授主持后半场的追思活动。

李肖教授（中国人民大学国学院）表示，他在2021年8月知道段老师生病的消息时，感到很突然。虽然自己已想不起来具体什么时候认识段老师的，但很可能是在吐鲁番工作期间。他表示自己对段老师的学术非常敬佩，段老师也是一位很爱才的人。2021年3月他在文研院访学的时候，遇见了在德国访学的陈瑞翾博士。段老师来文研院看望他时，他将陈博士的论文交给段老师。段老师看到文章后，就希望将陈瑞翾留下来。段老师身上带有平易近人的人文主义光芒，他们曾经一同在阿塞拜疆开完会后去格鲁吉亚考察，段老师邀请开车司机一起吃饭，让司机十分感动。这是她个人本性的深层次流露，段老师虽然平时嬉笑怒骂，但她的大爱处处都有体现。他表示段老师是《丝绸之路研究》的中坚力量。这些年以段老师为代表的一批学者在世界丝绸之路学的研究中所占的权重也越来越大，《丝绸之路研究》在出了两期中文版后，又与美国施普林格（Springer）出版社合作出版了英文版，希望借此将中国学者的成果介绍给西方。这也可以看出段老师在学术上的高瞻远瞩，她是一个不普通的普通人。

陈泳超教授（北京大学中文系）表示，他与段老师的交往始于一个偶然的公益项目，集中在洛浦县的氍毹研究上。她的氍毹研究体现了她的学术张力，她的学术研究在不断进步，也在不断自我批判。她不以学者自限，没有清规戒律，从无到有地进入一个陌生的领域，对新知识有很强的钻研欲望，毕竟读图的确定性与文献相比不那么明显。段老师对氍毹的解读，是逻辑性最强且证据丰富的，不仅有语言学的，还有民俗学的类型研究理论。段老师令人感动的不仅在于学识的渊博，而且在于敢于去做更加开拓性的研究。段老师是一位很好的专业学者，但又不以学者自限，她还会进一步开拓自己的领域。他回顾了自己与段老师一起做“公益事业”的经历，他表示段老师将公益项目当作人生中一个阶段的主要目标，希望让新疆多民族的民众了解自己真正的民间文化与历史文化，并且将民间文化回馈给新疆人民。段老师的热忱和不计功利的人格也感染了他自己。

史睿研究馆员（北京大学历史学系暨中国古代史研究中心）介绍了自己与段老师的交往。他表示自己在90年代末进入学术领域，在2000年6月22日的“纪念敦煌藏经洞发现一百周年国际学术研讨会”上才第一次见到段老师。他在与段老师聊天的过程中，发现段老师对她自己的学术地位和成就有清晰的认识，她为自己的学术成就和自己的学术团队感到骄傲。他回忆起最后一次见到段老师是在2021年7月，他们一起参加蒙古语系青年教师关于蒙古文汉文对译研究的座谈。史睿表示他与段老师最密切的接触是从2008年开始的，缘于和田地区发现了一批于阗语文书，段老师建议将这些文书入藏国家图书馆。她与荣新江老师一起为这批文献入藏国图而奔波，并专门请季羡林先生亲笔写信推荐，由此才造就了国家图书馆的西域文献专藏。这批于阗语文书入藏国图后，段老师请茨默、辛威廉等国际学者联合鉴定，其后进一步指导了这些胡语文献的修复、缀合与研究。段老师为这些文献入藏国图所做的工作也造就了此后一系列的学术成果，遗憾的是，因为段老师的离世，文书的整理工作尚未完成。史睿提到段老师经常在学术会议上强调，做中国历史研究，不能局限于狭义的中国，要放眼西域。她在语言学的解读外，还关注历史学的研究以及底层人群的命运。她的眼界和方法论是十分多元的，她对于学术的热忱让人十分感动。

刘屹教授（首都师范大学历史学院）在发言中提到自己与段老师初相识在“纪念敦煌藏经洞发现

一百周年国际学术研讨会”上。当时在会议上，有一位吉尔吉斯斯坦的学者千里迢迢赶过来，但这位学者只会德语和俄语，段老师用德语和这位学者交流，帮助会务化解了工作上的难题。他表示自己很敬佩段老师的语言能力，她是有资格有脾气的，即便批评了自己，立刻就又帮助了自己。刘屹表示他后来与段老师联系密切，主要是因为他参与了《敦煌吐鲁番研究》的编辑工作，特别是仅在第11卷里就有段老师三篇文章。他提到当时正是段老师学术勃发的时期，2009年季羡林先生去世，《敦煌吐鲁番研究》希望将第12卷做成纪念专号，当时希望段老师提交一篇纪念文章和一篇学术文章，最后段老师觉得没有写好学术文章，就只提交了纪念文章，并亲自下厂盯着排版工作。段老师还推动了《敦煌吐鲁番研究》审稿费制度的建立。他回忆起自己与段老师的学术交往，认为段老师是一位身怀不世绝技，站在国际学术前沿，严守学术标准的学者。他表示段老师的学问虽然离自己很远，但她的精神离自己很近，她留给自己的精神财富，值得用一生去体会。

作为段老师的学生、学术传承者兼同事的萨尔吉、叶少勇和范晶晶三位老师也分别在会上发了言。萨尔吉副教授（北京大学外国语学院）谈到段老师在自己的心中有几重身份，一是授业恩师，二是同事，三是生活中的“母亲”。他回顾了自己与段老师的相识经历，从1999年开始，他开始进入段老师的课堂，当时懵懵懂懂，但段老师从未对自己有任何严厉的批评，萨尔吉老师认为这或许与段老师对边疆地区学生的特殊关爱有关。他表示段老师在学习上给自己“开小灶”，在学术上提携自己，邀请自己去参加大型学术会议；自己硕士毕业后能够去挪威访学，得以接触国际佛教学的最前沿，乃至最后留校工作，都与段老师的帮助密不可分。在生活上，段老师对自己多有照顾，与自己的感情远远超过了师生之情，就像家人一样。萨尔吉认为对于段老师的学问，作为学生，是自己学习的榜样。作为同事，段老师对梵语巴利语专业的贡献有四个方面：第一，她恢复了梵巴专业中断多年的本科生招生，并且要求招生时至少保送两个藏族学生，在培养人才上做了许多工作。第二，她开启了“巴利三藏”的汉译工作，现已出版《长部》和《中部》。第三，她一直推动对西藏自治区梵文写本的研究工作。最后是，她对丝绸之路胡语文书研究的突出贡献，这是新文献的发现、个人的学术积累和选人用人等多方面结合的结果，她是这方面的第一人，很长时间内不会再有第二人。

叶少勇副教授（北京大学外国语学院）回忆了自己跟随段老师学习的经历。他表示自己在2002年认识段老师，之后成为段老师的硕士研究生，而段老师的授课风格也是十分凌厉的。他提到这些年大家看到的段老师丰富多彩的学术成果是新疆胡语研究，其实段老师对于西藏梵文贝叶经的研究也着力很深，但由于种种原因而始终未能实现这个目标。叶少勇回忆了自己与西藏梵文贝叶经写本的研究渊源，他最早接触到的是民族文化宫的黑白胶卷，在段老师的提示下，开始研究其中的“中论”文献写本，由于这个机缘，他开始研究梵文贝叶经和佛教中观哲学文献。2005年，他和段老师去西藏考察，真正亲手摸到了贝叶经。此后，他的硕士论文和博士论文的研究都与这批西藏梵文贝叶经写本相关。但是由于种种原因，这些写本资料的公开一直是未解决的问题，这也是这一研究在段老师的学术成就中所占分量不大的原因。在2021年，机缘巧合，他拿到了布达拉宫的一些写本照片，得以进一步做了一点研究，但遗憾的是，这些东西还没有来得及给段老师看。

范晶晶副教授（北京大学外国语学院）回忆自己与段老师的缘分开始于大二之时，当时她是梵语课上的唯一一个本科生，很想打退堂鼓，全靠段老师的鼓励才坚持学完了梵语。在2015年，段老师开始带着她做写本研究，她表示自己非常有幸体会到段老师对学生的培养过程。范晶晶回忆了在2015

年暑假段老师手把手教导自己解读莫高窟北区发现的“梵语-回鹘语”双语残片的过程。段老师从教她认婆罗米字母开始学习回鹘语语法，布置翻译作业，带着她读回鹘语文献，又帮忙联系国外回鹘语学者，以及帮助搜集相关资料。范晶晶表示那是自己第一次学习如何解读一份文书，后来的研究成果也分别用中文和英文发表了。在这个过程中，是段老师给了她信心。“我们做语言的没有那么多时间来学语言，就是要去做。我们在碰到一个新语言时不要发怵”（段老师），这是令她终身受益的一次经历。她提到段老师时常教育她语言是我们的看家本领，同时也重视与历史系、考古系的合作。段老师为了培养学生的兴趣和开拓学生的视野，基本每年都会带学生外出考察。这些年，段老师不仅在学术上井喷式发展，在组织其他学术考察活动中也付出了巨大的心血，耗费了巨大的精力。范晶晶表示段老师愿意为培养学生而花费巨大心血，她今后会以段老师为榜样来要求自己。

《丝绸之路研究》编辑部的两位年轻编辑刘志佳和林铃梅也都回忆了与段老师的交往。刘志佳博士（中国社会科学院中国边疆研究所）在发言中提到段老师与《丝绸之路研究》编辑部之间的往复交流文字，在他那里就有6000多字，可见段老师对本刊物倾注了巨大心血。他表示，段老师不仅是令人尊敬的前辈学者，也是一位热爱生活、意气风发的智者，她更像一个心直口快、爱憎分明的“侠客”。虽然段老师在与编辑的信件中，总说自己给她找麻烦，但依然对自己饱含着极大的宽容与耐心。段老师对《丝绸之路研究》的策划、发展居功至伟，从创刊、组稿到刊物标志的设计，段老师都费心组织。段老师在选稿、组稿的过程中亲自把关核对。在出版《丝绸之路研究》的英文版时，段老师对英文翻译完全不满意，最后自己亲自翻译，审校八次。在印刷时，施普林格出版社排版不理想，段老师也由此感慨丝绸之路研究的话语权还是在我们这里。他表示段老师对《丝绸之路研究》倾注了很多感情，也抱有很大的期望，失去了段老师，本刊物也失去了最强有力的后援。

林铃梅博士（中国社会科学院考古研究所）表示在她的印象中段老师是一位鲜活可爱的前辈。由于她生性胆怯，在前辈面前总会不知所措，但段老师天然有一种化解后辈紧张感觉的能力。在一些聚餐中，除了严肃的学术讨论，段老师还会讲学术圈的逸事。段老师对科研的热情也深深震撼了她。她提到有一次段老师说自己在研究山普拉出土的氍毹时，在突然想通的那一刻，又惊喜又惶恐，唯恐自己不能及时将这些成果写出，呈现给大家——这大概就是学术研究的最高境界了。林铃梅回忆起拜城会议上段老师与大家激烈而充满火药味的学术讨论，她表示这在一般的学术会议上是不多见的，令人十分过瘾。段老师虽然离开了，但学术江湖上一直会有她的传说，她希望段老师奉献一生的西域胡语研究学科发展得越来越好。

刘子凡副研究员（中国社会科学院历史研究所）曾陪段老师考察过尼雅遗址，他回忆起在2010年第一次见到段老师，她讲到导师恩默雷克去世时哽咽的场景。他提到在自己的第一印象中，段老师是一个温柔的人，她不仅爱护自己的学生，对别的学生也爱护有加。虽然自己没有上过段老师的课，但经常和段老师参加学术活动，听段老师讲她的学术视野，这对自己也有潜移默化的影响。他印象最深的是2016年在外院楼前海棠花开之时，他去给段老师送自己出的书，担心段老师看不上自己的这种成果，但没想到段老师拿到书非常开心。段老师这些年的学术成果除了得益于她的学术积累，也离不开她执着追求的学术精神。无论是去尼雅，还是去达玛沟考察，段老师都是全身心地投入。段老师虽然离开了我们，但她言传身教的精神一定会留在我们心中。

荣新江最后做了总结发言，他表示自己也有很多追念的话要说。他提到从20世纪80年代初以来，自己和段老师的交往时间很长，是一两篇文章都写不完的故事。他回忆起1985年自己第一次去见恩默雷克时，段老师先给自己理发，然后带着他去见她导师的情景。他表示段老师的人格魅力是开朗、直爽的，虽然她好像从来没有批评过自己，但实际上自己一直对她比较“敬畏”。他回忆起当年管理北大图书馆219室——那是国内难得的敦煌文书胶卷阅读室——钥匙时与段老师之间的交往。谈起段老师的学术贡献，荣新江表示段老师还有很多未完成的工作，国图、人大还有很多于阗语文书没有完成解读，但她这些年的工作已经达到了一个学者的极限。荣新江提到了段老师的学术传承问题，他表示段老师虽然在外国语学院，但她做的研究很多都是中国的东西，她也希望创立古代西域语言研究的专门学科，她的学术的具体的传承和她对学科的具体考虑，都需要我们今后在段老师的这一思路下继续推进。

2022 年 4 月 10 日

段晴教授论著编年目录

荣新江　范晶晶　编

1. 《季教授和他的第二故乡——随季羡林先生访德散记》,《丑小鸭·青年文学月刊（北京）》1982年第5期，56—58页。
2. *Aparimitāyuḥ-sūtra und das S 2471*, Ph. D Dissertation, University of Hamburg, 1987.
3. “draivī”, R.E. Emmerick and P.O. Skjærvø eds., *Studies in the Vocabulary of Khotanese II*, Wien, 1987, pp. 61-62.
4. 《于阗文中的八曜》,《民族语文》1988年第4期，36—40页。
5. 《于阗文的蚕字、茧字、丝字》，李铮、蒋忠新主编《季羡林教授八十华诞纪念论文集》上卷，江西人民出版社，1991年，46—50页。
6. *Das Khotanische Aparimitāyuḥ-sūtra: Ausgabe, Übersetzung, Kommentar und Glossar* (StII Dissertationen Band 3, Reinbeck Dr. Inge Wezler Verlag für Orientalische Fachpuplikationen), 1992.
7. “Einige Götter in dem khotanischen Text S 2471”, *ZDMG Supplementa* 9, 1992, p. 207.
8. 《西方鬼的故事：晚皮尔的传说》,《国外文学》1992年第3期，82—90页。
9. 《印度文化的知音——记金克木先生》,《中国文化报》1992年7月22日。
10. 《于阗语〈出生无边门陀罗尼经〉残片释读》,《西域研究》1993年第2期，46—51页。
11. 《旅顺博物馆藏于阗语〈出生无边门陀罗尼经〉残片释读》，叶奕良编《伊朗学在中国论文集》第1集，北京大学出版社，1993年，9—14页。
12. 《于阗经文中“作茧自缚”的来源》,《民族语文》1993年第1期，63—66页。
13. 《“慈悲者之城”与“涅槃城”》,《南亚研究》1993年第2期，41—45页。
14. 《迎接挑战》，魏国英主编《她们拥抱太阳：北大女学者的足迹》，北京大学出版社，1995年，362—369页。
15. 《面如满月：浅谈中印审美观的差异》,《北京大学学报》（东方文化研究专刊），1996年，25—31页。
16. 《〈大唐西域记〉瞿萨旦那国拾零》，北京大学东方文化研究所编《东方研究》（1996年、1997年合集），蓝天出版社，1998年，139—146页。
17. （翻译）《梵语基础读本》（与季羡林等合译），北京大学出版社，1996年。
18. （翻译）《格林童话故事集》，河北少年儿童出版社，1996年。
19. （翻译）《安徒生童话集》（与冉斌等合译），河北少年儿童出版社，1996年。
20. 《从〈梨俱吠陀〉读出的历史》,《南亚研究》1997年第1期，91—93页。
21. 《新疆新出于阗文木牍文书研究》（与王炳华合撰），季羡林等主编《敦煌吐鲁番研究》第2卷，北京大学出版社，1997年，1—12页。

22. 《几件与册封于阗王有关的于阗文书》，叶奕良编《伊朗学在中国论文集》第2集，北京大学出版社，1998年，9—13页。
23. "What does Indology Specially Mean for China?" 北京大学东方文化研究所编《东方研究——纪念百年校庆论文集》，蓝天出版社，1998年，429—441页。
24. 《印度人的自然观初探》，《南亚研究》1998年第1期，51—56页。
25. 《写在〈季羡林文集〉出版之际》，《中华读书报》1999年4月21日。
26. 《德国南亚学者彼德·达斯教授在北京大学讲学》，《南亚研究》1999年第2期，95—96页。
27. 《据史德语考》（与荣新江合撰），余太山编《中亚学刊》第5辑，新疆人民出版社，1996［2000］年，9—21页。
28. 《敦煌新出土叙利亚文书释读报告》，敦煌研究院编《莫高窟北区石窟》第一卷，文物出版社，2000年，382—390页。
29. 《敦煌新出土叙利亚文书释读报告续篇》，《敦煌研究》2000年第4期，120—126页。
30. "Bericht über ein neuentdecktes syrisches Dokument aus Dunhuang/China", *Oriens Christianus*, 85, 2001, pp. 84-93.
31. 《波你尼语法入门》，北京大学出版社，2001年。
32. 《梵语与零的发现》，北京大学东方文学研究中心、东方学研究院编《东方研究2001年》，国际文化出版公司，2002年，298—307页。
33. 《梵语以及梵语的启示》，于维雅主编《东方语言文字文化》，北京大学出版社，2002年，130—153页。
34. 《敦煌莫高窟北区出土的一件梵语残卷》，戒幢佛学研究所编《戒幢佛学》第2卷，岳麓书社，2002年，68—78页。
35. 《素材是人文科学的基础》，北京大学外国语学院语言学研究所编《语言研究》第1辑，北京大学出版社，2002年，181—185页。
36. "The Study of Sanskrit at Peking University", presented at first at Center for Advanced Studies, Oslo, Norway, 10th June 2002; *Fragile Palm Leaves*, No.7, December 2002, Bangkok, Thailand.
37. "What does Indology Mean Specially for China", Saroja Bhate ed., *Indology: Past, Present and Future*, New Delhi: Sahitya Akademi, 2002, pp. 223-232.
38. 《读薛克翘先生〈中印文学比较研究〉有感》，《南亚研究》2003年第2期，92—93页。
39. 《对vibhakti类词缀的补充说明》，北京大学东方文学研究中心、东方学研究院编《东方研究2002/2003年》，经济日报出版社，2003年，123—136页。
40. 《唐代大秦寺与景教僧新释》，荣新江主编《唐代宗教信仰与社会》（北京大学盛唐研究丛书），上海辞书出版社，2003年，434—472页。
41. 《景教碑中"七时"之说》，叶奕良编《伊朗学在中国论文集》第3集，北京大学出版社，2003年，21—30页。
42. 《书评：林悟殊〈唐代景教再研究〉》，刘东主编《中国学术》2003年第3期，商务印书馆，311—

314页。

43. 《于阗语〈罗摩衍那〉的故事》，张玉安、陈岗龙主编《东方民间文学比较研究》，北京大学出版社，2003年，138—157页。

44. "A Newly Found Sanskrit Fragment from Dunhuang", (with Peng Jinzhang) *Annual Report of the International Research Institute for Advanced Buddhology at Soka University*, 6, 2003, pp. 197-206.

45. 《西域的胡语文书》，国家图书馆善本特藏部敦煌吐鲁番学资料研究中心编《敦煌与丝路文化学术讲座》第2辑，北京图书馆出版社，2005年，36—62页。

46. 《大秦寺的守望者》，《书城》2005年第11期，70—73页。

47. 《梵汉本〈法华经〉语词札记》（与朱冠明合撰），《古汉语研究》2005年第2期，68—73页。

48. 《筋斗背后的故事——从一个家喻户晓的词汇透视粟特文化的遗踪》，荣新江等编《粟特人在中国——历史、考古、语言的新探索》，中华书局，2005年，402—415页。

49. 《西域语趣——读〈正法华经〉、〈妙法莲华经〉随笔》，刘东主编《中国学术》第21辑，商务印书馆，2005年，193—210页。

50. （翻译）《摩诃婆罗多（四）》（与黄宝生等合译），中国社会科学出版社，2005年。

51. 《悉昙字本说源》，《语言学论丛》第32辑，商务印书馆，2006年，334—355页。

52. 《新发现的于阗语〈金光明最胜王经〉》，《敦煌吐鲁番研究》第9卷，中华书局，2006年，7—22页。

53. "Two New Folios of Khotanese *Suvarṇabhāsottamasūtra*", *Annual Report of the International Research Institute for Advanced Buddhology at Soka University*, 10, 2007, pp. 325-336.

54. 《寻踪觅影——汉译佛经中印度土著语法的痕迹》（英文），《北京论坛（2007）文明的和谐与共同繁荣——人类文明的多元发展模式："多元文明冲突与融合中语言的认同与流变"外国语分论坛论文或摘要集》（下），2007年，114—125页。

55. "In the Pursuit of Vyākaraṇa-elements in Chinese Translations", *Selected Papers of Beijing Forum 2007—The Harmony of Civilizations and Prosperity for All—Diversity in the Development of Human Civilization*, Peking University Press, 2008, pp. 163-172.

56. "The 'Maitrī-bhāvanā-prakaraṇa'. A Chinese Parellel to the Third Chapter of the *Book of Zambasta*", M. Macuch, M. Maggi, and W. Sundermann eds., *Iranian Languages and Texts from Iran and Turan. Ronald E. Emmerick Memorial Volume,* Wiesbaden: Harrassowitz, 2007 [2008], pp. 39-48.

57. 《于阗文本〈修慈分〉》，朱玉麒主编《西域文史》第3辑，科学出版社，2008年，1—57页。

58. 《于阗语高僧买奴契约》，季羡林、饶宗颐主编《敦煌吐鲁番研究》第11卷，上海古籍出版社，2009年，11—27页。

59. 《和田博物馆藏于阗语租赁契约研究——重识于阗之"桑"》（与和田地区博物馆合撰），季羡林、饶宗颐主编《敦煌吐鲁番研究》第11卷，上海古籍出版社，2009年，29—44页。

60. 《于阗语〈对治十五鬼护身符〉》，季羡林、饶宗颐主编《敦煌吐鲁番研究》第11卷，上海古籍出版社，2009年，101—119页。

61. 《丹丹乌里克佛寺壁画上的于阗文题记考释》（与文欣合撰），中国新疆文物考古研究所、日本佛教大学尼雅遗址学术研究机构编《丹丹乌里克遗址——中日共同考察研究报告》，文物出版社，

2009年，261—265页。

62. 《明咒护身符》，中国新疆文物考古研究所、日本佛教大学尼雅遗址学术研究机构编《丹丹乌里克遗址——中日共同考察研究报告》，文物出版社，2009年，267—279页。

63. 《论“如意金箍棒”的原型及演变过程》(与孙皓合撰)，《南京社会科学》2009年第8期，80—83、95页。

64. “*Bisā- and Hālaa-* in a New Chinese-Khotanese Bilingual Document”, *Journal of Inner Asian Art and Archaeology*, 3, 2009, pp. 65-73.

65. 《于阗僧提云般若与武则天——兼论〈造像功德经〉(上)》，《新疆文物》2009年第3—4期，144—128页。

66. “A Fragment of the *Bhadrakalpa-sūtra* in Buddhist Sanskrit from Xinjiang”, *Sanskrit Manuscripts in China*, Beijing: China Tibetology Publishing House, 2009, pp. 15-39.

67. “‘Mulberry’ in Khotanese: A New Khotanese Loan Deed in the Hetian Museum”, *Bulletin of the Asia Institute, new series,* 19 (Iranian and Zoroastrian Studies in Honor of Prods Oktor Skjærvø), 2005 [2009], pp. 5-14.

68. “Stories behind ‘Jindou’”, Ye Yiliang ed., *Collection of Papers on Iranian Studies in China*, Peking Universtiy Press, 2009, pp. 26-36.

69. “Misfortune Caused by Kings”, *Annual Report of the International Research Institute for Advanced Buddhology at Soka University*, 13, 2010, pp. 173-183.

70. 《关于古代于阗的“村”》，朱凤玉、汪娟编《张广达先生八十华诞祝寿论文集》，新文丰出版公司，2010年，581—604页。

71. 《梵语〈贤劫经〉残卷——兼述〈贤劫经〉在古代于阗的传布及竺法护的译经风格》，沈卫荣主编《西域历史语言研究集刊》第3辑，科学出版社，2010年，201—231页。

72. “Besprechung: *Sanskrithandschriften aus den Turfanfunden*”, *Orientalistische Literaturzeitung*, 2010, 105.

73. “Some Fragments of the *Saṅghāṭa-sūtra* from the Xinjiang Museum, Urumqi”, *Annual Report of the International Research Institute for Advanced Buddhology at Soka University*, 14, 2011, pp. 127-134.

74. 《字里行间——汉译佛经所反映的梵文隐性现象》，王邦维主编《季羡林先生与北京大学东方学》，阳光出版社，2011年，252—268页。

75. 《德国的印度学之初与季羡林先生的学术底蕴》，饶宗颐主编《敦煌吐鲁番研究》第12卷(季羡林先生纪念专号)，上海古籍出版社，2011年，1—14页。

76. 《宝藏遗踪——近年来和田地区新出非汉语类文书综述》，樊锦诗、荣新江、林世田编《敦煌文献·考古·艺术综合研究——纪念向达先生诞辰110周年国际学术研讨会论文集》，中华书局，2011年，293—305页。

77. 《中国国家图书馆藏BH5-3佉卢文买卖土地契约》，朱玉麒主编《西域文史》第6辑，科学出版社，2011年，1—16页。

78. “A Land Sale Contract in Kharoṣṭhī Script: National Library of China Collection, No. BH5-3”, *Annual Report of the International Research Institute for Advanced Buddhology at Soka University*, 15, 2012,

pp. 63-69.

79. 《探径于〈长部〉》,《汉译巴利三藏·长部》，中西书局，2012年，6—30页。

80. 《有关译文体例的简单说明》,《汉译巴利三藏·长部》，中西书局，2012年，31—35页。

81. 《译后记》,《汉译巴利三藏·长部》，中西书局，2012年，589—590页。

82. （翻译）《汉译巴利三藏·长部》（合译），中西书局，2012年。

83. 《Hedin 24号文书释补》，新疆吐鲁番学研究院编《语言背后的历史——西域古典语言高峰论坛论文集》，上海古籍出版社，2012年，74—78页。

84. “Inscriptions on the Carpets Found at Shanpula, Luopu (Lop) County, Xinjiang”, *Journal of Inner Asian Art and Archaeology,* 5, 2012, pp. 95-99.

85. 《尉迟曜十一年裴捺卖地案牍》（与策勒县文管所合撰），朱玉麒主编《西域文史》第7辑，科学出版社，2012年，123—137页。

86. 《于阗语等文献释读及论述部分之引言及凡例》，刘绍刚、侯世新主编《新疆博物馆新获文书研究》，中华书局，2013年，45—47页。

87. 《于阗语〈僧伽吒经〉残叶》，刘绍刚、侯世新主编《新疆博物馆新获文书研究》，中华书局，2013年，48—59页。

88. 《于阗语〈佛说一切功德庄严王经〉残叶》，刘绍刚、侯世新主编《新疆博物馆新获文书研究》，中华书局，2013年，60—72页。

89. 《未知名于阗语、梵语佛经抄本残片》（与叶少勇合撰），刘绍刚、侯世新主编《新疆博物馆新获文书研究》，中华书局，2013年，73—77页。

90. 《萨波Vaisa之牒所隐括的社会变迁》，刘绍刚、侯世新主编《新疆博物馆新获文书研究》，中华书局，2013年，78—91页。

91. 《于阗语世俗文书残片》（与郭金龙合撰），刘绍刚、侯世新主编《新疆博物馆新获文书研究》，中华书局，2013年，92—95页。

92. 《前言》,《中国国家图书馆藏西域文书——梵文、佉卢文卷》，中西书局，2013年，1—5页。

93. 《贤劫经（*Bhadrakalpa-sūtra*）》,《中国国家图书馆藏西域文书——梵文、佉卢文卷》，中西书局，2013年，121—134页。

94. 《元孟八年土地买卖楔印契约》,《中国国家图书馆藏西域文书——梵文、佉卢文卷》，中西书局，2013年，193—201页。

95. 《内容不明佉卢文木牍（国图BH5-7）》,《中国国家图书馆藏西域文书——梵文、佉卢文卷》，中西书局，2013年，203—205页。

96. 《中国国家图书馆藏西域文书——梵文、佉卢文卷》（与萨尔吉等合著），中西书局，2013年。

97. 《义净与实叉难陀》，中国人民大学国学院主编《国学的传承与创新——冯其庸先生从事教学与科研六十周年庆贺学术文集》下册，上海古籍出版社，2013年，1109—1120页。

98. 《〈造像功德经〉所体现的佛教神话模式》，王邦维等编《佛教神话研究：文本、图像、传说与历史》，中西书局，2013年，83—102页。

99. 《慈无味——无法表演的慈》,《光明日报》2013年10月28日第12版。

100. “Were Textiles Used as Money in Khotan in the Seventh and Eighth Centuries?” (with Helen Wang), *Journal of the Royal Asiatic Society*, Series 3, vol. 23. 2, 2013, pp. 307-325.

101. 《〈舅卖甥女〉案牍所映射的于阗历史》，秦大树、袁旔主编《古丝绸之路——2011年亚洲跨文化交流与文化遗产国际学术研讨会论文集》，新加坡：八方文化创作室，2013年，33—58页。

102. 《伏阇达五年蠲除契约案牍》，饶宗颐主编《敦煌吐鲁番研究》第13卷，上海古籍出版社，2013年，291—304页。

103. 《于阗·佛教·古卷》，中西书局，2013年。

104. “Puñadatta's Life as Reflected in Khotanese Documents”, S. Tokhtasev and P. Luria eds., *Commentationes Iranicae. Festschrift to Prof. Vladimiro f. Aron Livschits Nonagenario Donum Natalicium*, St. Petersburg: Petropoli in ædibus Nestor-Historia, 2013, pp. 435-445.

105. 《波斯帝国的历史传说》，《中国典籍与文化》第8辑，国家图书馆出版社，2013年，101—137页。

106. “Indic and Khotanese Manuscripts: New Finds and Findings from Xinjiang”, Paul Harrison and Jens-Uwe Hartmann eds., *From Birch Bark to Digital Data: Recent Advances in Buddhist Manuscript Research. Papers Presented at the Conference Indic Buddhist Manuscripts: The State of the Field, Stanford, June 15-19 2009,* Wien: Österreichische Akademie der Wissenschaften, 2014, pp. 269-278.

107. 《钱与帛——中国人民大学博物馆藏三件于阗语－汉语双语文书解析》（与李建强合撰），《西域研究》2014年第1期，29—38页。

108. “Puñadatta's Contract of Sale of an Estate”, *Annual Report of the International Research Institute for Advanced Buddhology at Soka University*, 17, 2014, pp. 349-363.

109. 《洛浦地毯与吉尔伽美什的传说》，《华夏地理》2014年1月，30—31页。

110. “Pledge, Collateral and Loan in Ancient Khotan”, Yu Taishan & Li Jinxiu eds. *Euroasian Studies II*, Sydney: Asia Publishing Nexus Australia, 2014, pp. 249-268.

111. 《于阗文书所见古代于阗的典押制度》，饶宗颐主编《敦煌吐鲁番研究》第14卷，上海古籍出版社，2014年，113—125页。

112. 《新疆洛浦县地名“山普鲁”的传说》，《西域研究》2014年第4期，1—8、139页。

113. 《穿越了时空的文字》，《多浪龟兹》总第23期，2014年，81—85页。

114. 《于阗故地的诉说》，上海博物馆编《于阗六篇》，北京大学出版社，2014年，97—121页。

115. 《于阗语〈无垢净光大陀罗尼经〉之源与流》，荣新江、朱玉麒主编《西域考古·史地·语言研究新视野：黄文弼与中瑞西北科学考察团国际学术研讨会论文集》，科学出版社，2014年，329—338页。

116. “A Sanskrit Buddhist Document on Cloth of the Earlier 7th Century”, Yu Taishan & Li Jinxiu eds. *Euroasian Studies III*, Sydney: Asia Publishing Nexus Australia, 2015, pp. 171-185.

117. 《一件来自公元6世纪的梵语世俗文书》，西藏社会科学院贝叶经研究所编《西藏贝叶经研究》，西藏藏文古籍出版社，2015年，1—11页。

118. 《裴捺的人生轨迹》，阿不都热西提·亚库甫主编《西域－中亚语文学研究：2012年中央民族大学主办西域－中亚语文学国际学术研讨会论文集》，上海古籍出版社，2015年，80—89页。

119.《佉卢文世俗文书所反映的社会生活》,《中国文化报》2015年5月22日第4版。

120.《新疆山普鲁古毛毯上的传说故事》,《西域研究》2015年第1期，38—47、138—139页。

121.《天树下娜娜女神的宣言——新疆洛浦县山普鲁出土毛毯系列研究之一》,《西域研究》2015年第4期，147—160、192页。

122.《飘带来自吉祥——反映在古代于阗画中的祆教信仰符号》,《艺术史研究》第17辑，中山大学出版社，2015年，153—166页。

123.《中国国家图书馆藏西域文书——于阗语卷》(一)，中西书局，2015年。

124.《萨迦牟云的家园——以尼雅29号遗址出土佉卢文书观鄯善王国的家族与社会》,《西域研究》2016年第3期，54—64、143页。

125.《粟特商队到于阗——BH4-135之于阗文书的解读》，荣新江、罗丰主编《粟特人在中国——考古发现与出土文献的新印证》上册，科学出版社，2016年，96—115页。

126.《木球之喻》，程彤主编《丝绸之路上的照世杯——“中国与伊朗：丝绸之路上的文化交流”国际研讨会论文集》，中西书局，2016年，31—40页。

127.《青海藏医药文化博物馆藏佉卢文尺牍》(与才洛太合著)，中西书局，2016年。

128. “Deed, Coins and King’s Title as Revealed in a Sanskrit Cloth Document from the 6th Century”, Yu Taishan & Li Jinxiu eds. *Eurasian Studies IV*, Asia Publishing Nexus Australia, 2016, pp. 265-283.

129.《于阗语大案牍——新疆维吾尔自治区博物馆藏初唐案牍研究》(与侯世新、李达合撰)，荣新江主编《唐研究》第22卷，2016年，371—400页。

130.《佉卢文的证言——青海藏医药文化博物馆藏两件佉卢文尺牍研究》(与才洛太合撰)，孟宪实、朱玉麒主编《探索西域文明——王炳华先生八十华诞祝寿文集》，中西书局，2017年，292—305页。

131. “Greek Gods and Traces of the Sumerian Mythology in Carpets from the 6th Century”，李肖主编《丝绸之路研究》第1辑，生活·读书·新知三联书店，2017年，1—16页。

132. “Transformation of the Administrative System in 3rd-Century Shanshan (Nuava): A Case Study of the Great Cozbo Soṃjaka”, Yu Taishan & Li Jinxiu eds. *Eurasian Studies V*, Asia Publishing Nexus Australia, 2017, pp. 86-109.

133.《石汗那的婴儿——新疆博物馆藏一件新出于阗语案牍》(与侯世新、李达合撰)，郝春文主编《敦煌吐鲁番研究》第18卷，2018年，265—278页。

134.《神话的跨域性与地方性——以观察新疆洛浦博物馆氍毹为基础》,《民族艺术》2018年第4期，13—22页。

135.《〈神话的跨域性与地方性——以观察新疆洛浦博物馆氍毹为基础〉问答、评议与讨论》(与陈嫣瑄合撰),《民族艺术》2018年第4期，23—27页。

136.《神话与仪式——以观察新疆洛浦博物馆氍毹为基础》,《民族艺术》2018年第5期，31—44页。

137.《〈神话与仪式——以观察新疆洛浦博物馆氍毹为基础〉问答、评议与讨论》(与程雪合撰),《民族艺术》2018年第5期，45—49页。

138.《〈声教所及——对纪晓岚新疆行脚的民俗回访〉序》，陈泳超著《声教所及——对纪晓岚新疆行脚的民俗回访》，中西书局，2018年，1—13页。

139. 《陌生的友邻》,《华夏地理》2018年第8期，78—92页。
140. 《精绝、鄯善古史钩沉》，余太山、李锦绣主编《欧亚学刊》新7辑，商务印书馆，2018年，21—34页。
141. 《早期/晚期于阗语与方言——〈无垢净光大陀罗尼〉所反映的语言问题》，王振芬、荣新江主编《丝绸之路与新疆出土文献——旅顺博物馆百年纪念国际学术研讨会论文集》，中华书局，2019年，497—511页。
142. 《于阗伏阇雄时代的两件契约》(与侯世新、李达合撰)，荣新江、朱玉麒主编《丝绸之路新探索：考古、文献与学术史》，凤凰出版社，2019年，131—142页。
143. 《于阗语无垢净光大陀罗尼经》，中西书局，2019年。
144. 《『カルパラージャ・スートラ』と仏塔信仰》(アップル荒井しのぶ訳),《東洋学術研究》第58卷第2号，2019年，65—85页。
145. 《于阗王国之名新考》,《西域研究》2020年第1期，79—89页。
146. 《专栏主持人语》，北京大学外国语学院及应用语言研究所编《语言学研究》第28辑，2020年，3—5页。
147. 《于阗语“四象”以及龙王“热舍”》，北京大学外国语学院及应用语言研究所编《语言学研究》第28辑，2020年，6—14页。
148. “Foreword”, Xiao Li ed., *Non-Han Literature along the Silk Road*, Silk Road Research Series, San-lian & Springer, 2020, pp. ix-xi.
149. “Across-Regional and Local Characteristics of Mythologies: On the Basis of Observing the Lop Museum Carpets”, Xiao Li ed., *Non-Han Literature along the Silk Road*, Silk Road Research Series, San-lian & Springer, 2020, pp. 1-20.
150. “Legends and Ceremonies: Based on the Observation of the Qu Shu Collection at Xinjiang Lop Museum”, Xiao Li ed., *Non-Han Literature along the Silk Road*, Silk Road Research Series, San-lian & Springer, 2020, pp. 21-45.
151. 《天灾人祸所生发的信仰与习俗——基于古代于阗文明的观察》，北京大学人文社会科学研究院，2020年4月20日；《澎湃新闻》2020年5月14日转载。
152. “*Kalparāja-sūtra* and Pagoda Worship,” *The Journal of Oriental Studies,* Vol.30, September 2020, pp. 102-117.
153. “About *qushu*: Carpets or Rugs with Long Hair” (with Zheng Liang), Xiao Li ed., *Studies on the History and Culture along the Continental Silk Road*, Silk Road Research Series, San-lian & Springer, 2020, pp. 21-30.
154. 《买卖僧房舍契约》，郑阿财、汪娟主编《敦煌学》第36期，南华大学敦煌学研究中心，2020年，315—328页；又收入郑阿财、汪娟主编《张广达先生九十华诞祝寿论文集》上册，新文丰出版公司，2021年，451—465页。
155. 《一篇于阗语祈祷文所映射的十世纪敦煌于阗人的宗教信仰》，余太山、李锦绣主编《欧亚学刊》新10辑，商务印书馆，2020年，150—161页。

156.《丝路之畔的赫尔墨斯》，马丽蓉主编《新丝路学刊》第11期，上海外国语大学，2021年，1—14页。

157.《白沙瓦博物馆》，张嘉妹主编《犍陀罗的微笑：巴基斯坦古迹文物巡礼》，上海三联书店，2021年，64—66页。

158.《佛立像》，张嘉妹主编《犍陀罗的微笑：巴基斯坦古迹文物巡礼》，上海三联书店，2021年，67—75页。

159.《佛坐像》，张嘉妹主编《犍陀罗的微笑：巴基斯坦古迹文物巡礼》，上海三联书店，2021年，76—81页。

160.《菩萨像》，张嘉妹主编《犍陀罗的微笑：巴基斯坦古迹文物巡礼》，上海三联书店，2021年，82—85页。

161.《诃利帝与般支迦》，张嘉妹主编《犍陀罗的微笑：巴基斯坦古迹文物巡礼》，上海三联书店，2021年，126—128页。

162.《舍利盒》，张嘉妹主编《犍陀罗的微笑：巴基斯坦古迹文物巡礼》，上海三联书店，2021年，129—131页。

163.《黄文弼发现的两件据史德语文书》，朱玉麒主编《西域文史》第15辑，科学出版社，2021年，1—18页。

164.《关于氍毹》（与郑亮合撰），李肖主编《丝绸之路研究》第2辑，生活·读书·新知三联书店，2021年，1—7页。

165.《于阗绝细，于阗锦》，北京大学伊朗文化研究所编《伊朗学在中国》第5辑，中西书局，2021年，50—64页。

166.（翻译）《汉译巴利三藏·经藏·中部》（与范晶晶等合译），中西书局，2021年。

167.《探径于〈中部〉》，《汉译巴利三藏·中部》上册，中西书局，2021年，5—16页。

168.《译后记》，《汉译巴利三藏·中部》下册，中西书局，2021年，1039—1041页。

169.《中国人民大学藏于阗语文书的学术价值》，《中国人民大学学报》2022年第1期，12—19页。

170.《唐代据史德文化略考》，罗丰主编《丝绸之路考古》第5辑，科学出版社，2021年，106—114页。

171.《吕珎胡书——对中国国家图书馆藏西域文书BH1-17于阗语文书的释读》，《西域研究》2022年第2期，73—88页。

172.《浸没的家产——中国国家图书馆藏于阗语案牍BH4-68研究》，朱玉麒、李肖主编《坚固万岁人民喜——刘平国刻石与西域文明学术研讨会论文集》，凤凰出版社，2022年，362—372页。

173.《关于古代于阗"税"的辩考——基于策勒县文物保护管理所藏于阗语案牍所做观察》，荣新江主编《丝绸之路上的中华文明》，商务印书馆，2022年，254—276页。

174.《粟特语灌顶仪轨》（与范晶晶、杨帆合撰），余太山、李锦绣主编《欧亚学刊》新11辑，商务印书馆，2022年，1—14页。

175.《神话与仪式：破解古代于阗氍毹上的文明密码》，生活·读书·新知三联书店，2022年。

感谢韩丹丹同学核实相关信息

第二编　传承遗风　开布新知

尉迟乙僧及其画迹的文本与图像资料梳辨*

张惠明（中国国家画院）

摘　要： 尉迟乙僧作为公元7世纪来到长安的西域画家以擅画佛教题材而享有盛名，他所代表的西域画风对当时及后来的佛教美术创作特别是佛教人物画产生过重大的影响。有关他的籍贯与来华身份及其传世作品，历来众说纷纭，本文旨在通过全面梳理佛教史籍与画史文献并将文本与相关的图像资料相结合，对尉迟乙僧的籍贯与来华身份及其在两京寺院的宗教美术创作以及传为他创作的绘画作品做一梳理与初步考辨。探讨最早记载尉迟乙僧的唐贞观九年（635年）由长安弘福寺僧彦悰完成的《后画录》所提供的重要信息，即尉迟乙僧来自吐火罗国，并推测其来华的身份可能为画僧。而尉迟乙僧的艺术创作活动地点主要在西京长安，并从事京城寺院的壁画创作；现存传为尉迟乙僧画作的摹本应被看作反映尉迟乙僧风格样式及画法的绘画作品的摹本，而这些摹本均为被人反复临摹的，摹本上的中亚的胡舞舞女以及“宴饮场景”等图像以及用凹凸画法绘制的佛菩萨形象均可被视为尉迟乙僧来自更远的吐火罗国提供间接证据。

关键词： 尉迟乙僧　吐火罗　于阗　西域风格/样式　凹凸法

公元7世纪前期即隋末唐初之际，有不少外国画家来到长安，画史文献中就曾提到如本文将要讨论的大小尉迟父子——跋质那与乙僧、印度僧侣画家昙摩拙义、撒马尔干康居国画家康萨陀，其中以尉迟乙僧谈论得最多。由于史料文献及艺术图像实物资料的阙略，有关尉迟乙僧以及传为尉迟乙僧的作品，一直众说纷纭，莫衷一是。在此我们对文献记载及传为他画的传世作品做一梳理与考辨，以期对其艺术风格特征有一个更全面的认识。尉迟乙僧是初唐时期来自西域一小国寓居西安的著名佛教画家，他曾经在唐代的两京西京长安和东京洛阳城内的一些著名的佛教寺院画过壁画，他所代表的西域画风对当时以及后来的唐代美术创作特别是宗教人物画产生了极为重大的影响。本研究主要是从文献学的角度，以画史及画论为基本材料，探讨尉迟乙僧的籍贯及其西域画风在两京地区对唐代美术创作的影响。

一、尉迟乙僧——吐火罗画僧抑或于阗质子？

（一）关于尉迟乙僧籍贯的画史及相关文献的研究

尉迟乙僧的籍贯问题在画史文献记载中，一直有两种说法，就记载的时间先后而言，先有“吐火罗说”，后有“于阗说”。前一说法由长安弘福寺僧彦悰最早提出，他在贞观九年（635年）完成的

* 本文为国家社科基金重大项目“敦煌与于阗：佛教艺术与物质文化的交互影响”（项目编号：13&ZD087）的成果之一。

《后画录》中写道："唐吐火罗国胡，尉迟乙僧。…… 有兄甲僧，在其本国矣。……"①彦悰在此明确地指出乙僧是来自吐火罗国的胡僧。"于阗说"在画史文献中的出现时间比"吐火罗说"要晚两个世纪，见于成书于唐大中元年（847年）的张彦远的《历代名画记》："尉迟乙僧，于阗国人。"② 不过，实际上从公元9世纪中期至17世纪之前，"吐火罗说"一直是占据主流的说法。略晚于《历代名画记》、大约在大中四年（850年）前后由朱景玄撰写的《唐朝名画录》采用的是"吐火罗说"："尉迟乙僧者，吐火罗国人。贞观初，其国王以丹青奇妙，荐之阙下。"③在宋徽宗宣和二年（1120年）由皇室主持编纂的《宣和画谱》卷一中于正文中亦称："尉迟乙僧，吐火罗国胡人也。"此为《后画录》"吐火罗说"的沿袭。不过，在此句正文后加了注文："《朝名画录》作土火罗国，《历代名画记》作于阗国人。"④ 由此可见，"于阗说"在北宋末年时还只是"吐火罗说"的备说。到元末明初画家兼收藏家夏文彦著《图绘宝鉴》时，仍坚持的是"吐火罗说"："尉迟乙僧，吐火罗人。贞观初，其国以善画荐中都，授宿卫官封郡公。"⑤

"于阗说"开始得到重视是在17世纪初，明万历四十四年（1616年）书画收藏家张丑所著的《清河书画舫》中，在"喙字号第三：尉迟乙僧"条介绍乙僧籍贯时，首次把张彦远《历代名画记》"于阗人"相关引文置于朱景玄"吐火罗国人"引文之前。⑥至18世纪后期——清乾隆年间（1736—1795年）的后期，"吐火罗说"已趋于式微。⑦

清末至民国三十年代"于阗说"开始成为主流说法，1921年王国维在其发表的《西胡考》一文中指出："于阗国姓，实为尉迟，而画家之尉迟乙僧，张彦远《历代名画记》云于阗人，朱景元《唐朝

① 参见彦悰，《后画录》，于安澜编：《画品丛书》，上海：上海人民美术出版社，1982年，第52页。彦悰也是《大唐京师寺录传》（十卷）、《集沙门不应拜俗等事》（六卷）和《大慈恩寺三藏法师传》（十卷，其中后五卷为其所著）的作者，在京师长安寺院活动的时间在贞观九年——垂拱年间（685—688年）。参见《宋高僧传》卷四"唐京兆大慈恩寺彦悰传"，（《大正藏》第50册，No.2061，第728—729页。据智昇的《开元释教录》记载，彦悰在唐龙朔二年（662年）还在京师与皇家有互动。参见智昇：《开元释教录》卷八，《大正藏》第55册，No. 2154，第552和563页。关于《后画录》的成书年代，请参见彦悰：《后画录序》（《画品丛书》，第49页）。Pelliot Paul, "Les fresques de Touen-houang et les fresques de M. Eumorfopoulos", *Arts Asiatiques*, Vol. V(1928), p. 154。

② 张彦远：《历代名画记》卷九，于安澜编：《画史丛书》第一册，上海：上海人民美术出版社，1965年，第106页。

③ 朱景玄：《唐朝名画录》，于安澜编：《画品丛书》，第78页。《唐朝名画录》又名《唐画断》，《新唐书·艺文志》："朱景玄《唐画断》三卷，会昌人。"据此可知他活跃于唐武宗会昌年间（841—846年）。关于此书的成书年代，参见许理和（Zürcher Erik）《艾惟廉〈唐及唐以前绘画文献〉简评》（节选），孙丹妍译，《〈历代名画记〉研究》（《朵云》第六十六集），上海：上海书画出版社，2007年，第53页，注19；Zürcher Erik, "Recent Studies on Chinese Painting", *T'oung Pao*, ILI (1964), p. 404, note. 3。

④ 参见不著撰人：《宣和画谱》，于安澜编：《画史丛书》第二册，上海：上海人民美术出版社，1965年，第11页。注中的《朝名画录》应指朱景玄的《唐朝名画录》。

⑤《图绘宝鉴》卷二，于安澜编：《画史丛书》第二册，上海：上海人民美术出版社，1965年，第14页。

⑥ 张丑：《清河书画舫》，徐德明校点，上海：上海古籍出版社，2011年，第107页。

⑦ 成书于1782年的《四库全书总目》的撰写者对《后画录》一书的真伪提出了质疑，清代周中孚在其《郑堂读书记》、余绍宋在其《书画书录解题》中亦持有类似观点（参见丁福保、周云青编：《四部总录艺术编》，上海：上海商务印书馆，1956年，第721页）。但当代研究者根据考证认为：现存的《后画录》系一个由后人抄录有误且不完整的真本。参见俞剑华：《中国画论类编》（上册），北京：人民美术出版社，1957年（1956年第一版），第386—389页；Zürcher Erik, "Recent Studies on Chinese Painting", *T'oung Pao*, p. 404, note. 3；谢巍：《中国画学著作考录》，上海：上海书画出版社，1998年，第54页。

名画录》云吐火罗人，二者皆唐人所记，是于阗与吐火罗本同族，亦吐火罗人曾居于阗之证。”[①] 自王国维《西胡考》发表之后，“于阗说”在美术史界得到了广泛认可。1929年美术史家郑昶在其《中国画学全史》中，对“于阗说”的采用还是持审慎态度，并没有否定“吐火罗说”的存在。[②] 而至1933年，滕固在其《唐宋绘画史》中直接否定“吐火罗说”称：“尉迟乙僧是吐火罗人，系误。”[③] 同年向达在《燕京学报》专号（第2期）发表了其著名的《唐代长安与西域文明》一文，提出：尉迟乙僧和他的父亲尉迟跋质那属于隋唐之际从西域入居长安的尉迟氏一支外来的姓氏移民。[④] 因为他们均被封为宿卫和郡公，因此他们是于阗国质子。向达先生还引证《历代名画记》所记长安奉恩寺原为尉迟乙僧宅，但此寺也曾经是长安名僧智严的旧宅，据《宋高僧传》记载，“智严原姓：尉迟”“释智严姓尉迟氏，本于阗国质子也”。[⑤] 智严与尉迟乙僧父子先后同居一宅，因此均为唐代的于阗国派往中原的质子。尉迟乙僧的籍贯问题至向达先生的相关论证得到解释，“于阗质子说”广为中外美术史研究者所接受。[⑥]

在经历了长达七十多年之后，近年来“于阗说”开始受到质疑，任平山在2011年发表的《重提吐火罗——尉迟乙僧原籍考注》一文中，重提“吐火罗说”。[⑦] 任氏支持“吐火罗说”，他认为从材料的真实性角度分析，朱景玄的《唐朝名画录》较之张彦远的《历代名画记》有着彦悰的《后画录》可做旁证，彦悰与尉迟乙僧是同时代的人，因此，他的记载相比于二百年后的朱景玄、张彦远可信度更高。

（二）“吐火罗画僧”抑或“于阗质子”？

以上是对有关记载尉迟乙僧籍贯画史文献及由此产生的争议所做的一个简要梳理，由此引出的另一个问题是：到底如何根据相关文献解释尉迟乙僧来华的身份？即乙僧到底是一位“吐火罗画僧”还是一个“于阗质子”？

有关尉迟乙僧的文献，在唐代的记载按照成书时间先后为彦悰的《后画录》、朱景玄的《唐朝名画录》和张彦远的《历代名画记》，我们仅以后两部作为同一时期的著作做比较，其所记尉迟乙僧来长安的时间略同，即是在初唐时期：《名画录》记“贞观初”，《名画记》记作“国初”。[⑧] 但对其身份的说法不一：前者《名画录》所记“其国王以丹青奇妙，荐之阙下。有云：其国有兄甲僧，未有见其

---

① 参见王国维：《观堂集林 上：西胡考》，《国民丛书》第四编92，上海：上海书店出版社，1991年，第13—15页（原载《亚洲学术》创刊号，1921年）。文中“朱景元”为“朱景玄”之误。

② 郑午昌：《中国画学全史》，上海：上海书画出版社，1985年（根据上海中华书局1929年版重印），第132页。

③ 滕固：《唐宋绘画史》，北京：中国古典艺术出版社，1958年，第21页（上海：神州国光社，1933年第一版）；喜仁龙亦持相同意见。参见Osvald Siren, *A History of Early Chinese Painting*, London: Medici Society, 1933, Vol.2, p. 40。

④ 向达：《唐代长安与西域文明》，北京：生活·读书·新知三联书店，1957年，第8页。

⑤ 赞宁：《宋高僧传》卷三，《大正藏》第50册，No.2061，第720页。

⑥ Osvald Siren, *Chinese Painting: Leading Masters and Principles*, Vol. III, New York, London: The Ronald Press Company, 1956, p. 73, pl. 42；Bussagli Mario, *Central Asia Painting*, New York: Rizzoli, 1979, p. 66；金维诺：《阎立本与尉迟乙僧》，《文物》1960年第4期，第64页；张光福：《尉迟跋质那和尉迟乙僧》，《新疆艺术》编辑部编：《丝绸之路造型艺术》，乌鲁木齐：新疆人民出版社，1985年，第179—180页；吴焯：《来自于阗国的质子——尉迟乙僧》，《佛教东传与中国佛教艺术》，台北：淑馨出版社，1994年，第213—215页。《尉迟乙僧综考》，《中亚学刊》2000年第5辑。

⑦ 任平山：《重提吐火罗——尉迟乙僧原籍考注》，《敦煌研究》2011年第3期，第88页。

⑧ 《画品丛书》，第78页；张彦远：《历代名画记》卷九，《画史丛书》第一册，第101页。

画踪也”。[①] 在《后画录》中虽无，但以彦悰完成的时间在贞观九年可证，尉迟乙僧至少在公元635年已到达长安，而彦悰的“有兄甲僧，在其本国矣”可与《名画录》相对应。而成书早于《宣和画谱》，于北宋太平兴国三年（978年）奉宋太宗之命由李昉等编纂的《太平广记》相关文字除“胡”与“巧”两个字与朱景玄《名画录》有不同之外，其余完全吻合：“唐尉迟乙僧，土火罗国胡人也。贞观初，其国王以丹青巧妙，荐之阙下。有云其国尚有兄甲僧，未有见其画踪。”[②] 这里所提供的信息是：尉迟乙僧来中国是因其擅长绘画，而乙僧与其兄甲僧之名本身并非俗名，更令人怀疑他们的身份本为出家人，因此，乙僧的真实身份很可能是一名居于寺院的画僧。正因其画僧身份，他来唐京都的目的是参加长安寺院的壁画创作，因此，其在长安寺院中留下了不少壁画作品，为朱景玄、张彦远所记载，段成式的《京洛寺塔记》对其画迹的记载亦可视为佐证。而彦悰作为与乙僧同时期的、先后居于京城长安皇家寺院——弘福寺、大慈恩寺的名僧对其僧人的身份应该比朱、张有更清楚的了解。但是，他既没有提及乙僧来长安是因本国国王推荐，也没有提及他来华时带有任何的官方身份。因此，后来的研究者对尉迟乙僧的于阗质子身份的推测，应主要来源于《历代名画记》有关乙僧“国初授宿卫官，袭封郡公”的记载，但如果是乙僧来长安之初就被封“郡公”又担任“宿卫官”，彦悰对此不大可能不知道吧？美术史家金维诺教授20世纪60年代在论证尉迟乙僧是于阗质子时，特引《新唐书》贞观十三年于阗王尉迟屋密“遣子入侍”为证据。由此推测，尉迟乙僧是在贞观十三年二十岁左右时到达长安的。[③] 但是，有研究者指出，史书并未录质子之名，因此，不能由此证明和确定此入侍的于阗质子就是尉迟乙僧，在论证“于阗质子说”时，均以张彦远《历代名画记》中有关奉恩寺是尉迟乙僧宅为证。[④]

关于乙僧与跋质那为父子关系的记载出自张彦远的《历代名画记》卷九：“尉迟乙僧，于阗国人。父跋质那。”[⑤] 然在同书卷八“隋代画家：尉迟跋质那”条，作者又称：“尉迟跋质那，西国人。善画外国及佛像，当时擅名，今谓之‘大尉迟’。”[⑥] 此外，张彦远在《历代名画记》卷二“叙师资传授南北时代”还称乙僧绘画师承跋质那：“尉迟乙僧师于父。”此句后加注曰：“尉迟跋质那在隋朝。”[⑦] 由此，一般研究者认为跋质那是隋代就入朝的画家，但是，笔者这里的疑问是：既然跋质那与乙僧两人为父子，为何张彦远在此处言跋质那来自西国而不是于阗？而且，父亲早就入朝，儿子却在之后很多年才来，并且，父亲是以画家的身份入朝在汉地从事绘画，儿子却是以质子的身份，似乎不大合乎逻辑。而实际上，在彦悰的《后画录》与朱景玄的《唐朝名画录》中均既没有提及尉迟跋质那其人，也没有说乙僧有父，而仅仅提到他有个兄弟甲僧。因此，跋质那与乙僧虽同姓，但是否为父子关系很令人怀疑。

---

① 《画品丛书》，第78页。

② 《太平广记》卷二百十一《尉迟乙僧》，参见陈高华：《隋唐画家史料》，北京：文物出版社，1987年，第30页。

③ 金维诺：《阎立本与尉迟乙僧》，《文物》1960年第4期，第64页。

④ 陈高华：《隋唐画家史料》，第29页、第33页注①。

⑤ 张彦远，《历代名画记》卷九，《画史丛书》第一册，第106页。

⑥ 张彦远，《历代名画记》卷八，第101页。

⑦ 尉迟跋质那有《六番图》《外国宝树图》《婆罗门图》等作品传世。张彦远：《历代名画记》卷二，第20页。

二、尉迟乙僧画迹考辨

根据文献记载，尉迟乙僧作为知名度与影响于唐代贞观年间（627—649年）在京都长安可与唐宫廷画师阎立本比肩的西域画家，在后人记录的两京皇家寺院壁画中留下许多痕迹。京城名僧彦悰在635年撰写并完成《后画录》之前，曾遍览长安寺院著名画家的壁画名作，或亲眼见到过乙僧的作品，或许由于其著作为绘画品评体例，而未能详录，但他对尉迟乙僧的画风评论是："外国鬼神，形奇异貌，笔迹洒落，有似中华。"①

（一）两京皇家寺院壁画与尉迟氏

尉迟乙僧曾先后在长安和洛阳的许多寺院留下壁画作品，在西都长安有高宗永徽三年所立慈恩寺大雁塔、建于唐高宗仪凤二年的光宅寺、唐中宗神龙元年太平公主为"武太后"所立的兴唐寺、唐睿宗景云元年的安国寺以及乙僧所居住宅后于神龙二年获皇帝敕允更为寺庙的奉恩寺②，在东京洛阳有大云寺。③ 有关尉迟乙僧在两京寺院留存至今的画迹，今人一般主要依据的是以下三部相关的画史及唐人笔记的记载：《唐朝名画录》（简称《名画录》）、《历代名画记》（《名画记》）以及段成式《酉阳杂俎》续集卷六《寺塔记》（或名《京洛寺塔记》）。在此我们比对这三个记载，并参考宋敏求著《长安志》和徐松撰《唐两京城坊考》，对尉迟乙僧在长安与洛阳所留下的画迹做一梳理：

尉迟氏在上都（长安）和东都（洛阳）寺院画迹

上都（长安）				
时间	寺院	《名画录》	《名画记》	《寺塔记》
唐高宗永徽三年（652年）	慈恩寺（进昌坊）	乙僧今慈恩寺塔前功德，又凹凸花面中间千手眼大悲……（《画品丛书》，第76页）	塔下南门，尉迟画，西壁千钵文殊，尉迟画（《画史丛书》第一册，第39页）	塔西面画湿耳狮子，仰摹蟠龙，尉迟画，及花子钵曼殊
唐高宗仪凤二年（677年）	光宅寺（光宅坊）	光泽寺七宝台后画降魔像	光宅寺东菩提院内北壁东西偏，尉迟画降魔等变，……	［曼殊堂］上层窗下尉迟画，……普贤堂，……今堂中尉迟画，颇有奇处，四壁画像及脱皮白骨，……又变形三魔女。……又圆光，……东壁佛座前，……又左右梵僧及诸番往奇，……
唐中宗神龙元年（705年）	兴唐寺（大宁坊）		中三门内东西偏两壁，尉迟画	

① 《画品丛书》，第52页。

② 参见张彦远：《历代名画记》卷三，《画史丛书》第一册，第46页。此宅曾由释智严所居，赞宁：《宋高僧传》"唐京师奉恩寺智严传"载："释智严，姓尉迟氏，本于阗国质子也。名乐，受性聪利，隶鸿胪寺授左领军卫大将军上柱国封金满郡公。而深患尘劳唯思脱屣，神龙二年五月奏乞以所居宅为寺。敕允，题榜曰奉恩是也。"参阅《大正藏》第50册，No.2061，第720页。

③ 徐松撰、张穆校补，方严点校，《唐两京城坊考》，北京：中华书局，1985年，第179页。

续表

上都（长安）				
时间	寺院	《名画录》	《名画记》	《寺塔记》
唐中宗神龙二年（706年）	奉恩寺（居德坊）		奉恩寺中三门外西院北，尉迟画本国王及诸亲族。次塔下小画，亦尉迟画	
唐睿宗景云元年（710年）	安国寺（长乐坊）		东廊大法师院塔内，尉迟画	
东都（洛阳）				
武则天天授二年（691年）	大云寺（毓材坊）		大云寺门东两壁鬼神，佛殿菩萨六躯，净土经变，阁上婆叟仙，并尉迟画。黄犬及鹰最妙	

根据上述对三个文献记载所进行的文字对比，与尉迟乙僧生活年代接近，可信程度比较高的是他在慈恩寺大雁塔所画的“千钵文殊”像。《名画记》记此像画在慈恩寺大雁塔下南门西壁。① 金维诺教授认为《名画录》所记“塔前功德，又凹凸花面中间”的“千手眼大悲”实为“千钵文殊”之误记。② 但是，杨效俊经过复原研究，提出《名画记》卷三所记的尉迟氏所画“千钵文殊”位于慈恩寺大雁塔塔下南门。③ 而大雁塔西面中间有尉迟乙僧所绘“千手眼大悲”，杨效俊认为这里是指千手眼大悲菩萨。④ 由此看来，所谓“千手眼大悲”与“千钵文殊”应是绘于大雁塔上的两个不同图像。

段成式（803？—863年）与张彦远均曾于武宗癸亥年（843年）夏至大中元年间参观过慈恩寺，与张彦远所记的“千钵文殊”有所不同的是，段氏在《寺塔记》中称乙僧所画文殊所持的千钵是“花子钵曼殊”，“一时绝妙”。⑤ 文献记载的尉迟乙僧在大雁塔所画的带花子千钵文殊壁画早已不存，学者们一般在讨论千钵文殊图像时，多提及一部杂糅了《华严经》《梵网经》和密教金胎两部的疑伪经《大乘瑜伽金刚性海曼殊室利千臂千钵大教王经》。此经的译者和译出时间不详，后人称译者是不空，译出的时间约在唐开元二十八年（740年）。⑥ 而尉迟乙僧在慈恩寺画千钵文殊图像的时间却早于不空译经的时间。此图像在敦煌莫高窟发现了18幅，其中壁画16铺、绢画两幅。壁画均属于中唐以

① 《历代名画记》卷三，《画史丛书》第一册，第39页。

② 金维诺：《阎立本与尉迟乙僧》，《文物》1960年第4期，第66页。

③ 参见杨效俊：《长安光宅寺七宝台浮雕石刻群像的风格、图像及其复原探讨》，《考古与文物》2008年第5期，第81页，表四。

④ 同上，第81页。

⑤ 段成式：《寺塔记》卷下，第31—32页。

⑥ 相关研究参阅刘永增：《敦煌石窟中千臂千钵文殊经变的研究》，宽旭主编：《首届大兴善寺唐密文化国际学术研讨会论文集》第3卷，西安：陕西师范大学出版总社有限公司，2012年；松本荣一：《千臂千钵文殊菩萨图》，《敦煌画の研究》，京都：同朋舍，1937年。吕建福：《千钵文殊的产生及其影响》，《五台山研究》1994年第3期。

图一　千手千钵文殊　绢本设色　高171厘米，宽143厘米，奥登堡1914—1915年敦煌藏经洞收集品，现藏圣彼得堡艾尔米塔什国家博物馆　Дх 205

图二　千手千钵文殊　局部

后（公元9世纪前期）所绘。① 现存出自敦煌的此题材绢画的绘制年代要早于壁画。其中一幅是俄国奥登堡1914—1915年考察队在敦煌藏经洞所获现存于艾尔米塔什博物馆的绢本《千钵文殊图》（馆藏编号：Дх 205，图一）。② 从画的用色及造型方面判断，此画绘制的年代大致在公元8世纪中后期。它是一幅纵171厘米、横143厘米的表现千手千钵曼殊题材的绢本彩绘画残片，该编号绢画被该馆高级研究馆员鲁多娃定名为“千手千眼千钵文殊师利菩萨”。但从图像上看，实际上图中只出现千手千钵，而并未出现千眼，所以实为一幅千钵文殊图。此图于文殊菩萨左右绘象征千手的轮形手臂，每只手中各持一钵，于其上各坐一释迦，而在其外部绘三圈钵口上绘三瓣竖立着的莲花钵（图二）。这样的形象与《寺塔记》所记的乙僧所画“花子钵”相吻合。钵与莲花瓣的绘画表现方法，是以立体的方法表现的。这种由尉迟乙僧在长安慈恩寺创造的“一时绝妙”的花子钵被仿效，今天人们还可以在敦煌看到这样的形象，除了前面提及的藏经洞的绢画，还可以在莫高窟中唐时期的第361窟东壁南侧的千手千钵文殊壁画上看到类似的形象，只不过没有绢画刻画得细腻（图三）。③ 图中的钵上的莲瓣表现得富有立体感则可与朱景玄《名画录》“凹凸花面”的记载相吻合。

从前面朱、张、段关于在两京寺院的画迹记载中可以看到，朱景玄除了明确提到慈恩寺塔前的千钵文殊、蟠龙、狮子等壁画为乙僧所绘外，其他的画皆仅称“尉迟画”，有关跋质那是否有壁画作品，史籍文献中均没有记载，彦悰参观京都寺观壁画时并没有提到跋质那，因此，跋质那是否在两京画过壁画，后人不得而知。④ 尉迟乙僧很可能早在来华之前就是本国寺院中以画壁画而出名的画僧，唐京都皇家寺院的修造需要请中外寺院壁画的名家高手来协助画壁画，因而就像《名画录》所记载的那

① 莫高窟：中唐时期五铺238、258、288、360、361窟；晚唐四铺14、54、144、338窟；五代三铺99、120、205窟，宋代两铺172、380窟；西夏两铺30、460窟。绢本画两幅出自第17窟（藏经洞）：斯坦因收集品一幅（Stein painting 36. ch.lii.003）、奥登堡收藏品一幅（Дх 205）；此外，在西千佛洞16窟有一铺，属于五代时期。参见敦煌研究院编：《敦煌石窟内容总录》，北京：文物出版社，1996年，第277页；Whitfield Roderick, *The Arts of Central Asia: The Stein Collection in the British Museum*, Tokyo：Kodansha, 1982, Vol. I, pl. 9；俄罗斯国立艾尔米塔什博物馆、上海古籍出版社编：《俄罗斯国立艾尔米塔什博物馆藏敦煌艺术品》第2册，上海：上海古籍出版社，1998年，第158页。

② 俄罗斯国立艾尔米塔什博物馆、上海古籍出版社编，《俄罗斯国立艾尔米塔什博物馆藏敦煌艺术品》，第1册，1997年，图版53。

③ 敦煌研究院编：《中国石窟·敦煌莫高窟》（四），北京：文物出版社，2013年（1982年第一版），图版119。彭金章：《敦煌石窟全集·密教画卷》，香港：商务印书馆，2003年。

④ 张光福在1979年发表的《尉迟乙僧的绘画艺术》认为《历代名画记》所记东都大云寺的壁画为尉迟乙僧所绘（参见《中央民族学院学报》1981年第1期，第110—112页）；但在其1981年发表的《尉迟跋质那与大云寺壁画和〈外国宝树图〉》一文中又提出此壁画为尉迟跋质那所绘（参见《中央民族学院学报》1981年第1期，第87—88页）。

图三　千手千钵文殊　中唐　敦煌莫高窟361窟　东壁南侧

样，他后来被本国国王推荐给唐代朝廷而来到长安。

（二）传为尉迟乙僧卷轴画作品

尉迟乙僧的西域画法对唐代两京地区寺院的佛教绘画及唐代以后的中国画都有很重大的影响，其主要影响体现在寺院壁画上。接受其影响的既有画家也有画工。也就是说，在唐代应有不少的人临摹他的壁画作品，这种临摹的作品甚至还为后来宋朝的画家所模仿。张彦远《历代名画记》卷九“尉迟乙僧本传”并未著录他有卷轴画作品，虽然，在卷二“论名价品第”中，谓乙僧一扇屏风“值金一万”。虽然，张氏在此的“一扇屏风”到底是指墙壁上还是木板上的一扇画并不是很明确，但是，这不是指绘于绢上的卷轴画应该是比较确定的。与张彦远同是生活在中晚唐时期的服务于唐皇室的内臣朱景玄在其《唐朝名画录》中也未提及见到过尉迟乙僧的卷轴画作品，因此，可以想象乙僧作为一位从西域来中国的外国画家，他不熟悉也不擅长中国画材料，所以，没有留下卷轴画是很自然的事情。

不少研究尉迟乙僧的美术史家都曾注意到在北宋初年宋徽宗宣和二年官修画史《宣和画谱》中曾著录乙僧的八件卷轴画作品，计有《弥勒佛像》《佛铺图》《佛从像》《外国佛从图》《大悲像》《外国人物图》各一幅，《明王像》两幅。① 南宋的书画收藏鉴赏家周密在其《云烟过眼录》中记载，他曾见过尉迟乙僧的《龟兹舞女图》《坐神》两幅卷轴画。② 这些画目中所记的卷轴画作品应该视为尉迟乙僧在长安和洛阳的寺院中所绘壁画的摹本或模仿其风格的复制画作。现在收藏于海外的传为尉迟乙僧的作品亦均为宋代以后的摹本。

1. 陈用志仿尉迟乙僧《释迦出山图》

美国波士顿美术馆（Museum of Fine Arts，Boston）收藏了一幅仿尉迟乙僧的《释迦出山图》，又称《吉罗林果佛图》（图四）。根据高居翰教授的《中国古画索引》可知，此画的馆藏编号为52.256，上有“陈用志敬摹”的题记，很可能是仿尉迟乙僧的北宋摹本，此立轴纸画，纵210.5厘米，横71厘米。③

早在1955年初，喜仁龙（Sirén Osvald）教授就在由弗兰克（Frank Caro）继承卢芹斋（Loo C. T.）的纽约画廊里见到过此画。当时这幅画“很脏，颜色发暗”，后来被移到波士顿美术馆，在那里得到仔细地清洗和修复，以至于可以看到上面的“陈用志敬摹”的题款。④ 而早在1924年劳费尔（Laufer Berthold）将其列入发表的卢芹斋收藏品目录中，并对此画做了描述。⑤ 林树中教授1985年11月曾在访问波士顿美术馆时，对此幅有着梵相胡僧外貌的释迦牟尼肖像画做过仔细的观察后指出：“此图旧题为唐代尉迟乙僧作，后发现有‘陈用志敬摹’题字，画一梵相胡僧身披红色袈裟，从菩提树旁经过，袈裟红色沉着浓郁，菩提树以碧绿涂成，色彩凝重，富有生机，暗喻释迦牟尼出山成道。……因陈用志别无作品留传可资比较，是否北宋陈用志仿摹，尚待研究。”⑥ 这里林树中教授对此图为陈用志所摹提出质疑，理由是陈氏没有其他作品流传下来。有关陈用志的记载在传世画史文献中有不少，最早的见于生活在五代后梁至北宋时期的刘道醇所撰并成书于约北宋宋仁宗嘉祐年间（1056—1063年）的《圣朝名画评》，还包括郭若虛所著的断代画史《图画见闻志》、邓椿的《画继》以及皇家官方

① 《宣和画谱》,《画史丛书》第二册，第11页。

② 周密：《云烟过眼录》卷上：“尉迟乙僧龟兹舞女”“尉迟乙僧坐神，佳”，于安澜编：《画品丛书》，第324页。

③ 此处尺寸暂依照目前波士顿美术馆网站所公布的数据：http://www.mfa.org/collections/object/shakyamuni-buddha-descending-the-mountain-29993，喜仁龙记此画为210.5 × 71厘米，为厚麻纸设色。参见James Cahill, *An Index of Early Chinese Painters and Paintings T'ang, Sung, and Yuan*, Berkeley, Los Angeles, London: University of California Press, 1980, p. 20。

④ Osvald Sirén, “Central Asian Influences in Chinese Painting of the T'ang Period”, *Arts Asiatiques*, (III) 1956, p. 7, fig. 1; *Chinese Painting: Leading Masters and Principles*, Vol. III, p. 73, pl. 42; James Cahill, *An Index of Early Chinese Painters and Paintings*, p. 20.

⑤ Berthold Laufer, *T'ang, Sung and Yuan Paintings Belonging to Various Chinese Collectors*, Paris: Librairie nationale d'art et d'histoire, Brussels: G. van Oest, 1924.

⑥ 林树中主编：《海外藏中国历代名画　第二卷　五代至北宋》，长沙：湖南美术出版社，1998年，第211—212页，图版126。俞剑华：《中国美术家人名辞典》，上海：上海人民美术出版社，2005年，第996页。

主持编纂的《宣和画谱》等。陈用志其名字在《图画见闻志》写作“用智”，在邓椿的《画继》中则作“用之”，而非“用志”。①

郭若虚在《图画见闻志》中也把他归在“人物”门类，他在“人物门”题下注释“僧道并独工传写者附”。② 他特别指出了这类人物画家所绘人物画属于道释人物题材及对这一题材专门的临摹仿制。刘道醇的《圣朝名画评》在评述陈用志时也把他归入“人物画家门类：妙品”，并记载陈用志在北宋“天圣年中为图画院祗候。逮景祐初今上营慈孝寺，敕用志及待诏等笔东殿御座侧”。③

陈用志在北宋天圣年间（1023—1032年）北宋翰林图画院做祗候，按照北宋画院的等级品位，祗候仅次于待诏，但都要会临摹之事。《画继》卷十“杂说”：“祖宗旧制，凡待诏出身者，只有六种，如摹勒、书丹、装背、界作种、飞白笔、描画栏界是也。”④《画继》卷十“杂说：论近”：“图画院四方招试者，专以形似。”⑤ 从北宋初期至宋徽宗政和年间，临摹前代名家画作之风盛行：“每御画扇，则六宫诸邸皆临仿一样，或至数百本。其间贵近，往往有求御宝者。”⑥“有外宅宗室不记名，多蓄珍图，往往王宫贵人，令其识别，于是遂与常卖交通，凡有奇迹，必用诡计勾致其家。即时临摹，易真者，其主莫能别也。”⑦ 由此可见，绘画模仿在当时是极受重视的，陈用志可以任至画院祗候，可见他是北宋初期一位临摹和人物造型水平很高的皇家画院画家。北宋沈括《梦溪笔谈》：“仁宗天圣间图画院祗候陈用之，患其山水画不及古人，求教于度支员外郎宋迪。迪曰：‘此不难耳。汝当张索于败墙，朝夕观之，观之既久，隔索见败墙上高平曲折，皆成山水之象。心存目想，神领意造，怳然有人禽草木飞动，则随意命笔，自然天就，不类人为，是谓活笔。’”用之自此画格日进。此记载透露出两点信息：首先，陈用志作为擅长临摹或从事佛

图四 《释迦出山图》立轴纸画 纵210.5厘米，横71厘米 现藏美国波士顿美术馆，馆藏编号为52.256

---

① 邓椿：《画继》卷六，于安澜编：《画史丛书》第一册，第47页。

② 郭若虚，《图画见闻志》卷三，于安澜编：《画史丛书》第一册，上海：上海人民美术出版社，1965年，第38页。

③ 刘道醇：《圣朝名画评》“人物门：陈用志”条，于安澜编：《画品丛书》，上海：上海人民美术出版社，1982年，第123页。

④ 邓椿：《画继》卷十。

⑤ 邓椿：《画继》卷十，于安澜编：《画史丛书》第一册，第77页。

⑥ 同上，第76页。

⑦ 同上。

教人物画创作的画家，他对山水画题材并不擅长。其次，他所掌握和熟悉的技法，既非六朝隋代以降的金碧青绿工笔山水，亦非盛唐以来流行的水墨山水，因此，他在摸索一种与其人物画法相吻合的方法。这种用凹凸法表现山水的方法在当时中国山水画史上也是十分独特的，既不见于前代，也不流行于后代。而此幅《释迦出山图》中用凹凸法表现山水花树背景部分，实非尉迟乙僧原画稿中所有，最大的可能是陈氏在临摹时添加进去的。

两宋时期，北宋画院从建院起临摹内库从民间寻访和搜罗到的唐代名画摹本，因此，此幅画是陈用志在任图画院祇候时临摹的是极有可能的，而临摹的依据是流落在民间传为尉迟乙僧的作品副本。陈用志当时很有名，因为他有很特别的画法并十分细致独到。而且，尽管他在摹本上签了名，但画面的主要风格并不是宋代的，而是宋代之前的，也不是中国的，从画风上看一定是宋代之前在中国作画的外国画家所绘，因此，只有尉迟乙僧才可以被认可是这幅画的原画家。这幅画更符合汤垕在他的《画鉴》中对其所见的尉迟乙僧佛画的印象："尉迟乙僧外国人，作佛像甚佳，用色沉着，堆起绢素，而不隐指。"①

劳费尔在1924年发表的卢芹斋收藏品目录中评论此画的材料和技法特点道：这幅画的树木和人物的画法都是举世无双的，第一眼看上去那些树木好像从纸里凸出来，树叶和红果用一层层地很浓的颜料，堆积得很厚，我们能在几个小地方发现颜料剥落。这是乙僧所用的独特手法。② 喜仁龙完全同意劳费尔的上述意见，但他认为用中国的"凹凸"一词来形容尉迟乙僧的画风更为恰当。他指出：这幅画让他们理解了中国人用这个词不是形容一种影子似的错视画，而是形容一种实在的浮雕式（凸起）画风。此画最卓越的地方是雕塑与绘画和谐地统一在一起。《宣和画谱》中记载了乙僧八幅画，这是其中之一，其中四幅画的是不同情况下的佛。无论怎样，此画质量很好。而此画的花和树以及衣纹都是用铁线描的。而林树中教授的看法和上述两位见过这幅画的欧美东方学家的看法相似："此画风格古拙，衣纹稠叠，尚存尉迟乙僧遗意。画史说尉迟乙僧用笔紧劲如屈铁盘丝，洒落有气概，用色沉着，堆起绢素而不隐指，此画与之相合。"③

2. 仿尉迟乙僧《龟兹舞女图》摹本

另一件传尉迟乙僧风格的《龟兹舞女图》绢本设色绘画残卷现藏位于意大利佛罗伦萨东北部塞梯那农（Settignano）小镇附近的塔提别墅（Villa I Tatti）的哈佛大学意大利文艺复兴艺术史研究中心（The Harvard Center for Italian Renaissance Studies），此残卷纵30.5厘米，横170厘米，此摹本由立陶宛裔的美国文艺复兴艺术鉴赏家贝伦松（Berenson Bernard）收藏（图五）。④ 最初由斯坦因（Stein Aurel）和宾雍（Laurence Binyon）讨论并发表了其图版。韦利（Waley Arthur）在《中国画研究导论》一书中认为此画卷与13世纪艺术评论鉴赏家周密在《云烟过眼录》所记载尉迟乙僧的《龟兹舞女图》

---

① 《画品丛书》，第410页。

② O. Sirén, *Chinese Painting*, Vol. III, 1956, p.73, note.2.

③ 林树中主编，同前揭，第211—212页。

④ O. Sirén, *Chinese Painting*, Vol. III, 1956, p.74, pl. 43; *Central Asian Influences in Chinese Painting of the T'ang Period, Arts Asiatiques*, III, 1956, p. 10; W. Acker, *Some T'ang and pre-T'ang texts on Chinese Painting*, Leyden, 1954; Waley Arthur, *An Introduction to the Study of Chinese Painting,* London: Ernest Benn, 1923, p. 108; James Cahill, *An Index of Early Chinese Painters and Paintings T'ang, Sung, and Yuan*, p. 20.

图五 《龟兹舞女图》 绢本设色　横卷　纵30.5厘米，横170厘米　贝伦松收藏品　现藏意大利佛罗伦萨塔提别墅哈佛大学意大利文艺复兴艺术史研究中心

图六 《龟兹舞女图》局部：胡旋舞女

密切相关。[①] 高居翰教授认为此横卷很可能是宋代的摹本。[②] 图中自右向左可分为两组图像。第一组乐舞图像，形象依次为：一身着长裙正在跳舞的舞女（？）的背影（残）；两身正在跳舞的女子，一位女子一足踏在小圆毯上，双手上举过头（图六），另一位女子正在原地飞快地旋转，同时抬起双臂与双肩齐平，并甩起狭窄而长的衣袖（图七）。其左侧绘两身胡跪于地弹奏乐器的乐师。第二组：两位侍女倚树而立，目光注视左下方，一身穿衣裙、身材矮小的形象已残缺肩膀以上部分，下裙底下露一赤足，似为小儿作行走状（？）。接下来为一组五身女性形象：一位侍女手捧银盘侍立于一贵妇之左侧。第一组乐舞图像中第一身舞女应为跳胡旋舞的舞伎。第二身则与跳胡旋舞的舞伎不同的是，此舞女脚下并没有小圆毯，而其服装也有所不同，其上衣窄而长的袖，根据喜仁龙亲眼所见原卷上所绘舞女服饰色彩的描述可知其色彩十分丰富而深厚，有绿色、紫色、蓝色和红色几种。[③]

有关这种穿彩衣的舞伎所跳的舞蹈应该就是在唐代流行的一种来自中亚的名叫“柘枝舞”的舞

① Waley Arthur, *An Introduction to the Study of Chinese Painting,* London: Ernest Benn, 1923.

② O. Sirén., *Chinese Painting*, Vol. III, 1956, p.74; James Cahill, *An Index of Early Chinese Painters and Paintings*, p. 20.

③ O. Sirén., *Chinese Painting*, p.74; Mario Bussagli, *Central Asian Painting*, 1979, Geneva: Editions d’Art Albert Skira S. A., p.64 illustration.

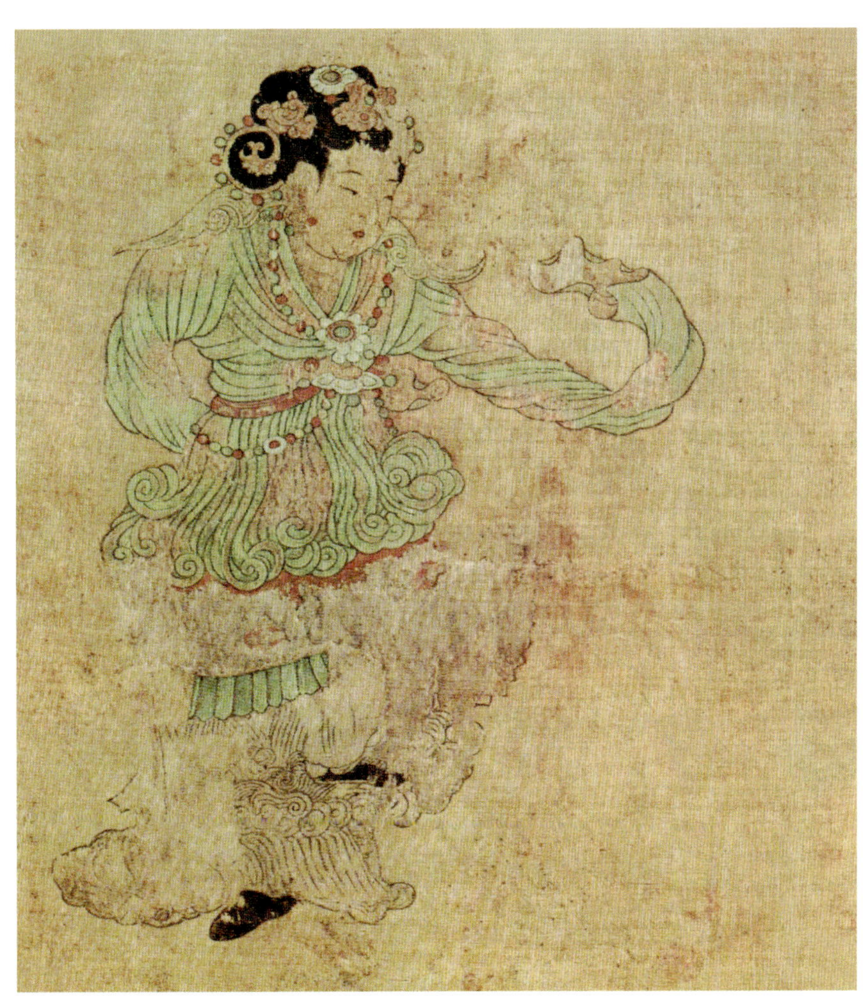
图七 《龟兹舞女图》局部：柘枝舞女

蹈。《太平预览》卷五百七十四·乐部十二记载：

《乐苑》曰：羽调有《柘枝曲》，商调有《掘柘枝》，此舞因曲为名。用二女童，鲜衣帽，帽施金铃，转有声。其来也，于二莲花之中藏之，花坼而后见。对舞中之雅妙者也。

唐代诗人有大量的诗歌描写这一舞蹈表演的盛况。如，白居易的《柘枝伎》：

平铺一合锦筵开，连击三声画鼓催。红蜡烛移桃叶起，紫罗衫动柘枝来。
带垂钿胯花腰重，帽转金铃雪面回。看即曲终留不住，云飘雨送向阳台。[①]

再如章孝标《柘枝》：

① 《全唐诗》卷四百四十六《白居易二十三》第13册，北京：中华书局，1960年，第5006页。相关研究参见向达，《柘枝舞小考》，《唐代长安与西域文明》，北京：生活·读书·新知三联书店，1957年，第101—109页，并参见同书第65—69页。

柘枝初出鼓声招，花钿罗衫耸细腰。移步锦靴空绰约，迎风绣帽动飘摇。亚身踏节鸾形转，背面羞人凤影娇。只恐相公看未足，便随风雨上青霄。①

刘禹锡《观柘枝舞》二首之一：

胡服何葳蕤，仟仟登绮墀。神飙猎红蕖，龙烛映金枝。垂带覆纤腰，安钿当妩眉。翘袖中繁鼓，倾眸溯华榱。燕秦有旧曲，淮南多冶词。欲见倾城处，君看赴节时。②

有关这些舞伎的历史文献记载均来自中亚地区，《新唐书》卷二百二十一下（列传第一百四十六下：西域下）“识匿、俱蜜、护蜜传”：

俱蜜者，治山中，在吐火罗东北，南临黑河，其王突厥延陀种，贞观十六年（642年）遣使者入朝，开元（731—741年）中献胡旋舞女。……③

唐张鷟（658—730年）撰《朝野佥载》卷五：

太宗时，西国进一胡，善弹琵琶。作一曲，琵琶弦拨倍麄。上每不欲番人胜中国，乃置酒高会，使罗黑黑隔帷听之，一遍而得。谓胡人曰：“此曲吾宫人能之。”取大琵琶，遂于帷下令黑黑弹之，不遗一字。胡人谓是宫女也，惊叹辞去。④

元吴莱的《客夜闻琵琶弹白翎鹊》诗：

君不见康昆仑、罗黑黑，开元绝艺倾一国。

根据史料与碑刻墓志资料，学者一般认为罗姓大多出自吐火罗，荣新江教授认为这个罗黑黑可能是吐火罗人，她能够熟悉西胡人之曲，原因是她就是西域胡人。⑤

3. 传尉迟乙僧《番君图卷》摹本

《番君图卷》传尉迟乙僧摹本由比利时布鲁塞尔的收藏家阿道夫·斯托克莱（Adolphe Stoclet）收

---

① 《全唐诗》卷五百六《章孝标》第15册，北京：中华书局，1960年，第5755页。

② 《全唐诗》卷三百五十四《刘禹锡》第11册，北京：中华书局，1960年，第3972页。

③ 欧阳修、宋祁撰：《新唐书》第20册，北京：中华书局，1986年（第二版），第6254—6255页。

④ 张鷟：《朝野佥载》卷五，北京：中华书局，1979年，第113页。

⑤ 荣新江：《北朝隋唐粟特人之迁徙及其聚落补考》，《中古中国与粟特文明》，北京：生活·读书·新知三联书店，2014年，第74、133页；参见王腾，《隋唐五代罗氏流寓中国与敦煌罗氏家族研究》，郑炳林主编：《敦煌归义军史专题研究三编》，兰州：甘肃文化出版社，2005年，第634—692页；段志凌，《陕西延安新出土唐吐火罗人罗何含墓志》，《文物》2014年第8期，冯培红：《丝绸之路陇右段粟特人踪迹钩沉》，《浙江大学学报》（人文社会科学版）2016年第5期，第58—59页。

图八 《番君图卷》 绢本设色 纵31厘米，横80厘米 比利时布鲁塞尔阿道夫·斯托克莱收藏

藏（图八）。[①] 此画为纵31厘米、横80厘米设色残卷。此摹本原作曾被临摹复制并在1925年阿姆斯特丹中国艺术展上以全卷形式展出，此后又在1929年以及1934—1935年先后在柏林和伦敦展出。[②] 高居翰教授在其《中国古画索引》中提及此横卷在美国华盛顿弗利尔美术馆（Freer Gallery of Art）有一摹本，馆藏编号为11.517，它可能就是上个世纪二三十年代在欧洲展出的残卷的一个临摹作品。[③] 高居翰指出：此图所表现的是一位坐在帐中的中亚酋长的悲痛场景。在表现的围绕酋长的人物中，有一位妇人右臂环抱一婴儿。而此画卷可能是在宋代临摹尉迟乙僧的画风的作品。[④]

该横卷可能在某些方面与上面提到的贝伦松收藏品的副本有相对应之处。其比例和尺寸以及线描的方法有许多相似性，但是，在装饰性方面斯托克莱的画卷在绘画技法方面与贝伦松画卷还是存在着很明显的差别。

画面表现的是狂欢一类的场景：在一个开放的帐篷里，画中主要的人物— 一个蓄着长胡子的体态富态的老者，歪着脑袋似乎正处于昏迷或无意识的状态，被放在一张长方形胡床上，由一男性和一女性侍从搀扶着身体向前倾斜着坐在那里，两位侍者之间有一位头戴冠状头饰的男子立在靠近老者身旁的位置。

4. 仿尉迟乙僧《北方毗沙门像》摹本[⑤]

美国华盛顿弗利尔美术馆藏传为唐《唐尉迟乙僧刷色天王像卷》，纵106.7厘米，横36.3厘米，馆藏编号为F1914.147a（图九）。[⑥]

弗利尔馆此画收藏名为《毗沙门北方守护王》（“Vaiśravaṇa，Guardian King of the North”），为绢本设色，高居翰教授认为此画为元代摹本。[⑦] 罗振玉在《高昌壁画菁华》序中称，此绢画最初藏于

---

① O. Sirén., *Central Asian Influences in Chinese Painting*, p.11.

② O. Sirén., *Chinese Painting*, Vol. III, 1956, p.74.

③ James Cahill, *An Index of Early Chinese Painters and Paintings* , p. 20. Sirén O., *Chinese Painting*, Vol. III, 1956, pp.44-46.

④ 喜仁龙称此画为Clerical Orgy或Drunken Monk，Sirén O., *Central Asian Influences in Chinese Painting*, p. 11, fig. 5。

⑤ 在台北故宫博物院还收藏一幅有“尉迟乙僧敬绘”题记六字泥金篆书的《毗沙门天王像》（馆藏编号为TV17）。

⑥ 此画的尺寸和馆藏编号这里均按照现弗利尔美术馆网站所公布，http://www.asia.si.edu/collections/edan/object.php?q=fsg_F1914.147a&bcrumb=true。参见高居翰教授在《中国古画索引》著录此画馆藏编号为14.147，参见James Cahill, *An Index of Early Chinese Painters and Paintings*, p. 20。

⑦ James Cahill, *An Index of Early Chinese Painters and Paintings*, p. 20.

图九　毗沙门天王坐像　绢本设色　纵：106.7厘米，横36.3厘米　美国华盛顿弗利尔美术馆收藏　馆藏编号为F1914.147a

清末收藏家端方（1861—1911年）处，后为美国人收藏："天王像，今为美国人所得。"[①] 端方在其编著的《壬寅消夏录》收藏著录中记载，"唐尉迟乙僧刷色天王像卷"即为此画收藏画题，称此画曾被收入宋元内府，上有宋仁宗"内府图书之印"大玺、"御书"二字葫芦印、"宣和"二字长印、秘阁之印、"宣和""绍兴"二字连章、"双龙"文方玺、元文宗"天历之宝"大玺等收藏印章。又有"秋壑图书"朱文方印、"若水轩"朱文方印、"墨林生项元汴印"、"朱文方印"、"墨林秘玩"、"朱文方印"、"子京父印"等。[②] 启功先生在美国华盛顿的弗利尔美术馆看到这张画时，此画就贴在一木板上，上面有很多题跋，他认为假的居多，只有宋人的一个账单是旧的，记载了此画在当时的流传。[③] 此幅天王像系绢本重着色，图绘了北方毗沙门天王。天王着盔甲端坐，右手托宝塔，威武雄壮，身后灵光火焰飞动，两侧有男女侍者四人，神色端庄而姿貌不同。天王前下方则有一组三人的乐舞图像，其中一转身举起双手的舞伎所跳的舞蹈被认为是典型的胡旋舞，其相貌与服饰皆为典型的西域样式。图之最上端有华盖彩云，亦作飘动之状。此图塑造神佛形象，用笔严谨，章法于对称中而有变化，华盖飘动，彩云浮现，火焰腾腾，更衬托出天王的法力。此画上钤有"宣和""秘阁之印""天历之印"等印玺多方，可知曾藏于宋元秘府。据明清著录记载，曾有多幅传为尉迟乙僧所作之天王像传世，此画可能就是其中之一。虽此画的年代现尚不能确定，与尉迟乙僧的关系如何尚待进一步研究考证，但就此毗沙门天王的坐姿与胡旋舞女这些很具有唐代风格的特点看，其样式应与尉迟乙僧所代表的某种带有西域特征的绘画风格有着内在的联系。

参考书目：

高华：《隋唐画家史料》，北京：文物出版社，1987年，

① 罗福苌辑，《高昌壁画菁华》，上虞：罗氏影印，1916年；滕固，《唐宋绘画史》，第21页。

② 参见端方：《壬寅消夏录》，顾廷龙主编：《续修四库丛书》1089，子部：艺术类，上海：上海古籍出版社，2002年，第265页。《壬寅消夏录》成书于1902年，是端方所藏书画著录集。《壬寅》记载了端方所藏从东晋至晚清的800多件书画作品，其中唐代以前约20件、宋元90件、明代约80件、清代120件。然整本书体例不完备，目录不全。所藏字画虽按年代排序，记载的顺序却是藏品名、收藏印、卷首引题、作品的材料、尺寸、前人题跋以及端方本人的评述等。

③ 赵仁珪：《启功口述历史》，北京：北京师范大学出版社，2004年，第193页。

第29—34页。

台湾锦绣出版社原版初印《海外中国名画精选》《中国名画赏析》(6册)。台北：台湾锦绣出版社。

刘育文，洪文庆主编：《海外中国名画精选》(全6册)，上海：上海文艺出版社，1999年。

启功主编：《中国历代绘画精品》，济南：山东美术出版社，2003年。

Notes and Analysis of Textual and Pictorial Materials about Yüchi Yiseng and His Works

Zhang Huiming (China National Academy of Painting)

Abstract: Yüchi Yiseng, a painter of Western Regions who came to Chang'an in the seventh century A.D., was famous for his expertise in painting Buddhist subjects. The painting style of Western Regions he represented had a significant impact on the creation of Buddhist art at that time and later, especially on Buddhist figure painting. There are many different opinions about his origins, his identity in China, and his existing works. The purpose of this article is to make a preliminary examination of the origin and arrival of monk Yüchi Yiseng in China, his religious art works in the monasteries of the two capitals, and the paintings he is said to have created, through a comprehensive review of Buddhist historical and painting documents and a combination of texts and relevant pictorial materials. We will discuss the important information provided by the earliest record of monk Yüchi provided by the *Houhua L*u (后画录) completed by Yancong, a monk of Hongfu Temple in Chang'an, in the ninth year of Zhenguan of Tang Dynasty (635). Thai is, Yüchi Yiseng came from the kingdom of Tuhuoluo, and speculated that his identity in China might be that of a painting monk. Yüchi Yiseng's artistic activities were mainly located in Chang'an, the western capital, and he was engaged in the mural paintings in the capital monasteries. The existing copies that were said to be Yüchi Yiseng's paintings should be regarded as the copies of paintings reflecting his painting style and technique, and these copies have been copied repeatedly. In these copies, the images of dancers of the dance of the barbarians and "Banquet scene" of Central Asia, as well as the images of Buddha and Bodhisattva painted by "concave and convex" techniques, can provide indirect evidence that Yüchi Yiseng came from Tuhuluo a kingdom located farther away in Central Asia.

Key Words: Yüchi Yiseng, Tuhuoluo (Tokharistan), Khotan, painting style of Western Regions, "concave and convex" techniques

唐初洛阳地区优填王倚坐像的来源问题

刘　屹（首都师范大学）

摘　要： 龙门石窟和巩县石窟总计保存了70余尊唐初造优填王像，其中龙门石窟有14条、巩县石窟有5条造像题记，指明这种尊像是优填王像。为何唐初洛阳地区会集中出现这种样式单一且体现笈多风格的造像？一些学者相信是玄奘从印度带回的“出爱王思慕像”模本影响到洛阳，另一些学者则否认此像与玄奘有关。本文认为洛阳地区的优填王像虽然具有鲜明的笈多艺术风格，但本质上是对南北朝以降日趋成熟的弥勒造像的一种变异和改造。与其纠缠于是否与玄奘带回的印度佛像有关，不如更多关注洛阳地方信众对所谓优填王倚坐像早在“汉明求法”时就率先传入洛阳故事的追慕。

关键词： 龙门石窟　巩县石窟　优填王像　弥勒像　倚坐

一、问题的提出

所谓“唐初洛阳地区优填王像”，指的是唐高宗、武则天时期集中出现在洛阳附近龙门石窟、巩县石窟的一种倚坐佛像。此类造像尚有部分现存纪年为655—680年间的发愿铭文，径称像主所造为优填王像[①]。（图一）而此类倚坐的优填王像，只在唐初洛阳地区短暂出现，此前、此后，洛阳地区之外，都不曾见，可说是一种十分独特的佛教造像存在。“优填王”是古印度跋蹉国（都城在憍赏弥，又称憍赏弥国）与释迦牟尼同时代的一位国王。“优填王像”并非此王本人的形象，而是传说由他命工匠所造的世间最早的佛像。无疑地，释迦牟尼的时代不可能有佛像出现，优填王造像的故事，一定要迟至佛教允许制造佛像的时代才会出现。从法显、玄奘亲礼印度佛教圣地的记录可知，在4—7世纪的印度恒河流域，的确存在为佛教所认可的世间最早佛教造像的优填王像（或波斯匿王像），但其具体的像容已不可知。印度之外，于阗、敦煌、中原和日本，都有号称“优填王像”的实物存在。因此，优填王像是一种对印度、中亚、中国和日本都产生深远影响的佛教造像题材。

关于优填王像的讨论，肇端于20世纪初日本学者对京都清凉寺所藏一尊旃檀释迦立像的研究[②]。（图二）此像的原型被认为是优填王所造旃檀瑞像，于北宋雍熙二年（985年）由日僧奝然（938—

① 龙门石窟题记的基本资料，参见刘景龙、李玉昆主编：《龙门石窟碑刻题记汇录》（上、下），北京：中国大百科全书出版社，1998年。较近的研究显示，龙门石窟明确造优填王像的题记，大约只有14条。见高俊苹：《试论龙门石窟优填王造像》，《丝绸之路》2012年第10期，第28—29页。而龙门和巩县两处石窟所见的优填王倚坐像，总计70余座。

② 松本文三郎：《清凉寺釋迦像に就て》，《史林》第一卷第四号，1916年，第1—33页。源豐宗：《清凉寺の释迦像》，《佛教美术》创刊号，1924年，第23—35页。收入《源豐宗著作集・日本美術史論究》第3卷《天平・貞観》，京都：思文阁，1980年。

图一　龙门优填王像　《龙门石窟》第2册图50

图二　日本京都清凉寺旃檀佛像

1016年）雇人在中国仿刻后运回日本[①]。西方学者发现犍陀罗地区一件公元4世纪前后的片岩浮雕，正是刻画站立的优填王，手持一尊佛像，向如来问询的场景。从中可见优填王所造的佛像，最初是一种跏趺坐像[②]。（图三）各种佛教文献和汉文史料的记载，也都表明优填王像原本是坐像，但传到日本的旃檀释迦像却变成一种立像。优填王像从公元4—5世纪到明清、近代，其像容、坐立姿势、内涵的转变，我已有专文讨论，此不赘述[③]。文中也涉及洛阳地区优填王像的问题，但未深入展开。洛阳地区

① 1954年，维修此像时，意外发现像的背后有装藏的孔洞。从像腹内发现当年在台州模刻时就放入的文书、经典、工艺品等共200余件。对这批新资料的研究，参见塚本善隆：《清凉寺釈迦像封蔵の東大寺奝然の手印立誓書》，1954年初刊，收入《塚本善隆著作集》第七卷《淨土宗史・美術篇》，东京：大东出版社，1975年，第167—204页。Gregory Henderson and Leon Hurvitz, “The Buddha of Seiryōji: New Finds and New Theory”, *Artibus Asiae*, Vol.19, No.1,1956, pp.4-55.

② H. Hargreaves, *Handbook to the Sculptures in the Peshawar Museum*, Calcutta, 1930, p.97. Jr. Benjamin Rowland, “A Note on the Invention of Buddha Image”, *Harvard Journal of Asiatic Studies*, Vol.11, No.1/2, 1948, pp.181-186.

③ 关于优填王像研究的学术史，及优填王像像容的主要演变历程，参见拙文《坐立之间：优填王像的写真性与瑞像化》，《敦煌吐鲁番研究》第21卷，上海：上海古籍出版社，2022年，第1—35页。

图三 巴基斯坦白沙瓦博物馆收藏的片岩浮雕：优填王持像礼问释迦

的倚坐优填王像，是印度、中亚和东亚优填王像历史演变进程中的独特现象，值得专门做一探讨。

19世纪末20世纪初，一些金石学家著录龙门石窟的造像和碑拓时，最早记录了少量的造优填王像发愿文。1909—1915年，沙畹在陆续出版的《华北考古记》中，结合中国金石家著录以及自己的实地考察所见，披露了龙门石窟中2条、巩县石窟中1条优填王像的发愿文题记；他还简单提及了优填王像从印度飞到于阗的传说，并强调了正是于阗的造像成为中原优填王像的源头①。1915年，大村西崖出版《中国美术史雕塑篇》，著录了龙门石窟大约8条优填王造像的发愿文②。1941年，塚本善隆依据日本学者在龙门石窟实地调查的结果，统计了大约7种有纪年的、6种无纪年的造优填王像题记。他把优填王像归入释迦像之列，也简单说明了优填王像故事的来历，以及优填王像传入中国的记载③。可见洛阳地区的优填王像很早就被发现，但一直没有被作为一个特定的研究论题展开讨论。

直到1985年，李文生撰文披露龙门石窟、巩县石窟中有70多尊优填王造像，列举了明确造优填王像的题记19条。他还讨论了优填王像传入中国的几种不同记载，并强调玄奘从印度返唐时带回的"出爱王思慕像"即优填王像，认为洛阳地区优填王像即以此为模本而兴盛一时④。李文生的贡献至少有两点。第一，首次将优填王像作为一个在特定时期、特定地点集中出现的特定造像题材来看待。此

① Édouard Chavannes, *Mission archéologique dans la Chine septentrionale*, Ernest Leroux, *Planches*, Paris, 1909; Tome 1: Première Partie, *La sculpture à l'époque des Han*, 1913; Tome 1: Deuxième Patie, *La Sculpture Bouddhique*,1915. 此据袁俊生汉译本《华北考古记》第三卷《石窟》，北京：中国画报出版社，2020年，第538、544、854页。

② 大村西崖：《支那美術史彫塑篇》，1915年日文初版，此据范建明汉译本《中国雕塑史》下卷，北京：中国画报出版社，2020年，第755、779、780、781、783、786页。

③ 塚本善隆：《龍門石窟に現れたる北魏佛教》，作为"附录一"收入水野清一、長廣敏雄：《河南洛陽龍門石窟の研究》，东京：座右宝刊行会，1941年，第141—242页。后收入《塚本善隆著作集》第二卷《北朝仏教史研究》，东京：大东出版社，1974年，第241—461页。此据林保尧、颜娟英汉译：《龙门石窟：北魏佛教研究》，新竹：觉风佛教艺术文化基金会，2005年，第16—17、23页。

④ 李文生：《我国石窟中的优填王造像——龙门石窟优填王造像之早之多为全国石窟之最》，《中原文物》1985年第4期，第102—106页。收入同作者《龙门石窟与洛阳历史文化》，上海：上海人民美术出版社，1993年，第47—57页。

文发表后，很快就被多年来一直讨论优填王旃檀瑞像的日本学界所关注。如松原三郎隔年就撰文强调：这批洛阳地区的优填王造像明显与印度鹿野苑的佛像具有共通性①。

李文生的第二个贡献，是在洛阳地区优填王像与玄奘从印度带回的佛像之间，建立起直接的因果关联。这一看法基本上被中国学者毫无保留地接受并反复强调②。但肥田路美一直否认洛阳地区这批优填王造像是以玄奘从印度带回的优填王像为模本所雕刻③。岡田健也认为洛阳所见的优填王像与玄奘无关，他强调应重视从南亚海路传来的笈多样式的倚坐佛造像④；稻本泰生网罗了几乎所有能见到的关于优填王像的文献记载，并充分结合中、印、日本的造像实物，对此问题做了最全面的研究。他最终也倾向于否定洛阳地区兴起的优填王像与玄奘带回的印度尊像之间的关联性⑤。

当然，也有国外学者认同将洛阳地区优填王像的来历追溯到玄奘那里。如曾布川寛就认为洛阳地区优填王像，来源于玄奘归国后安置在长安弘福寺的印度造像；而王玄策从印度回国后曾到龙门石窟留有题记的事实，可为玄奘带回的印度模本对龙门石窟造像产生直接影响提供佐证⑥。倪雅梅（Amy McNair）不仅认可玄奘带回优填王像传到龙门石窟，还强调造优填王像的供养人是特定的一小群人，推测他们或许与玄奘直接有关⑦。久野美树认为优填王像具有东南亚和印度人的特征⑧，则这一造像样式显然来自域外。沈雪漫（Hsueh-man Shen）最近的研究也倾向于认为玄奘带回的样式影响到洛阳地区的优填王像，并提出这种样式除洛阳地区外，还见于日本奈良博物馆收藏的一幅7

① 松原三郎：《初唐彫刻と印度—特に優填王像造像を中心として》，《仏教美術における「インド風」について—彫刻を中心に》，京都：公益财团法人佛教美术研究上野记念财团，1986年。参见松原三郎著、陈季菁汉译：《初唐佛教雕刻与印度的关系——以优填王造像为中心》，《狮子吼》第30卷第3号，1991年，第20—22页。

② 如丁明夷：《川北石窟札记：从广元到巴中》，《文物》1990年第6期，第41—53页，特别是第49页。罗世平：《广元千佛崖菩提瑞像考》，1991年初刊，此据同作者：《图像与样式：汉唐佛教美术研究》，北京：文物出版社，2021年，第275—294页，特别是第281—284页。宫大中：《龙门石窟艺术》（增订本），北京：人民美术出版社，2002年，第319—325页。金申：《日僧奝然在台州摹刻的旃檀佛像》，2002年初刊，此据同作者：《佛教美术丛考》，北京：科学出版社，2004年，第135—142页，特别是第141页。姚崇新：《巴蜀佛教石窟造像初步研究——以川北地区为中心》，北京：中华书局，2011年，第269—272页。段晴：《〈造像功德经〉所体现的佛教神话模式》，同作者《于阗·佛教·古卷》，上海：中西书局，2013年，第109　127页，特别是第124—126页。等等。

③ 肥田路美：《初唐時代における優填王像—玄奘の釈迦像請来の受容の一相》，1986年初刊；修订后收入氏著：《初唐仏教美術の研究》，日文2011年初版；此据颜娟英等译：《云翔瑞像——初唐佛教美术研究》，台北：台大出版中心，2018年，第127—157页。

④ 岡田健：《竜門石窟初唐造像論—2—高宗前期》，《佛教艺术》第186号，1989年，第83—112页。岡田氏还有《关于优填王造像的若干报告——讨论东南亚对中国唐代佛教造像的影响》，见龙门石窟研究所编：《龙门石窟一千五百周年国际学术讨论会论文集》，北京：文物出版社，1996年，第144—150页。

⑤ 稻本泰生：《優填王像東傳考—中國初唐期を中心に》，《东方学报》京都第69册，1997年，第357—457页。同氏：《隋唐期東アジアの「優填王像」受容に關する覺書》，《东方学报》京都第88册，2013年，第111—149页。

⑥ 曾布川寛：《龍門石窟における唐代造像の研究》，1988年初刊，此据氏：《中国美術の図像と様式　研究篇》，东京：中央公论美术出版，2006年，第339—431页，特别是第358—361页。

⑦ Amy McNair, *Donors of Longmen: Faith, Politics, and Patronage in Medieval Chinese Buddhist Sculpture*, 2007年英文初版，此据倪雅梅著、陈朝阳汉译：《龙门石窟供养人：中国中古佛教造像中的信仰、政治与资助》，北京：中华书局，2020年，第195—205页。

⑧ 久野美树：《唐代龍門石窟の研究—造形の思想的背景について—》，东京：中央公论美术出版，2011年，第124—131页，特别是第129页。

世纪后半期的绢画[1]。

看来，研究洛阳地区优填王像，将会遇到以下几个不可回避的问题：第一，此类造像的出现与流行，究竟是否与玄奘从印度带回的佛像模本有关；第二，如何理解此类造像在艺术风格上的特殊性；第三，如何理解此类造像突然流行和骤然中断的原因；等等。本文专就以上问题进行尝试性的探讨。

二、玄奘赍回的七尊像

《大唐西域记》（简《西域记》）载玄奘在印度时，曾见到憍赏弥国：

> 城内故宫中有大精舍，高六十余尺，有刻檀佛像，上悬石盖，邬陀衍那王唐言出爱王。旧云优填王，讹也。之所作也。灵相间起，神光时照。诸国君王，恃力欲举，虽多人众，莫能转移，遂图供养，俱言得真。语其源迹，即此像也。初如来成正觉已，上升天宫为母说法，三月不还。其王思慕，愿图形像。乃请尊者末特伽罗子，以神通力，接工人上天宫，亲观妙相，雕刻栴檀。如来自天宫还也，刻檀之像起迎世尊。世尊慰曰："教化劳耶！开导末世，寔此为冀！"[2]

《大慈恩寺三藏法师传》（简《慈恩传》）中与此相应记载云：

> 至憍赏弥国旧曰俱睒弥，讹。中印度。伽蓝十余所，僧徒三百余人。城内故宫中有大精舍，高六十余尺，有刻檀佛像，上悬石盖。邬陀衍那王此言出爱。旧云优填王，讹。之所造也。昔如来在忉利天经夏为母说法，王思慕，及请目连将巧工升天，观佛尊严容止，还，以紫檀雕刻，以像真容。世尊下来时，像迎佛，即此也[3]。

"末特伽罗子"，即佛弟子"目连"，故《西域记》与《慈恩传》的记载大同小异。"大精舍高六十余尺"，相当于今天的18米多，这可能有所夸张。"上悬石盖"，应是在旃檀佛像背后立了一个石雕的华盖之类背饰。如果凭空悬挂一个石盖，难免会危及尊像，应有一整套的固定背障、背饰的装置。玄奘没有记载旃檀佛像的尺寸，所谓"刻檀之像起迎世尊"，表明旃檀刻像最初是按照坐姿雕刻的，当如来从忉利天由三道宝阶下降到僧伽施国大水池边时，此坐像才能起身迎接世尊。这样的场景，在敦煌莫高窟231、237窟等吐蕃时期的壁画中有生动的展现。正如我在前文中论述过的：优填王像最早是一种坐像，这不仅符合《增壹阿含经》《观佛三昧海经》《法显传》等较早的记载，而且还可得到犍陀罗地区浮雕作品实物的印证。

玄奘不仅在憍赏弥国亲礼过这尊旃檀佛像，还照着原样摹刻了一尊带回唐朝。《大唐西域记·记赞》载玄奘从印度：

---

① Hsueh-man Shen, *Authentic Replicas: Buddhist Art in Medieval China*, Honolulu: University of Hawaii Press, 2019, pp.137-168, esp.158-160.

② ［唐］玄奘、辩机原著，季羡林等校注：《大唐西域记校注》，北京：中华书局，1985年，第468—469页。

③ ［唐］慧立、彦悰著，孙毓棠、谢方点校：《大慈恩寺三藏法师传》卷三，北京：中华书局，2000年，第57页。

请得如来肉舍利一百五十粒；金佛像一躯，通光座高尺有六寸，拟摩揭陀国前正觉山龙窟影像；金佛像一躯，通光座高三尺三寸，拟婆罗痆斯国鹿野苑初转法轮像；刻檀佛像一躯，通光座高尺有五寸，拟憍赏弥国出爱王思慕如来刻檀写真像；刻檀佛像一躯，通光座高二尺九寸，拟劫比他国如来自天宫降履宝阶像；银佛像一躯，通光座高四尺，拟摩揭陀国鹫峰山说《法花》等经像；金佛像一躯，通光座高三尺五寸，拟那揭罗曷国伏毒龙所留影像；刻檀佛像一躯，通光座高尺有三寸，拟吠舍厘国巡城行化像[①]。

这里的"拟憍赏弥国出爱王思慕如来刻檀写真像"，即憍赏弥国优填王的旃檀佛像。也是力主"洛阳地区优填王像受到玄奘赍来像影响"的学者们主要依据所在。所谓"尺有五寸"，约今46厘米。若放置此像的大精舍有六十尺高，不足半米的一尊雕像与精舍太不成比例。对这七尊像的详细记载，还见于《慈恩传》和智昇的《开元释教录》。但《慈恩传》说此像"通光座高二尺九寸"也不可取。因为《西域记》对这七尊像的记载格式是"材质，法量（尺寸），拟某某像"，《慈恩传》则变成了"拟某某像，材质，法量"。这就使得《慈恩传》这部分的记载在抄写时出现了讹误：法量与对应的尊像产生了错行[②]。换言之，《慈恩传》现在每一尊像的法量，都应该是下一尊像的尺寸才对。而现在《慈恩传》说"拟婆罗痆斯国鹿野苑初转法轮像刻檀佛像一躯，通光座高三尺有五寸"，正应是指"拟憍赏弥国出爱王思慕如来刻檀写真像"的尺寸[③]。这样，玄奘带回的"出爱王思慕像"或许应有"三尺五寸"，即1.07米左右。《西域记》成书时，漏写了"三尺"的"三"字。智昇完全照抄了《西域记》，并不能增加《西域记》在这个问题上的版本优势[④]。相较之下，校正之后的《慈恩传》记此像高"三尺五寸"才是合理的，应是一尊坐像的高度。无论如何，玄奘确实从印度带回了一尊在憍赏弥国仿制的"出爱王思慕像"，而且是一尊坐像。

既然几部史料都记载的是优填王像，又都是坐像，岂不正好可以印证洛阳地区倚坐优填王像来自玄奘带回的模本？问题并不这样简单。从最早关于优填王造像的记载以及犍陀罗地区雕塑作品，可以清楚看到：优填王像的坐姿，原本是结跏趺坐，而非倚坐。直到武周天授二年（691年），于阗僧提云般若译出《大乘造像功德经》，对优填王造像故事做了进一步丰富[⑤]。"优陀延王"（即优填王的另一音译）发愿要造像时，其臣下问：

"王今造像，应用纯紫栴檀之木，文理、体质，坚密之者。但其形相，为坐？为立？高下若何？"王以此语，问诸臣众。有一智臣，前白王言："大王！当作如来坐像。何以故？一切诸佛，

① 《大唐西域记校注》卷十二，第1041页。智昇在《开元释教录》卷八中，转录了这段文字。见［唐］智昇撰、富世平点校：《开元释教录》卷八，北京：中华书局，2018年，第502—503页。

② 关于《西域记》《慈恩传》对这七尊佛像法量的记载参差，分别参见肥田路美：《云翔瑞像》，第21—24页。稻本泰生：《優填王像東傳考》，第425—427页注7。

③ 见《大慈恩寺三藏法师传》卷六，点校本，第126页。据《增壹阿含经》，优填王和波斯匿王所造的世间最早佛像，均高五尺。

④ ［唐］释智昇：《开元释教录》卷八《总括群经录上之八》，北京：中华书局，2018年，第502页。

⑤ 关于提云般若译《造像功德经》的情况，参见段晴：《于阗僧提云般若》《〈造像功德经〉所体现的佛教神话模式》《〈造像功德经〉于阗语、汉语今译及古译刊本》，分别参见同作者：《于阗·佛教·古卷》，上海：中西书局，2013年，第45—56、109—127、129—168页。

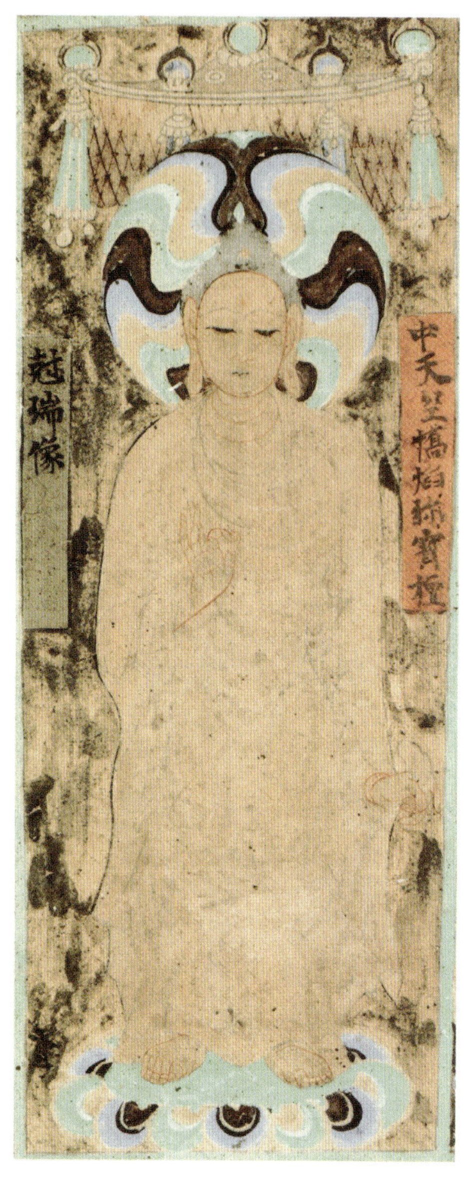

图四　莫高窟231窟憍赏弥宝檀刻瑞像

得大菩提，转正法轮，现大神通，降伏外道，作大佛事，皆悉坐故。是以应作坐师子座，结加之像。”①

这是说诸佛在几乎所有重要事件发生的场合，采取的都是跏趺坐姿，故优填王造像也要模仿在狮子座上结跏趺之姿的佛陀形象。结跏趺坐的确也是犍陀罗早期佛教艺术品中最常见的佛陀坐姿。这可说是为优填王像模仿释迦的结跏趺坐姿而造提供了理论依据。可见，7世纪末从于阗传来的关于优填王造像的记述，仍明确说优填王所造为“结加之像”。玄奘在憍赏弥国所见、所拟的“出爱王思慕像”，理应也是同样的结跏趺坐像。假如能确认憍赏弥国自古流传的优填王像原本是一种结跏趺坐像，则洛阳地区的倚坐优填王像，就肯定不是依据玄奘所带回佛像的样式。曾有学者根据晚期敦煌壁画资料推测玄奘带回的是一种优填王造释迦立像②。（图四）在我看来，优填王像从坐像到立像的转变，正是因为于阗瑞像对犍陀罗传统的改造。因此，于阗瑞像已是对印度优填王像改造后的结果，不能根据于阗的优填王立像去推测原初的优填王像也是立像。此前似乎还没有人从坐像具体的坐姿角度去讨论这一问题③。很可能，结跏趺坐像与倚坐像的差异，就是解决洛阳所见优填王像与玄奘赍来像关系之疑问的重要关节点。但玄奘当年带回的“出爱王思慕像”到底是什么样式？现在缺乏直观和确凿的证据，只能说：唐初洛阳周边地区的优填王像，十有八九并非模仿自玄奘带回的“出爱王思慕像”。

以往人们认为洛阳的优填王像受到玄奘带回造像影响的理由，主要是：这种优填王像在洛阳地区的突然兴起，一定是有某种外来力量作用的结果。玄奘归国在645年，龙门石窟最早出现的有题记的优填王倚坐像是在655年，这一前因后果的关联性，在时间线上是吻合的。玄奘回国后，与太宗、高宗两位皇帝关系密切，龙门石窟也反映了唐皇室的巨大影响力。如宾阳南洞是为纪念长孙皇后而造，奉先寺卢舍那大佛营建又蒙武则天的捐助，唐初比较热衷于

---

① 《大乘造像功德经》卷上，《大正藏》第16册，No.0694，第790b页。于阗语《造像功德经》，单本不传，只见于于阗语《赞巴斯塔书》第23章。现有段晴教授对此章的汉译，相关内容也是强调优填王造作的是“狮子座上结跏趺”，见《于阗·佛教·古卷》，第141页。据段晴推测，此经的梵语原著产生在贵霜时代，后流传到于阗，被译成于阗语，再由提云般若汉译出来。果如是，则自贵霜时代开始，优填王像就是结跏趺坐像。

② 如肥田路美根据敦煌231、237窟壁画中出现的于阗瑞像，认为玄奘带回的是一尊优填王造佛立像，见《云翔瑞像》，第28页。

③ 张同标推测玄奘带回的是坐像，但具体是结跏趺坐还是倚坐，则无法揣测。见同作者：《中印佛教造像源流与传播》，南京：东南大学出版社，2013年，第413页。

对域外传来的造像样式的模仿，等等。因此，以玄奘带回的造像为蓝本，通过皇室的力量推广，才在洛阳周边集中出现一批优填王倚坐像。

反对者的意见是：玄奘带回的七尊印度佛像，一直保存在长安的弘福寺和慈恩寺，根本就没有流传开来，后来也下落不明。玄奘特别反对“优填王”的译法，强调要根据梵语音译为“邬陀衍那王”，或意译为“出爱王”，才是正确的；而洛阳周边此类造像都是用传统的“优填王像”之称，并无一例采用玄奘的译名。龙门石窟敬善寺洞第429龛，在雕塑优填王像的同时，刻写了《金刚般若经》，采用的是罗什译本，而非玄奘对《金刚经》的新译本。这说明玄奘带回的经像，其实对洛阳地区并未产生多大的影响。等等。

客观地说，支持玄奘赍来像影响洛阳优填王像的那些理由，都比较空泛和笼统，不如反对的观点来得更具体和更无法辩驳。一个不能回避的问题是：玄奘归国时带回的印度经像，究竟在多大程度上被当时的中国佛教界推广和传播？有学者认为优填王像就是根据安置在弘福寺和慈恩寺的尊像所仿制的；或者认为玄奘曾多次往来于长安、洛阳之间，当他回到故乡洛阳时，带来了优填王像的模本，与之有直接关联的佛寺、佛僧以及相关信众由此获得模本，从而在龙门造像。这样的推测能否成立？

三、玄奘的造像活动

贞观十九年（645年），玄奘回国时，唐太宗正在洛阳，长安由房玄龄主事。得到太宗许可后，房玄龄主持声势浩大的仪式，将玄奘所赍经、像迎奉到长安的弘福寺。玄奘随后赶往洛阳拜见太宗。当太宗命他在弘福寺译经时，玄奘云：

> 百姓无知，见玄奘从西方来，妄相观看，遂成阛阓，非直违触宪纲，亦为妨废法事。望得守门，以防诸过①。

可见玄奘并不希望将自己带回的经像毫无保留地给长安的百姓开放参观。他反倒觉得百姓争相瞻睹圣像的热情，会打破他寺院修行和译经所需的清静。

贞观二十二年（648年），太宗再赴洛阳，玄奘随驾往洛。同年，大慈恩寺建成，玄奘被敕任大慈恩寺上座。长安再举行盛大仪式，由高僧大德、文武百官，以太常九部乐，东宫兵千余人，护送玄奘赍回的经像，从弘福寺移往大慈恩寺。史载：

> 衢路观者，数亿万人。经像至寺内，敕赵公、英公、中书褚令，执香炉引入，安置殿内，奏九部乐、破阵舞，及诸戏于庭，讫而还②。

说明这些经像已具有唐朝国宝的性质，不再只是佛教的圣像。王公大臣固然可以一睹真容，但普通百姓就只能沿街看热闹而已。永徽三年（652年），为“安置西域所将经像”，玄奘又在大慈恩寺端门之

① 《大慈恩寺三藏法师传》，第126—130页。

② 《大慈恩寺三藏法师传》，第156页。

阳，建造了五级砖塔[①]，即大雁塔。可见玄奘一直把从印度赍来的七尊佛像，收藏在自己驻锡之寺，并无有意传写摹刻，广为传布之举。

玄奘就任慈恩寺上座后，“复有内使，遣营功德，前后造一切经十部，夹纻宝装像二百余躯，亦令取法师进止”[②]。这是说宫中的内使为求功德，造一切经十部，夹纻宝装佛像二百余躯，大概是要送至慈恩寺供养，故强调一切听从玄奘的指令。不能理解为是经玄奘之手，制作了夹纻佛像二百多尊。

显庆三年（658年），玄奘被敕徙长安西明寺继续译经。史载：

> 帝以法师先朝所重，嗣位之后，礼敬逾隆。中使、朝臣，问慰无绝。施绵帛、绫锦，前后万余段，沙服、衲、袈裟等数百事，法师受已，皆为国造塔，及营经像，给施贫穷，并外国婆罗门客等，随得随散，无所贮蓄。发愿造十俱胝像。百万为十俱胝，并造成矣[③]。

麟德元年（664年）玄奘去世前，“又录造俱胝画像、弥勒像，各一千帧，又造素像十俱胝”[④]。

《大唐故玄奘法师行状》除个别字词有误外，反而对此情况说得更清楚一些：

> 法师蒙二帝珍敬，倸施绵帛绫彩万余匹，上纳袈裟、时服等数百年（“年”疑衍）事。法师得之，皆为国造塔，书（疑应为“画”）俱胝绢像一千揁，贤劫千佛一千揁，弥勒佛一千揁，像十俱胝。洗浴众僧，给施贫人。一无贮蓄，随得随散[⑤]。

这是说玄奘从太宗、高宗那里所得的倸施，都“随得随散”，用于“为国造塔”和造像。玄奘的造像又分两大类：其一是俱胝绢像、贤劫千佛、弥勒佛，各有一千帧。这应是画像。其二是“像十俱胝”或“素像十俱胝”。“十俱胝”为一千万之巨，这肯定不是单体的雕像或壁画，而是一种不施粉彩的“素像”，很可能是用阴模制作的一种小体量的泥塑佛像，否则不可能造满“十俱胝”之数。玄奘参与制造的画像三千帧，大概已经全都见不到了。而“十俱胝像”这种小佛像，在慈恩寺和大雁塔、西明寺等周围，发现有二三百件之多，说明当初的确是有计划、成规模地制造过此类佛像。

此类小佛像又称“善业泥”，按照自身命名的不同，至少有四种类型，包括“大慈恩寺苏常侍等造善业泥”“大慈恩寺善业泥”“西明寺善业泥”“至相寺善业泥”[⑥]。其中有结跏趺坐、右袒、左手敛、右手垂作触地印的样式。一般认为这是依照印度菩提伽耶的所谓“慈氏真容”，即弥勒菩萨显灵所造的释迦像而造[⑦]。而出自菩提伽耶的这一主题造像，并不在七尊像之列。“善业泥”中也有倚坐的弥勒

① 《大慈恩寺三藏法师传》，第160页。

② 《大慈恩寺三藏法师传》，第158页。

③ 《大慈恩寺三藏法师传》，第215页。“百万为十俱胝”，别本作“百万为一俱胝”，应是。则“十俱胝”应为千万之数。

④ 《大慈恩寺三藏法师传》，第220页。

⑤ ［唐］冥详：《大唐故三藏法师行状》，《大正藏》第50册，No.2052，第220页上栏。

⑥ 冯贺军：《故宫藏唐朝善业泥研究》，《故宫学刊》第二辑，北京：紫禁城出版社，2005年，第306—309页。

⑦ 肥田路美：《西安出土砖佛的情况与意义》，《云翔瑞像》，第49—84页。获原哉：《玄奘发愿“十俱胝像”考——关于“善业泥造像”的研究》，2002年日文初刊，此据《考古与文物》2003年第6期，第61—71页。张同标：《中印佛教造像源流与传播》，第197—198页。此外，围绕这种制作方法是否与雕版印刷技术有关的讨论，参见王传龙：《雕版印刷“捺印起源说”献疑》，《中国典籍与文化》2021年第4期，第114—121页。

佛像，但手印与优填王像不同，衣褶也比优填王像明显[①]。玄奘本人信仰弥勒，他参与造弥勒像并不奇怪。只是这种倚坐弥勒像的坐姿与衣纹，更符合南北朝以来中国佛教造像所形成的传统，其印度佛像的色彩并不突出。由此可知玄奘归国后，在长安的确参与了大规模造像的活动，他的造像主要是手工画像，或泥范烧制出来的小佛像。从以上这些记载中，我们无法认定玄奘把自己带回的印度七尊像或其中的某一特定尊像，拿来作为范本供人传写摹刻。大概在玄奘看来，这七尊像具有某些特别之处，不适宜为了做功德而大规模摹制传播。无论文献记载还是现存的实物，都没玄奘将七尊像推广的迹象。

显庆二年（657年），玄奘随高宗一起到洛阳。

> 法师少离京洛，因兹扈从，暂得还乡。游览旧廛，问访亲故，沦丧将尽。唯有姊一人……问姊父母坟陇所在，躬自扫谒。为岁久荒颓，乃更详胜地，欲具棺椁而改葬。

玄奘为此上表高宗，说：

> 所赐三两日，恐不周帀。望乞天恩，听玄奘葬事了还[②]。

说明玄奘归国后，虽曾数次随驾从长安到故乡洛阳，但只有显庆二年这一次，才蒙高宗准假两三日，去寻访自己的家人。但陈家亲友俱亡，只有老姊一人；为了改葬父母，玄奘还特向高宗额外多请了几天假；足见玄奘每次随驾洛阳，并不能自由安排行程。他在洛阳一带也早无亲朋故交。因此，在龙门石窟造优填王像的那个“小群体”，很难说是因为与玄奘个人有什么关联，才得以获取“出爱王思慕像”的蓝本，并在洛阳推广开来。

显庆四年（659年），玄奘请求从西明寺迁往玉华寺专心译经。到龙朔三年（663年），在玉华寺完成了《大般若经》六百卷的翻译。人们在现在陕西铜川县玉华宫遗址上，发现了一个造像座石，现藏中国国家博物馆，题铭为“大唐龙朔二年三藏法师玄奘敬造释迦佛像供养”，未知像容如何。此外，玉华宫的遗址还出土了玄奘从印度带回的佛足石残件[③]。这或许说明，玄奘对从印度带回的佛像、佛足模本，主要是在自己所住的寺院中安置供养，并未有意将其作为范本，流播于长安或洛阳的佛教界。

道宣曾参与玄奘的译经活动，但几种书中关于优填王像传入中国的不同记载，都没有提及玄奘的“出爱王思慕像”。唐后期《寺塔记》《历代名画记》等传世文献，也都不见有对玄奘赍回印度佛像，以及以这些佛像为模本在两京地区传写的记载[④]。这都说明玄奘的确对唐初佛教界接受印度样式的佛教

---

① 冯贺军：《故宫藏唐朝善业泥研究》，《故宫学刊》第二辑，第311—312页。

② 《大慈恩寺三藏法师传》，第204—205页。

③ 霍巍：《王玄策与唐代佛教美术中的“佛足迹图”》，《世界宗教研究》2020年第2期，第9—17页。文中利用玉华宫出土的佛足迹石，印证了玄奘从摩揭陀国摹刻佛足石回国的史实。

④ 形成对照的是王玄策从印度带回的佛像模本，被用于洛阳敬爱寺壁画和造像的模本。参见［唐］张彦远：《历代名画记》卷三，北京：人民美术出版社，1963年，第67页。

艺术产生了某种推进作用，但这种作用并不是通过他推广自己赍回的七尊印度佛像来体现的。仅就七尊佛像而言，很可能无论从玄奘的主观意愿上还是客观条件上，对唐初甚或是两京的佛教界，都未产生实际的影响力。

四、洛阳优填王造像的特殊性

记载优填王造像的佛经《增壹阿含经》和《观佛三昧海经》4世纪末至5世纪初被翻译成汉语。在此前，中国佛教界很可能并不知道优填王造像的故事，也不可能有优填王造像出现[①]。直到6世纪初，龙门石窟的造像记中使用了优填王造像的典故，但所造的佛像却并非优填王像。如龙门古阳洞的502年的魏灵藏龛有造像记提及："应真悼三乘者靡凭，遂腾空以刊像。"[②]所谓"应真"即指阿罗汉，"腾空以刊像"应是指目连带工匠升天观如来真容而刻像的典故。龙门莲花洞北魏永熙二年（533年）《元□等法仪廿余人造石像记》中说道："故优填恋道，铸真金以写灵容。目连慕德，刻栴檀而图圣像。"[③]这并不意味着魏灵藏、"廿余人"所造的是优填王像。此后一直到永徽六年（655年），龙门石窟出现了某比丘为亡父母"敬造优填王像一躯"的发愿文[④]，这是有纪年的造优填王像发愿文中最早的一例。

唐初龙门石窟和巩县石窟所见的优填王像，具有比较统一的样式风格。宫大中描述说："形象千篇一律，外貌程式化。皆颈短体胖，神态板滞。头部、躯体与双腿保持垂直，正襟危坐。着光滑而厚重的袈裟，无衣褶，袒右肩，跣足踏在莲台上。"[⑤]肥田路美描述说："坐在方形台座上，脚踏莲花的倚坐像，肩膀宽阔，上臂向外张开，胸膛开阔，腰部紧致有力，大腿健硕，是具有肉感躯体特征的尊像。……右手举至胸前，立掌作施无畏印，左手仰掌置于左膝，五指微弯曲，仿佛掌中有持物。偏袒右肩胸的大衣，极薄而紧贴身体，仅有衣襟以波状蜿蜒的线条从左肩延伸下来，且右膝由下向上绕至左腕，并带有简单的衣褶表现。此外，在腰部可以看到大衣下浮现的下裳裙头，下裳有些短，露出脚趾。"[⑥]等等。直接看图像资料也可感觉到：这批优填王像除了倚坐、右袒、无衣褶等显著特征外，身躯粗壮，神情呆板，恐怕也是不能忽视的特点。换言之，这是一种很难用"精美"来形容的造像样式。

学界公认，这种优填王倚坐像具有明显的印度笈多风格。所谓"笈多风格"，得名于印度笈多王朝（320—600年）时期的佛教艺术风格。在笈多王朝治下，印度本土的佛教艺术达到了一个新的高峰。以往学界较多强调犍陀罗佛教艺术对中国的影响，近年有学者认为：犍陀罗佛教艺术只是印度佛教艺术影响中国的第一拨次，犍陀罗艺术的鼎盛期在公元5世纪已经结束。此后出现影响中国佛教艺术的第二和第三拨次，分别是印度的笈多佛教艺术和波罗佛教艺术。相较而言，笈多艺术才是影响中

---

① 关于"汉明求法"时使者从印度带回优填王像之事的不可信，我在《坐立之间》中有详说，此不赘。值得注意的是，5世纪以后的"汉明求法"故事中，出现了使者从西域带回优填王倚坐像入洛阳的说法。唐初洛阳周边出现成批的倚坐优填王像，是否是对"汉明求法"带来优填王倚坐像传说的一种回应？

② 沙畹：《华北考古记》，第738页。《龙门石窟碑刻题记汇录》（下），第469页。

③ 沙畹：《华北考古记》，第590—597页。《龙门石窟碑刻题记汇录》（下），第268页。

④ 大村西崖：《中国雕塑史》，第779页。《龙门石窟碑刻题记汇录》（上），第76页。

⑤ 宫大中：《龙门石窟艺术》（增订本），第320页。

⑥ 肥田路美：《云翔瑞像》，第145页。

国佛教艺术至深、至广的域外源头[①]。笈多佛教艺术又分为三个主要的流派：秣菟罗流派、鹿野苑流派、案达罗流派。洛阳地区优填王像在着衣方式、衣纹处理、背屏装饰等方面，的确呈现出与鹿野苑流派的艺术风格接近的地方。

首先，这批优填王像的衣着表现，全都作右袒式，与印度西北印度河流域犍陀罗地区盛行的通肩U字形袈裟明显不同，具有恒河流域印度本土佛教艺术的特征。右袒式的造像在中国非常罕见，因为无论是中国的气候条件，还是社会风俗，都不允许印度佛像那种完全袒肩露臂的形象大行其道。因而会出现所谓“偏衫”的处理方式[②]。但洛阳地区的优填王像，则几乎完全是右袒式着衣。这一点甚至可以说是有点对印度造像风格的机械性模仿。

其次，这批优填王像有独特的衣纹处理方式。宫大中所谓的“无衣褶”，或肥田氏所言的“简单的衣褶”，这是明显的笈多艺术风格。洛阳优填王像的衣纹处理，与犍陀罗佛教造像中普遍见到的类似希腊、罗马雕塑那种通过紧密的衣纹来呈现人体躯干的做法大异其趣。此种类型衣纹的造像，是在笈多时期随着以鹿野苑为中心制造出的大批佛像而流行开来的。现存的鹿野苑造像，如大英博物馆收藏的一件鹿野苑出土说法印佛倚坐像，（图五）阿旃陀石窟在公元4—6世纪制作的佛像，奥兰加巴德公元5—7世纪所见的倚坐佛像，也都是这样的衣纹表现[③]。青州龙兴寺佛教造像出土后，可以知晓这样刻画衣纹，本是为了在衣纹上敷彩。故最终要呈现的效果，原本并非为了体现极简的衣纹[④]。

图五　鹿野苑5—6世纪坐像

在唐初洛阳优填王像出现之前，南北朝时的南方和北方地区都曾出现过受印度笈多艺术风格影响的造像。大体而言，笈多艺术风格最早是通过西北陆路，在5世纪初传入中国。但因北魏孝文帝的汉化改革，北魏朝廷向南朝风尚学习，导致秀骨清像、褒衣博带式的风格成为佛教造像的主流。因而这股笈多艺术风，很快在北方地区被来自南朝的风尚所取代。到6世纪初，更为成熟的笈多艺术风格，经由南海航路再度传入南朝。南朝齐梁的统治者都对笈多风格大为接受和赞赏，导致笈多风格以建康为中心再度辐射开来。建康当地几乎未见南朝佛教造像遗存保留下来，但四川地区有从建康溯江而上西传的佛教造像。北齐的统治者一方面与南朝保持经济、文化的交流，另一方面也是刻意对孝文帝以来的汉化政策有所反对，故而更容易接纳来自域外的笈多艺术风格。以青州龙兴寺窖藏

① 张同标：《中印佛教造像源流与传播》，第180—460页。

② 杨泓：《试论南北朝前期佛像服饰的主要变化》，1963年初刊，此据同作者：《汉唐美术考古与佛教艺术》，北京：科学出版社，2000年，第296—304页。

③ 张同标：《中印佛教造像源流与传播》，第202、372—378页。

④ 张同标：《中印佛教造像源流与传播》，第233页。

和邺城北吴庄等地出土的佛教造像为代表的北朝北方地区造像，都有如“出水”般薄衣贴体式的佛衣样式[①]。因此，唐初洛阳地区这种“无衣褶”式的佛衣样式，在南北朝特定时期和特定地域确曾有过先例。

再次，关于背屏，洛阳地区个别优填王像，如龙门永徽六年、巩县显庆五年（660年）这两例优填王像，靠背的两侧雕有摩羯鱼、童子与兽王。这是“六拿具”的表现，也是来自鹿野苑流派。所谓“六拿具”，是佛像背光通常雕有的六种形象，即大鹏、鲸鱼、龙子、童男、兽王、象王。这六种形象的音译词最末一字，皆为“拿”字，故名“六拿具”。最具典型性的是四川广元石窟寺的菩提瑞像洞主尊的倚背装饰[②]。洛阳优填王像的“六拿具”虽然既不普遍，也不完备，但这种背饰的起源，却也要追溯到笈多时期西印度石窟造像。

尽管这批优填王像有与鹿野苑造像非常近似的独特之处，却也具有与鹿野苑造像明显不同的特征。最突出是手印的不同。鹿野苑流派的造像，凡是主尊垂足而坐的，都是双手作说法印[③]。而洛阳优填王像皆作右手掌心向外的施无畏印，左手则是禅定印，并无一例是完全按照鹿野苑流派的说法印塑造。再就是头顶的螺发刻画。鹿野苑佛像的特征之一是颗粒很大的螺发造型，而且螺发不会太高。而目前洛阳地区的优填王像，很多都已看不出是螺发，说明螺发的颗粒并不明显，而且螺发的高度有些异常，以至于个别优填王造像的佛头上，犹如戴着一顶尖帽子。这其实是螺发刻画失败的案例[④]。此外，虽然都是倚坐，但两腿下垂的姿势不同。印度本土的倚坐像，双腿下垂在莲花上，垂下的双腿是有一定交叉角度的。而洛阳优填王像的双腿则是僵硬地垂直下垂。再就是洛阳优填王像的躯体过于粗壮，身材比例略显失调，而鹿野苑流派的造像，没有这种给人太过短粗观感的造像。这都是不能忽视的洛阳优填王像并不符合鹿野苑造像的特异之处。

笈多风格的传来，对于南朝来说，必定要考虑到印度本土经东南亚从海路传来的可能性，对于北齐来说，则既有西北陆路直接传来的可能性，也有通过南方海路经由建康间接传入的可能性[⑤]。实际上在南朝时期，有多次经海路传来佛像的记载。特别是在梁武帝天监年间，有一尊印度本土的优填王旃檀像传入的记载。据说此像先被接至建康，后被迎至江陵；在道宣的时代，还被长安的佛寺竞相摹写

---

① 关于成都和北齐境内佛教造像所体现的笈多艺术风格及其来源等问题，参见宿白：《青州龙兴寺窖藏所出佛像的几个问题》，1999年初刊，此据同作者：《魏晋南北朝唐宋考古文稿辑丛》，北京：文物出版社，2011年，第333—350页。杨泓：《山东青州北朝石佛像综论》，1999年初刊，此据《汉唐美术考古与佛教艺术》，第315—327页。金维诺：《南梁与北齐造像的成就和影响》，《美术研究》2000年第3期，第41—46页。罗世平：《青州北齐造像及其样式问题》，2000年初刊，此据《图像与样式》，第203—219页。

② 相关研究，见前揭丁明夷1990年、罗世平1991年文，姚崇新2011年书，及张同标：《中印佛教造像源流与传播》，第406—411页。

③ 张同标：《中印佛教造像源流与传播》，第388页。

④ 李文生曾说洛阳地区优填王像的“肉髻高如山顶”，符合佛经记载的佛有三十二相之一。实际上，三十二相最初并不是用来指导造像的。如果洛阳优填王像真有按照三十二相去塑造的情况，也许正好暗示了其来源并非完全照搬域外传来的模板。

⑤ 学界大都承认北齐的造像风格深受南朝建康的影响，而建康又是受南方海路传入的笈多风格的影响。参见费泳：《“青州模式”造像的源流》，《东南文化》2000年第3期，第97—102页。邱忠鸣：《北齐佛像“青州样式”新探》，《民族艺术》2006年第1期，第81—92页。吉村怜著、姚瑶译：《青州龙兴寺遗址出土的北齐印度风佛像起源》，《中国美术研究》第16辑，2015年，第4—16页。

仿刻[①]。按理说，洛阳地区优填王像是有可能受此南朝优填王旃檀像影响的。但在本文明确了洛阳地区优填王像不太可能是完全仿制某尊印度本土传来佛像之后，萧梁时期的优填王像直接影响洛阳地区优填王像的可能性，也变得微乎其微。或许笈多风格的影响，的确来自南朝的风尚，但洛阳优填王像具体的像容却很可能与由南入北的优填王像不符。况且，如果真是萧梁的优填王旃檀像在隋至唐初流行于长安、洛阳，为何至今只能在龙门和巩县石窟中看到此种优填王像的遗迹？又如何解释洛阳地区的优填王像集中流行于唐初高宗在位的几十年间之事实？

五、优填王像倚坐的来源

宫治昭氏曾提出过一种“交脚倚坐”的坐姿，实际主要还是指交脚之姿[②]。意即主尊上身直挺，后有靠背，双脚呈一定角度地交叉落地。而本文所论的“倚坐”，又名“善跏趺坐”，即主尊端坐于座上，双腿双脚差不多是呈直角垂地。水野清一最早提出南北朝时的弥勒菩萨，有一个从交脚坐姿向倚坐转化的历程；而倚坐的弥勒菩萨在入唐以后，又演变成倚坐的弥勒佛[③]。宫治昭、石松日奈子都强调倚坐原本是一种来自游牧民族王者的坐姿，最初并不是佛像所采取的标准坐姿[④]。佛像开始效仿王者的坐姿，是把佛陀进一步主神化和王者化的体现[⑤]。或可认为，印度佛教中倚坐佛像的出现，要晚于结跏趺坐和交脚坐姿的佛像。就现有资料看，犍陀罗早期和盛期的佛像中，很少见到倚坐之姿。目前所知至少有两件犍陀罗的倚坐佛像，都已是公元5—6世纪的作品[⑥]。印度笈多风格的倚坐佛像中，有一种倚坐说法印佛像，即尊像身姿倚坐，双手交叠在一起，作说法印，或名转法轮印。这种类型的倚坐说法印佛像，在印度大约出现在公元5世纪，到6世纪则成为印度西部石窟中广为流行的一种塑像题材[⑦]。

中国佛教造像中的倚坐像，既不一定非要在印度本土有了倚坐像后才传入，也不一定是在交脚坐姿流行之后才出现。印度本土的倚坐像也是受中亚和西亚游牧王者坐姿的影响，而这种影响不必非经由印度本土，而是可以直接从中亚传到西域和中原的。甚至中国北方的游牧民族，也具备创制倚坐像的可能性。根据石松氏对倚坐像在中国出现地域的考察，倚坐像首先从西北陆路传入中国，从河西走廊向河南、山西、四川等地区传播[⑧]。这就不能排除是由中亚或中国西北方民族直接传入中原的可能性。

现存中国最早的交脚说法像，应是西安碑林博物馆所藏北魏皇兴五年（471年）的石造交脚说法

① 萧梁时优填王旃檀像传入，及后续流传至唐初的情况，我在《坐立之间》一文中有详述，此不赘。

② 宫治昭：《关于犍陀罗、迦毕试“兜率天上的弥勒菩萨”图像研究》，氏著：《涅槃和弥勒的图像学研究》，1992年日文初版，此据李萍、张清涛汉译本，北京：文物出版社，2009年，第259—262页。

③ 水野清一：《倚坐菩薩像について》，1940年初刊，此据氏著：《中国の仏教美術》，东京：平凡社，1968年，第251—255页。

④ 宫治昭：《涅槃和弥勒的图像学研究》，第258页。石松日奈子：《弥勒像坐勢研究—施無畏印・倚坐の菩薩像を中心に—》，《Museum：國立博物館美術誌》第502号，1993年，第4—26页。

⑤ 张同标：《中印佛教造像源流与传播》，第400页。

⑥ 宫治昭：《涅槃和弥勒的图像学研究》，第215页，图126，片岩浮雕，主尊为释迦倚坐，胁侍有手持水瓶的弥勒菩萨。张同标：《中印佛教造像源流与传播》，第411—412页，图6.3.14是一尊陶佛像。说明犍陀罗地区直到犍陀罗艺术末期，才出现了倚坐说法像。

⑦ 张同标：《中印佛教造像源流与传播》，第392页。

⑧ 石松日奈子：《弥勒像坐勢研究》，第8—19页。

像[①]。文献记载的倚坐像，甚至可以早到公元4世纪中期，据说苻坚曾送给在襄阳停留的道安“外国金箔倚像，高七尺”[②]。但此像具体情况不明。若此事可信，则倚坐弥勒菩萨说法像，很可能从4世纪中期就已传入中国。这个时间，甚至不晚于印度本土大规模出现倚坐说法印佛像的时间。其后有元嘉十六年（439年），刘宋建康龙华寺道矫等人造“夹纻弥勒倚像一躯，高一丈六尺”[③]。而倚坐像的实物遗存，当以“昙曜五窟”之一的云冈第19号窟西配龛的倚坐佛像为最早，时代约在5世纪60年代。其后是北魏永平三年（510年）左右，甘肃庆阳北石窟寺165窟前壁南侧的菩萨倚坐像[④]。这两尊现存较早的倚坐像，主尊都是右手施无畏印，左手放置膝上，或谓作禅定印。这样的手印与鹿野苑造像不同，却与唐初优填王像基本符合。但南北朝以来的中国倚坐像的衣纹，要比唐初洛阳地区优填王像的衣纹繁复得多。换言之，右手施无畏印、左手禅定印的倚坐像，南北朝以来即常见于中国的佛教造像，因此对唐初洛阳的佛教徒来说，应该并不陌生。

温玉成曾注意到龙门石窟的优填王像在消失前，靠背椅的座式被移作弥勒佛像的座式，此后的弥勒佛像普遍采用靠背椅的座式[⑤]。其实严格说来，应是原本自成体系的倚坐弥勒像演变过程中，突起变异而出现了洛阳地区的优填王像。当这种优填王像衰落之后，倚坐像又重回到倚坐弥勒像发展的正常轨迹上去。注意到这种倚坐的优填王像最终被倚坐的弥勒佛像所取代的事实，可能会提供考虑这一问题的新思路。从倚坐像传入中国伊始，其主尊就几乎可以确定基本都是弥勒，不是弥勒菩萨，就是弥勒佛[⑥]。唐初洛阳的优填王像，本质上是把原本中国南北朝时期已经成熟的弥勒造像，加入了新传来的笈多风格因素，并将主尊从弥勒变换为优填王所造的释迦佛。亦即说，洛阳地区的优填王像很可能不是对域外某一类型造像的完整复刻或摹制，而是在南北朝后期至唐初的传统弥勒造像基础上，吸取某些域外新风尚而采取的“改头换面”式的“新创制”。这种造像类型之所以没有在其他地方流行开来，恐怕也正是因为具有强烈的地方性特色。至今，除洛阳地区外，只有在广西桂林有几处摩崖造像，被认为是“优填王像”，且被认为是从洛阳地区传来者。但这几例尊像并无一例造像记可证明是“优填王像”。倚坐、右手施无畏印、左手禅定印与洛阳优填王像相近，但并不完全右袒，且衣褶明显，这与洛阳优填王像明显不同。故有学者认为这应是弥勒像[⑦]。因此，本文也不认为洛阳优填王像会跳跃式地只传播到广西桂林去。

之所以强调不能忽略洛阳地区优填王像所具有的强烈地方性特色，首先是因为这种造型的佛像，

---

① 参见松原三郎：《中国仏教彫刻史論・図版編》一《魏晋南北朝前期》，东京：吉川弘文馆，1995年，第42—43页。

② ［梁］慧皎：《高僧传》卷五《释道安传》，汤用彤点校本，北京：中华书局，1992年，第179页。道安在襄阳的时间约在公元365—379年之间。但《高僧传》成书在6世纪初，也不排除是用后起的观念追述前事。如果《高僧传》此记载可信，则4世纪中期中国已出现外国传来的倚坐像。

③ ［梁］宝唱：《名僧传抄》，《卍新续藏经》第77册，No.1523，第359页上栏。

④ 石松日奈子：《弥勒像坐勢研究》，第9页。

⑤ 温玉成：《龙门唐窟排年》，龙门文物保管所、北京大学考古系编：《龙门石窟》二，北京：文物出版社，1992年，第184—185页。

⑥ 虽不排除极个别的特例，但南北朝时期的倚坐像，不是弥勒菩萨就是弥勒佛，这一结论有诸多题记为证。入唐以后的倚坐像，可由图像配置来确定为弥勒佛。参见杨效俊：《武周时期的佛教造型——以长安光宅寺七宝台的浮雕石佛群像为中心》，北京：文物出版社，2013年，第49—150页。

⑦ 参见刘勇：《桂林唐代摩崖造像考古学研究》，西北大学博士学位论文，2015年，第139—149页。胡春涛：《广西桂林唐代摩崖造像风格样式与来源》，《艺术探索》2020年第6期，第41—53页。

无论是在印度本土、南朝建康和四川地区，还是北朝青州、邺城造像中，都很难找到直接的模板，更不可能来自玄奘的七尊像之一。“倚坐”和“无衣褶”的造像特点，固然已见于青州龙兴寺或邺城北吴庄的北朝造像，（图六）但这些北朝造像具体的像容，却与洛阳地区优填王像有显著差别。从脸部、肉髻，到手印、躯干等方面都可看出，洛阳地区优填王像绝非对青州龙兴寺、洛阳永宁寺、邺城北吴庄造像的直接模仿和继承。各种可能性都排除之后，地方性特色或许是寻求解决这一问题新的突破口。

图六　青州龙兴寺北齐倚坐佛像

其次，几乎只有在《冥祥记》《高僧传》《历代名画记》等文献记述到汉明感梦求法，使者从西域带回佛像时，才明确提及最早传入中国的佛像即“优填王像”，是一种“释迦倚像”。换言之，“倚坐”的“优填王像”，只有在与洛阳相关的佛教史迹中才找得到依据。而在优填王像发展演变史上，最初是结跏趺坐姿，到于阗后出现了作为“瑞像”的立像，唐以后优填王像主要是以立像的姿态传世。因此“倚坐优填王像”的出现，并不具有普遍性。

再次，从龙门、巩县石窟总计不到20条造像记来看，制造优填王像的这个群体，彼此之间的确有一定关联性。但整体上看，这不是一个社会阶层很高的群体。其中拥有最高职衔的一位像主，也只是“洛阳县武骑射文林郎”①；说明这应是仅限于洛阳县地方的一些僧俗弟子。他们不会是来自皇家贵戚或朝廷要员，既不可能与玄奘直接有关联，也不可能从两京的高官显贵那里接受优填王像的蓝本。

有鉴于此，龙门和巩县石窟所见的这种优填王像，会不会是唐初洛阳当地乡人为了追效“汉明求法”时“优填王倚像”传入洛阳的光荣传统，再跟风自北朝后期流行至唐初的印度风格造像，从而创制出的一种独特的地方性造像模式？当然，这种像容的创制者，不会是这些出现在发愿文中的普通信众，而应另有其人。这可能需要结合更多龙门和巩县石窟开凿的具体背景才能进一步深究。

六、结　语

洛阳地区出现的这批优填王像，其造像题材、造像风格和主要艺术表现特征，无疑含有某些“外来”的因素。但在承认其具有诸如袒肩、衣纹、背屏等方面的鲜明笈多艺术风格同时，也要注意到洛阳优填王像与印度佛像之间的显著区别。洛阳的优填王像，并非完全照搬鹿野苑造像的模式，还有自己的独特之处。再加上这批优填王像有着粗壮的躯干、板滞的身躯和僵硬的面部，实际上并不能算是龙门和巩县石窟中的造像精品②。确认这些基本的事实，也许有助于在观察唐初优填王像时改换一下思

① 《龙门石窟碑刻题记汇录》（上），第89页。
② 李文生评价：“在技法上简朴洗练。……实为我国石窟造像题材中的一种独特风格。”《龙门石窟与洛阳历史文化》，第56页。

路：今后的研究应该从纠缠于是否有玄奘带回的印度佛像为蓝本，转变到为何洛阳地区会在唐初出现这种“四不像”的造像，还能流行一时。无论是玄奘带回的印度七尊像，还是唐初所接受的各种“印度佛像”，乃至印度本土现存的各种佛像实例，从中都找不到与洛阳地区优填王像完全相同的先例。这说明唐初洛阳地区的优填王像，并不是依据某种现成的印度佛像制造的。应该考虑到一种可能性的存在，即唐初的一部分洛阳信众，出于追慕优填王像首先传入洛阳的往昔荣光，择取本土既已形成的弥勒造像传统，再结合北朝末年以来形成的印度笈多风格造像因素，形成了一种略显生硬的造像混合体。

至于此类优填王像出现和消失的原因，稻本氏认为唐初佛教为向世俗王权表示尊崇“孝道”，而选取佛在忉利天为母倚坐说法的场景，是洛阳地区优填王像集中出现的背景之一①。我认为此说很难成立。表示“孝道”的关键情节是佛陀上升忉利天为母摩耶夫人说法，而不是优填王因见不到佛陀而思慕造像。滨田瑞美强调了优填王像在佛教史上具有传承释迦正法的正统意味，并尝试解释洛阳地区在唐初集中出现优填王像的原因，认为是武则天及其周围人物，欲图宣扬洛阳是佛法初传之地，强调佛法不朽等意义，而这批优填王造像的突然消失，则是因为转而强调弥勒佛的重要性②。若结合现存的造优填王像发愿文来看，此说似也有不妥之处。因为发愿文大部分都是像主为亡故的家人造像，愿亡者往生西方净土，也有为佛教的师僧造像祈福的。至少这些存有发愿文的优填王造像，并无一例是强调优填王像具有佛法传承正统的象征意义的。武则天为代表的上层统治者的意愿，也不应仅通过某个地方小的信众团体造像来表达。

总之，若将这种独特的造像在洛阳地区出现的原因，归结为洛阳地方部分僧俗，受所谓优填王倚像最先传入洛阳故事的感召，而依据南朝传来的印度风尚进行的临时性、创新性的尝试，或许可以在一定程度上解答目前所面临的诸多疑问。同样地，这种独特造像的突然隐没，既可能是初唐时期以长安为中心的佛教美术“中央模式”在全国的推广、地方性风格被最终取代的结果③，也不排除是纯粹地方性风格自身变化的结果。这方面会更多受限于直接材料的缺乏而难有实质性进展，但也并非完全无迹可寻。如龙门石窟万佛洞窟口有调露二年（680年）从印度归国僧玄照造观世音像的造像记④。作为曾经在印度亲睹过佛教圣迹和圣像的高僧，当玄照在龙门石窟看到这种颇具地方色彩的优填王像时，会不会提出某些改正的意见？恰在680年以后，此类优填王像就开始销声匿迹了。会不会与玄照参访并在龙门石窟造像有关？在此只能提出一种微弱的联想。

循此思路，应更多关注洛阳地区的社会中下阶层，自我整合信仰资源，形成一条与皇室贵戚、社

---

① 稻本泰生：《隋唐期東アジアの「優填王像」受容に關する覺書》，第120—126页。

② 滨田瑞美：《千佛图像与优填王像》，见李振刚主编：《2004年龙门石窟国际学术研讨会论文集》，郑州：河南人民出版社，2006年，第259—268页；日文全文《中国初唐時代の洛陽周辺における優填王像について》，初刊于《佛教艺术》第287号，2006年；以《初唐期の洛陽周辺における優填王像》为题，收入氏著：《中国石窟美術の研究》，东京：中央公论美术出版，2012年，第199—243页。

③ 唐初以长安、洛阳为中心的佛教艺术“中央模式”确立，并在全国范围内形成统一的样式，大概要到武周结束后，玄宗时代才开始。因此，唐初洛阳地区优填王像流行的时期，正是“中央模式”与“地方模式”此消彼长的时期。参见藤岡穣：《初唐期における長安造像の復元的考察》，肥田路美责任编集：《アジア仏教美術論集・東アジアⅡ・隋・唐》，东京：中央公论美术出版，2019年，第65—105页。

④ 参见张乃翥、张成渝著：《丝绸之路视域中的洛阳石刻》，上海：上海古籍出版社，2018年，第134页。玄照的事迹见［唐］义净原著、王邦维校注：《大唐西域求法高僧传校注》，北京：中华书局，1988年，第9—36页。

会上层平行的信仰路线。唐初龙门石窟的造像题材，有多少是来自两京的模本？有多少是出自洛阳地方群体的模仿和创制？这些可能是以往龙门石窟研究中所忽视的问题。由此延伸开来，其他石窟造像中，有没有类似的地方性创制？这样的角度和思索，可能不止限于龙门和巩县石窟优填王像这一特例，或许具有某些普遍意义。

The Source of King Udāyana Buddha Statues in Luoyang Areas during the Early Tang Dynasty

Liu Yi (Capital Normal University)

Abstract: The Longmen Grottoes and the Gongxian Grottoes preserve a total of about seventy King Udāyana Buddha statues of the early Tang period. Among them, fourteen statue inscriptions from the Longmen Grottoes and five from the Gongxian Grottoes indicated that this kind of statue was the King Udāyana Buddha Statue. Why was there a concentration of such a single style of statue in the Luoyang area in the early Tang Dynasty that embodied the Guptas artistic style? Some scholars believe that the "King Udāyana Buddha statue" style which Xuanzang brought back from India had impacted on Luoyang, while others deny that this statue is related to Xuanzang. This article argues that although the statue of the King Udāyana Buddha in Luoyang area has a distinctive Guptas artistic style, it is essentially a variation and modification of the increasingly mature Maitreya statue from the Northern and Southern Dynasties onward. Rather than dwelling on whether it is related to the Indian Buddha statue brought back by Xuanzang, we should pay more attention to the admiration of local believers in Luoyang for the fact that the so-called seated-with-legs-pendant statue of King Udāyana Buddha was first introduced to Luoyang when "the Ming Emperor of the Han Dynasty sought the Dharma."

Key Words: Longmen Grottoes, Gongxian Grottoes, King Udāyana Buddha Statues, Maitreya Statues, the seated-with-legs-pendant position

重构8世纪中叶至11世纪的龟兹佛教史*

——以石窟寺遗存为基础

杨 波（浙江大学城市学院历史研究中心）

摘 要： 和龟兹佛教艺术的黄金时代（魏晋南北朝）、中原大乘佛教回流的辉煌时期（盛唐）相比，人们对安史之乱以后的龟兹佛教缺乏足够的了解。本文立足于石窟寺遗存，对8世纪中叶至11世纪的龟兹佛教史做了初步的重构和复原。安史之乱后，龟兹地区的开窟造像活动并未中断，汉文化和龟兹本土佛教文化皆得到延续。到了回鹘统治时期，这两种文化体系一方面交流融汇，另一方面也在平行发展，其背后应存在不同性质的寺院和僧人群体。

关键词： 龟兹佛教史 安史之乱 回鹘时期 僧团

和龟兹佛教艺术的黄金时代（魏晋南北朝）、中原大乘佛教回流的辉煌时期（盛唐）相比，人们对8世纪中叶至11世纪的龟兹佛教史知之甚少。755年爆发的"安史之乱"是唐代历史的分水岭。安史之乱以后，龟兹的佛教情势如何，吐蕃是否占领过龟兹并留下遗迹，龟兹佛教又是如何过渡到回鹘时期的，龟兹回鹘佛教的特点和性质是什么，这些问题长期处于晦暗模糊的状态。一方面，8世纪中叶以后属于龟兹佛教史的晚期，不似龟兹古典艺术和盛唐龟兹汉风洞窟那么引人注目；另一方面，洞窟残破不堪、资料刊布不完整也是导致研究迟滞的原因。但是，若不对晚期龟兹佛教进行深入研究，就难以对此区域的佛教史形成完整认知。而且，丝路诸绿洲城镇的佛教文化是互相联系的，高昌回鹘政权的建立及其对四邻的征服，使得这种联系更为加强。若不了解晚期龟兹佛教史，对当时整个西域佛教文化的认知就会形成"缺环"，无法建立起完整的知识体系。

和拥有丰富回鹘文、汉文等文献的吐鲁番、敦煌相比，龟兹地区的文献材料相对较少，无法通过出土佛经的数量、种类及年代序列来构建起晚期龟兹佛教史。我们要研究8世纪中叶以后的龟兹佛教，只能立足于有限的石窟寺遗存，并结合文献史料、历史背景及周边地区佛教遗存来探讨。本文以唐朝回鹘时期的同窟遗存为主要研究资料，在石窟考古的基础上力图复原出龟兹晚期佛教史的大致面貌。

* 本文是2014年度国家社会科学基金重大项目"新疆石窟寺研究"（编号14ZDB054）阶段性研究成果。

一、“安史之乱”以后的龟兹佛教情势（约8世纪中叶至8世纪末）

（一）库木吐喇石窟五联洞与“建中六年”题记

库木吐喇石窟的汉风洞窟象征着盛唐的辉煌。但是，关于755年安史之乱爆发以后，汉人在龟兹境内的石窟营建活动，这一点尚未有专文梳理。库木吐喇窟群区第68—72窟是著名的五联洞。五联洞的营建大致分作两个阶段，第一阶段建造了第68窟（中心柱窟）与第69窟（讲堂窟）的组合，第二阶段在其北侧增建了三个中心柱窟，即第70、71、72窟[①]。通向五联洞的隧道东壁有汉文题刻“郭十九文/姚希芝记/河东郡开佛堂/建中六年六月廿日”。马世长认为这方题刻与五联洞修建年代有关[②]，刘安志认为题刻中的“郭十九”应为最后一任安西大都护郭昕的家眷或其本人[③]。对此，姚律持不同意见，她认为此时已值吐蕃攻占的前夜，安西孤立无援，应无力修建如此规模庞大的洞窟群，并对题记内涵做了新的解读[④]。其实，王小甫先生早已指出，当安史之乱爆发以后，远在大唐边陲的“安西四镇”还是较为安定的。法藏敦煌文书P. 2942为吐蕃占领河陇之际的官方文书，其中一项判文载“朱都护请放家口向西，并勒男及女婿送”，这项判文显示：当时四镇地区相对河西还要安定一些，所以朱都护想把家口接到那里去[⑤]。据《悟空入竺记》，贞元四五年间（788—789年），僧人悟空求法归来时，唐朝对安西四镇的统治仍很牢固，社会稳定有序，没有兵燹战乱的迹象[⑥]。龟兹莲花寺的僧人勿提提犀鱼虔诚祈请，译出《十力经》[⑦]，看起来龟兹的佛事活动一如既往地进行着。我们再从吐蕃人的进攻路线与方针看，8世纪末以前，吐蕃与唐朝争夺河陇的战争要比西域激烈得多[⑧]，这使吐蕃对龟兹的威胁大大降低了。

笔者认为，在建中六年（实为贞元元年，785年），唐朝安西的军民仍具备一定的经济实力，在此时修建部分洞窟是完全有可能的[⑨]。而且，在“孤悬西域”的背景下，人们更需要通过宗教来慰藉心灵。

（二）克孜尔石窟衰落期洞窟

克孜尔石窟是龟兹境内规模最大的一处石窟群。宿白先生指出，谷内区、后山区的汉文游人题记表明，至少部分洞窟在8世纪初中期已经荒废了[⑩]，并认为“克孜尔石窟的衰落，是伴随着大乘佛教逐

---

① （意）魏正中：《区段与组合——龟兹石窟寺院遗址的考古学探索》，上海：上海古籍出版社，2013年，第81—85页。

② 马世长：《库木吐喇石窟的汉风洞窟》，新疆维吾尔自治区文物管理委员会、拜城县克孜尔千佛洞文物保管所、北京大学考古系编：《中国石窟·库木吐喇石窟》，北京：文物出版社，1992年，第222页。但马氏立论的前提是隧道的开凿应先于洞窟，否则五联洞无法通达，但是，魏正中先生由前室的地栿槽推断五联洞可通过窟前的木梯登临，参（意）魏正中：《区段与组合——龟兹石窟寺院遗址的考古学探索》，第85页。

③ 刘松柏：《安西大都护府与龟兹佛教文化》，新疆龟兹学会编：《龟兹文化研究（第一辑）》，香港：天马出版有限公司，2005年，第181页。

④ 姚律：《库木吐喇石窟五联洞修建年代刍议》，《新疆艺术学院学报》2012年第2期，第12—17页。

⑤ 王小甫：《安史之乱后西域形势及唐军的坚守》，《敦煌研究》1990年第4期，第61页。

⑥ ［唐］悟空：《悟空入竺记》，《大正藏》第51册，第980页下—第981页上。

⑦ 同上，第980页下。

⑧ 对有关史事的梳理，参李宗俊：《唐代中后期唐蕃河陇之争与疆域变迁》，《唐史论丛》2012年第2期，第110—155页。

⑨ 魏正中认为，“建中六年”题记可能与“五联洞”中第69窟主室正壁小室的开凿时间相同，参（意）魏正中：《区段与组合——龟兹石窟寺院遗址的考古学探索》，第87页，注释1。

⑩ 宿白：《克孜尔部分洞窟阶段划分与年代等问题的初步探索》，新疆龟兹石窟研究所编：《龟兹佛教文化论集》，乌鲁木齐：新疆美术摄影出版社，1993年，第88页。

渐盛行而出现的。但龟兹都城即今库车附近，包括石窟在内的佛教寺院日益繁荣，恐怕是克孜尔石窟逐渐衰落的更重要的原因”[①]。宿先生还认为在唐蕃战争中克孜尔石窟曾被辟为临时军事据点[②]，并依据洞窟内的岩刻画推测“龟兹地区被吐蕃占据时期，佛教曾经历了一度衰落的阶段”[③]。吴焯先生强调7世纪末以来，新崛起的突骑施对唐安西都护府构成了更严重的威胁。突骑施翻越天山多次围攻龟兹，位于交通孔道的克孜尔石窟不可避免地衰落了[④]。

但是，部分洞窟的废弃不等于佛事活动完全中断。在克孜尔石窟衰落期洞窟中，第90、227、229窟年代最晚，洞窟规模偏小，壁画风格粗略，不似盛唐作品，但也未见回鹘化特征，可断代于8世纪中叶至9世纪中[⑤]。

（三）龟兹石窟“吐蕃窟”辨析

陆离、姚士宏、贾应逸对龟兹石窟的“吐蕃窟”做了研究[⑥]。关于龟兹是否存在“吐蕃窟”，须结合藏传佛教的历史去辨析。在藏地有拉脱脱日年赞时（433年）“天降佛法”的传说，但仅为获得一些佛教法物，对藏人没有什么影响。松赞干布统治时期，虽有大昭寺、小昭寺之设，但据研究这只是供奉佛像的佛殿，并非严格意义上的寺院，彼时也没有本土出家的藏族僧尼[⑦]。佛教在吐蕃民众中真正流行并形成僧伽组织，应晚至赤松德赞（755—797年在位）时期[⑧]。

长寿元年（692年）唐朝克复四镇以前，在吐蕃和西突厥的进攻下，安西曾反复易手。不过，那时佛教在吐蕃人中并未立足，虽然吐蕃曾对龟兹实行过统治，但似乎不太可能会有开窟造像的行为。7世纪末至8世纪末，唐朝对安西四镇的统治总体是较巩固稳定的，当然也不会出现“吐蕃窟”。755年安史之乱爆发后，吐蕃乘机东进西讨，逐步蚕食唐朝疆域。贞元二年（786年）敦煌陷落[⑨]，吐蕃军队的兵锋再次转向天山南北，这就爆发了吐蕃和回鹘的“北庭争夺战”，前者以吐蕃、葛罗禄为军事联盟，后者以回鹘、唐朝守军为联盟[⑩]。贞元六年（790年），回鹘大相颉于迦斯惨败于北庭，“安西由

---

① 宿白：《克孜尔部分洞窟阶段划分与年代等问题的初步探索》，新疆龟兹石窟研究所编：《龟兹佛教文化论集》，乌鲁木齐：新疆美术摄影出版社，1993年，第90页。

② 宿白：《调查新疆佛教遗迹应予注意的几个问题》，《中国西北宗教文献 佛教新疆》卷二，兰州：甘肃民族出版社，2012年，第3页。

③ 同上。

④ 吴焯：《克孜尔石窟兴废与渭干河古道交通》，巫鸿主编：《汉唐之间的宗教艺术与考古》，北京：文物出版社，2000年，第183—208页。

⑤ 李崇峰将克孜尔最后一期的中心柱窟定为7世纪中叶至8世纪下半叶左右，参李崇峰：《中印佛教石窟比较研究 以塔庙窟为中心》，北京：北京大学出版社，2003年，第175—176页。霍旭初先生将克孜尔石窟划分为初创期、发展期、兴盛期和衰落期，最后一期定在8世纪至9世纪中，参霍旭初、王建林：《丹青斑驳 千秋壮观——克孜尔石窟壁画艺术及分期概述》，新疆龟兹石窟研究所编：《龟兹佛教文化论集》，乌鲁木齐：新疆美术摄影出版社，1993年，第221—224页。

⑥ 姚士宏：《关于新疆龟兹石窟的吐蕃窟问题》，《文物》1999年第9期，第68—70页；陆离：《敦煌、新疆等地吐蕃时期石窟中着虎皮衣饰神祇、武士图像及雕塑研究》，《敦煌学辑刊》2005年第3期，第110—121页；贾应逸：《初论克孜尔尕哈石窟中的吐蕃洞》，《新疆佛教壁画的历史学研究》，北京：中国人民大学出版社。贾应逸先生识别出的“吐蕃窟”包括窟顶四角隅绘金翅鸟的方形窟及克孜尔尕哈第31窟，但皆存疑点。

⑦ 尕藏加：《雪域的宗教（上）》，北京：宗教文化出版社，2003年，第198、202、203页。

⑧ 同上，第209—226页；王森：《西藏佛教发展史略》，北京：中国藏学出版社，2010年，第6—15页。

⑨ 陈国灿：《唐朝吐蕃陷落沙州城的时间问题》，《敦煌学辑刊》1985年第1期，第1—7页。关于敦煌陷蕃的年代，诸说不一，参金滢坤：《敦煌陷蕃年代研究综述》，《丝绸之路》1997年第1期，第47—48页。

⑩ 薛宗正：《吐蕃、回鹘、葛罗禄的多边关系考述》，《西域研究》2011年第2期，第7—20页。

是遂绝，莫知存亡"，元胡三省注曰"北庭既陷于吐蕃，安西路绝，故莫知其音问"[①]。有学者认为贞元六年也是龟兹陷蕃的时间[②]。薛宗正先生结合唐诗资料推测龟兹陷落于元和三年（808年）[③]。但也有学者认为龟兹一直在唐军的坚守之下，吐蕃并未攻破安西[④]。

据森安孝夫的考证，贞元六年吐蕃击败回鹘只是一次短暂的胜利，回鹘汗国才是"北庭争夺战"的最终胜利者[⑤]。据蒙古国喀喇巴喇哈逊的《九姓回鹘可汗碑》汉文部分，"北庭，半收半围之次，次○○天可汗亲统大军，讨灭元凶，却復城邑……甲胄遗弃后，复，吐蕃大军，围攻龟兹，○○天可汗领兵救援，吐蕃……奔入于术。四面合围，一时扑灭"[⑥]。碑文中的"天可汗"率兵克复了北庭、龟兹、于术，甚至将势力范围延伸至葱岭西。对这位"天可汗"，伯希和、沙畹认为是第八代保义可汗（808—821年在位），但更多证据表明其应为第七代怀信可汗（795—808年在位）[⑦]。救援龟兹的战役可能发生在8世纪末[⑧]，应为吐蕃和回鹘"北庭之战"的延续[⑨]。纵使贞元六年后吐蕃曾一度攻陷龟兹部分地区，但距离怀信可汗征服东部天山、驱逐吐蕃势力的时间也极短，很难想象吐蕃会在龟兹留下带有藏传佛教风格的遗迹。因此关于龟兹地区是否存在"吐蕃窟"，笔者认为须保持审慎态度。

在极其有限的资料基础上，我们可以推测，8世纪中叶以后，龟兹的佛教活动并未中断。中原佛教艺术及龟兹本土的文化艺术并未因安史之乱而"断层"。这份双重的文化财富为回鹘时期龟兹佛教的再度繁荣奠定了基础。

二、回鹘统治时期的龟兹佛教（约8世纪末至11世纪）

怀信可汗攻占东部天山的战役约发生在8世纪末。长庆元年（821年）唐太和公主出嫁回鹘可汗时，回鹘"一万骑出北庭，一万骑出安西，拓吐蕃以迎太和公主归国"[⑩]。可见北庭、龟兹皆为漠北回鹘在西域的军事重镇[⑪]，当时龟兹境内的回鹘人绝不在少数。公元840年，漠北回鹘汗国崩溃，部众四散逃离。关于西迁回鹘的路线和落脚点等，学者争论不断[⑫]，但从后期政治形势看，大致形成了三大政治集团：喀喇汗朝、高昌回鹘及甘州回鹘。回鹘的西迁改变了西域居民的种族、语言及文化面貌。

---

① ［宋］司马光编著：《资治通鉴》卷二百三十三，北京：中华书局，1956年，第7522页。

② 马世长：《库木吐喇石窟的汉风洞窟》，新疆维吾尔自治区文物管理委员会、拜城县克孜尔千佛洞文物保管所、北京大学考古系编《中国石窟·库木吐喇石窟》，北京：文物出版社，1992年，第222页。

③ 薛宗正：《郭昕主政安西史事钩沉》，《西域研究》2009年第4期，第58—60页。

④ 付马：《丝绸之路上的西州回鹘王朝：9—13世纪中亚东部历史研究》，北京：社会科学文献出版社，2019年，第81页。

⑤ （日）森安孝夫著、罗贤佑译：《究竟是回鹘还是吐蕃在公元789—792年间夺据了别失八里？》，《民族译丛》1982年第3期，第38—41页。

⑥ （日）森安孝夫、吉田丰著，乔玉蕊、白玉冬译：《喀剌巴剌噶孙碑文汉文版的新校订与译注》，《丝绸之路考古（第5辑）》，北京：科学出版社，2021年，第166页。

⑦ 同上，第166—168页。关于这段碑文中"天可汗"的身份问题，笔者得到了兰州大学敦煌学研究所白玉冬先生的教示。

⑧ 同上，第187页。

⑨ 华涛：《西域历史研究（八至十世纪）》，上海：上海古籍出版社，2000年，第20页。

⑩ ［后晋］刘昫等撰：《旧唐书》卷一九五《回纥传》，北京：中华书局，1973年，第5211页。

⑪ 杨富学：《高昌回鹘王国的西部疆域问题》，朱雷主编：《唐代的历史与社会：中国唐史学会第六届年会暨国际唐史学术研讨会论文选集》，武汉：武汉大学出版社，1997年，第569页。

⑫ 赵倩：《回鹘西迁研究问题综述》，《河西学院学报》2018年第6期，第41—47页。

（一）回鹘统治初期及两个早期龟兹回鹘洞窟

龟兹的回鹘人何时开始推行佛教并开窟建寺，没有留下文献资料。我们只能立足于石窟寺遗存、相关历史背景去构想佛教初传回鹘的情形。关于龟兹回鹘洞窟的年代上限，笔者认为须结合摩尼教在回鹘的传播来综合考虑。

部分学者认为西迁之前的回鹘人已接触佛教[①]，但其地位与摩尼教无法相提并论。据《悟空入竺记》，僧人悟空因“单于不信佛法”[②]而不敢携梵夹取“回鹘道”归来。据柏林国立图书馆藏吐鲁番出土回鹘文书（编号U1）记载，在羊年（803年），怀信可汗曾亲自到吐鲁番拜访三位摩尼教高僧[③]。吐鲁番出土中古波斯语《摩尼教赞美诗集》（*Mahrmānag*，德藏编号为M1）的跋文首页显示，在保义可汗（808—821年在位）时代[④]，北庭、高昌、焉耆、龟兹、于术都有摩尼教的信众，龟兹还有皈依摩尼教的汉人，其姓名后附加官职，如“李副使”等[⑤]。恪守儒家文明、信仰大乘佛教的汉族接受了这种陌生的宗教，说明此时期摩尼教是回鹘统治阶层的宗教，汉族官员要与回鹘统治者合作，也只能加入到摩尼教教团之中。因此，在漠北回鹘统治初期，龟兹不大可能出现回鹘资助修建的洞窟。

图一　森木塞姆第44窟主室券顶右侧　菱格因缘故事画

库木吐喇窟群区第12窟、森木塞姆第44窟是最接近前期壁画风格的龟兹回鹘洞窟。库木吐喇窟群区第12窟壁画富有“唐风遗韵”，尤其是右甬道内侧壁的一铺大型“普贤变”，仍保留了盛唐气象[⑥]。森木塞姆第44窟可视作龟兹传统风格的“直系后裔”，无论是壁画题材及布局，还是人物造型、色彩搭配，都接近纯粹的龟兹风（图一）。此二窟应属龟兹回鹘洞窟的早期阶段。不过，洞窟壁画的

① 杨富学：《回鹘之佛教》，乌鲁木齐：新疆人民出版社，1998年，第19—20页。

② ［唐］悟空：《悟空入竺记》，《大正藏》第51册，第981页上。

③ 森安孝夫：《增补：ウイゲルと吐蕃の北庭争夺战及びその后の西域情勢について》，流沙海西奖学会编：《アジア文化史论丛3》，1979年，第215页；（日）森安孝夫著、耿升译：《回鹘吐蕃789—792年的北庭之争》，敦煌考古文物研究所编：《敦煌译丛》，兰州：甘肃人民出版社，1985年，第251页。

④ 跋文中提到这部诗歌集抄写完成于某位回鹘可汗的时代，对此有昭礼可汗（824—832年在位）、保义可汗（808—821年在位）二说，参杨富学：《高昌回鹘摩尼教稽考》，《敦煌研究》2014年第2期，第69页。

⑤ 王媛媛：《从波斯到中国：摩尼教在中亚和中国的传播》，北京：中华书局，2012年，第53—54页。

⑥ （德）阿尔伯特·冯·勒柯克、恩斯特·瓦尔德施密特著，管平、巫新华译：《新疆佛教艺术》（第六卷），乌鲁木齐：新疆教育出版社，2006年，第549页，图版27。

回鹘化特征也已初露端倪。森木塞姆第44窟壁画中勾勒人物的线条大都脱落，但从残存的些许线条看，佛像脸形已有微妙变化。而且，后甬道卧佛背光中绘出了植物纹样，这不是龟兹传统的特点。刘韬指出，与盛唐的壁画相比，库木吐喇窟群区第12窟壁画线条的“气韵生动”已有不足①（图二）。从德国探险队拍摄的黑白照片看，本窟主室壁画极为强调装饰性美感，构图形式亦参考了一些龟兹元素，具有回鹘壁画的“混合”色彩。

图二　库木吐喇窟群区第12窟左甬道内侧壁文殊菩萨

此二窟虽上承传统，但艺术风格已出现回鹘化特征。8世纪末9世纪初龟兹是摩尼教的传教区，摩尼教在回鹘统治阶层中占据主流。从旧宗教转而皈依新的宗教，从旧的艺术传统到新艺术风格的形成，必然会经历一段历程。库木吐喇窟群区第12窟的主要供养人为回鹘族，该窟的年代上限不应为回鹘初占龟兹的8世纪末9世纪初。森木塞姆第44窟的供养人应为龟兹本族②，不存在改宗佛教的问题，但其艺术风格已非纯粹的龟兹风，经历了演变的过程。综合考虑，此二窟的年代上限可暂定为9世纪上半叶。

库木吐喇窟群区第12窟、森木塞姆第44窟是龟兹回鹘时期的两个早期洞窟，其背后代表不同的佛教思想体系和画工团体，开窟造像的主体民族也可能是不同的。由此推测，龟兹的回鹘人大概很快就接受了流行于库木吐喇的汉传佛教，并且龟兹本土的部派佛教僧团也在继续活动（表1）。

表1　库木吐喇窟群区第12窟、森木塞姆第44窟相关内容调查

窟号	艺术风格	壁画主题	佛教思想	供养人民族属性
库木吐喇窟群区第12窟	以汉风为主导	十方赴会佛、文殊、普贤、佛和菩萨的列像等	以汉地大乘佛教为主导	回鹘人
森木塞姆第44窟	以龟兹风为主导	菱格故事画、誓愿图、涅槃题材等	以龟兹传统有部佛教为主导	龟兹人

（二）龟兹回鹘佛教社会的二元结构

前述回鹘时期现存的两个早期洞窟（库木吐喇窟群区第12窟和森木塞姆第44窟）证明，在回鹘征服以后，中原大乘佛教和龟兹部派佛教的传统都延续了下来。森木塞姆第44窟壁画主导风格显然是龟兹风而非中原风格，画塑内涵属于龟兹部派佛教而非中原汉地的大乘佛教。前贤在探讨龟兹石窟

① 刘韬：《唐与回鹘时期龟兹石窟壁画研究》，北京：文物出版社，2017年，第221—231页。

② 关于此窟供养人族属的考证，参徐汉杰、杨波：《“龟兹风”的延续与变迁——森木塞姆第44窟研究》，《敦煌学辑刊》2021年第4期，第155—157页。

回鹘壁画风格时，过于突出了汉人的文化影响力。诚然，在龟兹地区确实出现了一批以汉文化、汉传佛教为主导的回鹘洞窟，但也有一批回鹘洞窟具有浓郁的本土风格，其文化核心乃是龟兹传统的文化、小乘说一切有部佛教。前者位于库木吐喇石窟，后者主要位于森木塞姆石窟，其背后可能是两种不同性质的寺院和僧人群体。笔者称此现象为龟兹回鹘佛教社会的二元结构。

回鹘洞窟的年代学研究是探讨此时期佛教社会的基础。笔者按照佛教艺术风格等将龟兹回鹘洞窟分作三期①，这种二元文化结构在第一期的回鹘洞窟最为明显。下面以第一期洞窟为基础，试探龟兹回鹘佛教社会的基本特征。

1. 库木吐喇石窟

以汉文化、汉传佛教为主导的龟兹回鹘洞窟皆位于库木吐喇石窟，代表洞窟为窟群区第12、13、42、45、61窟等。洞窟的画塑主题凸显了大乘佛教的色彩，壁画风格虽融入了龟兹式的人物造型和晕染法，但仍以中原风格为主体。

（1）壁画题材及布局特点

龟兹传统中心柱窟以菱格故事装饰主室券顶，交替排列的菱形格象征连绵起伏的山峦，群山向上延续，并在中轴处留出一道空隙代表天空，绘“天相图”，包括日、月、金翅鸟、飞翔的辟支佛等。这种构图模式在库木吐喇的汉风洞窟中得到了继承与重构。主室券顶中轴的天相图被象征净土的莲花、流云取代了，而两侧券腹的菱格故事画则被换成了中原流行的“千佛”。库木吐喇的回鹘洞窟在汉风洞窟基础上做了进一步的“重构”。主室券顶中脊处不绘天相图，而装饰以团花纹条带，两侧券腹亦不绘菱格故事，而绘千佛或横列赴会诸佛。

库木吐喇窟群区第13、45等窟主室券顶“赴会诸佛”形象源自汉地，如唐代敦煌的净土变相中，画面上部绘飞来的数组一佛二菩萨，代表阿弥陀佛讲法时十方诸佛从四面八方飞来听法②。但是，其中也融合了龟兹传统的横列因缘故事画。画面中，诸佛以流云为界，仿佛乘云飞来，参加一场大法会。这种图像可分为两类：一为券顶绘数排飞翔的一佛二菩萨，空中乐器飘浮，不鼓自鸣，充满了佛国净土的氛围（图三），可称为“十方赴会佛”；二为在诸坐佛旁绘一人物，具情节性内涵，大都为某种供养事迹。此类图像融入了更多的龟兹故事画元素。如第45窟主室券顶赴会诸佛形象中可辨认出“弥勒受金衣”“释迦菩萨超越九劫”“无恼指鬘”等情节（图四），皆为龟兹壁画中的传统故事题材。

券顶诸佛大都面朝洞窟里侧，坐于云端，飘向主尊佛的方向。通过券顶诸佛与洞窟主尊的结合，库木吐喇的回鹘画师探索出一种新的模式取代了传统的“帝释窟说法-菱格故事画”模式。

除了主室的千佛和赴会诸佛外，库木吐喇回鹘洞窟甬道内的尊者列像也彰显了中原大乘佛教的精神。龟兹传统中心柱窟甬道及后室的画塑主题是释迦的涅槃，绘成排的舍利塔图案，或佛祖入灭及其前后的诸种事件。由此在中心柱窟的后部区域形成了一个涅槃空间。在库木吐喇的回鹘洞窟中，涅槃

---

① 笔者的博士论文《龟兹回鹘洞窟研究》按照艺术风格、题材布局等特点将龟兹回鹘洞窟总体分作三期。第一期（约9世纪上半叶至10世纪初）：库木吐喇窟群区第12、13、42、45窟，森木塞姆第39、40、44窟；第二期（约10世纪初至10世纪末）：库木吐喇窟群区第10、38、41、65窟，森木塞姆第46窟；第三期（约11世纪）：库木吐喇窟群区第56、79、46窟附1窟，森木塞姆第5窟，克孜尔第43窟，克孜尔尕哈第45窟。

② 施萍婷：《敦煌经变画》，《敦煌研究》2011年第5期，第7页。

图三　库木吐喇窟群区第13窟主室券顶右侧一佛二菩萨

图四　库木吐喇窟群区第45窟主室券顶右侧壁画

题材被大大压缩了，涅槃寂灭的压抑气氛减弱了，取而代之的是大乘佛教的佛、菩萨列像。

库木吐喇窟群区第45窟的尊者列像图显然经过了严格系统地设计。本窟左右甬道外侧壁各绘一佛二菩萨，皆面朝窟外站立。依据榜题和图像特征，右甬道外侧壁的三身立像为“西方三圣”，居中者为阿弥陀佛，宝相庄严（图五至图七）。左甬道外侧壁中间立佛两臂抬起，左手抬至齐肩处，已残，推测原托一钵，或为东方药师佛。若此推测无误，则第45窟左右甬道外侧壁图像就构成了对称之势：东西两大净土对称而置，原来压抑晦暗的涅槃空间指向了光明的佛国世界。甬道券顶绘莲花、流云，也烘托了净土的色彩。虽然后甬道前壁绘制释迦的涅槃像，但在大乘教徒看来，释迦牟尼的入灭不是什么“灰身灭智”之境，佛陀“法身”是永远存续的。人们在甬道礼敬诸圣，欣然祈盼未来美好的天堂，并对永恒的佛陀心生崇拜。

（2）回鹘与汉文化的接触及汉化寺院的延续

库木吐喇石窟南面、渭干河两岸的夏合吐尔和乌什吐尔遗址出土了一批汉文文书。对于这处遗址群的定性，大致有佛寺说、关口说、行政机构说。王炳华先生认为玉其吐尔遗址为唐“柘厥关”①，薛宗正先生认为如此庞大的建筑群不可能只是一座军事关口，推断其应为唐安西大都护府的

图五　库木吐喇窟群区第45窟右甬道外侧壁　大势至菩萨

图六　库木吐喇窟群区第45窟右甬道外侧壁　阿弥陀佛

① 王炳华：《玉其吐尔古城与唐安西柘厥关》，《丝绸之路考古研究》，乌鲁木齐：新疆人民出版社，1993年，第82—105页。

治所①。从遗址群出土的汉文行政文书、寺院文书看，这处遗址在唐代是汉人的政治文化中心，建有汉传佛教的寺院②。夏合吐尔、乌什吐尔遗址及其北部的库木吐喇石窟构成了一个有机统一的“区域”，是唐代汉人的聚集活跃之地。

图七　库木吐喇窟群区第45窟右甬道外侧壁观音菩萨

回鹘入主龟兹后，唐朝的力量并未消失。据吐鲁番出土《摩尼教赞美诗集》，当时龟兹的摩尼教信徒中有汉族官员，这从一个侧面反映出，唐朝安西都护府的政治势力此时并未磨灭。回鹘需要与安西时代的汉族官员合作，一起治理龟兹绿洲。新来的回鹘人在与安西汉族遗民的密切交流中，受到汉文化的影响，渐渐皈依汉传佛教，这是合情合理的。在这样的背景下，原本已流行汉传佛教的库木吐喇石窟，在回鹘时期涌现出了一批以汉文化、大乘佛教为主体的回鹘洞窟。同时在夏合吐尔遗址也出土了回鹘风的壁画残片（现藏法国巴吉集美博物馆）③。可以推测，当回鹘踏入龟兹绿洲之时，库木吐喇石窟及其附近的夏合吐尔、乌什吐尔遗址仍是汉人的聚集区域，若后者是安西大都护府的治所，则回鹘人很可能接管了这一行政中心，在与汉人交流融合的过程中，接受了大乘佛教的熏陶和洗礼。

库木吐喇窟群区第12窟的女性供养人身着汉装，汉化色彩很浓。回鹘在漠北时期也已渐受汉文化濡染，据学者研究，蒙古国的回鹘城址呈中轴对称的布局，与唐长安、洛阳城相仿，城内出土了大量中原风格的瓦当、脊头瓦等④。另外，在回鹘墓葬中出现了唐风的团花纹样⑤。从漠北草原来到龟兹的回鹘人，似乎更容易接受汉文化及汉人的佛教。笔者推测，龟兹的回鹘人可能最先皈依的是汉传佛教，而非对他们更显陌生的龟兹部派佛教。

出土文献也证明库木吐喇石窟是回鹘佛教徒心中的圣地。库车出土回鹘文木简“羊年九月十八日，我库塔德弥失与伯克……（和？）都督（伯克？）对KYMS’SY寺院（表示）虔诚的敬意”。题记中的KYMS’SY寺院据考或为“金砂寺”⑥，此名称也见于库木吐喇沟口区第7窟、窟群区第49窟汉僧的题刻中。日本大谷探险队发现的一个木钵底部也刻有汉字“金砂寺”，推测这是“一座拥有专用

① 薛宗正：《安西大都护府治所考——兼论豆勒豆尔奥库尔古建筑群》，《史学集刊》2011年第3期，第3—22页。

② 学者通过对夏合吐尔出土汉文文书的研究，认为该遗址内的寺院是一座大乘佛教寺院，寺内常有抄经、讲经等活动。参孙丽萍：《夏合吐尔遗址出土文书所见唐代当地寺院生活》，《吐鲁番学研究》2018年第1期，第15—24页。

③ 图版参新疆维吾尔自治区文物局编：《新疆佛遗址（下）》，北京：科学出版社，2016年，第408页。

④ 宋国栋：《回纥城址研究》，山西大学2018年考古学博士学位论文。

⑤ D. Sodnomjamts（书海）：《回鹘汗国首都哈剌巴拉嘎斯古城出土的建筑顶部瓦件研究》，吉林大学2017年考古学及博物馆学硕士学位论文，图二十八，第73页。

⑥（日）梅村坦著，杨富学、黄建华译：《东京国家博物馆藏回鹘文木简》，《敦煌研究》1990年第3期，第52页。

器皿的大寺院”，可能在库木吐喇河谷附近[①]。苗利辉认为“金砂寺”可能是库木吐喇石窟在唐代的名称[②]。无论“金砂寺”指汉化色彩浓厚的库木吐喇石窟，还是当地的某一所汉寺，这件回鹘文木简都透露出汉传佛教、汉化寺院对回鹘佛教徒的强大感召力。

2. 森木塞姆石窟

和库木吐喇的回鹘洞窟不同，位于龟兹绿洲东端的森木塞姆石窟则坚持了传统说一切有部的思想体系和艺术风格，代表洞窟为森木塞姆第39、40、44窟。这些洞窟的壁画题材、绘画风格基本都是“龟兹式”的。

（1）壁画题材及布局特点

龟兹传统中心柱窟主室券顶大都绘菱格故事画，这是龟兹佛教美术最具特色的形式之一。长篇连续的叙事形式在龟兹并不占主流，龟兹画家更喜欢将一个故事浓缩于菱格内，以最具戏剧张力的一两个情节表现佛经故事，从而唤起观者对完整情节的记忆和想象。这种简约含蓄的叙事风格是龟兹人所擅长的。在回鹘时期，传统的菱格故事画仅见于森木塞姆第44窟主室券顶。此窟的菱格故事画从色彩搭配、构图形式到题材内容，无一不是龟兹之传统。

“帝释窟说法”在龟兹传统中心柱窟主室正壁占据绝对统治地位，其原型可追溯至犍陀罗、秣菟罗石雕。龟兹中心柱窟对此题材的表现形式大致有两种：第一种，佛陀静静端坐于象征山窟的拱券顶龛中，四周是密布的泥塑山峦，并插塑鸟兽、天神等，这是以泥塑彩绘为主的表现形式；第二种，在佛龛两侧绘奏乐的乾闼婆、访佛的帝释天，以及礼赞的诸天，背景绘山峦、动物、修行的婆罗门等，即龛外壁画和龛内塑像结合表现帝释访佛的场景。“帝释窟说法”图像的流行是与龟兹地区禅修活动的兴盛密切相关的。回鹘时期的森木塞姆第40窟继承了这一图像模式。

释迦的大般涅槃（parinirvana）是龟兹传统中心柱窟后部区域的主题，无论是舍利塔，还是戏剧性的涅槃故事，都是围绕释迦涅槃的事件而展开的。与佛像、菩萨像大放异彩的库木吐喇窟群区第12、45窟甬道等不同，森木塞姆第44窟延续了传统的涅槃叙事，包括佛临灭度前留钵、移山[③]，以及大般涅槃、焚棺、分舍利的情节。基本符合传统中心柱窟涅槃空间的图像布局结构。不过，画师在甬道外侧壁的立佛头上各增添了两道五彩光束，似乎增强了故事中佛的神格色彩，这是不同于以往的特点（图八、图九）。

誓愿图可谓龟兹佛教美术的又一大特色。所谓“誓愿”，即指菩萨于无数轮回中虔心供养每一位过去佛，并在佛前发下誓求佛道的大愿，同时也会得到诸佛的授记。最著名的誓愿类故事即“燃灯佛授记”。坚定的誓愿能够增强菩萨的意志，是“菩萨道”修行中不可或缺的环节，供奉诸佛的功德也能回向成就佛果的终极目标。体现释迦往昔“逢事诸佛”伟大功德的誓愿、授记情节在克孜尔石窟屡见不鲜。龟兹菱格因缘故事中存在大量表现释迦历劫供养过去诸佛的场景，王芳称其为“供养类因

---

① （日）梅村坦著，杨富学、黄建华译：《东京国家博物馆藏回鹘文木简》，《敦煌研究》1990年第3期，第51页。

② 苗利辉：《从龟兹石窟和出土文书看唐朝对西域的治理》，《新疆师范大学学报》2016年第6期，第94—95页。

③ 关于此二题材的研究，参杨波：《龟兹石窟“如来留钵”“佛陀举山”图像研究》，《西域研究》2019年第4期，第115—125页。

图八　森木塞姆第44窟右甬道外侧壁　如来留钵　俄罗斯艾尔米塔什博物馆藏（图片由赵莉教授提供）

图九　森木塞姆第44窟左甬道外侧壁　佛陀举山

缘"[①]。克孜尔第100、163窟等将立佛列像绘于中心柱窟甬道，同时伴随以菩萨的供养情节[②]。盛唐时，库木吐喇石窟涌现出一批满绘横列方格因缘故事的洞窟，见库木吐喇窟群区第34窟主室及第50窟主室等，菩萨对诸佛的供养是此二窟壁画的主题[③]，说明此时期誓愿、授记的思想上升了。

龟兹本土僧团中对"菩萨道"思想的发扬，一直延续至回鹘时代。森木塞姆第44窟主室左右侧壁各绘二身立佛，其中可辨认出"燃灯佛授记"故事。森木塞姆第40窟主室侧壁壁画已被德国探险队揭取，原分上、下两栏，绘横列本生、因缘故事画。本生故事题材为"大光明王始发道心"，这是释迦前世立志追求佛道的始端，而因缘故事根据婆罗米文榜题可知大都为佛过去世供养诸佛的"誓愿"情节[④]。

森木塞姆第40窟甬道绘立佛列像，下方壁画已毁，上方榜题栏内墨书龟兹文题记。语言学家辨识出了本窟后甬道正壁的部分题记内容："……由于这项善行……他们愿得佛果。//……命令写……由于这项善行，他……愿得……果。"左甬道内外侧壁也有类似题记[⑤]。题记内容表述了菩萨的供养、发愿事迹，希望通过做某种善行而获得佛果。诸立佛下方原应绘有情节性的供养人物，榜题是对故事情节的说明性文字，这些画面显然主要是誓愿图[⑥]。

盛唐时，一方面是龟兹佛教本身发展酝酿的结果，另一方面也由于中原大乘佛教的刺激，龟兹本土僧团中的"菩萨道"思想提升了。在回鹘时期，大小乘佛教的竞争依然存在，龟兹僧人唯有发扬有部体系中的"菩萨道"思想，方能与大乘佛教抗衡。在森木塞姆的回鹘洞窟，体现释迦前世功德的誓愿画占据很大比重。

（2）回鹘时期的森木塞姆石窟仍是说一切有部的寺院

森木塞姆的回鹘洞窟，无论从壁画风格、题材，还是供养人的身份，都无疑显示了此处是有部僧团的活动中心。森木塞姆第46窟依据绘画风格及题材布局的新特点可推定为回鹘洞窟[⑦]。但是，庆昭蓉、荻原裕敏通过解读森木塞姆第46窟主室前壁被揭取壁画（德藏编号为MIK III 739）的龟兹文题

---

① 王芳：《龟兹石窟本生因缘图像的形式与内涵分析》，《故宫学刊》2015年第1期，第23页。有关克孜尔石窟菱格故事画中誓愿题材的研究，可参见Ines Konzcak, "Origin, Development and Meaning of the Praṇidhi Paintings on the Northern Silk Road", *Buddhism and Art in Turfan: From the Perspective of Uyghur Buddhism Buddhist Culture along the Silk Road: Gandhāra, Kucha, and Turfan Section II,* Kyoto:Ryukoku University, 2012, pp. 43-76。杨波：《克孜尔第38、100窟誓愿、授记题材探讨》，《敦煌学辑刊》2016年第3期，第153—167页；《克孜尔石窟菱格画中的"誓愿"题材》，《新疆艺术学院学报》2017年第4期，第13—22页。

② 森美智代：《龟兹石窟の〈立仏の列像〉と誓願図について》，《佛教艺术》第340号，2015年，第9—35页。

③ （法）乔治・皮诺特著、廖旸译：《库木吐喇新发现的吐火罗语题记：佛教发愿故事》，新疆龟兹学会编：《龟兹文化研究》第1辑，香港：天马出版有限公司，2005年，第68—94页；新疆龟兹研究院、北京大学中国古代史研究中心、中国人民大学国学院西域历史语言研究所编：《库木吐喇窟群区第50窟主室正壁龛内题记》，《西域研究》2015年第1期，第16—35页；《库木吐喇窟群区第34窟现存龟兹语壁画榜题简报》，《西域文史》第9辑，北京：科学出版社，2014年，第1—32页。

④ 新疆龟兹研究院、中国人民大学国学院西域历史语言研究所、北京大学中国古代史研究中心：《玛扎伯哈与森木塞姆现存龟兹语及其他婆罗米文字题记内容简报》，沈卫荣主编：《西域历史语言研究集刊》第7辑，北京：科学出版社，2014年，第45页。

⑤ 同上，第57—58页。

⑥ 学者已指出本窟甬道部分残存的婆罗米文可能为誓愿图的榜题，参赵莉、荣新江主编《龟兹石窟题记（题记报告篇）》，上海：中西书局，2020年，第291页。

⑦ 贾应逸、祁小山：《印度到中国新疆的壁画艺术》，兰州：甘肃教育出版社，2002年，第361页。

记，认为其中并无回鹘化特征，结合窟内唐风的装饰纹样，认为此窟年代应为盛唐①。此结论若正确，将是对龟兹回鹘洞窟辨识的一大挑战。笔者认为，语言中是否有回鹘化特征并非判断洞窟年代的唯一标准。语言的回鹘化需要一个过程，而且回鹘时期的森木塞姆石窟是龟兹传统部派僧侣的聚集处，龟兹语是他们的母语，阅读龟兹文、梵文佛典是平时功课，因此他们能写出纯正的龟兹语题记似并不奇怪。第46窟龟兹文榜题中可识别出“故三藏大毘婆沙师”“大唐阇梨披缁Hwap-hko（法护）”“论师暨羯摩师之尊师Kalynasome（贤月）”等名字②。“法护”为汉僧，来自大唐（Thai Tank）。Kalynasome为龟兹语名字。在“故三藏大毘婆沙师”后列了三个以上的胡语名字。本窟的供养比丘应以龟兹当地的僧侣为主。《大毘婆沙论》是说一切有部教义思想的集大成者，“大毘婆沙师”的称谓佐证了此地在回鹘时期仍为说一切有部的寺院。

当回鹘统治者入驻龟兹之时，龟兹本土的王族命运如何，史无明载。库木吐喇窟群区第79窟主室右侧壁下部绘“地狱变”，在炽热猛烈的地狱之火中，顶戴“头光”的龟兹国王、王后双手反缚，跪在审判者面前，这似乎暗示了某种残酷的事实③。唐朝册封龟兹国王为龟兹都督府长官，但同时亦保留了龟兹的王室。但是，新来的回鹘人就不同了。尤其是当840年以后，残破的回鹘部众西迁龟兹，势必要取代这片土地的旧主人，而不仅仅是进行羁縻统治。回鹘可汗恐怕不会容许龟兹仍有王室存在。不过，从洞窟遗存看，龟兹传统的说一切有部僧团并未遭受回鹘的压迫，至少其中有一个僧团活跃于森木塞姆石窟。

综上所述，笔者认为，在库木吐喇石窟、森木塞姆石窟分别存在相对独立的、不同性质的寺院或僧团体系（本文称为A型僧团、B型僧团）④，它们奉行不同的佛教文化传统，使用的经堂语言、佛典文字都可能是不同的（表2）。

表2　前期两大僧团类型统计

寺院及僧团划分	艺术风格	佛教思想	榜题文字	民族属性	主要活动区域
汉化佛教寺院（A型僧团）	以汉风为主导	以中原汉地大乘佛教为主导	以汉文为主	以回鹘、汉人为主	库木吐喇石窟、夏合吐尔及玉其吐尔遗址
龟兹传统部派佛教寺院（B型僧团）	以龟兹风为主导	以龟兹传统有部佛教为主导	龟兹文、梵文	龟兹人、回鹘人、汉人	森木塞姆石窟

前面主要以龟兹回鹘的第一期洞窟探讨了龟兹回鹘佛教社会的“二元结构”现象。以汉文化为主导的汉化佛寺、汉化僧团位于库木吐喇，而以龟兹部派佛教为主导的寺院或僧人群体活跃于森木塞姆。到了第二期，这两大体系和传统在库木吐喇石窟出现合流的现象。在库木吐喇窟群区第10、38、65窟，我们发现前述两种传统并存于同一洞窟，似有分庭抗礼之势。如第65窟甬道内绘龟兹传统的涅槃题材

① 庆昭蓉、荻原裕敏：《龟兹壁画中的唐僧——森木塞姆第46窟供养人之个案研究》，《唐研究》第23期，北京：北京大学出版社，2017年，第394页。

② 同上，第383页。

③ 任平山：《中国古代物质文化史：绘画 石窟寺壁画（龟兹）》，北京：开明出版社，2015年，第231—322页。

④ 因资料缺乏，我们尚无法确知当时在库木吐喇及夏合吐尔、玉其吐尔遗址这一广大区域内存在多少汉化寺院或僧人团体，但可以推定他们都是以汉文化、汉传佛教为核心的，属于同一类型的寺院或僧团。

图十　克孜尔尕哈第45窟后甬道正壁　立佛

（包括如来留钵，佛陀举山、涅槃、焚棺），而主室券顶却满绘一佛二菩萨，乘于流云，浩浩荡荡地飞来，洋溢着十方净土的色彩。

（三）龟兹回鹘佛教的衰落

大约在11世纪，当高昌回鹘佛教艺术臻至鼎盛之时，龟兹佛教却走向了衰落。和第一、二期洞窟的精致华丽相比，第三期洞窟总体绘制粗略，而且存在利用前代洞窟改建的现象。如克孜尔第43窟主室侧壁及克孜尔尕哈第45窟主室、甬道白底绘立佛，壁画均未完工（图十）。我们还观察到，在克孜尔第43窟、森木塞姆第5窟甬道及侧壁绘有立佛列像，虽色泽单调、空间留白，但仍展示了精细的线条，说明此时部分画家的绘画功力并未减弱，石窟寺的衰落可能是外部政治环境的压力带来的。近年学者通过解读和田出土的一份木牍文书，指出约10世纪后半叶喀喇汗朝的军队曾侵犯至焉耆，以及于阗和葛罗禄联手抵抗的事件①。喀喇汗朝既已对龟兹以东的焉耆造成威胁，那么龟兹在10世纪时也应会感受到来自西部的压力。不过从文书内容看，这次战役的规模很小。

麻赫默德·喀什噶里编撰的《突厥语大词典》记载，“Bügür轮台，建筑在龟兹（库车）城和回鹘汗国之间高处的城堡，这里是边境”②。杨富学先生据此认为约在11世纪70年代（《突厥语大词典》的成书年代）以前，龟兹已纳入喀喇汗朝的治下③。但也有学者认为，喀喇汗朝内外矛盾冲突频繁复杂，其本身处于四分五裂的状态，似无力继续东扩④。“龟兹西南地区为信仰伊斯兰教的喀喇汗王朝控制，龟兹的东北地区为信仰佛教的西州回鹘所统治”，“拜城至阿克苏之间的沙漠应是两大区域地方政权接壤的中介”，佛国龟兹长期以来成为阻挡伊斯兰教东传的一道坚固屏障⑤。从石窟寺遗存来看，第二期之后，龟兹佛教迅速衰落了。因此龟兹被喀喇汗朝征服的可能性是较大的。

结　语

约4、5世纪后，龟兹佛教形成了相对独立的艺术体系，有着自身发展演化的逻辑。这一现象随

① 白玉冬、杨富学：《新疆和田出土突厥卢尼文木牍初探——突厥语部族联手于阗对抗喀喇汗朝的新证据》，《西域研究》2016年第4期，第39—49页。

② 麻赫默德·喀什噶里著，校仲彝、何锐、刘静嘉译：《突厥语大词典》（第一卷），北京：民族出版社，2002年，第468页。

③ 杨富学：《高昌回鹘汗国的西部疆域问题》，朱雷主编：《唐代的历史与社会：中国唐史学会第六届年会暨国际唐史学术研讨会论文选集》，武汉：武汉大学出版社，1997年，第577页。

④ 李进新：《新疆宗教演变史》，乌鲁木齐：新疆人民出版社，2003年，第307页。

⑤ 田卫疆：《库车史》，乌鲁木齐：新疆人民出版社，第227页。

着唐朝的西域经营被打断了。公元692年，王孝杰克复龟兹，唐以三万汉兵镇守西域，安西四镇成为唐朝切实管辖的行政区而非一般的羁縻府州[①]，奠定了此后约百年的稳定局势。唐人在龟兹建立汉化佛寺，并有来自京城的高僧驻锡于此[②]。汉文化、汉传佛教成为龟兹佛教不可分割的一部分。来自中原的汉人带来大乘佛教的神灵和全新的粉本，龟兹佛教美术的面貌为之一变，任平山称其为“后龟兹美术”[③]。龟兹佛教呈现为一种“汉-龟兹”文化的二元结构，既交流互动，又平行发展。

8世纪中叶安史之乱爆发后，此时龟兹的佛教情势晦暗不明，但我们从零碎的线索推测，安西都护府时期的汉文化、汉传佛教及龟兹本土的佛教传统都各自得到了延续。

约8世纪末，回鹘入主龟兹后，虽一开始崇奉摩尼教，但很快就接受了当地底蕴深厚的佛教文明，并显示出开阔的胸怀和积极的创造精神。在龟兹的回鹘风洞窟中，“汉-龟兹”两种文化的交融更加明显，不过这种交融背后存在以哪种文化为主导的问题。大约在库木吐喇石窟，回鹘时代保持了汉化大乘佛教寺院的特色，而森木塞姆石窟则仍是说一切有部的寺院。当然，在两种思想体系和僧侣集团平行发展的同时，双方的交流互动也是很明显的。

大约在11世纪，龟兹佛教艺术迅速衰落了，反映了绿洲经济下滑及外部动荡不安的环境。

宿白先生曾言，龟兹地区由于长期以来政治和宗教上变化不大，白氏王朝长期延续[④]、小乘佛教长期流行，因此许多石窟群的分期界线不够鲜明[⑤]。最典型的如克孜尔石窟，不似敦煌石窟那样可以划分出较明确的历史阶段。姚律先生试图结合前秦伐龟兹及柔然、嚈哒、西突厥控制龟兹的历史背景去探讨龟兹佛教，但结论却是龟兹佛教似未受影响，依然“我行我素”，继续保持着兴盛的态势[⑥]。这些重大政治事件在龟兹石窟中似乎缺少反映，学者难以结合历史文献和相关史事去探讨。与之不同的是，唐与回鹘时期的龟兹洞窟是能够放在具体历史语境中考察的。和盛唐时的库木吐喇汉风洞窟一样，8世纪中叶以后至11世纪（安史之乱至回鹘统治时期）的龟兹石窟，受政治局势的影响格外突出。对这段时期龟兹石窟寺遗存的梳理，不仅是就洞窟而谈洞窟，而是要充分发挥“石窟证史”和“石窟补史”的功能，利用石窟寺去复原当时的佛教活动和佛教社会，并将晚期龟兹佛教整合到西域佛教演变的历史中去。

---

① 安西四镇在唐朝政治体系中具有特殊性，王小甫先生认为其似为“一个介于州县制和小邦王国间的过渡形式”，参王小甫：《唐大食吐蕃政治关系史》，北京：北京大学出版社，1992年，第8页。

② ［唐］慧超：《往五天竺国传》，《大正藏》第51册，第979页中；荣新江：《慧超所记唐代西域的汉化佛寺》，《冉云华先生八秩华诞寿庆论文集》，台北：法光出版社，2003年，第399—407页；荣新江：《唐代西域的汉化佛寺系统》，新疆龟兹学会编：《龟兹文化研究》第1辑，香港：天马出版有限公司，2005年，第130—137页。

③ 任平山：《中国古代物质文化史：绘画 石窟寺壁画（龟兹）》，北京：开明出版社，2015年，第42页。

④ 据近年学者研究，龟兹白姓之“白”可能对译梵语bhakta（供养、信奉），参王臣邑：《关于和田博物馆藏源于龟兹国的一件佉卢文木牍》，《西域研究》2016年第3期，第68页。

⑤ 宿白：《调查新疆佛教遗迹应予注意的几个问题》，《中国西北宗教文献 佛教新疆》卷二，兰州：甘肃民族出版社，2012年，第2页。

⑥ 姚律：《公元4世纪后期至7世纪前期龟兹佛教概况》，《中国佛学》2019年第1期，第38—63页。

Reconstructing the History of Kucha Buddhism from the Mid-8th to 11th Century

—Based on the Relics of Buddhist Cave-Temples

Yang Bo (Historical Research Center of Zhejiang University City College)

Abstract: About the Kucha Buddhism after the An-Shi Rebellion and the Buddhism of Kucha Uighur time, there are quite a lot of questions which not be resolved. Based on the relics of Buddhist cave-temples, the article reconstructed the history of Kucha Buddhism from the mid-8th to 11th century. After Anshi Rebellion, the activity of making Buddhist caves was not be interrupted and both of Han and Kucha cultures continued. In the Uighur time, these two culture systems were mixed together. In the other hand, they also developed parallelly, which reflects that there existed two systems of Buddhist temples and monk groups.

Key Words: History of Kucha Buddhism, An-Shi Rebellion, Uighur Time, Monk Group

“化为莲花”

——古埃及墓葬文献的图像化

颜海英（北京大学）

摘　要： 本文从古埃及墓葬经典《亡灵书》第81篇入手，结合新王国时期以莲花为核心画面的还愿碑、墓室壁画等，分析莲花这一意象在古埃及人来世信仰中的发展演变，探讨古埃及墓葬文献的图像化过程，指出古埃及宗教实践对其来世信仰演变的重要推动作用。

关键词： 莲花　亡灵书　来世信仰

美人舞如莲花旋，
世人有眼应未见。
高堂满地红氍毹，
试舞一曲天下无[①]。

古埃及有世界最早的墓葬文化传统，在公元前2500年的金字塔时代，古埃及人就有了来世信仰的经典表述《金字塔铭文》，到中王国时期发展为《石棺木铭文》（后简称《棺文》），至新王国时期则有大众版的《亡灵书》和王室专用的《密室之书》的分流。在数千年的流传过程中，关于来世的咒语经历了自上而下扩散的大众化过程，载体由金字塔到棺椁再到纸草，表达形式也从纯文本逐渐图像化。《亡灵书》第81篇的内容是关于死者化身为莲花的：

我是纯洁的莲花
拉神的气息养育了我
蓬勃萌芽
我从黑暗的地下升起
进入阳光的世界
在田野开花

① 唐代岑参之诗，段晴老师最喜爱的诗句。谨以此文纪念段晴老师。

该内容最早出现在《金字塔铭文》中，当时只有文字内容，到新王国时期，则以图文并茂的形式出现。埃及学界主流的观点认为多图的《亡灵书》是来世信仰"民主化"的结果，本文将以这篇咒语中的莲花意象为核心，结合新王国时期以莲花为核心画面的还愿碑、墓室壁画等，讨论古埃及来世信仰的多重表达，这种文本、图像与仪式同构的神圣时空，是三千年古埃及文明的灵魂基调，其特质一旦形成，此后的岁月只是增加其亮度而已。

一、古埃及的莲花与莲花神

在古埃及语中，莲花被称作sSn，有白色莲花（Nymphaea albicans）和蓝色莲花（Nymphaea cerulea）两种，人们常常把它们与印度的莲花（Nelumbo nucifera）混淆，它们其实不是一个种类。印度莲花是公元前6世纪后由印度经波斯湾传入埃及的，一般用于食用，并未成为埃及艺术的母题。① 人们也常常把埃及莲花与中国荷花混淆，至今还有很多埃及学家仍将埃及白莲花和蓝莲花误称为lotus，或者Egyptian lotus。

蓝莲花的花托和花蕊为黄色，花瓣窄而尖且比较密集，边缘处颜色更重，香气强烈。白莲花花瓣宽大，瓣数比较少。蓝莲花在黎明时绽放，与日出的景象同步，很早就与太阳崇拜相联系，学者们多认为蓝莲花是埃及人常用的母题，宗教用途的物品多以蓝莲花装饰，而白莲花则用于日常器皿的纹样装饰。

在古埃及，尼罗河上常常覆盖着蓝、白两色的莲花，尤其是在上埃及（埃及南部），因此莲花成为上埃及的标志，与象征下埃及（埃及北部）的纸草成为一对组合，是象征上下埃及统一的标准浮雕图式（图一），莲花与纸草也是埃及的主要柱式，在新王国时期的神庙中分列于南北两边，象征南北统一。

图一　十二王朝国王塞索斯特里斯一世雕像侧面，现藏于开罗博物馆

在古埃及人的创世神话中，莲花是重要的元素。根据赫摩波利斯（Hermopolis）的八神创世神话，创世之前是一片混沌，一朵莲花出现在原初之水上，然后太阳神出现在莲花上，开始创造世间万物。莲花之神名叫尼弗尔太姆（Nefertem），《金字塔铭文》中提到死去的国王"像尼弗尔太姆一样升起，如拉神鼻前的莲花"，又描述拉神会从莲花中间以孩童的形象出现。② 从新王国时期开始，有了尼弗尔太姆的图像形象，有时是莲花的形象，花心中伸出两根象征神性的羽毛，有时是一位头戴莲花的年轻男子或者男童。

蓝莲花芬芳浓烈的香气，使之成为人神

① Donald B. Redford, ed., *The Oxford Encyclopedia of Ancient Egypt*, New York: Oxford University Press, 2001, p.304.

② Geraldine Pinch, *Egyptian Mythology: A Guide to the Gods, Goddesses, and Traditions of Ancient Egypt*, New York: Oxford University Press, 2004, p.158.

图二　内巴蒙（Nebamun）墓室壁画，十八王朝，现藏于大英博物馆

沟通的场景中经典的图像符号。在古埃及人的观念中，香气能够使神愉悦，所以他们在仪式中大量使用熏香和鲜花，而香气的弥漫标志着神的降临。在墓室、神庙的浮雕和绘画中，常常能看到手持莲花的死者或者神，花朵朝向持花者。莲花也是重要的供品，放置在死者或神的供桌上。在末日审判的画面中，作为陪审团的众神端坐在莲花之上。

虽然莲花作为再生的意象和象征内涵很早就出现在墓葬文献中，但莲花图像普遍应用是新王国时期开始的。这一时期埃及的艺术呈现出空前华丽精致的风格，大量使用花卉作为装饰和绘画的素材，其中莲花装饰的花环以及花束成为最流行的图案，随葬器皿或是其他仪式性的器具上也到处都是莲花的形象。最重要的是莲花在宗教主题中的角色。墓室壁画展现的各种节日庆典，如新年节、祭拜祖先的河谷节、葬礼等等场合中，宾客手持莲花、头顶莲花，或者将莲花挂在脖子上，这样的画面比比皆是（图二）。雕塑中也首次出现了将国王的头塑造成莲花托举的形象，以模仿太阳神从莲花中诞生的场景，如图坦卡蒙墓出土的木制头像（见图六）。莲花神的形象，也是这个时期开始出现的。

莲花图像的大量出现，伴随着新王国时期墓葬文献《亡灵书》的图像化。《亡灵书》第81篇的主题是“化为莲花”，描述死者在来世的12种变形之一，此外还有鹰和长生鸟等变形。以阿尼纸草为例，其中第81篇的构图是在竖行的咒语上方，插入蓝莲花的图像，莲花之上有一个人头，下面是一片水域，咒语内容是：“我是一朵圣洁的莲花，我从光明之神中诞生，我是拉神鼻孔的守护者，我是哈索尔（Hathor）鼻子的守护者。/我追随荷鲁斯前行，我是大地上生长的圣洁莲花。”[①]这是《金字塔铭文》中同样内容的插图版，且文字描述与图像细节高度吻合（图三）。

第81篇的变体（编号为81B），十九王朝的帕克尔（Paqerer）纸草上，莲花的下面有根长长的茎，咒语的内容是：“变为莲花的公式——已故的家庭女主人伊维（Iuy），[②]正直之人，她说：哦，这

① E.A.Wallis Budge, “The Book of the Dead: the papyrus of Ani”, 1895.

② 伊维是帕克尔之妻。

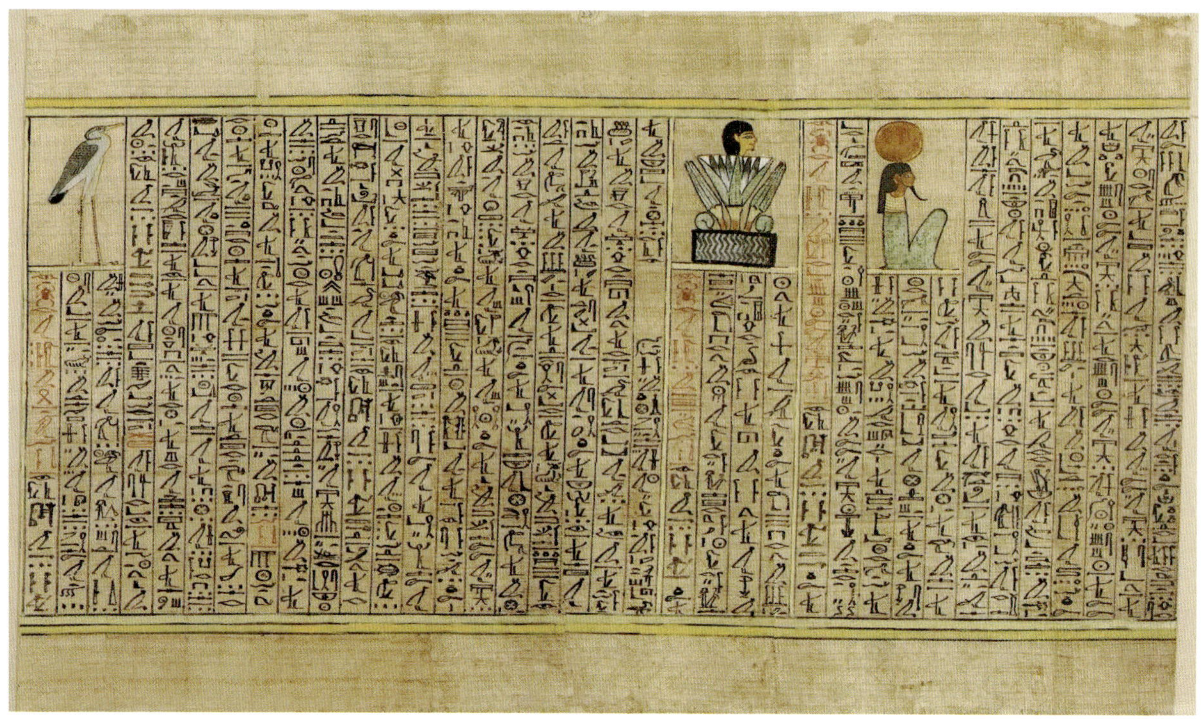

图三 《亡灵书》第81篇，阿尼纸草，现藏于大英博物馆

个尼弗尔太姆的形象，我知道这个……公式，我知道你们这些神祇的名字，你们是神圣之地的主人。我是你们的一员。愿你们赐予我神的光芒，愿你们在神圣之地给我一个地方，在西方之主的旁边。我已经加入了神圣之地，在永恒之主的面前接受每一个节日，在伟大的九神面前，我的巴（意为灵魂）可以去任何想去的地方，不用回来。”①

二、“化为莲花”：从文本到图像

《亡灵书》第81篇化为莲花的主题，是12种变形主题之一，见于《亡灵书》第76—88篇。这个内容早在《金字塔铭文》中就已经出现，在棺文中得以保存，见于《棺文》的第268—295节，描述死者变身为鸟飞升上天，或者变成空气、火焰、谷物、小孩、鳄鱼、莲花等等。使用《棺文》的中王国时期最流行的护身符是圣甲虫，在象形文字中这个符号的意思是“变形”。死者常常会以原始神和创世神的形象出现，创世神和他的子女——空气神舒和太夫努特轮番出现，持续创世的工作。死者还会变形为其他神祇：拉、阿图姆、哈托尔、荷鲁斯、奥赛里斯、伊西斯、努特、舒、瑞瑞特、阿努比斯等等。

虽然从《金字塔铭文》、《棺文》到《亡灵书》都有化为莲花的主题，但表达形式各不相同。《金字塔铭文》是纯铭文，没有任何插图，而《棺文》虽然没有插图，但文字按条块分布，文字上方通常配有一行葬仪用品的彩图。《亡灵书》是约200篇咒语的集合，超过一半来自《棺木铭文》，主要为草写圣书体，后期有了完全的圣书体和手写僧侣体，人们根据自己的喜好选择咒语的内容和数量，抄写

---

① Stephen Quirke, *Going out in Daylight. prt m hrw. The Ancient Egyptian Book of the Dead*, Golden House Publications, 2013, pp.192-193.

到纸草或者墓室壁画上，每份纸草上的咒语没有固定的数量。《亡灵书》绝大多数配有插图，但插图占比不同，有的完全无图，有的有图无文字。

墓葬文献图像化的原因，主流观点认为是来世信仰“民主化”的结果，普通民众使用原来国王和贵族垄断的咒语，必然有一个通俗化的处理，特别是《亡灵书》中有大量的使用这些咒语的操作指南，以及保证它们会“百万次灵验”之类的话。这种观点有一个假设的前提，即墓葬文献只有一个源头——《金字塔铭文》，而且是直线传播的。这是一种简单化的想当然。从长时段来看，从《金字塔铭文》到《棺文》到《亡灵书》，每一次载体改变之前都经历过传统中断、墓葬文献遗失的断裂期，《棺文》出现在第一次中间期的分裂之后，《亡灵书》出现在第二次中间期的分裂之后。《棺文》中只有百分之十的内容与《金字塔铭文》重合，《亡灵书》则有百分之六十的内容与《棺文》重合，也就是说，每次传统中断之后，重新形成的墓葬文献正典都融合了新的内容，有的是之前边缘化的地方传统，有的是墓葬系统之外的仪式内容，比如神庙仪式、日常生活中的仪式等。如《亡灵书》中的开口仪式、太阳神赞美诗等内容，也出现在神庙浮雕中。

我们至今没有发现中王国时期王陵里的墓葬文献，第一次中间期之后，政治分裂和改朝换代导致《金字塔铭文》在王室的使用中断，在公元前3000年末和公元前2000年末这两个时期，王室专用主题被平民使用，但缺少同时代的王室墓葬文本进行比对，我们无法了解王室与民间的墓葬文献是否仍然有礼法和等级造成的差别。如果此时已经为国王设计了新的墓葬文本，那么礼法的松弛和等级限制的放宽，并不会缩小王室与民间墓葬文献之间的差距。

新王国初期，经历了外族入侵的重创，重新完成统一、恢复墓葬传统之后，帝王谷的王陵使用的是叫作《冥世之书》的一系列文献，只有极少数王陵的部分墙面用《亡灵书》装饰，民间则只使用《亡灵书》。

墓葬文献的图像化进程，是在历次传统中断之后又复兴的过程中发生的。除了上述的两次中间期，十八王朝埃赫纳吞改革后的传统复兴，是墓葬文献图像化的高峰时期。在搜集整理经典文本的过程中，不断有新传统的融入，以及旧传统扩散之后在实践过程中改造而出现的新元素。“化为莲花”就是一个典型的再造传统的例子。

埃赫纳吞的宗教改革摒弃了除阿吞（日轮形象的太阳神）以外的所有神祇，他对传统宗教最大的冲击是来世信仰体系的中断。在阿玛尔纳时期的墓葬中，埃赫纳吞及其家人的形象代替了传统的主题，如开口典礼、复活、末日审判等等。

埃赫纳吞之后，传统宗教复辟，墓葬文献的使用中图像内容暴增。第一位复辟的国王图坦卡蒙的墓中，传统墓葬文化主题以炫目的方式集中出现，随葬品大量使用黄金，如他的金色神龛上装饰着巨大的太阳神和奥赛里斯神的形象。墓中的文本包括《亡灵书》，并首次出现拉神毁灭人类的故事。墓中还出土了大量以莲花为装饰的随葬品，其中有莲花纹样的石膏瓶，有一对莲花垂饰的还愿瓶等等，最特别的是一个木制头像，表现的是图坦卡蒙的头像立在莲花中间，绽放的莲花衬托着国王年轻俊美的面孔，是开罗博物馆给人印象最为深刻的展品。图坦卡蒙幼年即位，18岁早逝，一个十几岁的少年法老，带领民众将都城从阿玛尔纳迁回底比斯，并留下著名的“复辟石碑”，表明了回归传统的巨大勇气和决心。莲花饰品的大量出现，以及拉神毁灭人类的故事等，传递出复兴传统文化的强烈愿望。

三、莲花再生：从法老到民间

埃赫纳吞改革之后，在回归传统的过程中，民间信仰得到了极大的发展。民众更愿意通过地位较低的地方神灵、当地贵族或者亲属亡灵（akh iqr），来表达自己的祈愿。学者们将这种前所未有的宗教形态称为“个人虔敬”（personal piety）。其中，对家族中亲属亡灵的崇拜，也就是祖先崇拜，在新王国时期，尤其是拉美西斯时代（Ramesside Period）成为“个人信仰”最典型的例子。祖先崇拜的材料集中发现于麦地纳工匠村。它坐落于底比斯西岸的国王谷和王后谷附近，兴建于十八王朝早期（公元前1600年左右），于二十一王朝被弃置，是为法老修建陵墓的工匠集中生活的地方，前后存在了大约四百年。

麦地纳工匠村出土了47块特殊的石碑，叫作“拉神的显灵”（Akh iqr n Re）石碑，因为其铭文中都将石碑的受祭者称为akh iqr NN或者akh iqr n Re NN，而献祭者多数为死者的儿子或者兄弟。这种石碑的形制与新王国时期盛行的还愿碑相似，多由石灰石制成，高度在10厘米到25厘米之间，多为尖顶或圆顶。石碑上的献祭场景都是程式化的图案：顶部饰有太阳船、神龛、申环、水纹、荷鲁斯之眼（Wadjet）等宗教符号。石碑主体部分的图案是死者接受供奉：受祭者或跪，或坐，或立，手中常握有莲花、布条或象征生命的符号，或伸向祭桌上的供品。石碑上还有简单的祷文。绝大多数石碑都是拉美西斯时代制作。马斯伯乐（G. Maspero）、布吕耶尔都对这类石碑进行过专门的讨论。德马赫的专著《“拉神的显灵石碑”：埃及的祖先崇拜》是最完整的整理和研究。[①]（图四、图五）

这类石碑有很多共同点，都以来世、天庭和太阳船为主题，最值得注意的是绝大多数死者手持象征复活的莲花。大多数石碑的主体图案是死者接受献祭。仅有一位受祭者的石碑有22块，有一位受祭者和一位献祭者的有10块，一位受祭者与两位以上献祭者的有5块。有9块石碑上描绘了两位受祭者。另一种主体图案是死者向神灵或者死去的王室成员献祭。受祭者祭拜王室人物的有3块，受祭者崇拜神灵的只有2块。值得注意的是，它的献祭对象主要是两代以内的去世亲属，包括父亲、母亲、丈夫、妻子等。[②]

Ax是指人作为整体处于被祝福的状态，以及超越墓葬的力量。这与下面要论述的通过仪式而达成的转换相关。Ax在象形文字中是朱鹭鸟的形象，该词的基本含义是“发光”“闪亮”。它的内涵有着丰富的层次，既指一种存在状态，也指这种状态所蕴含的力量，同时也强调进入这种状态需要的转换条件和维护条件。在墓葬文献中，死者在转换成亡灵存在时，通过掌握特定的知识和魔法，可以与拉神建立联系，从而具备了高贵的神性和强大的力量，获得了永生，但这种状态需要持续的仪式来维持，因此需要生者的定期供奉。

上文提到的《棺文》中关于变形的系列咒语，都以sakhu开头或包含该词的标题，其意为“变形”，也就是把人变成akh，是准备木乃伊过程和葬仪中宣读的咒语，包括守灵的每个小时举行的仪式，死者扮演被谋杀的奥赛里斯，而主持仪式者扮演为他哀悼的神，并为他的复活做准备，即对尸体进行防腐处理。这个系列的咒语体现了墓葬文本的核心目的，即寻求光明的力量并与之融合，逃离永恒的黑暗。“akh”这个词的含义既包括akhet（地平线），又包括akh（形容词，有用的），但其核心含

① R.J.Demarée, *The akh iqr n Re-Stelae on Ancestor Worship in Ancient Egypt*, Leiden: Nederlands Instituut Voor Het Nabije Oosten, 1983, pp.237-276.

② 同上。

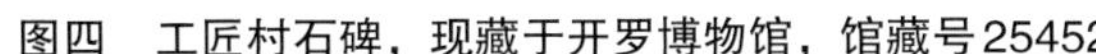

图四　工匠村石碑，现藏于开罗博物馆，馆藏号25452

图五　工匠村石碑，现藏于开罗博物馆，馆藏号34171

义有“光”的意思，“akh”是经过变形的魂灵，与“光”合而为一。akh的反义词是mut，“死亡，死去但没有转化的人”。写给死者的信中会把死去的亲人称为“转化的灵魂”，并把在世界上引起纷争的恶灵称为mut，意指死后再次死亡，无法进入幸福来世的人。现代语言中最接近的类比是“被祝福的死者”（akh）和“被诅咒的死者”（mut）。①

工匠村石碑的意义在于，这是唯一一批以“拉神的显灵”来称呼手持莲花的被祭拜者的材料。除此之外，只有TT335墓室壁画中一个被工匠当作神来祭拜的工头，旁边的铭文称他是“拉神的显灵”。工匠村的另一批用作祖先崇拜的70多件胸像，也雕刻了莲花胸饰。这些石碑和胸像出土于工匠村的祠堂，是工匠们祭拜各自家人的仪式中使用的，考古学家还发现了写有受祭者名字的标签，是挂在胸像上的（胸像本身没有雕刻名字，可能是村民共用）。

在工匠们进行祖先崇拜的仪式用品中，莲花代表的转化及再生的含义，以及莲花与太阳神崇拜之间的关系，得到了明确的诠释和证明。在《金字塔铭文》和创世神话中，国王和创世神转化为莲花，此时普通的工匠也可以借助仪式完成这种转化，成为“拉神的显灵”。

新王国时期的贵族墓中，宴饮或者供奉的画面中，手持莲花的形象比比皆是，但并没有铭文解释莲花的寓意，而这个答案，我们在工匠村找到了。

强调来世信仰民主化的学者们往往从礼法松弛、高级文化下移等角度解释墓葬文献的传播。但我们应该知道，模仿是最真诚的形式，因为他们的“赌注”是永恒的生命。如果臣民不尊重国王的权位，他们就不会接受王室文本中那些关于来世的美好承诺。“民主化”这一标签颠倒了历史趋势的方

① Florence Friedman, “Akh in the Amarna Period”, *Journal of the American Research Center in Egypt*, 1986, Vol. 23(1986), pp. 99-106.

向。“人民”并没有僭越礼法，是多元的地方传统与民间信仰的实践，不断为主流传统注入新的活力。

四、人神之间：从尘世到天国

“化为莲花”等帮助死者完成变形的系列咒语，以sakhu开头，可以成为单独的系列，公元前4世纪时，人们用sakhu来作为《金字塔铭文》和《棺木铭文》的标题，我们知道古代的多数文集都是没有标题的，《金字塔铭文》和《棺木铭文》都是现代人起的名字。在后世的纸草上，奥赛里斯神庙图书馆也被称为sakhu。在几千年的墓葬文献传统中，sakhu才是核心概念，是死亡和葬仪中宣读的咒语。包括守灵的每小时举行的仪式，死者扮演被谋杀的奥赛里斯，而主持仪式者扮演为他哀悼的神，并为他的复活做准备，即对尸体进行防腐处理等时刻，唱诵的就是变形咒语。

在开口仪式中，诵经师高举着一张展开的纸草手卷，一字不差地读出每一步程序。这个形象在提示我们倾听那些场景的声音，即sakhu，“变形”，这类文本旨在确保死者的永生。古埃及人将文字的内容和声音注入图像中，让我们在看到的同时也听到。

蓝莲的生命过程，是再生联想产生的根本缘由。蓝莲清晨开放，夜晚闭合，日复一日，周而复始，循环往复。此外，蓝莲有浓郁的香气，在神赐予人们生命气息的复活仪式中，是最适用的。

早在古王国时期，《金字塔铭文》中就出现了莲花之神尼弗尔太姆相关的咒语，但他的雕像直到十九王朝才出现。十八王朝末图坦卡蒙的一个木制雕像（图六）从形态上看是尼弗尔太姆的样子，但头像是图坦卡蒙本人的，因此只能说是莲花神形象的国王雕像。比较典型的尼弗尔太姆雕像通常有三种姿势：站在狮子上的形象；左腿迈出的站立男子形象，手持或者头顶插着两根羽毛的莲花（图）；狮头人身的形象，头顶插着两根羽毛的莲花，后二者都戴着两个象征繁殖的menat胸饰。①

图六　图坦卡蒙墓中出土的木制头像，现藏于开罗博物馆

现已发现的尼弗尔太姆的雕像数量很少，多数集中在二十五王朝。现存于埃及开罗博物馆、大都会博物馆等处，这些雕像基本特征都很相似，如这个大都会博物馆收藏的尼弗尔太姆雕像，表现的是一个年轻男子的形象，身着带皱褶的短裙，头戴中王国和新王国时期神祇特有的长假发，挂着象征神祇的假胡子，额前有眼镜蛇，头顶插着两根羽毛的莲花，莲花的两侧各垂下一个象征繁殖的menat胸饰，右手握着莲花形状的权杖，莲花中间是鹰神荷鲁斯的头，戴着日轮和羽毛。该雕像可能的年代是二十五王朝，从雕像上的铭文看，曾经几次易主，最后的主人是卡普塔（Kha-ptah），这是他还愿用的雕像，铭文写道“献给尼弗尔太姆，塞赫迈特（Sakhmet）之子，慈悲之神，天堂之主，也献给巴斯太特（Bastet）”。这个尼弗尔太姆的雕像集中了国王与神

① William C. Hayes, “The Egyptian God of the Lotus: A Bronze Statuette”, *The Metropolitan Museum of Art Bulletin*, Aug., 1938, Vol. 33, No. 8, pp. 182-184.

祇的双重特点，也集中了莲花神与繁殖神的双重特点。[①]

我们须将墓葬视为一个整体，包括木乃伊身上的护身符、棺椁装饰、随葬品，以及地上祠堂和地下墓室的壁画，等等。文本和图像可以相互补充，一件随葬物的内容可以在另一处得到补充，如图特摩斯三世墓中，《拉神祷文》的一部分写在国王身体的裹尸布上，但结尾部分出现在墓室的柱子上。此外，墓葬文献的前身是葬仪中唱诵的咒语，有着特殊的语境。必须把它与当时的仪式环境及仪式用品联系起来，才会了解其完整的内涵，而这个仪式环境包括了不同的时段和不同的人物，如加工木乃伊的过程、渡河前往墓地、墓前的仪式及葬礼后的宴饮等。

此外，墓葬、棺椁形制的改变，也影响到墓葬文献载体的变化。中王国时期的长方形木棺中，木乃伊是侧躺其中的，棺板有大面积绘画书写的空间。中王国后期人形棺中，木乃伊得以伸展平躺，[②]但棺上绘画图像铭文的地方大大减少，人们开始在木乃伊裹尸布上绘画墓葬主题。最早的《亡灵书》就是出现在木乃伊裹尸布上的，后来逐渐开始被写在纸草上，包裹到木乃伊身上，或者《亡灵书》的内容被绘画到祠堂或者墓室中。新王国时期之后，地上祠堂逐渐消失，墓中的雕像转移到神庙中，刻满铭文的“方雕”、大量的还愿雕像，也承载着墓葬文献的功能。

莲花的形象，从文本到图像到雕像的过程中被不断地融入仪式内涵。贝恩斯以知识等级解释神秘知识的形成及其在社会礼制中的作用，以及阿斯曼等人强调神秘知识与古埃及人宇宙观的联系，二人都没有充分强调古埃及墓葬文化传承中“知”与“行”的统一。这种墓葬传统通过节日庆典、贵族自传、墓葬文学等辐射到整个社会，而作为一种以生命哲学为核心的综合性知识，在各种宗教实践的经验基础上升华的认知，又回流到主流传统中。

古埃及艺术的一个基本特点是其形象背后的效力。图像代表着它们描绘的实物本身，通过仪式，它们能够转化成为真实的存在，雕像可以成为死者灵魂寄身之所，墓室墙上的供品可以成为来世生活的资源。具象的象形文字也有同样的效力，图像与旁边的文字同构，结合其所在的建筑环境，在特定的节日仪式中，共同建构了人与神、人与死者之间沟通的神圣时空。

在古埃及人的来世观念中，太阳的重生是个核心的元素。开放的蓝色莲花的形象同太阳出现在蓝色天空的形象相仿，象征着太阳每日的新生，而太阳每日的新生又同埃及人的来世观念相联系，因此莲花的形象也代表来世的重生。

图坦卡蒙墓里一个莲花装饰的许愿瓶上有这样的文字：“愿你的灵魂永生，享有百万年的生命，热爱底比斯的你，面北而坐，凉风拂面，目光所及，安详喜乐。”（图七）这至少是一个美好的祝愿，对于敬爱的逝者，唯有祝愿能代表生者的心声。

图七　图坦卡蒙墓中出土的还愿瓶，现藏于开罗博物馆

① William C. Hayes, “The Egyptian God of the Lotus: A Bronze Statuette”, *The Metropolitan Museum of Art Bulletin*, Aug., 1938, Vol. 33, No. 8, pp. 182-184.

② 墓葬空间紧张是人形棺出现的一个重要原因。

表1 《亡灵书》变体

<table>
<tr><td colspan="7">《亡灵书经文》</td></tr>
<tr><td>本用于葬仪</td><td colspan="6">非葬仪用途</td></tr>
<tr><td rowspan="3"></td><td colspan="4">宗教崇拜（太阳神/奥赛里斯）</td><td colspan="2">魔法</td></tr>
<tr><td colspan="2">仪式经文</td><td>宇宙观的内容</td><td>颂诗</td><td>带有目的性的魔法</td><td>辟邪用的魔法</td></tr>
<tr><td>供奉祷文</td><td>接纳死者的经文</td><td colspan="2"></td><td colspan="2"></td></tr>
</table>

表2 古埃及墓葬文献演变

	年代	主要载体	内容/语言	插图
金字塔铭文 （Pyramid Texts）	· 第五王朝晚期至第八王朝（2400BC—2200BC） · 罗马统治早期，公元1世纪	· 国王和王后金字塔的墓室墙壁 · 后期出现于非王室墓中	· 古埃及语（Old Egyptian）的圣书体 · 各类祈祷文、仪式咒语、颂诗的集合	· 无插图
棺木铭文 （Coffin Texts）	· 十一王朝晚期至十二王朝中期（2000 BC—1850BC）	· 棺木的四壁、棺盖和棺底	· 中埃及语（Middle Egyptian）手写圣书体 · 各类咒语、祈祷文的集合，部分来自《金字塔铭文》	· 文中无插图，但文字按条块分布，文字上方通常配有一行葬仪用品的彩图
亡灵书 （Book of the Dead）	· 十八王朝中期至托勒密晚期（1450BC—50BC）	· 非王室墓中的纸莎草卷	· 约200篇中埃及语文献的集合，超过一半来自《棺木铭文》 · 主要为草写圣书体，后期有了完全的圣书体和手写僧侣体	· 绝大多数配有彩图，但插图占比不同，有的完全无图，有的有图无文字

Changing into Lily: Iconographic Transmission of Ancient Egyptian Mortuary Literature

Yan Haiying (Peking University)

Abstract: Based on Chapter 81 of Book of the Dead and the Egyptian New Kingdom votive stelae and tomb paintings with lily flowers as core theme, the author analyses the development of the lily icon in ancient Egyptian afterlife belief, trying to point out the significant function of religious practice to the formation of the afterlife belief.

Key Words: lily flowers, Book of the Dead and the Egyptian New Kingdom afterlife belief

与“过去的时日”同在

——《吉尔伽美什史诗》“洪水泥板”细读札记

贾　妍（北京大学）

摘　要:《吉尔伽美什史诗》第十一块泥板记述了著名的“大洪水”传说，因而也被称作“洪水泥板”。本文在拱玉书先生2021年新译《吉尔伽美什史诗》的基础上，通过中译本史诗与阿卡德语原文的对照细读，从艺术史视角出发，对泥板中所涉及的一些“故事里的事”，特别是“洪水”这一两河流域重大历史/神话事件发生前后的蛛丝马迹进行一些细节分析。

关键词:《吉尔伽美什史诗》　洪水传说　乌塔纳皮什提　诺亚方舟

写在前面

2021年年初，拱玉书先生新译的《吉尔伽美什史诗》（以下简称《史诗》）在学界长久的瞩目与期待中付梓面世。[①]书一印出即收到拱老师发来的消息，嘱我到北大老外文楼221取他予我的赠本。那是二十年前拱老师给我们上古代近东文献课的地方，印象中第一次听他提起要从阿卡德语原文直译《史诗》的计划正是在那里。取书的当天段晴老师也来了，我与两位师长在旧时“东方学阅览室”堆积如山的古旧资料间临窗小坐。在他们一温一火的欢言笑语中，就着身侧老窗棂里透入的丝丝料峭，我感到暖意盎然。对于这部凝聚了拱老师多年心血的《史诗》的出版，段老师极是兴奋，当即嘱我拿到书后一定要精读细读，“能写点儿什么就更好了”！那天从外文楼回来的路上我心情雀跃，踏着湖畔未融的冰雪，倏忽间仿若回到了青春时代的校园，回到了在拱老师引领下初次走进吉尔伽美什世界的“过去的时日”。

诚如段晴老师所言，对于《史诗》这样的厚礼，细读是最好的致敬。收到书的很长一段时间里，每每于生活的洪波细浪中翻开它，总能在拱老师精准、典雅、极具节奏感与力量感的译文中，体验吉尔伽美什沉浸于智慧“深海”（*nagbu*）的喜悦。这篇小文即是2021年夏秋之际参照《史诗》的阿卡

① 拱玉书译注:《吉尔伽美什史诗》，北京：商务印书馆，2021年。此篇中所引《史诗》译文，不做特殊标注者，皆取自此译本。本篇札记写作过程中得到拱玉书老师的诸多指教，并在成文后经拱老师细致斧正，在此特向拱老师真诚致谢。

德语原文，细读拱老师中译本后偶成的一点儿心得札记。[①]文章断断续续写了几个月，停笔之时，方听闻段老师病重的消息，内心惊痛悲切，难于言表。作为后学晚辈，多年来深受段老师提携照拂，感之念之，却无以为报。我知段老师近年来专注于新疆出土于阗氍毹的研究，[②]对源起于两河流域，流传于欧亚大陆，给东西文明带来深远影响的《史诗》尤有兴趣。我写这篇札记时还想着完稿后必定要发给段老师批评指正，可惜终没能获得这样的机会。近来得悉《丝绸之路研究》即将出一期纪念段晴教授的专刊，借此机缘将此篇小文奉上，聊表我对段老师的缅怀之情，也略慰心中遗憾。

在《史诗》的“洪水”故事里，风雨消散，洪波退去，众生湮灭，万物复寂，人类进入神话/历史中的第一个至暗时刻——“过去的时日成泥”（第十一块泥板第119行），文明的火种将熄！而在此存亡关头，于一片静寂中最先打破沉默为人类发声的，是一个名为蓓蕾特伊丽（*Bēlit-ilī*）的女神，她向天神安努祭出自己的青金石项链，并痛心提示幸存的人们：“记住这些天发生的事情，并永远不会忘记”！（第十一块泥板第167行）女神的呼声振聋发聩，令天地变色，诸神动容，这才给人类在劫难中留下一线血脉，得以延续“文明”的基因。而洪水过后的万千年，人类文明之舟历经风浪仍能颠扑不灭，总少不了女神感召下的历代先贤不忘前事，“以泥为书”的信念与勇气。

在段晴教授纪念专刊即出之时，谨以此文向段老师以及所有在“冷门绝学”领域里深耕的前辈学人致敬！是你们将青春与心血铺洒在旧时的“泥土”中，化作与时日同在的礼物来馈赠后学，才保全了往昔的记忆，带来了“洪水”的讯息。《史诗》中说“过去的时日都已化为泥土”，而泥土之上，因有你们的耕耘，至今仍遍开着文明的“永生花”！

此篇“细读”将围绕吉尔伽美什主体故事线的最后一个章节，也即第十一块泥板进行。这是《史诗》中最为人所熟知的一部分内容，因为涉及著名的“大洪水”传说，也被称为“洪水泥板”（图一）。[③]这块泥板几年前曾随大英博物馆“100件文物中的世界历史”全球巡展来到中国，在上海博物馆、国家博物馆等多个博物馆展出，与中国观众见面。无论从文学价值、文献价值还是文化价值来讲，“洪水泥板”都堪当整部《史诗》最为华彩的篇章，至少在以下三个层面上值得细细琢磨考量。

首先是“故事里的事”，也即对洪水传说故事线本身的一些细节梳理。这个故事在《史诗》中以“天机”（*pirišti ša ilī*，直译即“神的秘密”）之名，经乌塔纳皮什提之口讲给吉尔伽美什听，字里行间埋伏颇多，需要深挖的点也较密。其次是“《史诗》的史诗”，也即19世纪中后期以来，关于“洪水泥板”发现、解读、流传的过程梳理。毫不夸张地说，这份文献在近代西方思想界以及大众信仰层所掀起的洪波巨浪，本身已构成一部值得细读的文化史传奇。最后是关于这块泥板诸多层面的价值

① 《史诗》阿卡德语原文参阅英国学者安德鲁·乔治（Andrew George）2003年出版的两卷本《巴比伦语吉尔伽美什史诗》：Andrew R. George, *The Babylonian Gilgamesh Epic: Introduction, Critical Edition and Cuneiform Texts*, 2 vols., Oxford and New York: Oxford University Press, 2003。

② 段晴教授基于此项研究的专著《神话与仪式：破解古代于阗氍毹上的文明密码》，北京：生活·读书·新知三联书店，2022年。

③ 流传至今的阿卡德语《史诗》主要有两个版本，一为古巴比伦时期（约公元前1900—前1600年）创作的版本，成文年代不晚于公元前1600年；一为加喜特时期（Kassite period, 约公元前1600—前1150年）创作的版本，由一个叫辛雷克乌尼尼（[md]*Sîn-lēqi-unninni*）的祭司在古巴比伦版基础上编纂而成，成文于公元前1300年前后；拱玉书先生的《史诗》译本即为标准版的最新汉译本。就目前发现的材料看，洪水故事仅出现于标准版《史诗》中。参见拱玉书：《论标准版〈吉尔伽美什史诗〉中洪水故事的来源》，《广西民族大学学报》（哲学社会科学版），第44卷第1期，2022年1月，第109—155页。

图一 《吉尔伽美什史诗》“洪水泥板”，出土于伊拉克尼尼微遗址，今之库云吉克（Kouyunjik），新亚述时期，公元前7世纪，黏土，长15.24厘米，厚3.17厘米，宽13.33厘米；现藏于英国伦敦大英博物馆，馆藏号K.3375

梳理，或可曰“洪水的馈赠”。作为一份历史资料，一篇文学作品，一段插入的叙述，“洪水泥板”在整部《史诗》中存在的意义究竟为何？又是什么使其成为人类文明反思自身价值的人文经典？在后两个层面上，拱玉书先生译著的导论部分（第i—xliii页）已经给出了细致深刻的分析，这里我就不多赘言了。以下仅以拱译《史诗》为本，从一个亚述学专业艺术史研究者的视角，将“洪水泥板”所涉及的一些“故事里的事”，特别是“洪水”这一两河流域重大历史/神话事件发生前后的蛛丝马迹，在个人能力与兴趣范围内做一些细节分析。希望读到这篇文章的朋友能与我一道翻开《史诗》，循着拱老师为中文读者开启的“秘密之门”（*bāba šá niṣirti*），第一块泥板第26行在乌塔纳皮什提的讲述里回到洪水前后神迹未隐、英雄辈出的时代——那是人类历史上荣光初现的时代，直到今天仍然照亮着我们的星空。

“神人”乌塔纳皮什提

《史诗》的第十一块泥板，以吉尔伽美什与乌塔纳皮什提的相遇开篇。乌塔纳皮什提是一个怎样的存在呢？在包括《史诗》在内的古代美索不达米亚洪水传说里，他是一位“上古遗民”，在灭世之灾到来之际，受神启造“方舟”而幸存于世，算是个不老不死、得道升仙的“神人”。

这位神人有很多名字，阿卡德语名就至少有两个：一个是《史诗》中通用的乌塔纳皮什提（*Ūta-napišti*），直译过来就是“我找到了永生”；另外一个叫阿特拉哈西斯（*Atra-ḫasīs*），意为“超级智慧/智者”，后一个名字因阿卡德语洪水故事《阿特拉哈西斯》而广为流传。在《史诗》的第十一块泥板中，上述两个名字其实都有提到，从字面意思可见它们大抵是后世传奇附会的称呼，显然都不是主人公的本名。在今天保存下来的最早的苏美尔语洪水故事里，同一个人物所对应的名字是吉乌苏德拉（Ziusudra）。[①]随着《史诗》以及洪水故事在地中海世界的流传，这位造舟求生的不死神人后来又被赋予许多新的名字，比如在贝洛索斯（Berossus）记载的希腊语版本中叫希苏特罗司（Xisouthros），在希伯来《圣经》中，则有一个更为后世所熟知的响当当的名字——诺亚（Noah）。[②]

① 这个苏美尔语名也出现在《阿特拉哈西斯》里，恩利尔对阿特拉哈西斯说：at-t[a-m]a ᵐZi-sù-ud-ra lu-ú UD-zi-tim [šùm-ka]，“你（过去）是吉乌苏德拉，（现在）即名为乌塔纳皮什提”。参见W. G. Lambert, “No. 42 Atra-ḫasīs,” I. Spar and W. G. Lambert eds., *CTMMA II. Literary and Scholastic Texts of the First Millennium B.C.*, 2005, pp.195-201。

② Xisouthros来自希腊语对苏美尔语Ziusudra的音译；而“Noah”之名，也许得自较早时期的巴勒斯坦地区对(Uta)-na'ish(tim)的缩略称呼，参见Stephanie Dalley, *Myths from Mesopotamia: Creation, the Flood, Gilgamesh, and Others,* Oxford and New York: Oxford University Press, 1989, p. 2。

在《史诗》中，乌塔纳皮什提的“神人”身份是经过吉尔伽美什亲口认证的。在前文求长生、过天门之际，吉尔伽美什曾满怀敬意地和守门“蝎人”提到乌塔纳皮什提：

我的先祖乌塔纳皮什提，他走过的道路我在寻觅。
他获得了永生，与众神站在一起。
他将告诉我死与生的奥秘。
（第九块泥板第75—77行）

乌塔纳皮什提的“神人”身份显然也得到了神的认可。在他本人所讲述的洪水故事的末尾处，乌塔纳皮什提向吉尔伽美什转述了大神恩利尔（Enlil）对他的赐福：

“过去，乌塔纳皮什提一直是人，
从现在起，乌塔纳皮什提和他的女人，将像我们一样成为神，
乌塔纳皮什提将在那遥远的河口安身。”
（于是）他们把我带到遥远的河口，让我在这里安身。
（第十一块泥板第203—206行）

从吉尔伽美什和恩利尔两方面的叙述可见，无论是在人还是神的眼中，由人而神的特殊经历，都是乌塔纳皮什提作为“神人”存在的关键所在；当然，这也构成了他与真正的“神”在本质上的区别。这种区别从《史诗》的叙述中，至少体现在以下三个方面。

其一，在身份职能上，诚如拱玉书先生所言，乌塔纳皮什提并不具备美索不达米亚神所具有的“神通”和“神格”（拱注，第224页第308行），换句话说，他并不具备与神所掌控的特定界域紧密相关的职能和法力。乌塔纳皮什提尽管实现了永生，但其不死之身显然是神授而非天生，是被动得来而非与生俱来的；这种被赋予的神的属性，本质上仍然是一种被操控的人的命运，因而他的永生既不能复制也无法转移，他没有为别人再次创造永生契机的能力。这也是为什么在洪水故事讲完后，乌塔纳皮什提满怀同情又无能为力地对吉尔伽美什的所求回应道：

而如今，谁能为你把众神聚在一起做决定？
让你得到你想要的永生？
（第十一块泥板第207—208行）

其二，在身份认同上，即便被包括吉尔伽美什在内的世人奉为神祇，乌塔纳皮什提在神的眼中以及他的自我认知里，都是更近人而远神的。他因永生而获得了与神同列的资格，但永生只是神性的一个方面，而绝非神性的全部。事实上，《史诗》通过洪水故事所传达的关于“神性”的界定标准，不仅在于生命长度的无限，更在于生命力度的无垠——神是“命运缔造者”（第十块泥板第320行），他们操控世间万物，主宰生死大权，拥有人永远无法企及的力量。

从乌塔纳皮什提自己的叙述中可知，他的不死之身只是众神在实施灭世计划时所发生的一个意外事件，是其被操控而非操控命运的证明，他与世人的区别不过是有幸成为一个意外之中的例外罢了。在这一点上，赋予其永生的恩利尔神表达得非常清楚，第204行的阿卡德语原文中，他的赐福之语说的是让乌塔纳皮什提和他的女人变得像神一样（*kī ilī*），并非真正意义上的成为神。而乌塔纳皮什提本人对此也是有着十分清醒的认知的，他从未自视为神，他的言行举止中时时流露出“人”的气息与底色。拱玉书先生十分敏锐地指出，在与吉尔伽美什交谈时，乌塔纳皮什提常常会使用“我们”（*ni-*）的口气，以强化彼此间的身份认同与情感共鸣。比如第十块泥板后半段他与尚未登岸的吉尔伽美什探讨生死问题：

在某个阶段，我们把房屋建造，
在某个阶段，我们搭窝筑巢。
在某个阶段，兄弟分爨而居，
在某个阶段，仇恨遍布大地。
在某个阶段，洪水泛滥，河水四溢，
浮游在水上自在地游来漂去，
晒着太阳甚惬意。
顷刻间，一切都会化为乌有成子虚。

（第十块泥板第308—315行）

这段关于无常人生的叹息，透露出乌塔纳皮什提在与神比肩的漫长生命里，始终没有摆脱、亦未放弃作为人的情感属性，他的自我认同依然是人而非神。所以面对吉尔伽美什的困惑、纠结和求索，乌塔纳皮什提才能充分理解，并与之共情。

其三，在存在界域上，乌塔纳皮什提与其他诸神也有根本区别。上文援引的有关洪水过后恩利尔神赐福的段落中，乌塔纳皮什提讲到他和妻子最终的安身之所位于“遥远的河口”（*ina rūqi ina pî nārāti*）。这是一个比较隐晦的地理所指。“河口”究竟在哪里？“遥远”又到底有多远？接下来让我们从《史诗》文本出发，结合吉尔伽美什漫游与探险的路线，尝试对乌塔纳皮什提所居之处的性质与位置理出一些线索，从而对其区别于“人”和“神”的特殊身份做出进一步界定。

“居高者”与“居远者”

首先尝试回答第一个问题：恩利尔安置乌塔纳皮什提夫妇的“河口”（*pî nārāti*）究竟在哪里？英国学者安德鲁·乔治在其2003年出版的里程碑性成果《巴比伦语吉尔伽美什史诗》中提到，作为地名使用的“河口”一词，在乌尔第三王朝及古巴比伦时期的文献中就有出现，但大抵应该指向现实里苏美尔域内的某处，而非神话中乌塔纳皮什提的住地。[①]在苏美尔语洪水故事中，获得永生的吉乌苏

① Andrew R. George, *The Babylonian Gilgamesh Epic: Introduction, Critical Edition and Cuneiform Texts*, Vol. 1, Oxford and New York: Oxford University Press, 2003, p. 519.

德拉被神安排居住在“域外之地，太阳升起的地方——迪尔蒙”（Dilmun）；关于迪尔蒙的所在，目前学界支持度较高的观点认为它可能位于波斯湾的巴林岛一带（参见拱译导言）。如果《史诗》中乌塔纳皮什提被安置的“河口”与苏美尔洪水故事中的迪尔蒙指代同一区域，那么它可能位于幼发拉底河和底格里斯河在波斯湾入海口的某处。当然，就《史诗》本身的上下文来看，“河口”很可能只是两河神话宇宙观中的一个地理所指，应该即是洪水到来之前智慧神埃阿（*Ea*，即苏美尔语的恩基Enki）交代乌塔纳皮什提前往的“阿普苏”（*Apsû*，苏美尔语Abzu）的入口处（第十一块泥板第42行）。[①]关于这个地点，后文中吉尔伽美什受乌塔纳皮什提指点潜入“海底”（*ana apsî*）摘取“长生草”时也有提示。在《史诗》原文中，吉尔伽美什潜入的其实正是“阿普苏”，拱玉书先生为译文押韵起见才选用了“海底”的表达（拱注，第261页第290行）。

接下来看第二个问题：“河口”有多远？抑或将问题具体化一点儿，这个地方要怎么走？《史诗》之前的叙述中，通过吉尔伽美什的漫游与探险，对前往此地须要依次经历的几个重要的地理节点给出了一些线索。比如在第九块泥板中，吉尔伽美什抵达了位于大地边界、东方日升处的“双峰山”（*Māšu*，图二），[②]《史诗》中说“山峰高耸入云霄，山脚深扎在阴间”（第九块泥板第40—41行），可见这是一个上通天国、下达冥府的宇宙临界点。在这里吉尔伽美什穿过蝎人把守的“天门”，在无尽黑暗中，“沿着太阳运行的轨迹”经历了十二个“贝鲁”（*bēru*）的时光穿梭之旅，[③]进入了一个琪花瑶草遍布的仙境花园，然后来到“海边”（*sapan tâmti*），遇见为其指路的酒肆女主人希杜丽（*Šiduri*），并在摆渡人乌尔沙纳比（*Ur-šanabi*）的帮助下越过“死水”（*mê mūti*），最终抵达乌塔纳皮什提的所在。

图二　描绘太阳神沙玛什（*Šamaš*）在“双峰山”上出“天门”的滚印及其现代印迹，阿卡德时期，约前2350—前2150年，蛇纹石（Serpentine），高3.8厘米，直径2.45厘米；现藏于英国伦敦大英博物馆，馆藏号BM 89110

① 在美索不达米亚神话宇宙观中，阿普苏是供养生命、孕育文明的地下淡水域，由智慧之神恩基/埃阿掌控。供奉恩基的阿普苏神庙位于美索不达米亚南部的苏美尔古城埃里都（Eridu），而《史诗》中阿普苏的入口处所对应的具体方位，则不得而知。另外关于“阿普苏”的解释，还可参考Wilfred G. Lambert, “The Apsû,” L. Milano et al. eds. *Landscapes: Territories, Frontiers and Horizons in the Ancient Near East. Papers Presented to the XLIV Rencontre Assyriologique Internationale Venezia, 7-11 July 1997, Part III, Landscape in Ideology, Religion, Literature and Art*, Padova: Sargon srl, 2000, pp. 75-77。

② 关于“双峰山”在美索不达米亚宇宙地理观中的位置，参见拱注，第195页第37行。

③ “贝鲁”，阿卡德语写作*bēru*，即苏美尔语中的“达纳”（danna），在美索不达米亚文化语境中是一个时空叠加的概念，指一个时辰（2个小时）的路程，大约相当于11公里。拱玉书先生在《史诗》中有时也将“贝鲁”直译为“时辰”。参见拱注，第92页第1行。

这是一段漫长且奇幻的旅程，沿途要翻山越岭、跋山涉水，但似乎无须离开地表——换句话说，吉尔伽美什去探访乌塔纳皮什提所经历的是一段向远方横向延展的路途，而非上天入地的纵向穿越之旅，这与美索不达米亚常规的“跨界神话”中的行程路径极不相同。比如讲述一位世间之王乘鹰登天、拜神求子的阿卡德语神话《埃塔纳》（*Etana*）中，埃塔纳所经历的明显是一段垂直向上的旅程；[①]而在两河流域另一个著名的跨界故事《伊施塔入冥府》中，女神所经历的则是一段从天国到地府的纵向向下的旅程。[②]

之所以要探讨吉尔伽美什的行程路径，是因为这与乌塔纳皮什提所居处区别于神的空间界域紧密相关，而空间界域是古代两河流域判定神性身份的一个重要标准。美索不达米亚人的宇宙观在本质上是一个纵向排布、分层展开的世界结构（表1）。[③]在空间上，位于最上层的是“神界”，这是一个双层天国，包括天神安努（*Anu*）所居的“高天”以及诸神所在的“神天”，是常人所不能企及的至高无上的顶层世界；[④]神界以下是“人间”，包括万物生长的“地表”和飞鸟翱翔的“天空”，是人类可见、可居、可游的中层世界；地表之下又分两层，先下为孕育生命、哺养人间的地下水层阿普苏，再下为门禁森严的“无还之地”（*erșet la târi*）——冥府，这是人死后幽灵所居之处，也是美索不达米亚人宇宙观中的底层世界，参照中国“人所归为鬼”（《说文》）的说法，或可界定为“鬼域”。[⑤]神—人—鬼三界之间泾渭分明，神居高，人居中，鬼居下，三界中的空间方位也构成其间身份属性的重要标示。

表1　美索不达米亚宇宙观图示[⑥]

安努高天	神界	
中层神天		
天空	人间	
地表		“河口”仙境?
阿普苏		
冥府	鬼域	

而乌塔纳皮什提所居之处的特殊性显然不在其“高”，而在其“远”。《史诗》中对此做了明确

① Stephanie Dalley, *Myths from Mesopotamia: Creation, the Flood, Gilgamesh, and Others*, Oxford and New York: Oxford University Press, 1989, pp. 189-202.

② 关于《伊施塔入冥府》的故事线及主题解析，可参考笔者旧文：《“逾界”与“求诉”：从〈伊施塔入冥府〉神话的两大主题看古代两河流域伊施塔崇拜的一些特质》，《丝绸之路研究》2017年第1期，第26—40页。

③ 对于这种纵向排列的宇宙空间格局的论述，过往研究可参见Wayne Horowitz, *Mesopotamian Cosmic Geography*, Winona Lake, Ind.: Eisenbrauns, 1998, p. xii; Irene J. Winter, “Reading Concepts of Space from Ancient Mesopotamian Monuments,” Kapila Vatsyayan ed., *Concepts of Space: Ancient and Modern*, New Delhi: Indira Gandhi National Centre for Arts, 1991, pp. 57-73。

④ 事实上，《吉尔伽美什史诗》研究大家，英国学者安德鲁·乔治的一本关于美索不达米亚神庙文献的著作名，极好地体现了古代两河流域“神居高”的空间界域特质：Andrew R. George, *House Most High: The Temples of Ancient Mesopotamia*, Mesopotamian Civilizations 5, Winona Lake, Ind.: Eisenbrauns, 1993。

⑤ 在古代美索不达米亚的一些神话文献中，阿普苏与冥府有时也会混淆起来，参见Horowitz, *Mesopotamian Cosmic Geography*, p. 342。

⑥ 表格左栏纵向排列的宇宙区间，参考Horowitz, *Mesopotamian Cosmic Geography*, p. xii。

的字面提示，比如上文引述的神在洪水之后安置乌塔纳皮什提于“遥远的河口”，此处阿卡德语原文（*ina rūqi ina pî nārāti*）表述中，“遥远”与“河口”之前各用了一个介词“在”（*ina*），可按拱玉书先生译文作河口本身遥远之解，亦可分别与所指主体相连，直译作“在远方，在河口”，这样乌塔纳皮什提“居远者”的属性就更为明晰了。

事实上，这样分开表述也有助于理解*rūqi*一词在《史诗》中更常见的另一类用法，即缀于乌塔纳皮什提名字之后作修饰语使用（*Ūta-napišti rūqi*），相当于他的“名号”。这个词阿卡德语字面意思为“远的”，可指空间上的“遥远”，也可指时间上的“久远”。拱玉书先生将之译为“远古的乌塔纳皮什提”，是取了后一个层面的意思，以对应其上古神人的身份。不过结合前述*rūqi*一词与“河口”相连时的使用方式及含义，特别是从古代美索不达米亚宇宙地理观的角度来看，我认为这里作“居远者”之解，似乎更能体现出乌塔纳皮什提在存在界域上与普通的“人”以及真正的“神”的区别。

总结起来，在《史诗》的描述中，乌塔纳皮什提超脱了生死却不能操控命运，在神的生命维度里仍然有着人的情感认知；他在“远方河口”处离群索居，在漫长时光中既断了来路，也失了归途。这样由人而神、似人似神却又非人非神的属性，和中国人所谓“老而不死”（《释名》）、“入山长生”（《说文》）的“仙”或可一比。行文至《史诗》第十块泥板后半段，这位“千呼万唤始出来”的老神仙总算出现在了永生之地的河口岸边。作为一个推动英雄成长、升华全篇主题的关键性人物，这样层层铺垫的排场和压轴登场的重量是极具文学巧思的。而老神仙究竟长什么样？故事里的吉尔伽美什和故事外的我们恐怕同样好奇。

接下来就让我们循着吉尔伽美什的目光，将这位老神仙的模样细细描摹端详。

“平平无奇”老神仙

《史诗》对大英雄与老神仙相遇桥段的处理很有韵味，视觉性与氛围感兼具，宛如一个文艺电影的长镜头。仙境与人间以“死水”为界，吉尔伽美什立于船上，乌塔纳皮什提站在岸边，两者的视线随小舟推移渐行渐近，彼此带着好奇审视对方。

吉尔伽美什从此岸而来，热切地望向彼岸，希冀那个传说中长生不死的神人，或许会给他关于“生命”的终极答案；乌塔纳皮什提则正相反，他已归于彼岸，目光却投向水的另一边——这个不速之客的来处也是他的故乡，那个他曾作为真正的“人”存在、反抗、斗争与纠结过的地方。隔岸相望的两者在身份与经历上有很多契合点：他们都曾是人中之王，但是因缘际会之下，都或主动或被动地沦为了“孤家寡人”，一个永失挚友，漫游荒野，一个背弃同族，离群索居。两个都是有故事的人，也都是满怀悲伤的寂寞之人，他们之间相隔着漫长的时间。然而在小舟缓缓靠岸之际，时与空的距离被同时拉近，丢了同族的老神仙和丢了同伴的大英雄在世界的尽头碰面了。

我相信二者目光交错之际，一定感慨良多。吉尔伽美什此时仍带着少年人特有的赤诚与坦率，在一番观察和几轮对话后，他向对面的长者发出了从皮肉直指灵魂的诘问：

> 对远古的乌塔纳皮什提，吉尔伽美什说道：
> “乌塔纳皮什提啊，我在仔细打量你，
> 你浑然与我一个样，你的肢体与我的并无异。

你我之间无二致，我你之间无差异。
我很想与你通过搏斗比高低，
现在面对你，我的胳膊却变得软无力。
你如何获得永生？如何能够与神在一起？”
（第十一块泥板第1—7行）

这段问话实在有趣，值得细细玩味。吉尔伽美什对乌塔纳皮什提的第一印象是什么？——“你浑然与我一个样，你的肢体与我的并无异。你我之间无二致，我你之间无差异”——概括说来就是形貌普通、平平无奇，是很直截了当的吐槽了！我们可以想象吉尔伽美什此时内心一定开了小弹幕：“唉，都说这是个神人，我还以为啥样呢，也就是个一般人嘛，看着和我也差不多啊！”要知道吉尔伽美什在《史诗》里本就是以身姿矫健、俊美无俦的外在形象著称的，单论体貌而言，世间恐怕无人能与之匹敌，所以他的这段吐槽应该说是很客气也很真实的。此处可能还有个他未尽的弦外之音：这样普通平凡的人都能获得永生，我又如何不可呢？吉尔伽美什为什么对乌塔纳皮什提平平无奇的形貌发出这般强烈的感慨？显然在见到本尊之前，他内心对这位老神仙是存着许多幻想的。从他之前和天门守卫提起乌塔纳皮什提的态度，可见此人在吉尔伽美什心里原本是神一样的存在。在他痛悼挚友，漫游荒野，苦求永生的路上，乌塔纳皮什提是他前行的目标、破局的希望、理想的化身，然而理想的肥皂泡在小舟迫岸之时，与现实猝然相逢，“啪”的一声碎裂了！

吉尔伽美什心中“神人”形象滤镜的碎裂感在《史诗》文本中的表现方式很值得推敲。从一个艺术史研究者的视角，我想提示一个细节，在我看来对于理解吉尔伽美什此处反应的具体所指十分关键。这段原文中，用了“肢体”（*minītu*）一词。这个词在阿卡德语中一般有两重含义，分别指向物的尺寸和人的形貌；不过当它在第二个层面上专用于表述人的肢体（limbs，body）时，其隐含意味实质上并没有脱离“尺寸”的基本范畴，通常想要传达的是肢体所具有的体型与比例特征（shape，size，proportions）。[①]厘清了这层含义，对拱玉书先生译文中“你的肢体与我的并无异”这句话的理解就会更准确也更充分——吉尔伽美什这里强调的无异，显然着意不在于“体貌”差，而在于“体型”差。

为什么要强调体型差呢？从视觉艺术的角度，或可有进一步解释。在古代美索不达米亚，“形”与“像”是密不可分的。在宗教生活中，人们对神的想象往往通过“塑造”来完成，因而为神造“像”（*ṣalmu*）的过程，本身就是为信仰赋“形”的过程。[②]这样的文化传统下会让人产生一种思维习惯——当人想到某位神，脑中不可避免地会为其赋形造像，而神的形/像并不会是虚无缥缈的，往往是有着具体的体型、体貌特征的。

① The Assyrian Dictionary of the Oriental Institute of the University of Chicago（以下简称CAD）Vol. 10, M, part 2: *minītu*, p. 86.

② 反过来讲，在古代美索不达米亚的神话想象中，神“造人”的过程也同样类似于塑形造像的过程；在苏美尔神话《恩基与宁玛赫》（*Enki and Ninmah*，ETCSL translation: t.1.1.2）中，恩基授意母神宁玛赫“于阿普苏之上取土揉搓”，创造人类；此外，设计了造人之法的智慧神恩基，其别号之一即为努帝穆德（^{d}*nu-dím-mud*），意为“造型者”。关于Enki（Ea）作为“造型者”的神格，可参考Thorkild Jacobsen, *The Treasures of Darkness: A History of Mesopotamian Religion*, New Haven: Yale University Press, 1976, pp. 111-112。

图三　描绘巴比伦王（*Nabû-apla-idinna*，上图左二人物）为太阳神沙玛什（上图右一）修庙造像的浮雕石板，出土于伊拉克南部西帕尔（Sippar）遗址，新巴比伦时期，约前860—前850年，石灰石，高29.21厘米，宽17.78厘米；现藏于英国伦敦大英博物馆，馆藏号BM 91000

吉尔伽美什见到乌塔纳皮什提之前，显然已在心中为这位老神仙建构了一尊区别于人的形/像。按照古代近东塑形造像的一般传统，人与神同处一个画面时，最直观、最常用的就是从*minītu*，也即“尺寸”上区分，简单说来，神的体型通常是要比人大的（图三）；除此之外神往往也会有异于常人的体貌特征，比如“银骨、金身，青金石发须”等，[①]这些都是古代近东世界为神造像惯用的“营造法式”。站在这个角度，就很好理解吉尔伽美什见到乌塔纳皮什提时的第一印象了——他无疑很失望！这种失望的情绪甚至不加掩饰，溢于言表。

这句讲完，吉尔伽美什接下来脱口而出的话更耐人寻味：“我很想与你通过搏斗比高低，现在面对你，我的胳膊却变得软无力。”这说的又是怎样一种感受呢？拱玉书先生将此处吉尔伽美什的情绪解读为他在智者提醒后有醍醐灌顶茅塞顿开之感（拱注，第247页第5—7行），联系第十块泥板后半段二者就人生与王道在言语上的几番你来我往，这自然是合乎情理的。不过倘若顺着上文吉尔伽美什对神人“体型无异”的观感，我个人认为他在此处的“无力”还可以有另一个层面的理解：面对这位平平无奇的老神仙，他在失望之余，恐怕是相当泄气的！吉尔伽美什历尽艰辛来到此处，其目的是拜神人、求长生，我猜这一路上他都在反复设想见到乌塔纳皮什提时的应对之策。作为一个“年轻、自负、专横、勇武、自以为天下无敌”（拱注，第247页第5—7行）的少年英雄，在吉尔伽美什的想象中，“神人”自然应该是强人，而“强人外交”的基本逻辑大抵就是“以武会友”（参照《史诗》前文第二块泥板中吉尔伽美什与恩启都相识相交的过程）。可眼前的情形显然落在了他的预料之外——当“神人”变成“弱鸡”，这架还怎么打？

在想象落空、经验失效的双重失望情绪的促动下，大英雄吉尔伽美什只能无奈地垂臂于身前，对这位显然不堪一击的老神仙直白发问：你何以与神为伍？你何得永享生天？——算了不打了，说吧，你到底是怎么得到永生的？

这个问题当然是吉尔伽美什早计划好要问的，不过从他面对乌塔纳皮什提的临场反应看，如果之前他对答案更多的是带有一种希冀，现在应该是真的困惑了。吉尔伽美什本是人中王者，出身高贵、天赋异禀，过往从未向宿命低过头。按他之前的人生阅历，自身一切所求都是可以通过斗争博取的，而一切所得也皆可归因于他自身足够强大——我来，我见，我征服，仿佛没有那只看不见的手——命

① 这是埃及神话中对太阳神拉（Ra）的形象描述，在古代美索不达米亚神性造像中也存在着类似传统。参见贾妍：《神采幽深：青金石在古代美索不达米亚使用的历史及文化探源》，清华大学艺术博物馆编：《器服物配好无疆：东西文明交汇的阿富汗国家宝藏》，上海：上海书画出版社，2019年，第217—234页。

运的操弄。如果对比《史诗》开篇那个历尽沧桑、见得“深海”、洞悉“万物”（*kalamu*）的成长后的王中智者，此处吉尔伽美什的发问可谓少年气十足——怎么会没有那只手呢？执掌他所探求的死生之命的众神此时就在顶上飘着，只是这时的他尚不知抬眼看而已。

而接下来乌塔纳皮什提所做的，就是以手指天，给这位年轻的国王讲了一个故事。

讲个故事吧！

《史诗》原文接下来是这样写的：

> 对吉尔伽美什，乌塔纳皮什提这样语：
> “吉尔伽美什啊，我来给你揭示这个秘密，
> 我来告诉你这个天机：
> 舒鲁帕克是座城，那座城邑你熟悉。
> 幼发拉底河岸边，它就坐落在那里。
> 那座城邑甚古老，神在那里曾安息。
> 一天大神共商议，发场洪水淹大地。”
> （第十一块泥板第8—14行）

看着眼前风尘仆仆、略显焦躁、满目困惑又一脸期待的年轻人，面对他显而易见的失望和单刀直入的诘问，乌塔纳皮什提既没有拒绝相告，也没有正面回应，而是不嗔、不怒、不争，充分展现了一个老神仙应有的气度风范。他接下来的应对策略也符合其所享有的“超级智者”的尊号——小伙子，少安毋躁，我给你讲个故事吧！它事关诸神的秘辛，是不可闻说的“天机”哦！

我想每个有小孩的父母和教小孩的老师，对乌塔纳皮什提此处的做法都应该点赞收藏，以为范例。这位老神仙充分向我们展示了“启发式教学”最有效的方式，那便是讲故事。当一个执着执拗的提问者偏要去触碰一个隐秘无解的话题，讲一个模棱两可、似是而非的故事好处可太多了，既可以拖延时间、转移焦点，又能够安抚情绪、考验悟性，在“宗教式”教学中尤为常见。每次看到这里，我都不由会想起少时读过的佛教典故里老和尚度化小和尚的桥段。

乌塔纳皮什提用来度化吉尔伽美什所讲的便是著名的洪水传说。这是个非常长的故事，从第11行起，到第206行止，这段插入的叙述占了第十一块泥板近三分之二的篇幅。在主体故事线临近结尾的部分，不吝笔墨地穿插这样一个人物与情节都相对独立的篇章，于文学创作的角度是有一定风险的，很容易让读者的注意力连带着讲述主体一道跑偏，然而《史诗》引入的洪水故事却不显突兀，反成为全篇的点睛之笔，究其原因，我想关键即在于《史诗》在主题与叙述，也即“义”与“技”两个层面的强大掌控力，让这段“故事里的事”离形而不离神，跳线而不脱线。能够达到这样的效果，对插叙切入点的巧妙构思和精准选择是至关重要的。《史诗》此段的高妙之处便在于经由一个“洪水”故事，顺利完成了文学上的三重转变：调换叙述主体，进入神话时间，并达成度化契机。

在故事里讲故事，本就是文学叙述中一种常用的手段，可以起到快速调整叙述者与时间线的作用。就像我们小时候都听过的《从前有座山》，其中“老和尚给小和尚讲故事”这件事，可以通过重

复插入和回环叙述一直进行下去，把故事的时间线回溯到无穷无尽的“从前”。《史诗》引入洪水故事，用的正是这样的手法，叙述的时间线在这里经历了一个急转回跳，开始溯回慢行。

不过需要强调的是，此处乌塔纳皮什提通过“洪水”引入的过去，却绝非一般的回忆故事可比。在苏美尔文化语境中，“洪水”是神话叙述与历史叙述中的核心事件，也是神话时间与历史时间的一个关键分水岭。比如著名的《苏美尔王表》（*The Sumerian King List*）里，洪水到来前的帝王动辄统治几万年，接近于一个“人神共治”的神话时代；只有到了洪水之后，人与神达成新的协议，帝王的统治年限才由千百年逐步缩减到比较接近现实的数十年，并在吉尔伽美什（据《苏美尔王表》记载在位126年）前后与真实的历史衔接起来。①

由于“洪水”事件本身的特殊性，这样一种历史与神话的交错也被巧妙地引入了《史诗》之中，并借插入的回忆带动叙述时间线峰回路转，在主体故事临近尾声的第十一块泥板处形成了一个颇为有趣的“时间的旋涡”。旋涡之外，吉尔伽美什的传奇故事虽然充满奇幻色彩，大抵仍以英雄的成长为线索，循洪水后的“历史时间”铺陈展开；而旋涡之内，乌塔纳皮什提的人生经历，则全然飘浮在洪水以前无始无终的“神话时间”里。两条看似相隔遥远的时间线，因各自故事中主人公的相遇得以相交，并最终相合于一个共同的“永生”主题之上，然而由于主人公际遇与个性的差异，自“永生”主题生发出的路径却是截然不同的。如果说乌塔纳皮什提的永生之路是在神意操纵下获得“生命”的不朽，那么吉尔伽美什最终践行的，显然是在自我奋斗中求取“声名”的永存。《史诗》以吉尔伽美什的成长为主线，将乌塔纳皮什提的回忆嵌套在吉尔伽美什的成长历程里，同时借助乌塔纳皮什提的自我反省，点拨吉尔伽美什跳出神话的旋涡，回归历史正途，创造属于自己的“英雄时代”，对于两条长生之路的取舍之意是显而易见的。而“洪水”主题在这里，不仅充当了历史与神话的时间分野，也是英雄成长与回归的人生阈限。

从主题与情感的角度讲，乌塔纳皮什提此处回溯洪水故事的深意，一方面是要回答吉尔伽美什关于“永生”的问题，另一方面则是要引导他与“必死”的命数达成和解，进而放下执念，以声名的不朽博取生命的尊严。这是一种以启迪为目的的讲述，前提是需要讲者与听者形成有效的灵犀互通与情感共鸣，而无论是故事题材的选择还是技巧的运用，显然都是要为达成这一目的服务的。

《史诗》此处为了营造这样的情感氛围，在叙述方面也是颇费巧思。如果前十块泥板是在大英雄打怪历险的“快板”中击节而进，第十一块泥板的绝大部分段落则像是在老神仙沉语温言的“慢板”中抚弦而歌。而这曲关于灭世洪水的哀歌是通过乌塔纳皮什提之口以第一人称展开的。就像影视剧里主线内插入的“闪回”情节，此处“故事里的事”在叙述者沉痛的回忆滤镜下带有浓重的主观色彩，因而视角更直观，情感更直接，让听者获得极强的代入感和体验感。吉尔伽美什在乌塔纳皮什提冗长迂回的叙述中全程没有发声打断，从侧面反映了他是沉浸于智者的故事之中的；而他在求长生而不得后返回乌鲁克的一系列举措，则直接印证了乌塔纳皮什提洪水故事的“度化”之功。

在我的想象中，这应该是一个很美好的画面，世界尽头、“死水”岸边，山川静穆，天地苍茫，年长的智者和年少的英雄并肩而立，一个慢慢讲述，一个默默倾听，记忆的洪流在心里，现实的洪流

① Thorkild Jacobsen, *The Sumerian King List*, Chicago: University of Chicago Press, 1939. 另见同期陈飞：《古代两河流域〈苏美尔王表〉资料、文本与校注》，第121—142页。

在眼前，有种“子在川上曰：逝者如斯夫”的意境。

回到《史诗》文本，我认为此处颇值得关注的一点还在于，乌塔纳皮什提引入洪水故事时用的表达方式是“神的秘密”（*pirišti ša ilī*，拱玉书老师译作“天机”），而非吉尔伽美什之前所期待的“死与生的奥秘”（*pirišti ša mūta u balāṭa*，参照前文引述的第九块泥板中他与蝎人的对话）。语词表述上的细微差别体现了二者在“永生”问题上态度与立场的根本区别。洪水是乌塔纳皮什提永生的契机，然而他是在神的操纵下被动获得的，而非像吉尔伽美什这样主动求取的。站在乌塔纳皮什提的角度，同族皆死，唯我独活的命运怕是既无选择，亦非本愿——吉尔伽美什啊，我的永生与你的必死都是神意所在，得非所求，求而不得，是人的宿命！死与生又哪有什么奥秘呢？不过是神的一场密谋而已。

所以乌塔纳皮什提的洪水故事，便从诸神的那场密谋开始讲起。

“方舟”计划

关于那场险些导致人类灭绝的大洪水，拥有“超级智慧”的老神仙选择从诸神的密谋开始讲，至于神究竟为何要降下洪水消灭人类，他却没有提。参照较早版本的阿卡德语洪水故事《阿特拉哈西斯》，导致人类灭顶之灾的主要诱因是神厌倦了人口的膨胀和人声的吵闹，因而在疫病、旱荒等一系列削减性政策失败后采取了极端的灭绝性方案。[①]

洪水灭世的计划由统治人间的恩利尔主导，并通过了诸神大会的决议；决议之后，众神还共同起誓保守秘密，定不将灭世计划外泄。不过一向同情人类的智慧神埃阿为了给世间保留生命的种子，还是向人吐露了神的密谋。

《史诗》对埃阿泄密这一段的描写很隐晦，字句里影影绰绰地透露出神之间复杂的权力博弈。恩利尔主张灭世，埃阿意欲救人，这两位操控众生命运的大神显然有着根本性“路线”分歧；但是在众神决议时，埃阿却没有声张，甚至还参与了众神灭世计划的表决。紧接着，未有任何纠结迟疑，埃阿旋即向人泄露了天机。他采取的方式很有意思，文中说埃阿对着芦苇藩篱、砖建墙壁絮絮念：

芦苇藩篱，芦苇藩篱！砖建墙壁，砖建墙壁！
芦苇藩篱请听好！砖建墙壁请注意！
舒鲁帕克人啊，乌巴尔图图之子，
快把房屋毁掉，速将船只建造。
放弃金银财宝，快把生路寻找！
抛弃所有的家当财产，快去把生灵的性命保全。
把所有生物的种子都装上船。

（第十一块泥板第21—27行）

---

① 《阿特拉哈西斯》音译及英译参见W. G. Lambert, A. R. Millard, and Miguel Civil, *Atra-Ḫasīs: The Babylonian Story of the Flood*, Oxford: Clarendon Press, 1969；较新的英译另见Stephanie Dalley, *Myths from Mesopotamia: Creation, the Flood, Gilgamesh, and Others*, Oxford and New York: Oxford University Press, 1989, pp. 1-38。

“舒鲁帕克人”指的就是当时接替其父乌巴尔图图（*Ubār-Tutu*）统治舒鲁帕克城的乌塔纳皮什提，此处埃阿没有直接唤出他的名字，或许是为了保密起见（拱注，第249页第23行）。而这里的“芦苇藩篱”“砖建墙壁”又指代什么？为什么埃阿提示的时候，要对着这二者讲？联系《史诗》后文，洪水过后埃阿面对恩利尔指责时的回应——“我没有泄露大神的秘密，我给阿特拉哈西斯托了一梦，于是他知道了天机”（第十一块泥板第196—197行），可见当时他用来给阿特拉哈西斯传讯的方式是通过“梦”（*šunatu*）。有学者认为这里的“芦苇藩篱”和“砖建墙壁”或者与近东传统中请求梦谕时所需的隔断物有关；①不过当然也有可能它们仅是对乌塔纳皮什提在城中居所的一种提示，毕竟此处并非人去“求梦”，而是神来“示梦”。

在古代美索不达米亚，“梦谕”是人获得“神启”的一个极为重要的途径。《史诗》前十块泥板中吉尔伽美什和恩启都数次与神交流，都是在梦境中进行的。以梦谕之法泄密，充分显示了智慧之神埃阿的智慧之处——所谓天机不可泄露，作为神的一员，他泄密给人，就是严重违规，但他以“造梦”的方式，将秘密说给“芦苇藩篱”和“砖建墙壁”（后面的人）听，这便不算违规了，顶多是在规则的缝隙里独辟蹊径而已。如果“智慧”是间屋，“神启”的要义并非让神来领人进屋，而是通过某种途径（如“梦”）提示“门”的存在，让人自己找到进入的路径；从“知”到“行”之间是人类智慧施展的空间，最终能够在拈花微笑中心领神会、得门而入的人，才堪为“智者”。

乌塔纳皮什提不仅是智者，而且是得到智慧之神亲自认证的“超级智者”，尽管埃阿在梦谕中并未提到“洪水”（*abūbu*）一词，亦未明示人类大限将至，但乌塔纳皮什提迅速领会了神令其造舟求生的用意。

再看埃阿，作为一手创造并执意守护人类文明的大神，为了保住人间一线血脉，他在给乌塔纳皮什提托梦传讯的一段中，可以说是细致到了苦口婆心的程度。埃阿不仅提示了规避灾祸的方式，甚至连救生船的具体尺寸和造法都说得一清二楚：

你将建造的那条船，
其尺寸的比例应当相应：
宽度和长度相等，
像阿普苏一样，再为之做个顶棚。
（第十一块泥板第28—31行）

此段文字里，埃阿给出的“生命之舟”建造方案中明确指示，要长宽一致、比例相当，字面上看即呈方形架构，应该就是《圣经》里面“方舟”的概念原型了。另外舟上须得覆有一个“顶棚”（*ṣullulu*），有点儿像救生舱的舱盖，合上后整个船体是封闭的，想来是为了在风浪中漂流潜行。这里比较有趣的是，埃阿说这款救生船的大致造型应该“像阿普苏一样”（*kīma apsî*），那么问题来了：“阿普苏”究竟什么样？

① Moshe Weinfeld, “Partition, Partition; Wall, Wall, Listen: ‘Leaking’ the Divine Secret to Someone behind the Curtain.” *Archiv für Orientforschung* 44-45 (1997-1998): pp. 222-225.

图四　表现神话题材的滚印印迹，画面右侧智慧之神恩基/埃阿端坐在以水环绕的方形界域阿普苏内，出土于伊拉克南部乌尔（Ur）遗址，阿卡德时代中期风格，约公元前2250年，现藏于法国巴黎卢浮宫（De Clercq Collection, Louvre）①

图五　亚述王辛那赫里布（Sennacherib，公元前704—前681年在位）时期的阿普苏蓄水池，发现于亚述城（Aššur）的亚述神神庙遗址，高1.18米，四边长3.12米，现藏于德国柏林近东博物馆（Vorderasiatisches Museum），作者摄

① 这枚印章最早出版于：Leonard Woolley, *Ur Excavations II: The Royal Cemetery: A Report on the Predynastic and Sargonid Graves Excavated between 1926 and 1931*, Plates, London; Philadelphia: Published for the trustees of the two museums by the aid of a grant from the Carnegie Corporation of New York, 1934, pl. 215, No.364, U.9750。关于这枚印章的专门研究，参见Edith Porada, "Notes on the Sargonid Cylinder Seal, Ur 364," *Iraq* 22 (1960): 116-123。

在美索不达米亚视觉图像传统中，与恩基/埃阿所统辖的地下淡水水域紧密相连的阿普苏主要以两种形式与功用呈现，一种是在表现神话题材的滚印（主要出自阿卡德时期，公元前2350—前2150年）上，阿普苏通常被刻画为一个水流环绕的方形界域，智慧之神以或坐或立的姿态居于其间（图四）；另外一种相对少见的阿普苏，是在神庙仪式中使用的大型蓄水容器（图五），其称呼大概从阿普苏作为供养生命之水的意涵引申而来，通常也以方形建构。①

如果将《史诗》中对救生船的文字描绘与阿普苏在美索不达米亚艺术中的图像呈现两相对照，似乎“像阿普苏一样”这个比喻暗示“方舟”的原型确乎该是“方”的。不过学界对此一直存在着不同的声音，近些年来最著名的反对意见来自大英博物馆资深研究策展人、亚述学家欧文·芬克尔（Irving Finkel）博士。

在2014年出版的专著《诺亚前的生命之舟》②中，芬克尔依据一份新的洪水文本，对传统“方舟”的概念提出质疑，他的核心观点之一是“方舟”原型其实并非方的，而是圆的。芬克尔甚至依照自己对“生命之舟”形式的新解读，在印度主导复建了一只缩小版的“诺亚圆舟”（图六），并带领造舟团队进行了水上漂流实验。这个实验在很多方面并不完美，比如复原后的“圆舟”比文献记载的小很多（只达到原尺寸的五分之一），比如并未如芬克尔所愿组织成对的动物一起登船，比如船入水后不久便开始漏水（用于船舱防水的沥青没有伊拉克地区所产的质优），比如这只“圆舟”并没有复现《史诗》中埃阿神强调必备的“顶棚”……但无论如何，这已经算是人类在21世纪对“洪水时代”的一次颇有诚意的回溯与致敬了。

图六　芬克尔博士在印度主持复建的“诺亚‘圆舟’”③

回到《史诗》故事本身，无论神意所授的救生舟究竟是方是圆，我们以今人的技艺无法复现的大神埃阿的智慧，显然被“超级智者”乌塔纳皮什提瞬间领悟到了，后者当即决定实施方案，着人造舟。

这是神意与民心之间的一场隔空博弈，而居中执子者，世以为“王”。

---

① Jeremy A. Black and Anthony Green, *Gods, Demons, and Symbols of Ancient Mesopotamia: An Illustrated Dictionary*, London: The British Museum Press, 1992, p. 27.

② Irving L. Finkel, *The Ark before Noah: Decoding the Story of the Flood*, London: Hodder & Stoughton, 2014. 此书已有中译本：欧文·芬克尔著，郑勤砚译/绘图：《诺亚前的生命之舟》，北京：中信出版社，2019年。芬克尔博士本人在2018年访问中国期间，曾受北京大学古代东方文明研究所和外国语学院西亚系的邀请，为北大师生做了一场题为“诺亚之前的方舟”的专题报告，那次盛况空前的活动正是由拱玉书老师主持的。

③ 图片采自英国《每日邮报》官网2014年9月12日的报道，原标题为*Is this the REAL Noah's Ark? Scaled-down replica based on 4000-year-old Babylonian tablet's instructions is rebuilt by hand*，网址：https://www.dailymail.co.uk/sciencetech/article-2753211/Noah-s-Ark-revealed-Scaled-replica-based-4000-year-old-tablet-s-instructions-build-hand-India.html。

王行"诡道"

被埃阿选中实施造舟计划的人中王者，是执掌舒鲁帕克城的乌塔纳皮什提。造舟之前，这位拥有"超级智慧"的领袖并非没有任何顾虑：

> 我明白神意，（于是）把我的主人埃阿这样回应：
> "我的主人啊，你之所言，我都赞同。
> 我一直在注意聆听，我将按你所言行动。
> 可我怎么向城市交代？如何向民众和长老解释才行？"
>
> （第十一块泥板第32—35行）

作为一城之主、一国之君，乌塔纳皮什提多年来在舒鲁帕克妥善经营、允执厥中，深得神意与民心。从《史诗》前文他与吉尔伽美什"隔水论道"那段可以看出，乌塔纳皮什提是一位有智慧、负责任、懂王道的贤君，他甚至提示吉尔伽美什要"尽王者之责"，"关心愚民的死活"（第十块泥板第270—278行）。可是这里在洪水将至的特殊情况下，神意与民心的取向产生了根本分歧，埃阿的谕旨显然是要他放下民众，独自逃生，乌塔纳皮什提的内心必定是充满困惑、极度纠结的；而且我相信这里他的困扰还掺杂着对"造舟"这件事可行性的疑虑，这么大的工程，显然不是他个人，甚至他可以带走的少数人能够完成的使命——"可我怎么向城市交代？如何向民众和长老解释才行？"这两句简单的问话里包含着乌塔纳皮什提相当真实又颇为复杂的情绪，人性的善意与恶意、王者的公心与私心，都或隐或显地流露了出来。

智慧神埃阿当然不会不懂乌塔纳皮什提的心迹，于是给他出主意：

> 埃阿开口说话，
> 把他的仆人我这样回应：
> "你就对他们做这样的说明：
> 恩利尔显然已经讨厌我，
> 我已不能继续居住在你们的城市中，
> 我已不能再踏足恩利尔的土地，
> 我要到阿普苏去，与我的主人埃阿朝夕与共。
> 他将为你们把富饶从天降，
> 鸟儿漫天飞，鱼儿水中藏。
> 秋收时节粮满仓。
> 面饼降在黎明时，
> 小麦之雨黄昏降。"
>
> （第十一块泥板第36—47行）

埃阿和乌塔纳皮什提可以说分别代表了神界和人间的最高智慧，看他俩对话，其实是说者省心、听者耗神的一件事。此处我仅凭有限的理解力，把埃阿回应乌塔纳皮什提的这段话可能潜伏的信息掰扯开来细细琢磨。到这里洪水虽然还没来，但事情的大致脉络已比较清晰：神界纷争，人界遭殃（发洪水的原因没有讲，因为其原因——人界喧嚣，大神不得安宁——对《史诗》而言不重要）；恩利尔弃世，埃阿救世；埃阿选中最能领会其心意的“超级智者”来保存“生命种子”，这位智者有一个特殊身份，就是人中之王。对于造舟这件劳民伤财、兴师动众的大事来讲，“王”的身份可以成为一个助力，也会是一种阻碍——他必须给官僚和人民一个说得通的解释，将这件无风起浪的离谱之事合理化、合法化，否则不但舟造不成，还有可能王位不保，统治翻船。所以这里乌塔纳皮什提向埃阿问的，看似是个就事论事的操作性问题，实质却是个涉及“王道”的根本性问题——须从王权合法性的角度予以解释。

然而造舟这件事，在王权合法性层面是存在着根本的法理瑕疵的，解无可解。为什么这么说？所谓王权，说白了是一种让多数人听命于一个人的国家组织方式，王与民之间通过权力维系一种相互依附、相互制衡、各取所需、共同存在的关系，其中“存在”是一切的基础。如《孟子》所云，要“以民力为台为沼”，只要顺乎民心，多数情况下是可行的，古今中外的王权社会大抵如此。但是要民皆死而王独活，而且还要民众在将死之时出力，保证王独享“台池鸟兽”之乐，那就不可行也不可说了，因为它触犯了人基本的存在方式——活着，最终只能触发“与之偕亡”的心理。“造舟”偏就属于这样一件王权治下的无解之事，要驱使众人一起出力却不能让他们一块儿上船，这令有道明君乌塔纳皮什提相当困扰。他在听到造舟方案时马上有此一问，说明他的确是个有慧根的人，而接下来埃阿进一步开发了乌塔纳皮什提的智慧边界——“王道”不通便行“诡道”，这才是治世驭人的大智慧！埃阿的主意说白了，就是要乌塔纳皮什提告知民众两层意思：第一，造舟出走的决定是因为他本人受到了神（恩利尔）的厌弃，其目的是逃亡（而非为了逃生）；第二，这个决定是基于神的政治与人的信仰所做出的个人选择，与普罗大众无关。然而这段解释在逻辑表述上的高明之处在于它巧妙地利用了神/王与民之间的信息差，以无违于事实的细节，为不可言说的目的打了掩护。读者带着已知全貌的上帝视角来看这个解释，会觉得此处埃阿就是在教乌塔纳皮什提扯谎欺骗群众，似乎并没有什么说服力；但是就事论事地看，埃阿所述的每一句都经得起推敲，甚至连逃亡的终点也坦诚相告（以此也向民众解释了为啥要造一个“像阿普苏一样”带顶棚的船，因为原计划是要沉到“海底”，与埃阿同住的）。站在舒鲁帕克城民众的角度，在未见天机、不解神意的情况下，从一个过往一贯很靠谱的明君那里得到这样的解释，可信度还是很高的，所以接下来几乎没费周折，人们就会聚在宫殿门口，兴高采烈地去给大王造船了！

这里其实“智慧”的埃阿还打了一处埋伏，就是“天降麦雨”的一段描述，如果对照后文第87—91行，可知这段说的其实是洪水到来之前的一些奇异天象。为什么埃阿要乌塔纳皮什提提前和民众说这个？是想提示民众早早避难吗？显然不是。在后文中，“天降麦雨”实际上是乌塔纳皮什提登船封舱最后时限的一个提示，届时所有人都会察觉到天象有异，但必须想办法让民众将这种异常视为正常，否则救生船在洪水前顺利封舱启航就恐有变数了。埃阿让乌塔纳皮什提把这些异象提前告知民众，且说得好像神的馈赠一般，是想在最后时限到来之前放出一支烟雾弹，以安抚、迷惑大难临头而不自知的人们。如果往深里想，此处的神意天心确有点儿细思极恐的味道——

神已在人间划定了生死界限，而人却指着那条线笑说：你看，多直！

登船客与封舱人

接下来全民齐力造大船的诸多细节且略过不表，让我们来看船造好后人间社会两方面的反应。一方面是参与造船却不能上船的民众：

为犒劳帮工我杀牛，
每日杀羊无数头。
啤酒、麦芽酒、油和葡萄酒，
拿给帮工来享用，多得就像河水流。
仿佛过大年，他们每日吃喝乐悠悠。

（第十一块泥板第71—75行）

一方面是乌塔纳皮什提及被他选中的船客：

我把我拥有的一切都装进船舱：
把我拥有的全部银都装进船舱，
把我拥有的全部金都装进船舱，
把我拥有的全部生命种子都装进船舱，
让我的全部家眷与亲戚都登船入舱，
让各种野兽家畜都登船入舱，还有各行各业的工匠。

（第十一块泥板第81—86行）

两边都在忙碌着热闹着：一边忙着逃命，一边忙着狂欢；一边揣着不可违又不可说的天命，为能够预见却又无从回避的未来做着急切的准备，一边对天命全然无知，对未来一无所惧，今朝有酒今朝醉，明日愁来明日愁。这两段极富戏剧反差的描写，把洪水到来前“末世盛景”的氛围感拉到了极致，简直是现成的灾难片分镜剧本。

而乌塔纳皮什提，作为这个优秀剧本的创作者兼主人公，此时在这个大场景中又切入了一个近景特写，可谓妙极：

我急忙登船入舱，随即便把舱门封。
封舱门的人叫普祖尔恩利尔，他的职业是船夫，
我把宫殿送给了他，包括里面的所有财物。

（第十一块泥板第94—96行）

上述场景及细节描写是乌塔纳皮什提“人性”塑造的点睛之笔，包含许多看点：

其一，受埃阿神之托，肩负“保全生灵”使命的乌塔纳皮什提，在上船逃生时显然夹带了不少

私货：“我把我拥有的一切都装进船舱：把我拥有的全部银都装进船舱，把我拥有的全部金都装进船舱”——可以说金银财宝一样不落，贵重动产一律带走，而且从叙述顺序来看，这些都是最早装舱的！如果和之前埃阿托梦给他时交代的“放弃金银财宝，快把生路寻找！抛弃所有的家当财产，快去把生灵的性命保全”对照阅读，字里行间尽是讽刺。

其二，金银财宝之外，乌塔纳皮什提接着带上船的，是埃阿神交代的“全部生命种子”，以及他自己的“全部家眷与亲戚”，另外还有“各种野兽家畜”以及“各行各业的工匠”。这里我理解神意所指的“生命种子”（*zēr napšāti*）是个比较笼统的概念，[①]有意无意之间给乌塔纳皮什提保留了很多人为操作空间，而他在家眷亲戚之外，选择将各行工匠、各种动物以择类、结对的方式带上船，[②]显然是出于保证物种齐全、行业俱备、万物繁衍的考量。就乌塔纳皮什提携带上船的诸项来看，其中有条不紊地整合了神的意志、人的私心和王的谋略，确属“超级智者”的智慧之选。

其三，登船入舱后，乌塔纳皮什提找了一位名叫普祖尔恩利尔（*Puzur-Enlil*）的船夫为其封舱，并承诺把宫殿和里面的所有财物送给他。这是灭世前的最后时刻，洪水已近在眼前，下一秒整个世界都将化为乌有；然而就在这个关头，乌塔纳皮什提对这个为保全其生命最后助力之人许以宫殿和财物，等于是“把即将化为乌有之物许给了即将化为乌有之人”（拱注，第253页第96行），这个虚无的承诺既透出一种伪善，又带点儿不动声色的残忍。在我看来，此处恐怕还隐含了乌塔纳皮什提对恩利尔些许暗搓搓的讽刺与调笑，因为他选的这位封舱人的名字很有意思，*puzur*这个词在阿卡德语中有“藏身处”“避难所”之意，“*Puzur*＋神名”的方式用于人名，表示“某某神的护佑”，[③]因而这里船夫的名字直译即为“受恩利尔护佑之人”。剧情进行到这里，演戏的乌塔纳皮什提和看戏的我们都知道，洪水灭世是恩利尔主导的，让一个“受恩利尔护佑之人”为救生船封舱，而这个人自己却藏无可藏、避无可避，确乎是莫大的讽刺！除此以外，我想乌塔纳皮什提这里恐怕也有坐实前言的考量，毕竟他之前公之于众的逃亡借口是为了规避恩利尔的厌弃，而在离开后把宫殿和财产许给“受恩利尔护佑之人”，算是启航前释放出最后一支烟幕弹。当然，作为一个优秀编剧兼演员，做戏做满全套，也是一种职业道德。

从一个读者的角度，我由衷赞赏《史诗》对乌塔纳皮什提这一人物的处理方式。如果此前得神谕、造方舟的段落更多地体现了他智慧果敢，兼具理解力、行动力以及领导力的一面，那么之后登船与封舱的描写，则把这个人物潜藏在“超级智者”和“有道明君”的表象下，狡黠、伪善、贪婪、凉薄，乃至残忍……这些人性的阴暗面不加掩饰地展现了出来。最妙的是洪水故事又以乌塔纳皮什提之口以第一人称讲出，因而这些暗面的渲染又带了点儿自省和自嘲的味道。对比古巴比伦时期的《阿特

① 拱玉书先生认为此处生命种子“大概指植物种子，因为接下来专门提到动物和家畜”，拱注，第252页第84行。

② 关于各种生灵雌雄结对上船，令其繁衍这一点，标准版《史诗》里没有明确说，不过在英国私人收藏家西蒙兹（Mr. Leonard Simmonds）收藏的一块有可能是古/中巴比伦时期的《史诗》泥板中，有提到“But the wild animals from the steppe [(…)], two by two the boat did [they enter]…”，这块泥板由芬克尔最早解读发表，被其称为“方舟泥板”，参见Irving L. Finkel, *The Ark before Noah: Decoding the Story of the Flood*, London: Hodder & Stoughton, 2014, p. 110。此外这一细节在希伯来《圣经》中也有保留，参考《圣经·创世记》（6：19）：“凡有血肉的动物，每样两个，一公一母，你要带进方舟。”

③ *CAD*, Vol. 12, P: *puzru*, p. 558.

拉哈西斯》和后来的希伯来《圣经》对平行人物的描写，[①]《史诗》里的乌塔纳皮什提从形象到性格都更趋于一个活生生的“人”，他的行为能力没有被过分放大，他的道德瑕疵也没有被刻意遮掩，他不甚完美，却丰满鲜活，非神非圣，却有情有性。让这样一个王中智者在“远方河口”离群索居，于他自己是个悲剧，对人间来说也是一种损失。

终于到了洪水即至的时刻，舱盖关闭之前，乌塔纳皮什提把他投向人间的最后一瞥留给了这位名叫“普祖尔恩利尔”的封舱人。与此间岸上的芸芸众生一样，这人参与造船，却无缘登舱；偶有贪图私欲的小聪明，[②]而终无勘破天机的大智慧。在变幻莫测的世道中，这样的“普祖尔恩利尔”又何止千千万，如今却只能沦为神与王棋盘上的弃子，来不知其由，去不见其踪，在行将灭顶的一刻，犹带着王的假意应许与神的虚幻护佑，为居高执子者封舱护航。可以想见，舱盖合上的一刻，这位被许诺了宫殿的船夫脸上的神情必定是兴奋且满足的，而四目相对之时，乌塔纳皮什提心中做何感想，却已不得而知。我想乌塔纳皮什提应是把他在人间所见的最后一张面孔深深刻印在了记忆中，以至于洪水过后的很多很多年，当他与后来者追溯往事，仍绕不过这位名叫“普祖尔恩利尔”的封舱人。在某种程度上，这个名字也成为将乌塔纳皮什提隔绝于世的一个永恒封印——无论怎样，也都回不去了，洪水过后，那会是另一个人间。

“泥鱼卵”与“丧家犬”

封舱之后便是洪水的到来。《史诗》对这一段的渲染细腻又浓烈，画面感极强：

> 黎明时分天刚蒙蒙亮，
> 一团黑云就已经出现在地平线上。
> 阿达德在其中隆隆作响。
> 舒拉特和哈尼什一马当先，
> 司椅官疾行于高山与平原，
> 埃拉伽尔拔出堵水的木杆，
> 宁努尔塔让水溢出堤堰。
> 阿努纳吉高举火把，
> 用可怕的火焰把大地点燃。
> 天空死一般寂静，
> 所有发光的东西都变得昏暗。
> 他像公牛一样践踏了大地，像打碎陶器一样将它打得稀烂。
>
> （第十一块泥板第97—108行）

① 在《阿特拉哈西斯》和希伯来《圣经》中都没有关于“封舱人”的描写；此外，《阿特拉哈西斯》中没有金银财宝装上船的桥段，主人公在洪水到来之前的道德层面的自责和纠结也显得更强烈，比如“进进出出，不能坐，不能蹲，撕心裂肺，口吐胆汁”（Lambert 1969, 92，第45—47行）。拱玉书先生认为两个版本之间的区别有可能是不同时代的道德取向差别的反映。参见拱注，第252页第75行。

② 第十一块泥板第70行提到在造船过程中有“船夫”（[lú]*malāhu*）私匿油膏，而文中提到的封舱人普祖尔恩利尔的身份也是“船夫”，我认为二者或为同一所指。

黑云压顶，雷声隆隆，天空静寂，四野昏昏，末日已近在眼前。这段描写比较有深意的是看似“天灾”的场景里不着痕迹地融入了神的操手——包括雷雨神阿达德（^{d}*Adad*）、风暴神宁努尔塔（^{d}*Ninurta*）等地位显赫、破坏力非凡的大神，这里都充当了恩利尔的急先锋，以自然现象的本体冲在了洪水灭世的最前线——他们是诸神里分化出的第一阵营。

而当初在决议大会上投了赞成票的其他神众，除了此时已隐身不见的埃阿，在人类遭遇灭顶之灾的关头大都采取了旁观、避祸的态度，他们构成了神界的第二阵营。《史诗》中对这一群体的刻画尤其有趣：

众神亦惧怕洪水毛骨悚，
一起畏缩退避升天宫。
众神就像（丧家）犬，蜷缩露天成一团。
（第十一块泥板第114—116行）

洪水真的来了！灭世的阵仗是如此凶猛惨烈，不仅为人所始料未及，也超出了原本只准备在大佬博弈中“站队吃瓜”的神众的预期。看着风暴席卷大地，瞬间吞没万千生民，吃瓜神众在惶惶不安中纷纷退避到“安努的高天”（*šamê šá* ^{d}*Anim*）。这里需要稍作提示的是，在美索不达米亚神话宇宙观中，天神安努所居的“高天”是天国的顶层，位于诸神所居的中层“神天”之上（参见前文表1），所以这些神众在洪水到来之际逃窜的方向是向上的，与洪水退去之后他们纷纷从天国俯冲到人间争抢祭飨的向下的动作，前后形成鲜明的对照，这当然包含了乌塔纳皮什提在故事叙述中对神众们不以为然的刻意嘲弄。

如果此句的嘲弄之意还是隐而不宣的，那么下一句直白的描写则直接把讽刺值拉满：像狗一样（*kīma kalbi*）蜷曲瑟缩，说的是神众们仓皇颓丧的表；在天国的“旷野”（*kamâti*）中进退失据，则是他们懦弱无措的里。这些平时被人高高在上地尊崇、供奉着的存在，在灾难降临之时，不但对人类全无救护之意，连自保都很困难——他们甚至与人同样遭受了流离失所的命运，真个若丧家之狗。所谓“神”的里子与面子，被一场洪水冲刷得一干二净！

然而就在神众瑟缩逃窜，民众垂死挣扎的一片混乱中，诸神的阵营再次发生了分化，一位身份显赫的女神站了出来。这位女神的出场方式有点儿像《红楼梦》里面的王熙凤，未见其人，先闻其声。《史诗》原文是这样写的：

女神大声喊，仿佛妇女在分娩。
声音甜美的蓓蕾特伊丽且哭且抱怨：
“过去的时日都已化为泥土，
皆因我在众神集会时把恶言出。
我为何在众神集会上把恶言出？
我为何向人类宣战？决意把他们铲除？
是我生了他们，他们是我的民众。

（如今）他们像小鱼一样，尸横大海之中。”

（第十一块泥板第117—124行）

发声的这位大女神叫蓓蕾特伊丽，阿卡德语直译为“众神的女主人”，从这个称呼本身可以看出她的身份是一位母神。在美索不达米亚神话体系中，蓓蕾特伊丽的称呼可以结合具体的文本与时代语境，对应多个不同女神。[①]此处颇值得留意的是在第117行“女神大声喊”这里，原文其实给出了“伊施塔”（ᵈ*Ištar*）的名字。[②]那么此处出场的是《史诗》前文中对吉尔伽美什求爱不得而心生怨怼的大名鼎鼎的伊施塔女神吗？这显然是有些蹊跷的。两河神话中的伊施塔司掌性爱与战争，永远以“少女”形象出现；她诱导人的爱欲，却不负责生养，从未承担“母神”的职责。此处结合上下文，“仿佛妇女在分娩”与“是我生了他们”，显然与伊施塔的一贯形象不符。考虑到这一点，拱玉书先生在这里将ᵈ*Ištar*虚化作“女神”之译，以对应蓓蕾特伊丽的身份，是比较合理的。

先声夺人的蓓蕾特伊丽的嗓音高亢甜美，而她的言辞比音色更具感染力——“过去的时日都已化为泥土”——这句话甫一出口，便直教诸神静默，天地变色。“过去的时日”（*ūmu ullû*）所指的可能是创世造人的最初时刻（拱注，第254页第119行）。在苏美尔神话《恩基与宁玛赫》中，母神宁玛赫（又名宁胡桑伽，写作*Ninḫursaĝ*）在智慧神恩基的引导下，于阿普苏之顶取土揉搓，赋之以形、授之以命，才有了人类的诞生。[③]如今眼睁睁地看着自己亲手“创生”（第123行动词用的是*walādu*，本意即“生育”）的子民在洪波过处湮没殆尽，蓓蕾特伊丽痛心疾首，悔不当初——“我为何在众神集会上把恶言出？我为何向人类宣战？决意把他们铲除？”这几句不仅是母神自己的忏悔，也是对所有在集会上就“洪水灭世”议案投了赞成票的神众的椎心之问，振聋发聩又意味深长。

然而覆水难收，大错已成，只能接受惨痛的后果——看啊，那些我所生的子民，“他们像小鱼一样，尸横大海之中”！此句译文中的一点细节，或可稍作商榷。原文“*mārī nūnī*”，字面意思即“鱼之子”，拱玉书先生将之译作“小鱼”，就文字本身而言是毫无问题的；不过联系下句“布满海上”（原文：*umallâ tâmtam-ma*，*umallâ*动词原型*malûm*，意为“充满”）的描写，似乎作“鱼子”或“鱼卵”之译，更能体现洪水中漂浮的尸体既多且密的意象，也更能凸显人死之后行为能力全失、浮沉随波的飘零无力之感。神以水和泥造人，又以水将泥造之人吞没；人被神玩弄于掌间，又被神弃之如敝屣。母神此段的发言可谓对人类悲剧命运的凄凉总结，呼应她第一句里“旧日成泥”的说法，这样的末日终局颇有点儿尘归尘、土归土的意味。

为人间的悲惨景象所触动，也为母神的悲情呼号所感染，原本持观望态度的神众纷纷加入了人类同情者的阵营：

---

① 拱注第一块泥板第49行（第28页）。

② 安德鲁·乔治比对了《阿特拉哈西斯》中平行段落的描述，认为此处ᵈ*Ištar*与蓓蕾特伊丽所指的应为同一女神，Andrew R. George, *The Babylonian Gilgamesh Epic: Introduction, Critical Edition and Cuneiform Texts*, Oxford, New York: Oxford University Press, Vol. 2, 2003, p. 886。

③ ETCSLtranslation : t.1.1.2，网址：https://etcsl.orinst.ox.ac.uk/cgi-bin/etcsl.cgi?text=t.1.1.2&display=Crit&charenc=gcirc&lineid=t112.p6#t112.p6.

阿努纳吉与她一起哭号，
泪水纵横的众神也与她一起号啕，
直哭得口干舌燥。

（第十一块泥板第125—127行）

阿努纳吉（*Anunnakkî*）是阿卡德语中对诸神（特别是地上与冥界诸神）的泛称（拱注，第三块泥板第73行），这里指代的自然是前文中在洪水到来之际逃窜避祸的吃瓜神众们。从之前的蜷缩瑟缩，到之后的悲哀号啕，这些神众的表现可以说将无力与无能写成了“大字报”，贴在了万神殿的门面之上！

在来自第二阵营的反应中，让我觉得颇值得玩味的一点在于无论是率先发言的母神，还是跟风哭号的神众，他们似乎对洪水的破坏力都事先预料不足，所以此时面对无可挽回的灾难性后果才会有这样震惊崩溃的情绪爆发。洪水为什么会造成如此出其不意的效果呢？由于《史诗》中的这段故事只是断章插叙，很多细节交代不清，还要到《阿特拉哈西斯》里寻找线索。在那个更早也更全版本的洪水故事里，神执行“灭世计划”是一个从观念到实践不断测试完善的动态过程，与现代战争中高性能武器的研发使用或有可比之处。洪水之前，神先测试了两件大规模杀伤性武器，分别是疫病与灾荒，然而杀人效果都不理想，民众总能在“超级智者”的指挥下绝处逢生；于是神搬出了威力更为惊人的无差别攻击性武器——洪水。如果说前面两次对人类造成伤害的像“生物武器”与“化学武器”，那么洪水则绝对堪比“核武器”，在真正试过之前，甚至连研发者也不能预计它的实际效用究竟如何。此外，洪水与“核武器”的另一个相似之处在于，一旦启动了“发射”键，便没有了任何可以中途停止或挽回的余地，只能静待世界在一声巨响中灰飞烟灭，人类在洪波过处形消神散。此时诸神的惶惶然、戚戚然，正是被“原子弹”出乎意料的威力震慑，既怕且悔的表现。

一场洪水过后，人如“泥鱼卵”，神似“丧家犬”，前者失了性命，后者丢了尊严，最后的赢家又会是谁呢？

智者打开天窗，怆然涕下间，心中已有答案。

Living with the "Clay of the Distant Days"

—A Close Reading of the "Flood Tablet" of the *Epic of Gilgamesh*

Jia Yan (Peking University)

Abstract: Tablet XI of the *Epic of Gilgamesh* is also called the "Flood Tablet," as it includes a reference to the Great Flood sent by gods to destroy humankind. Based on a close reading of the Akkadian version of the "Flood Tablet," and its newly-published Chinese translation by Professor Gong Yushu, this article intends to put some thought into the storytelling of the Great Flood, and to shed some light on the "hidden details" between the lines.

Key Words: *The Epic of Gilgamesh*, flood myth, Ūta-napišti, Noah's Ark

古代两河流域《苏美尔王表》资料、文本与校注*

陈　飞（北京大学）

摘　要：《苏美尔王表》是一部记载公元前2千纪以前巴比伦尼亚历代君主及其统治时长的苏美尔语历史文献。《苏美尔王表》的版本目前已知二十余个，出土于不同的地区，其中最主要、保存最完整的一个刻在一座四面棱柱上，对《苏美尔王表》文本的编译系在四棱柱版本的基础上并辅以其他版本做出，而对《苏美尔王表》文本的校注则通过比较不同版本的差异做出。

关键词： 苏美尔　王表　两河流域　巴比伦尼亚

《苏美尔王表》是古代两河流域一部重要的历史文献，它以楔形文字苏美尔语记载了公元前2千纪以前（古巴比伦王朝以前）巴比伦尼亚诸城市和王朝的历代君主及其统治时长，是研究古代两河流域早期历史的第一手史料。虽然《苏美尔王表》含有虚构成分（如某些君主统治成千上万年），很难被当作完全意义上的信史来使用，①但其记载的君主在位序列以及王朝更迭顺序却有助于我们探索古代两河流域早期历史演变的大致轨迹，因而对这段史料相对稀少的历史时期而言，《苏美尔王表》提供了弥足珍贵的文献证据。此外，王表编纂是古代两河流域一项显著的记史传统，王表文献在古代两河流域层出不穷，而在文本编纂的理念及形式上，《苏美尔王表》深刻影响了古代两河流域的诸多王表，如《亚述王表》《巴比伦王表》系列等。古代两河流域历史研究须以楔形文字泥版文献的释读为基础，而随着近年来《苏美尔王表》的更多版本及相关文献不断被发现，通过资料整合对《苏美尔王表》文本进行新的编订与校注工作显得尤为必要。

一、资　料

《苏美尔王表》现存多个版本，先后成文于不同的时期，其中保存最好也是最主要的一个版本刻在一座四面棱柱上（高约20厘米、宽约9厘米），每面各分左右两栏，共计八栏，约成文于伊新（Isin）第一王朝时期（约公元前2千纪初），可能来自拉尔萨（Larsa），现存牛津阿什莫林博物馆，通

* 本文为2019年国家社科基金“冷门绝学”及国别史等研究专项“古代两河流域楔形文字王表文献整理、译校与研究”（19VJX125）的阶段性研究成果。

① G. M. Marchesi, “The Sumerian King List and the Early History of Mesopotamia”, M. G. Big, M. Liverani eds., *ana turri gimilli, studi dedicati al Padre Werner R. Mayer, S.J., da amici e allievi*, Roma: Università degli Studi di Roma «la Sapienza», 2010, pp. 231-248.

常所说的《苏美尔王表》即指这个版本（以下简称棱柱本）。除此之外，《苏美尔王表》还有二十余个版本，保存下来的多为泥版残片（有些版本包含多个残片），也有少数泥版，多数出土于尼普尔（Nippur）遗址，其余出土于西帕尔（Sippar）、基什（Kish）、苏萨（Susa）、哈马尔（Tell Ḥamal）、伊新、舒巴特-恩利尔（Shubat-Enlil）或莱兰（Tell Leilān）、乌尔（Ur）等地。其中，有些版本成文早于棱柱本（如乌尔第三王朝时期），有些则可能晚于棱柱本。然而，在更早时期（如阿卡德王朝时期）可能还存在《苏美尔王表》的某种初始版本或原本，包括棱柱本在内的所有这些版本可能都是其原本在不同时期和地区的复制、扩编和流变。[①]目前所知《苏美尔王表》诸版本包括：[②]

1）棱柱本（W-B 444[③]）；

2）尼普尔A本（CBS 14220[④]+ Ni 9712[⑤]）；

3）尼普尔B本（CBS 13981[⑥]+ CBS 14223[⑦] + N 3368[⑧]）；

4）尼普尔C本（CBS 13994[⑨] + BT 14[⑩]+ CBS 13293[⑪] + CBS 13484[⑫]）；

5）尼普尔D本（CBS 19797[⑬]）；

6）尼普尔E本（CBS 15365 = N1610[⑭]）；

7）尼普尔F本（UM 29-15-199[⑮]）；

8）西帕尔本（BM 108857[⑯]）；

---

① T. Jacobsen, *The Sumerian King List* (*Assyriological Studies* 11), Chicago: The University of Chicago Press, 1939, pp. 13-55; P. Steinkeller, “An Ur III Manuscript of the Sumerian King List”, W. Sallaberger, K. Volk and A. Zgoll eds., *Literatur, Politik und Recht in Mesopotamien: Festschrift für Claus Wilcke*, Wiesbaden: Harrassowitz, 2003, pp. 281-286.

② 在以下版本中，除棱柱本外，大部分版本以文献出土地命名，最后六个出土地不明的以发表者或编译者的姓氏命名，“( )”内为文献馆藏号、考古号或照片号。

③ S. Langdon, *Historical Inscriptions, containing Principally Chronological Prism, W-B. 444 (The Weld-Blundell Collection II)*, London, etc.: Oxford University Press, 1923.

④ L. Legrain, *Historical Fragments* (*The University Museum Publications of the Babylonian Section* 13), Philadelphia: The University Museum, 1922, pp. 25-28.

⑤ R. Kraus, “Zur Liste der älteren Könige von Babylonien”, *Zeitschrift für Assyriologie und Vorderasiatische Archäologie*, Vol. 50 (1952), pp. 33-45.

⑥ A. Poebel, *Historical Texts* (*The University Museum Publications of the Babylonian Section* 4/1), Philadelphia: The University Museum, 1914, pp. 73-78.

⑦ L. Legrain, *Historical Fragments*, p. 24.

⑧ M. Civil, “Texts and Fragments”, *Journal of Cuneiform Studies*, Vol. 15 (1961), pp. 79-80.

⑨ A. Poebel, *Historical Texts*, pp. 78-80.

⑩ J. Klein, “The Brockmon Collection Duplicate of the Sumerian Kinglist (BT 14)”, P. Michalowski ed., *On Ur III Times: Studies in Honor of Marcel Sigrist* (*Journal of Cuneiform Studies, Supplementary Series* 1), Boston, 2008, pp. 77-91.

⑪ A. Poebel, *Historical Texts*, pp. 80-81.

⑫ W. W. Hallo, “Beginning and End of the Sumerian King List in the Nippur Recension”, *Journal of Cuneiform Studies*, Vol. 17 (1963), pp. 52-57.

⑬ A. Poebel, *Historical Texts*, pp. 82-83.

⑭ A. Poebel, *Historical Texts*, p. 81; M. Civil, “Texts and Fragments”, pp. 79-80.

⑮ P. Michalowski, “History as Chapter. Some Observations on the Sumerian King List”, *Journal of American Oriental Studies*, Vol. 103 (1983), pp. 237-248.

⑯ C. J. Gadd, *The Early Dyansties of Sumer and Akkad*, London: Luzac and Co., 1921, pp. 3-7.

9）基什本；[①]

10）苏萨A本；[②]

11）苏萨B本；[③]

12）苏萨C本；[④]

13）哈马尔本（IM 63095[⑤]）；

14）伊新本（IB 1564+1565[⑥]）；

15）莱兰本（L 87-520a+520b+641+769+770[⑦]）；

16）乌尔A本；[⑧]

17）乌尔B本；[⑨]

18）雅格布森本；[⑩]

19）尼森本（IM 11053，99[⑪]）；

20）斯坦凯勒本；[⑫]

21）乔治A本（MS 3175[⑬]）；

22）乔治B本（MS 3429[⑭]）；

23）彼特森本（P 498411[⑮]）。

除以上《苏美尔王表》诸版本外，还有若干文献（均为泥版残片）记载了一些巴比伦尼亚远古时期的统治者，与《苏美尔王表》的某些版本（如棱柱本，可能也包括尼普尔A本和尼普尔D本）所载大洪水之前的王如出一辙，学界普遍认为，“大洪水”之前的部分并非《苏美尔王表》的原本所固有，

---

① M. d'Henri de Genouillac, *Premières Recherches Archéologiques a Kich* (Tome Second), Paris: Libraire Ancienne Édouard Champion, 1925, PL. 21, C.112.

② V. Scheil, “Listes Susiennes des Dynasties de Sumer-Accad”, *Revue d'Assyriologie et d'Archéologie Orientale*, Vol. 31 (1934), pp. 152-159.

③ V. Scheil, “Listes Susiennes des Dynasties de Sumer-Accad”, pp. 159-161.

④ V. Scheil, “Listes Susiennes des Dynasties de Sumer-Accad”, pp. 161-166.

⑤ J. J. Finkelstein, “The Antediluvian Kings: A University of California Tablet”, *Journal of Cuneiform Studies*, Vol. 17 (1963), p. 39, n. 1.

⑥ C. Wilcke, “5. Inschriften 1983-1984 (7-8. Kampagne)”, B. Hrouda ed., *Isin-Išān Baḫrīyāt III, die Ergebnisse der Ausgrabungen 1983-1984*, München: Verlag der Bayerischen Akademie der Wissenschaften, 1987, pp. 83-120.

⑦ C.-A. Vincente, “The Tall Leilān Recension of the Sumerian King List”, *Zeitschrift für Assyriologie und Vorderasiatische Archäologie*, Vol. 85 (1995), pp. 234-270.

⑧ A. Shaffer, *Ur Excavations Texts, VI, Literary and Religious Texts, Third Part*, London: The British Museum Press, 2006, No. 504.

⑨ A. Shaffer, *Ur Excavations Texts, VI, Literary and Religious Texts, Third Part*, No. 505.

⑩ T. Jacobsen, *The Sumerian King List*, p. 12.

⑪ H. J. Nissen, “Eine neue Version der Sumerischen Königsliste”, *Zeitschrift für Assyriologie und Vorderasiatische Archäologie*, Vol. 57 (1965), pp. 1-5; J. Van Dijk, *Cuneiform Texts, Texts of Varing Content* (*Texts in the Iraq Museum*, Vol. 9), Leiden: E. J. Brill, 1976, No. 36.

⑫ P. Steinkeller, “An Ur III Manuscript of the Sumerian King List”, pp. 267-292.

⑬ A. R. George, *Cuneiform Royal Inscriptions and Related Texts in the Schøyen Collection* (*Cornell University Studies in Assyriology and Sumerology* 17), Bethesda: CDL Press, 2011, pp. 202-203.

⑭ A. R. George, *Cuneiform Royal Inscriptions and Related Texts in the Schøyen Collection*, pp. 204-205.

⑮ J. Peterson, “An Unprovenienced Fragment of the Sumerian King List Recently for Sale”, *Nouvelles Assyriologiques Brèves et Utilitaires* 2016/2, pp. 64-65.

而是在后期某些版本的编辑过程中添加进去的。[①]对于这些文献，有学者认为它们也属于《苏美尔王表》的范畴，有学者则将其归为别类。无论如何，由于这些文献对《苏美尔王表》文本的修订仍具参考价值，我们在对《苏美尔王表》的研究中便无法将其完全摒除，这些文献包括：[②]

1）兰登残片（WB 62[③]）;

2）克劳斯残片（Ni 3195[④]）;

3）芬克尔斯坦残片（UCBC 9-1819[⑤]）;

4）格雷森残片（K 11261+11624[⑥]）;

5）弗里贝格残片（MS 2855[⑦]）;

6）彼特森残片（N 3514[⑧]）;

7）乔治残片。[⑨]

关于以上《苏美尔王表》诸版本及各相关文献的梳理，在雅格布森[⑩]之后，艾扎德[⑪]、文森特[⑫]、格拉斯奈尔[⑬]、萨拉伯格与施拉康普[⑭]等也做了补充和完善工作。

二、文　本

对《苏美尔王表》全面而系统的研究最早由雅格布森[⑮]完成，时至今日，雅格布森对《苏美尔王表》的校订与编译依然是《苏美尔王表》研究的基石；此后，随着更多新版本（尤其是伊新本、

① T. Jacobsen, *The Sumerian King List*, pp. 55-68; C.-A. Vincente, “The Tall Leilān Recension of the Sumerian King List”, p. 244.

② 以下残片均以发表者或编译者的姓氏命名，“( )” 内为文献馆藏号。

③ S. Langdon, “The Chaldean Kings before the Flood”, *The Journal of the Royal Asiatic Society of Great Britain and Ireland*, No. 2 (1923), p. 256.

④ R. Kraus, “Zur Liste der älteren Könige von Babylonien”, pp. 31-33.

⑤ J. J. Finkelstein, “The Antediluvian Kings: A University of California Tablet”, pp. 40-41.

⑥ A. K. Grayson, *Assyrian and Babylonian Chronicles*, Winona Lake: Eisenbrauns, 2000, pp. 139-141.

⑦ J. Friberg, *A Remarkable Collection of Babylonian Mathematical Texts. Manuscripts in the Schøyen Collection. Cuneiform Texts I* (*Sources and Studies in the History of Mathematics and Physical Sciences*), New York: Springer, 2007, pp. 237-241; A. R. George, *Cuneiform Royal Inscriptions and Related Texts in the Schøyen Collection*, pp. 199-200.

⑧ J. Peterson “A New Sumerian Fragment Preserving an Account of the Mesopotamian Antediluvian Dynasties”, *Aula Orientalis*, Vol. 26 (2008), pp. 257-261.

⑨ A. R. George, *Cuneiform Royal Inscriptions and Related Texts in the Schøyen Collection*, p. 201.

⑩ T. Jacobsen, *The Sumerian King List*, pp. 5-13.

⑪ D. O. Edzard, “Königlisten und Chroniken: A. Sumerisch”, D. O. Edzard ed., *Reallexikon der Assyriologie und Vorderasiatischen Archäologie*, Band 6, Berlin/New York: Walter de Gruyter, 1980-1983, pp. 77-78.

⑫ C.-A. Vincente, “The Tall Leilān Recension of the Sumerian King List”, pp. 236-238.

⑬ J.-J. Glassner, *Mesopotamian Chronilces*, Atlanta: Society of Biblical Studies, 2004, pp. 117-118, 126.

⑭ W. Sallaberger and I. Schrakamp, “Part I: Philological Data for a Historical Chronology of Mesopotamia in the 3rd Millennium”, in W. Sallaberger, I. Schrakamp eds., *History & Philology* (*Associated Regional Chronologies for the Ancient Near East and the Eastern Mediterranean* 3), Turnhout: Brepols, 2015, pp. 15-16.

⑮ T. Jacobsen, *The Sumerian King List*. 中译本见Thorkild Jacobsen编，郑殿华译，吴宇虹校，《苏美尔王表》，北京：生活·读书·新知三联书店，1989年。

莱兰本、斯坦凯勒本等）的发现，格拉斯奈尔①以及布莱克等②也对《苏美尔王表》文本做了综合性的编译。《苏美尔王表》多数版本文本的内容大同小异，由于棱柱本保存得相对完整，因而《苏美尔王表》的编译通常以棱柱本为底本，同时援引其他版本或相关文献予以修补和校订，本文依循此传统。以下《苏美尔王表》文本由苏美尔语原文直接译出，各段落的划分、各城市与王朝的名称以及“( )”内为本文作者所加，“〈 〉”内为对原文遗漏部分的修补，“[ ]”内为对原文残缺部分的修补，“X”为不确定的数字，“……”为不可恢复的内容，序号“[1][2][3]……”等对应后文“校注”部分的序号。

第一栏第1—7行：埃里都（Eridu）

当王［权］自天而降，王权（降）在埃里都。在［埃里］都，阿鲁里姆（Alulim）［为］王，统治28800年；阿拉尔伽尔（Alalgar），统治36000年；[1]两位王，统治64800年。

第一栏第8—17行：巴德—提比拉（Bad-tibira）

埃里都衰落了，王权被带到巴德-提比拉。[2]在巴德-提比拉，恩美鲁安那（Enmenluanna），统治43200年；恩美伽兰那（Enmengalanna），统治28800年；杜姆兹（Dumuzi），牧羊人，统治36000年；[3]三位王，统治108000年。

第一栏第18—23行：拉哈克（Larak）

巴德-提比拉衰落了，王权被带到拉哈克。[4]在拉哈克，〈恩〉西帕兹安那（Ensipazianna），统治28800年；一位王，[5]统治28800年。[6]

第一栏第24—29行：西帕尔

拉哈克衰落了，王权被带到西帕尔。在西帕尔，恩美杜兰那（Enmenduranna）为王，统治21000年；[7]一位王，统治21000年。

第一栏第30—35行：舒鲁帕克（Shuruppak）

西帕尔衰落了，王权被带到舒鲁帕克。在舒鲁帕克，乌巴拉-图图（Ubara-Tutu）为王，统治18600年；[8]一位王，统治18600年。[9]

第一栏第36—38行：大洪水之前

五座城市，八位王，统治241200年。[10]

第一栏第39行—第二栏第44行：基什第一王朝

大洪水退却后，王权自天而降，王权（降）在基什。在基什，［吉］舒尔（Gishur）为王，[11]统治1200年；[12]库拉西那贝尔（Kullassinabel）[13]，统治960年；[14]［南吉什里什玛（Nangishlishma），统治1800年；[15]恩达兰那（Endaranna），统治420年3个月零3.5天］；[16]巴［布姆（Babum），统治300年］；[17]普安［努姆（Puannum），统治8］40［年］；卡里布姆（Kalibum），统治960年；[18]卡鲁穆〈姆〉（Kalumum），统治840年；[19]祖卡奇普（Zuqaqip），统治900年；阿塔布（Atab），统治600年；〈玛什达〉（Mashda），阿塔布〈之子〉，[20]统治840年；阿维乌姆（Arwium），玛什达之子，统治

① J.-J. Glassner, *Mesopotamian Chronilces*, pp. 118-126.

② J. Black et al., “The Sumerian King List”, *The Electronic Text Corpus of Sumerian Literature* (*ETCSL*), http://etcsl.orinst.ox.ac.uk/, Oxford, 1998-2006, No. 2.1.1.

720年；埃塔纳（Etana），牧羊人、登天者、安万邦者，为王，统治1500年；[21]巴利赫（Balih），埃塔纳之子，统治400年；[22]恩美努那（Enmenunna），统治660年；[23]麦拉姆-基什（Melam-Kish），恩美努那之子，[24]统治900年；巴萨尔努那（Barsalnunna），恩美努那之子，[25]统治1200年；[26]撒姆克（Samug），[27]巴萨尔努那之子，统治140年；提兹卡尔（Tizkar），撒姆克之子，统治305年；伊尔库（Ilku），统治900年；伊尔塔-萨杜姆（Ilta-sadum），统治1200年；[28]恩美巴拉吉西（Enmenbaragesi），挫埃兰（Elam）之兵者，为王，统治900年；[29]阿卡（Aka），恩美巴拉吉西之子，统治625年；[30]二十三位王，统治24510年3个月零3.5天。[31]

第二栏第45行—第三栏第36行：乌鲁克（Uruk）第一王朝

基什被击败，王权被带到埃安那（Eanna）。在埃安那，[麦什基]阿伽[舍尔]（Meshkiaggasher），（太阳）神乌图（Utu）之[子，为]主人，为[王]，统治32[4]年。[32][麦什]基阿伽舍尔没于海又隐于山，恩美卡（Enmekar），麦什基阿[伽舍尔]之子，乌鲁克之王、建乌[鲁克]者，为王，统治420年。卢伽尔班达（Lugalbanda），牧羊人，[33]统治1200年。杜姆兹，渔夫，其城为库阿拉（Kuara），统治100年。吉尔伽美什（Gilgamesh），其父为风，其为库拉巴（Kulaba）之主，统治126年。乌尔-农伽尔（Ur-Nungal），[34]吉尔伽美什之子，统治30年。乌都尔-卡拉玛（Udul-kalamma），乌尔-农伽尔之子，统治15年。拉巴舍尔（Labasher），统治9年。恩努达兰那（Ennundaranna），统治8年。麦什黑（Meshhe），铁匠，统治36年。麦拉姆安那（Melamanna），统治6年。卢伽尔基[屯]（Lugalkitun），统治36年。[35]十二位王，统治2310年。[36]

第三栏第37行—第4栏第4行：乌尔第一王朝

乌鲁克被击败，王权被带到乌尔。在乌尔，麦沙内帕达（Meshanepada）为王，统治80年。[37]麦什基阿克-南那（Meshkiag-Nanna），麦沙内帕达之子，为王，统治36年。[38][埃鲁鲁（Elulu），统治25年。巴鲁鲁（Balulu），统治36年。四位王，统治177年。][39]

第四栏第5—16行：阿旺（Awan）王朝

[乌尔被击败，王权被带到阿旺。在]阿旺，[……为王，统治……年；……为王，统治……]年。库尔-[……为王，统治]36年。三位[王，统治]356年。

第四栏第17—35行：基什第二王朝

阿旺[被击]败，王权[被带]到基什。在基什，苏[速达（Susuda），漂洗工，为]王，[统治]200+[X]年。达达西克（Dadasig），统治80+[X]年。[40]玛伽尔伽拉（Magalgala），[水手，统治]360+[X]年。[41]卡尔布[姆]（Kalbum），玛伽尔伽拉之子，[统治]195年。[42]图格（TÚG-e），统治360年。麦努那（Mennuna），统治180年。[43]伊比-[伊施塔]（Ibi-Ishtar），统治[290]年。卢伽尔穆（Lugalmu），统治360年。[44]八位王，[统治]3195年。[45]

第四栏第36—42行：哈玛兹（Hamazi）王朝

基什被击败，王权被带到哈玛兹。[在]哈玛兹，哈塔尼什（Hatanish）〈为王〉，统治360年。[46]一位王，统治360年。

第四栏第43行—第五栏第2行：乌鲁克第二王朝

哈玛兹被击败，王权被带到乌鲁克。[47]在乌鲁克，恩-沙坎-沙那（En-shakkan-shana）为王，统治60年；〈卢伽尔-基尼舍-杜杜（Lugal-kinishe-dudu），统治120年；阿尔甘德亚（Argandea），统治7年。〉[48][三位王，统治187年]。

第五栏第3—15行：乌尔第二王朝

[乌鲁克被击败，王权被带到乌尔。在乌尔，纳尼（Nanni）为王，统治……年；麦什基阿克-南那，纳尼之子，统治120+X年；……麦什基阿克-南那之子，统治2年。三位王，统治……年。][49]

第五栏第16—21行：阿达布（Adab）王朝

[乌尔被击败，王权被带到阿达布。在阿达布，卢伽尔阿内蒙杜（Lugalanemundu）为王，统治90年。一位]王，统治[90年]。

第五栏第22—33行：马里（Mari）王朝

[阿达布]被击败，[王权]被带到马里。在[马里]，安布（Anbu）[为王]，统治90年。[50][安巴]（Anba），安布之子，统治[7年]。[51][巴兹]（Bazi），皮革工，统治30年。[兹兹]（Zizi），漂洗工，统治20年。[里美尔]（Limer），祭司，统治30年。[沙鲁姆-伊特]尔（Sharrum-iter），统治9年。六位王，统治136[年]。[52]

第五栏第34—42行：基什第三王朝

[马里]被击败，[王权]被带[到基什]。[在基什，库格]-巴乌（Kug-Bau），[女酒馆主]，加强了[基什的基础]，为[王]，统治100年。一位王，统治100年。

第五栏第43行—第六栏第5行：阿克沙克（Akshak）王朝

基什被击败，王权被带到阿克沙克。[53]在阿克沙克，温兹（Unzi）为王，[统治30]年；温达鲁鲁（Undalulu），统治12年；[54]乌鲁尔（Urur），统治6年。[普祖尔-尼拉赫（Puzur-nirah），[55]统治20年；伊舒-伊尔（Ishu-il），统治24年；舒-辛（Shu-Sin），伊舒-伊尔之子，统治7年。[56]六位王，统治99年。][57]

第六栏第6—21行：基什第四王朝

阿克沙克[被击败]，王[权]被带到基什。[58]在基什，普祖尔-辛（Puzur-Sin），库格-巴乌之子，为王，统治25年；[59][乌]尔-扎巴巴（Ur-zababa），普祖尔-辛之[子]，统治400[年]；[60][西姆]达拉（Simudara），统治30年；[61][乌]茨-瓦塔尔（Usi-watar），〈西姆达拉之子〉，统治7年；[62]伊施塔-穆提（Ishtar-muti），[63]统治11年；伊什麦-沙马什（Ishme-Shamash），[64]统治11年。纳尼亚（Nannia），石匠，统治7年。[65]七位王，统治491年。[66]

第六栏第22—27行：乌鲁克第三王朝

基什被击败，王权被带到乌鲁克。在乌鲁克，卢伽尔扎吉西（Lugalzagesi）为王，统治25年。一位王，统治25年。[67]

第六栏第28行—第七栏第12行：阿卡德（Akkad）王朝

乌鲁克被击败，王权被带到阿卡德。在阿卡德，萨尔贡（Sargon），其[父]为园丁，其为乌尔-扎巴巴的司酒官，其为阿卡德王、建阿卡德者，为王，统治56年；里姆什（Rimush），萨尔贡之子，[统治]9年；马尼什图苏（Manishtusu），里姆什之兄、萨尔贡之子，[统治]15年；[68]纳拉姆-辛（Naram-Sin），马[尼什图苏之子，统治37]年；[沙尔-卡利-沙瑞（Shar-kali-sharri），纳拉姆-辛之子，统治25年]。[69][谁是王]？谁不是王？[伊尔吉]吉（Irgigi）是王，[70][纳努姆]（Nanum）是王，[71][伊米]（Imi）是王，[埃鲁鲁]是王，[这四位]王，统治[3年]；

［杜杜］（Dudu），统治21［年］；［舒杜鲁尔］（Shudurul），杜杜之子，统治15［年］。[72]十一位王，统治181年。[73]

第七栏第13—23行：乌鲁克第四王朝

阿卡德被击败，王权被带到乌鲁克。［在］乌鲁克，乌尔－宁津（Ur-nigin）为王，统治7年；[74]乌尔－吉吉尔（Ur-gigir），乌尔－宁津之子，统治6年；[75]库达（Kuda），统治6年；[76]普祖尔－伊里（Puzur-Ili），统治5年；[77]乌尔－乌图（Ur-Utu），统治6年。五位王，[78]统治30年。

第七栏第24—51行：古提（Guti）王朝

乌鲁克被击败，王权被带到古提军队。在古提军中，有一个不知姓名的王；[79]尼比亚（Nibia）为王，统治3年；因基舒什（Inkishush），统治6年；扎尔－拉伽布（Zar-Lagab），统治6年；舒尔麦（Shulme），统治6年；[80]西鲁鲁麦什（Silulumesh），统治6年；[81]伊尼玛巴克什（Inimabakesh），统治5年；伊盖沙乌什（Igeshaush），统治6年；[82]亚尔拉伽布（Yarlagab），统治5年；伊巴特（Ibate），统治3年；亚尔拉（Yarla），统治3年；库鲁姆（Kurum），统治1年；[83]［阿］皮尔金（Apilkin），统治3年；［拉埃］拉布姆（Laerabum），统治2年；伊拉鲁姆（Irarum），统治2年；伊布拉努姆（Ibranum），统治1年；哈布鲁姆（Hablum），统治2年；普祖尔－辛，哈布鲁姆之子，统治7年；［亚］尔拉甘达（Yarlaganda），统治7年；［西乌］（Siu），统治7年；［提里伽］（Tiriga），统治40天。二十一位王，统治［91年］零40天。[84]

第八栏第1—6行：乌鲁克第五王朝

［古提］军队〈被击败〉，王权［被带］到乌鲁克。在乌鲁克，乌图－黑［伽尔（Utu-hegal）为王，统治］7年6个月零［15天］。[85]一位［王］，［统治］7年6个月零［15天］。

第八栏第7—20行：乌尔第三王朝

乌鲁克被击败，王权被带［到乌］尔。在乌尔，乌尔－纳木（Ur-Nammu）［为］王，［统］治18年；[86]舒尔吉（Shulgi），乌尔－纳木之子，统治48年；[87]阿玛尔－辛（Amar-Sin），舒尔吉之子，统治9年；[88]舒－辛，阿玛尔－辛之子，统治9年；[89]伊比－辛（Ibbi-Sin），舒－辛之子，统治24年。[90]五位王，统治108年。[91]

第八栏第21—45行：伊新第一王朝

乌尔被击败，王权被带到伊新。[92]在伊新，伊施比－埃拉（Ishbi-Erra）〈为〉王，统治33年；舒－伊里舒（Shu-ilishu），伊施比－埃拉之子，统治20年；[93]伊丁－达甘（Iddin-Dagan），舒－伊里舒之子，［统治］21年；[94]伊施麦－达［甘，伊丁－达甘之子，统治20］年；[95]李［皮特－伊施塔（Lipit-Ishtar），伊施麦－达甘之子，统治11］年；乌尔－［尼努尔塔］（Ur-Ninurta），统治［28年］；[96]布尔－［辛（Bur-Sin），乌尔－尼努尔塔之子］，统治21年；[97]李皮［特－恩］利尔（Lipit-Enlil），布尔－辛之子，统治5年；埃拉－伊米提（Erra-imitti），统治8年；[98]恩利尔－巴尼（Enlil-bani），统治24年；扎比亚（Zambia），统治3年；伊特尔－皮沙（Iter-pisha），统治4年；[99]乌尔－杜库伽（Ur-dukuga），统治4年；[100]辛－玛吉尔（Sin-magir），统治11年。十四位王，统治203年。[101]

三、校　注

[1]兰登残片载阿鲁里姆与阿拉尔伽尔分别统治67200年与72000年，[①]芬克尔斯坦残片载36000年与10800年，[②]弗里贝格残片与乔治残片载阿拉尔伽尔统治43200年。[③]

[2]在克劳斯残片中，王权由埃里都直接转到拉哈克，而未经过巴德-提比拉。[④]在兰登残片中，王权由埃里都传到拉尔萨，然后由拉尔萨传到巴德-提比拉。在记载大洪水前统治者的诸文献中，只有兰登残片提到拉尔萨，并载拉尔萨有两位王，分别统治12000年与3600年。[⑤]此外，关于大洪水前各城市王权的终结，不同文献使用的术语存在差异：格雷森残片作"bala-bi ba-kúr"（"kúr"意为"改变"）；[⑥]克劳斯残片[⑦]与芬克尔斯坦残片[⑧]作"ba-gul"（"gul"意为"毁灭"）；弗里贝格残片与乔治残片作"ba-šub"（"šub"意为"丢弃"）；[⑨]棱柱本最先作"ba-šub"，之后作"ba-šub-bé-en"。雅格布森认为，此处"-en"表示单数第一人称及物动词主语，这是棱柱本作者在"现身说法"，意为"我放下……"，[⑩]似乎起到转移话题（从一座城转到另一座城）的作用。格拉斯奈尔的译本在形式上采纳了雅格布森的建议，但倾向于认为"ba-šub-bé-en"的写法不准确。[⑪]"-bé-en"似乎略显多余，"ba-šub"（"被弃"）足以表达其意。布莱克等则尝试译为"衰落了"，[⑫]本文从此译法。

[3]在乔治A本中，巴德-提比拉的前两位王是阿美西帕安那（am-me-sipa-an-na）和阿美伽兰那（am-me-gal-an-na），分别统治21600年和18000年。[⑬]芬克尔斯坦残片载前两位王是阿美鲁安那（am-me-lu-an-na）与恩西帕兹安那，分别统治36000年与43200年，最后一位王杜姆兹统治36000年。[⑭]弗里贝格残片与乔治残片载恩美鲁安那——前者将其写作"阿米鲁安那"（am-mi-lú-an-na）——统治36000年，杜姆兹统治28800年。[⑮]兰登残片载巴德-提比拉共有两位王，即杜姆兹与恩美鲁安那，分别统治28800年与21600年。[⑯]

---

① J. Friberg, *A Remarkable Collection of Babylonian Mathematical Texts. Manuscripts in the Schøyen Collection. Cuneiform Texts I*, p. 240.

② J. J. Finkelstein, "The Antediluvian Kings: A University of California Tablet", p. 41.

③ A. R. George, *Cuneiform Royal Inscriptions and Related Texts in the Schøyen Collection*, pp. 200-201.

④ F. R. Kraus, "Zur Liste der älteren Könige von Babylonien", p. 31.

⑤ J. Friberg, *A Remarkable Collection of Babylonian Mathematical Texts. Manuscripts in the Schøyen Collection. Cuneiform Texts I*, p. 240.

⑥ A. K. Grayson, *Assyrian and Babylonian Chronicles*, p. 140.

⑦ F. R. Kraus, "Zur Liste der älteren Könige von Babylonien", p. 31.

⑧ J. J. Finkelstein, "The Antediluvian Kings: A University of California Tablet", p. 41.

⑨ A. R. George, *Cuneiform Royal Inscriptions and Related Texts in the Schøyen Collection*, pp. 200-201.

⑩ T. Jacobsen, *The Sumerian King List*, pp. 61-62, n. 115.

⑪ J.-J. Glassner, *Mesopotamian Chronilces*, pp. 118, 120.

⑫ J. Black et al., "The Sumerian King List".

⑬ A. R. George, *Cuneiform Royal Inscriptions and Related Texts in the Schøyen Collection*, pp. 202-203.

⑭ J. J. Finkelstein, "The Antediluvian Kings: A University of California Tablet", p. 41.

⑮ A. R. George, *Cuneiform Royal Inscriptions and Related Texts in the Schøyen Collection*, pp. 200-201.

⑯ J. Friberg, *A Remarkable Collection of Babylonian Mathematical Texts. Manuscripts in the Schøyen Collection. Cuneiform Texts I*, p. 240.

[4]在芬克尔斯坦残片中，王权由巴德-提比拉直接传到西帕尔，未经过拉哈克，[①]而在格雷森残片中，由拉哈克到西帕尔的顺序则被颠倒过来。[②]

[5]在克劳斯残片中，拉哈克共有两位王，分别是恩美伽兰那（应即棱柱本所载巴德-提比拉的第二位王）与恩西帕兹安那（应即棱柱本所载拉哈克的唯一的王），拉哈克之后的王朝的第一位王是杜姆兹（应即棱柱本所载巴德-提比拉的第三位王或末王）。[③]

[6]在乔治A本中，恩西帕兹安那统治21600年；[④]弗里贝格残片与乔治残片载13800年；[⑤]兰登残片载36000年。[⑥]乌尔A本载拉哈克只有一位王，统治21000年，且巴德-提比拉位于拉哈克之后。[⑦]

[7]在弗里贝格残片与乔治残片中，恩美杜兰那的名字被写作"美杜兰基"（[m] e-dur-an-ki），统治7200年；[⑧]在芬克尔斯坦残片中，这位王的名字则写作"恩美杜兰基"（en-me-dur-an-ki），统治6000年。[⑨]乔治A本载恩美杜兰那——写作"阿美杜兰那"（am-me-dur-an-na）——统治18000年，[⑩]兰登残片载72000年。[⑪]

[8]弗里贝格残片与乔治残片载乌巴拉/乌布尔（Ubur）-图图统治36000年。[⑫]

[9]在兰登残片、[⑬]格雷森残片[⑭]以及乔治A本[⑮]中，舒鲁帕克有两位王，除了乌巴拉-图图，另一位王是兹乌苏德拉（Ziusudara）。兰登残片载上述两位王先后统治28800年与36000年，乔治A本载20400年与36000年。彼特森残片应该也记载了舒鲁帕克有两位王（名字已不可见），分别统治36000年与43200年。[⑯]

[10]乔治A本总结为五座城市、十位王，[⑰]此处为笔误，实际上应是九位王（多出舒鲁帕克的第二位王兹乌苏德拉），格雷森残片载五座城市、九位王。[⑱]兰登残片则载六座城市、十位王（多出拉尔

---

① J. J. Finkelstein, "The Antediluvian Kings: A University of California Tablet", p. 41.

② A. K. Grayson, *Assyrian and Babylonian Chronicles*, p. 140.

③ F. R. Kraus, "Zur Liste der älteren Könige von Babylonien", p. 31.

④ A. R. George, *Cuneiform Royal Inscriptions and Related Texts in the Schøyen Collection*, pp. 202-203.

⑤ A. R. George, *Cuneiform Royal Inscriptions and Related Texts in the Schøyen Collection*, pp. 200-201.

⑥ J. Friberg, *A Remarkable Collection of Babylonian Mathematical Texts. Manuscripts in the Schøyen Collection. Cuneiform Texts I*, p. 240.

⑦ A. Shaffer, *Ur Excavations Texts, VI, Literary and Religious Texts, Third Part*, Plate 14, No. 504.

⑧ A. R. George, *Cuneiform Royal Inscriptions and Related Texts in the Schøyen Collection*, pp. 200-201.

⑨ J. J. Finkelstein, "The Antediluvian Kings: A University of California Tablet", p. 41.

⑩ A. R. George, *Cuneiform Royal Inscriptions and Related Texts in the Schøyen Collection*, pp. 202-203.

⑪ J. Friberg, *A Remarkable Collection of Babylonian Mathematical Texts. Manuscripts in the Schøyen Collection. Cuneiform Texts I*, p. 240.

⑫ A. R. George, *Cuneiform Royal Inscriptions and Related Texts in the Schøyen Collection*, pp. 200-201.

⑬ J. Friberg, *A Remarkable Collection of Babylonian Mathematical Texts. Manuscripts in the Schøyen Collection. Cuneiform Texts I*, p. 240.

⑭ A. K. Grayson, *Assyrian and Babylonian Chronicles*, p. 140.

⑮ A. R. George, *Cuneiform Royal Inscriptions and Related Texts in the Schøyen Collection*, p. 203.

⑯ J. Peterson, "A New Sumerian Fragment Preserving an Account of the Mesopotamian Antediluvian Dynasties", p. 259.

⑰ A. R. George, *Cuneiform Royal Inscriptions and Related Texts in the Schøyen Collection*, p. 203.

⑱ A. K. Grayson, *Assyrian and Babylonian Chronicles*, p. 140.

萨及其两位王），统治456000年。[①]弗里贝格残片与乔治残片载八位王、五座城市，统治222600年。[②]

［11］在乔治A本中，基什第一王朝的第一位王是卢古舒拉（Lu-gušurra），[③]其与吉舒尔应为同一人。

［12］斯坦凯勒本载吉舒尔统治2160年。[④]

［13］在斯坦凯勒本中，库拉西那贝尔的名字写作“x-（x）-la?-na-bi-ir”，其中，“-na-bi-ir”是“-na-be-el”的舛误。[⑤]

［14］尼普尔B本（CBS 14223）与尼普尔C本（BT 14）载库拉西那贝尔统治900年，[⑥]而乔治A本载840年。[⑦]

［15］在雅格布森恢复的文本中，此行为第二栏第3行。[⑧]在斯坦凯勒本中，南吉什里什玛位置的名字写作“［šag$_4$?-TAG］-TAG-TAR-ku-mu”，[⑨]而在乔治A本中写作“na-an-［z］i-iz-li-tár-ku”。[⑩]斯坦凯勒本载这位王统治1770年，尼普尔C本（BT 14）载1800年，[⑪]乔治A本载1200年。[⑫]

［16］尼普尔B本（N 3368）载恩达兰那统治“420年a-rá［…］3个月零3.5天”，[⑬]尼普尔C本（BT 14）载“［420年］a-rá 7-［àm］3个［月］零半天”，此处“a-rá”的意思不明，似乎表示“420×7”之意，[⑭]类似的记载也见于其他版本，如尼普尔E本中的“［a-r］á-6-kam”。[⑮]乔治A本载49年3个月零3.5天。[⑯]

［17］尼普尔B本（N 3368）载巴布姆统治300年。[⑰]

［18］尼普尔B本（CBS 13981）载卡里布姆统治900年，雅格布森认为棱柱本所载960年更准确。[⑱]

［19］苏萨A本将卡鲁姆载于“阿塔巴”（实为玛什达）之前，并载其统治600年，[⑲]雅格布森认为原始数字应为900年，同于尼普尔C本（CBS 13994），并认为棱柱本所载840年更准确。[⑳]

---

① J. Friberg, *A Remarkable Collection of Babylonian Mathematical Texts. Manuscripts in the Schøyen Collection. Cuneiform Texts I*, p. 240.

② A. R. George, *Cuneiform Royal Inscriptions and Related Texts in the Schøyen Collection*, pp. 200-201.

③ A. R. George, *Cuneiform Royal Inscriptions and Related Texts in the Schøyen Collection*, p. 203.

④ P. Steinkeller, “An Ur III Manuscript of the Sumerian King List”, p. 269.

⑤ P. Steinkeller, “An Ur III Manuscript of the Sumerian King List”, p. 277.

⑥ L. Legrain, *Historical Fragments*, p. 24; M. Civil, “Texts and Fragments”, *Journal of Cuneiform Studies*, Vol. 15 (1961), p. 80.

⑦ A. R. George, *Cuneiform Royal Inscriptions and Related Texts in the Schøyen Collection*, p. 203.

⑧ T. Jacobsen, *The Sumerian King List*, p. 78.

⑨ P. Steinkeller, “An Ur III Manuscript of the Sumerian King List”, p. 269.

⑩ A. R. George, *Cuneiform Royal Inscriptions and Related Texts in the Schøyen Collection*, p. 203.

⑪ J. Klein, “The Brockmon Collection Duplicate of the Sumerian Kinglist (BT 14)”, p. 80.

⑫ A. R. George, *Cuneiform Royal Inscriptions and Related Texts in the Schøyen Collection*, p. 203.

⑬ J. Klein, “The Brockmon Collection Duplicate of the Sumerian Kinglist (BT 14)”, p. 80.

⑭ J. Klein, “The Brockmon Collection Duplicate of the Sumerian Kinglist (BT 14)”, pp. 80, 85.

⑮ A. Poebel, *Historical Text*, p. 81.

⑯ A. R. George, *Cuneiform Royal Inscriptions and Related Texts in the Schøyen Collection*, p. 203.

⑰ M. Civil, “Texts and Fragments”, p. 80.

⑱ T. Jacobsen, *The Sumerian King List*, p. 78, n. 49.

⑲ V. Scheil, “Listes Susiennes des Dynasties de Sumer-Accad”, p. 152.

⑳ T. Jacobsen, *The Sumerian King List*, p. 79, n. 52.

［20］根据下一行可知，此行遗失玛什达的名字。可能在最初的版本中，玛什达的名字便已不可见，这导致在某些版本中，如棱柱本、尼普尔B本（CBS 13981）、尼普尔C本（CBS 13994）、尼普尔D本等，这位王的名字被误读为“阿塔巴”（“a-tab-ba”，即“阿塔布的……”），并被列于卡鲁姆之前，而在另一些版本中，如苏萨A本，其父阿塔布则被略去。①

［21］尼普尔B本（CBS 13981）载埃塔纳统治635年，②雅格布森认为，此系因原本所载数字1500年破损所致。③

［22］尼普尔B本（CBS 13981）——或许也包括苏萨A本④——载巴利赫统治410年。⑤

［23］尼普尔B本（CBS 13981）载恩美努那统治611年。⑥雅格布森认为，棱柱本及苏萨A本所载660年应为原本数字，尼普尔B本所载611年应系对原本数字的误读。⑦在斯坦凯勒本中，恩美努那的名字写作“me-en-nun-na”，统治1200年。⑧

［24］在斯坦凯勒本中，恩美努那之后便是巴萨尔努那。从名字上判断，麦拉姆-基什似乎应为斯坦凯勒本中的“基什-依什奇-舒尔”（kiš-LAM-ki-zu = kiš-iš$_x$-ki-sú/kiš-išqi-šu），但斯坦凯勒认为，由于基什-依什奇-舒尔之后便是达达塞路姆（da-da-se$_{11}$-LUM），而后者应为棱柱本所载基什第二王朝的第二位王达达西克（da-da-sig），因而基什-依什奇-舒尔应即达达西克之父苏速达（见棱柱本第四栏第20行），⑨但这两个名字的写法差异显著，很难被视为同一人。

［25］尼普尔C本（BT 14）并未载巴萨尔努那为恩美努那之子，而载巴萨尔努那开创了新的统治，并在前一行将恩美努那家族的统治时间计为1560年。⑩

［26］斯坦凯勒本载巴萨尔努那统治900年。⑪

［27］在莱兰本中，撒姆克的名字写作“sa-mu-úg”。⑫

［28］在伊尔库之前，尼普尔C本（BT 14）将巴萨尔努那家族的统治时间计为1200+［420］年。⑬在斯坦凯勒本中，伊尔库和伊尔塔-萨杜姆两位王的名字被合成为一个名字“伊尔基萨图”（il-ki-SA.TU）。⑭

［29］斯坦凯勒本载恩美巴拉吉西统治600年。⑮

---

① T. Jacobsen, *The Sumerian King List*, p. 79, n. 57.

② A. Poebel, *Historical Texts*, p. 73.

③ T. Jacobsen, *The Sumerian King List*, p. 81, n. 75.

④ T. Jacobsen, *The Sumerian King List*, p. 81, n. 78.

⑤ A. Poebel, *Historical Texts*, p. 73.

⑥ A. Poebel, *Historical Texts*, p. 74.

⑦ T. Jacobsen, *The Sumerian King List*, pp. 81-82, n. 81.

⑧ P. Steinkeller, “An Ur III Manuscript of the Sumerian King List”, p. 270.

⑨ P. Steinkeller, “An Ur III Manuscript of the Sumerian King List”, p. 277.

⑩ J. Klein, “The Brockmon Collection Duplicate of the Sumerian Kinglist (BT 14)”, p. 81.

⑪ P. Steinkeller, “An Ur III Manuscript of the Sumerian King List”, p. 270.

⑫ C.-A. Vincente, “The Tall Leilān Recension of the Sumerian King List”, p. 240.

⑬ J. Klein, “The Brockmon Collection Duplicate of the Sumerian Kinglist (BT 14)”, p. 81.

⑭ P. Steinkeller, “An Ur III Manuscript of the Sumerian King List”, p. 277.

⑮ P. Steinkeller, “An Ur III Manuscript of the Sumerian King List”, p. 270.

［30］斯坦凯勒本载阿卡统治1500年。①

［31］苏萨B本所载该王朝时长20970年3个月零2.5天②应源于棱柱本所载数字的残损。③

［32］尼普尔B本（CBS 13981）载麦什基阿伽舍尔统治325年。④雅格布森认为，棱柱本及苏萨B本所载324年应更确切。⑤

［33］莱兰本在恩美卡与卢伽尔班达之间列入另一位王“lugal-SI-NAM-SAR”，⑥这位王并不存在，也未见于《苏美尔王表》的其他版本。文森特认为，这一错误可能源于对某版本关于麦什基阿伽舍尔的描述的误读，即可能是对原文“［é-an-na-ka mes-ki-ág-ga-še-er ᵈumu dutu］en-àm lugal-［àm］［mes-ki-ág-ga-še-er ab-ba-b］a-an-ku_4 mu 325（？）in-ak”的错误修复，也即除保留“en-àm lugal”外，“ba-an-ku_4”还被误读为“SI-NAM-SAR”。⑦

［34］雅格布森认为，乌尔-农伽尔的名字也可能是“乌尔-卢伽尔”（ur-lugal）。⑧

［35］乔治B本载卢伽尔基屯统治6年，乌鲁克第一王朝统治2311年。⑨

［36］苏萨B本载乌鲁克第一王朝统治3588年，⑩据雅格布森，这是因为苏萨B本载该王朝最后两位王分别统治900年和420年，而非棱柱本所载6年和36年，后者应更为可信。⑪

［37］乔治B本载麦沙内帕达统治140年。⑫

［38］尼普尔A本（CBS 14220）、⑬尼普尔B本（CBS 13981）⑭与乔治B本⑮载麦什基阿克-南那统治30年。雅格布森认为，棱柱本所载36年应更准确，而尼普尔A本与尼普尔B本所载30年则令该王朝总时长为171年，而非177年。⑯

［39］尼普尔C本（BT 14）载乌尔第一王朝统治120+［50］+X年。⑰

［40］在尼森本中，达达西克统治至少80年。⑱在斯坦凯勒本中，达达塞路姆（即达达西克）统治1500年。⑲

---

① P. Steinkeller, “An Ur III Manuscript of the Sumerian King List”, p. 270.

② V. Scheil, “Listes Susiennes des Dynasties de Sumer-Accad”, p. 160.

③ T. Jacobsen, *The Sumerian King List*, p. 85, n. 105.

④ A. Poebel, *Historical Texts*, p. 74.

⑤ T. Jacobsen, *The Sumerian King List*, p. 85, n. 110.

⑥ C.-A. Vincente, “The Tall Leilān Recension of the Sumerian King List”, p. 241.

⑦ C.-A. Vincente, “The Tall Leilān Recension of the Sumerian King List”, pp. 251-252.

⑧ T. Jacobsen, *The Sumerian King List*, pp. 91, 134.

⑨ A. R. George, *Cuneiform Royal Inscriptions and Related Texts in the Schøyen Collection*, p. 204.

⑩ V. Scheil, “Listes Susiennes des Dynasties de Sumer-Accad”, p. 161.

⑪ T. Jacobsen, *The Sumerian King List*, p. 92, n. 143.

⑫ A. R. George, *Cuneiform Royal Inscriptions and Related Texts in the Schøyen Collection*, p. 204.

⑬ L. Legrain, *Historical Fragments*, p. 25.

⑭ A. Poebel, *Historical Texts*, p. 76.

⑮ A. R. George, *Cuneiform Royal Inscriptions and Related Texts in the Schøyen Collection*, p. 204.

⑯ T. Jacobsen, *The Sumerian King List*, p. 95, n. 149-150.

⑰ J. Klein, “The Brockmon Collection Duplicate of the Sumerian Kinglist (BT 14)”, p. 82, n. 31.

⑱ H. J. Nissen, “Eine neue Version der Sumerischen Königsliste”, pp. 1-2.

⑲ P. Steinkeller, “An Ur III Manuscript of the Sumerian King List”, p. 270.

［41］在尼普尔A本（Ni 9712）①及斯坦凯勒本②中，玛伽尔伽拉的名字写作“má-má-gal”。雅格布森认为正确形式应该是“má-gal-gal-la”，③而格拉斯奈尔④与布莱克等更倾向于前者。⑤尼普尔A本（Ni 9712）载玛伽尔伽拉统治420年。

［42］尼普尔A本（Ni 9712）载卡尔布姆（写作“ga-al-bu-um”）统治132年。⑥

［43］尼普尔A本（Ni 9712）⑦与乔治B本⑧均载麦努那为图格之子。

［44］在尼普尔A本（Ni 9712）⑨及莱兰本⑩中，卢伽尔穆位于伊比-［伊施塔］之前。根据尼普尔A本（Ni 9712）与乔治B本，⑪卢伽尔穆统治420年。伊比-［伊施塔］的名字存在争议，其中的“伊施塔”无法确定。⑫在乔治B本中，卢伽尔穆紧随麦努那之后，其后是末王伊比-辛（而非伊比-伊施塔），统治280年。⑬

［45］尼普尔A本（CBS 14220）载基什第二王朝统治3792年。⑭

［46］乔治B本载哈塔尼什统治420年。⑮

［47］在棱柱本及尼普尔C本中，王权转移的顺序是“哈玛兹—乌鲁克—乌尔”，而伊新本及莱兰本中的顺序则是“哈玛兹—乌尔—乌鲁克”。⑯

［48］棱柱本此处的记载较为混乱，此两行内容根据尼普尔C本（BT 14）⑰与莱兰本⑱修订而来。据尼普尔A本（Ni 9712），此两行所载两位王的名字分别写作“lugal-ur-e”和“ar-gan-an-dé-a”。⑲由于棱柱本第四栏终于此处，因而关于乌鲁克第二王朝的总结，即“三位王，统治187年”，理应位于第五栏前两行。然而，雅格布森根据苏萨A本将第五栏起始部分恢复为“乌鲁克被击败，王权被带到乌尔……”⑳

［49］关于乌尔第二王朝的国王，《苏美尔王表》不同版本记载差异较大，㉑伊新本（可能也包括莱

① F. R. Kraus, “Zur Liste der älteren Könige von Babylonien”, p. 36.

② P. Steinkeller, “An Ur III Manuscript of the Sumerian King List”, p. 270.

③ T. Jacobsen, *The Sumerian King List*, p. 96, n. 154.

④ J.-J. Glassner, *Mesopotamian Chronilces*, p. 122.

⑤ J. Black et al., “The Sumerian King List”.

⑥ F. R. Kraus, “Zur Liste der älteren Könige von Babylonien”, p. 36.

⑦ F. R. Kraus, “Zur Liste der älteren Könige von Babylonien”, p. 36.

⑧ A. R. George, *Cuneiform Royal Inscriptions and Related Texts in the Schøyen Collection*, pp. 204-205.

⑨ F. R. Kraus, “Zur Liste der älteren Könige von Babylonien”, p. 36.

⑩ C.-A. Vincente, “The Tall Leilān Recension of the Sumerian King List”, p. 241.

⑪ A. R. George, *Cuneiform Royal Inscriptions and Related Texts in the Schøyen Collection*, pp. 204-205.

⑫ C.-A. Vincente, “The Tall Leilān Recension of the Sumerian King List”, pp. 253-254.

⑬ A. R. George, *Cuneiform Royal Inscriptions and Related Texts in the Schøyen Collection*, pp. 204-205.

⑭ L. Legrain, *Historical Fragments*, p. 25.

⑮ A. R. George, *Cuneiform Royal Inscriptions and Related Texts in the Schøyen Collection*, pp. 204-205.

⑯ C.-A. Vincente, “The Tall Leilān Recension of the Sumerian King List”, p. 254.

⑰ J. Klein, “The Brockmon Collection Duplicate of the Sumerian Kinglist (BT 14)”, p. 83.

⑱ C.-A. Vincente, “The Tall Leilān Recension of the Sumerian King List”, p. 241.

⑲ F. R. Kraus, “Zur Liste der älteren Könige von Babylonien”, p. 36.

⑳ T. Jacobsen, *The Sumerian King List*, pp. 100-101.

㉑ C.-A. Vincente, “The Tall Leilān Recension of the Sumerian King List”, p. 255.

兰本）载三位王，尼森本载两位王，雅格布森认为有四位王。[①]据伊新本，该王朝的前两位王，即纳尼与麦什基阿克-南那，分别统治约［X］+54年和48年，而该王朝总统治时长约为540+[30]+8年；[②]据尼森本，上述两位王分别统治120+［X］年和45+［X］年。[③]

［50］在《苏美尔王表》诸版本中，关于马里王朝的记载仅在莱兰本中保存较完整。该王朝的第一位王安布的名字也可能读作"*il-sù*"或"*ilum-pu*"；据莱兰本，安布统治90年，棱柱本及尼普尔A本（CBS 14220）所载30年应为原始数字的一部分。[④]

［51］据莱兰本，安巴统治7年，[⑤]而雅格布森恢复的数字是17年。[⑥]

［52］据莱兰本，沙鲁姆-伊特尔统治7年，该王朝六位王共统治120+［60+4］年。[⑦]

［53］伊新本、[⑧]苏萨C本、[⑨]西帕尔本[⑩]以及斯坦凯勒本[⑪]在库格-巴乌之后直接登记其子普祖尔-辛（见棱柱本第六栏第9行），从而将棱柱本所载被阿克沙克王朝分隔开的基什第三和第四王朝合成一个王朝，而该王朝最后为阿克沙克王朝取代。

［54］棱柱本载温达鲁鲁统治6年，西帕尔本载12年，根据该王朝的统治时长（99年，不包括库格-巴乌的100年），12年应更准确。[⑫]温达鲁鲁并未出现在伊新本中，故而伊新本载阿克沙克王朝共有五位王，而非六位。[⑬]

［55］"普祖尔-尼拉赫"的读音存在争议，有学者认为"尼拉赫"（^{d}Niraḫ）应读作"穆什"（^{d}Muš）或"伊尔罕"（^{d}Irhan）。[⑭]据尼普尔A本（Ni 9712），这位王统治20年。[⑮]

［56］西帕尔本载舒-辛统治7年，[⑯]苏萨A本载24年。[⑰]雅格布森认为，苏萨A本的记载有误，可能受到上任国王伊舒-伊尔24年统治年限的影响。[⑱]

［57］尼普尔A本（CBS 14220）[⑲]与西帕尔本[⑳]均载阿克沙克王朝统治99年；苏萨A本载113年，[㉑]

---

① T. Jacobsen, *The Sumerian King List*, pp. 100-101.

② C.-A. Vincente, "The Tall Leilān Recension of the Sumerian King List", pp. 255-256.

③ H. J. Nissen, "Eine neue Version der Sumerischen Königsliste", p. 1.

④ C.-A. Vincente, "The Tall Leilān Recension of the Sumerian King List", p. 257.

⑤ C.-A. Vincente, "The Tall Leilān Recension of the Sumerian King List", p. 241.

⑥ T. Jacobsen, *The Sumerian King List*, p. 102.

⑦ C.-A. Vincente, "The Tall Leilān Recension of the Sumerian King List", p. 242.

⑧ C. Wilcke, "5. Inschriften 1983-1984 (7. -8. Kampagne)", p. 92.

⑨ V. Scheil, "Listes Susiennes des Dynasties de Sumer-Accad", p. 162.

⑩ C. J. Gadd, *The Early Dyansties of Sumer and Akkad*, p. 4.

⑪ P. Steinkeller, "An Ur III Manuscript of the Sumerian King List", p. 271.

⑫ T. Jacobsen, *The Sumerian King List*, p. 106, n. 208.

⑬ C. Wilcke, "5. Inschriften 1983-1984 (7. -8. Kampagne)", p. 92.

⑭ C.-A. Vincente, "The Tall Leilān Recension of the Sumerian King List", pp. 260-261.

⑮ F. R. Kraus, "Zur Liste der älteren Könige von Babylonien", p. 37.

⑯ C. J. Gadd, *The Early Dyansties of Sumer and Akkad*, p. 4.

⑰ V. Scheil, "Listes Susiennes des Dynasties de Sumer-Accad", p. 155.

⑱ T. Jacobsen, *The Sumerian King List*, p. 106, n. 211.

⑲ L. Legrain, *Historical Fragments*, p. 26.

⑳ C. J. Gadd, *The Early Dyansties of Sumer and Akkad*, p. 4.

㉑ V. Scheil, "Listes Susiennes des Dynasties de Sumer-Accad", p. 155.

雅格布森认为苏萨A本应载116年，因为据苏萨A本，舒-辛统治24年，而非7年。①

[58]苏萨A本载王权被带到马里，②对应于棱柱本所载阿达布王朝之后的王朝。

[59]斯坦凯勒本载普祖尔-辛统治4年。③

[60]尼普尔C本（BT 14）载乌尔-扎巴巴统治360年，并在之后两行记载“库格-巴乌的王朝统治131年”（131 mu bal [a] kug-^{d}ba-ú-k [am]），也即与伊新本、西帕尔本、苏萨C本相同，将基什第三和第四王朝合并为一个王朝。④西帕尔本⑤与斯坦凯勒本⑥均载乌尔-扎巴巴统治6年，雅格布森认为，数字6应为原始数字400的残余部分。⑦

[61]在莱兰本中，西姆达拉的名字写作“zi-mu-NI-ak-e”，莱兰本的底本可能在“zi-mu”之后出现残损。⑧苏萨A本将西姆达拉列为基什第四王朝末王，⑨雅格布森认为，其底本应于此处存在残损，原载应为纳尼亚，故苏萨A本所载西姆达拉统治的7年应为其底本所载纳尼亚的统治年限。⑩斯坦凯勒本载西姆达拉统治20年。⑪

[62]苏萨C本将乌茨-瓦塔尔列为基什第四王朝末王，⑫根据雅格布森，苏萨C本（可能也包括苏萨A本）的底本应于此处残损。⑬西帕尔本载乌茨-瓦塔尔统治6年，数字6应为原始数字7的残余部分。⑭斯坦凯勒本未载乌茨-瓦塔尔的统治。

[63]在斯坦凯勒本中，伊施塔-穆提的名字写作“阿什达尔-穆提”（aš-dar-mu-ti）。⑮

[64]在斯坦凯勒本中，伊什麦-沙马什的名字被写成“伊米-沙马什”（i-mi-^{d}Šamaš），斯坦凯勒认为，后者才是这一名字的正确形式。⑯

[65]苏萨A本在伊什麦-沙马什之后列出两位王——舒-伊里舒和西姆达拉，⑰前者应为伊新第一王朝的第一位王，后者似为乌茨-瓦塔尔之父。雅格布森认为，可能由于苏萨A本的底本在纳尼亚之后残损，苏萨A本的作者在根据其他材料予以修补时出现了错误。⑱西帕尔本载纳尼亚统治3年，⑲

① T. Jacobsen, *The Sumerian King List*, p. 107, n. 212.

② V. Scheil, “Listes Susiennes des Dynasties de Sumer-Accad”, p. 155.

③ P. Steinkeller, “An Ur III Manuscript of the Sumerian King List”, p. 271.

④ J. Klein, “The Brockmon Collection Duplicate of the Sumerian Kinglist (BT 14)”, pp. 83, 87.

⑤ C. J. Gadd, *The Early Dyansties of Sumer and Akkad*, p. 4.

⑥ P. Steinkeller, “An Ur III Manuscript of the Sumerian King List”, p. 271.

⑦ T. Jacobsen, *The Sumerian King List*, p. 108, n. 218.

⑧ C.-A. Vincente, “The Tall Leilān Recension of the Sumerian King List”, pp. 261-262.

⑨ V. Scheil, “Listes Susiennes des Dynasties de Sumer-Accad”, p. 156.

⑩ T. Jacobsen, *The Sumerian King List*, p. 108, n. 211.

⑪ P. Steinkeller, “An Ur III Manuscript of the Sumerian King List”, p. 271.

⑫ V. Scheil, “Listes Susiennes des Dynasties de Sumer-Accad”, p. 163.

⑬ T. Jacobsen, *The Sumerian King List*, p. 109, n. 224.

⑭ T. Jacobsen, *The Sumerian King List*, p. 108, n. 223.

⑮ P. Steinkeller, “An Ur III Manuscript of the Sumerian King List”, p. 271.

⑯ P. Steinkeller, “An Ur III Manuscript of the Sumerian King List”, pp. 277-278.

⑰ V. Scheil, “Listes Susiennes des Dynasties de Sumer-Accad”, p. 156.

⑱ T. Jacobsen, *The Sumerian King List*, pp. 108-109, n. 219, n. 221-222, n. 228-229.

⑲ C. J. Gadd, *The Early Dyansties of Sumer and Akkad*, p. 5.

雅格布森认为，数字3应为原始数字7的残余部分。①斯坦凯勒本在纳尼亚之后列出其子“麦什努尼”（mes-nun-né），似乎将其作为基什第四王朝的末王，②斯坦凯勒认为，纳尼亚及其子麦什努尼应该也是乌尔第二王朝的纳尼及其子麦什基阿克-南那，同时也可能是乌尔第一王朝的麦沙内帕达及其子麦什基阿克-南那。③

［66］莱兰本载基什第四王朝统治48［7］年。④根据雅格布森，苏萨A本所载485年⑤应源于其错误的修补，而西帕尔本之所以载586年⑥可能是因为该版本将库格-巴乌也列为该王朝的王。⑦

［67］伊新本未载卢伽尔扎吉西（乌鲁克第三王朝）的统治，王权由阿克沙克直接转移到阿卡德。⑧

［68］伊新本无“阿卡德之王”（lugal a-ga-dè^{ki}）的记载。⑨棱柱本载阿卡德王朝前三位王（萨尔贡、里姆什和马尼什图苏）分别统治56年、9年、15年；尼普尔A本（CBS 14220）载55年、15年、7年，⑩尼普尔B本（CBS 13981）、尼普尔C本（CBS 13994）、苏萨A本、苏萨C本、西帕尔本应与尼普尔A本一致；莱兰本载前两位王分别统治54年和7年。⑪雅格布森认为（当时莱兰本尚未发表），棱柱本的数据应更准确。⑫莱兰本载萨尔贡统治的54年应为原始数字56的残存部分，伊新本所载53+［X］同样如此；由于伊新本和莱兰本均载里姆什统治7年而尼普尔A本载马尼什图苏统治7年，尼普尔A本所载两位王的统治年限可能被颠倒，即里姆什实际上应统治7年，而非棱柱本所载9年。⑬斯坦凯勒本载萨尔贡统治40年，并将马尼什图苏载于里姆什之前，分别统治15年和8年，斯坦凯勒认为，该本所载这一次序应符合史实。⑭与棱柱本、尼普尔A本及伊新本不同，莱兰本未载马尼什图苏是里姆什的兄长。⑮

［69］尼普尔A本（CBS 14220）⑯载纳拉姆-辛与沙尔-卡利-沙瑞分别统治56年（尼普尔C本应与此相同）⑰和25年（苏萨C本与此相同，⑱而尼普尔C本载24年⑲），鉴于棱柱本载阿卡德王朝统治181年，雅格布森认为，纳拉姆-辛统治的56年数值过高，除去沙尔-卡利-沙瑞统治的25年及之后

---

① T. Jacobsen, *The Sumerian King List*, pp. 109-110, n. 231.

② P. Steinkeller, “An Ur III Manuscript of the Sumerian King List”, p. 271.

③ P. Steinkeller, “An Ur III Manuscript of the Sumerian King List”, p. 278.

④ C.-A. Vincente, “The Tall Leilān Recension of the Sumerian King List”, p. 262.

⑤ V. Scheil, “Listes Susiennes des Dynasties de Sumer-Accad”, p. 156.

⑥ C. J. Gadd, *The Early Dyansties of Sumer and Akkad*, p. 5.

⑦ T. Jacobsen, *The Sumerian King List*, p. 110, n. 233.

⑧ C. Wilcke, “5. Inschriften 1983-1984 (7. -8. Kampagne)”, p. 92.

⑨ C. Wilcke, “5. Inschriften 1983-1984 (7. -8. Kampagne)”, p. 92.

⑩ L. Legrain, *Historical Fragments*, p. 26.

⑪ C.-A. Vincente, “The Tall Leilān Recension of the Sumerian King List”, p. 242.

⑫ T. Jacobsen, *The Sumerian King List*, p. 111, n. 45-246, p. 112, n. 250-251.

⑬ C.-A. Vincente, “The Tall Leilān Recension of the Sumerian King List”, p. 263.

⑭ P. Steinkeller, “An Ur III Manuscript of the Sumerian King List”, pp. 278-279.

⑮ C.-A. Vincente, “The Tall Leilān Recension of the Sumerian King List”, p. 264.

⑯ L. Legrain, *Historical Fragments*, pp. 26-27.

⑰ J. Klein, “The Brockmon Collection Duplicate of the Sumerian Kinglist (BT 14)”, p. 85.

⑱ V. Scheil, “Listes Susiennes des Dynasties de Sumer-Accad”, p. 163.

⑲ J. Klein, “The Brockmon Collection Duplicate of the Sumerian Kinglist (BT 14)”, p. 85.

的时间可得出37年，而56年可能源于对36年（与37年极为接近）的误读。[①]鉴于莱兰本第三与第四栏之间约遗失27行，文森特认为，该本可能将沙尔-卡利-沙瑞列为阿卡德王朝末王，之后王权转入乌鲁克。[②]斯坦凯勒本载纳拉姆-辛统治54年零6个月。[③]

［70］根据威尔克的恢复，伊新本称伊尔吉吉为“dumu-na”（“无名氏之子”）。从这一部分的记述来看，伊尔吉吉以及其后几位王似乎都没有王室血统。与此类似，在《亚述王表》中，王室家族以外的占有王位的人都被称为“无名氏之子”（“DUMU *la ma-ma-na*”）。[④]斯坦凯勒本称伊尔吉吉为“ARAD *sar-ru-um*”，斯坦凯勒认为其意为“他（伊尔吉吉）是奴隶，还是王？”。[⑤]

［71］在伊新本中，纳努姆（写作“na-an?-né”）位于伊米之后。[⑥]

［72］伊新本载舒杜鲁尔统治18年。[⑦]

［73］苏萨A本载阿卡德王朝有六位王，统治161年，[⑧]根据雅格布森，数字6应为残损的数字9，而161年则为该王朝前九位王总的统治时长。[⑨]苏萨C本载该王朝统治177年。[⑩]西帕尔本载该王朝有十二位王，统治197年，[⑪]大致同于尼普尔B本所载十二位王、196年。[⑫]雅格布森认为，棱柱本所载181年应更可信。[⑬]

［74］伊新本[⑭]和西帕尔本[⑮]载乌尔-宁津统治3年，苏萨A本载30年，[⑯]苏萨C本载15年。[⑰]雅格布森认为，苏萨A本和苏萨C本所载系根据某残损版本修复而来，故可信度不大，而西帕尔本所载3年应为棱柱本或原本所载7年的残存部分。[⑱]

［75］苏萨A本载乌尔-吉吉尔统治15年，[⑲]伊新本[⑳]及苏萨C本[㉑]载7年。雅格布森认为，棱柱本及西帕尔本所载6年应为原本数据。[㉒]

---

① T. Jacobsen, *The Sumerian King List*, p. 112, n. 251.

② C.-A. Vincente, “The Tall Leilān Recension of the Sumerian King List”, pp. 264-265.

③ P. Steinkeller, “An Ur III Manuscript of the Sumerian King List”, p. 272.

④ A. K. Grayson, “Königlisten und Chroniken: B. Akkadisch”, D. O. Edzard ed., *Reallexikon der Assyriologie und vorderasiatischen Archäologie*, Band 6, Berlin / New York: Walter de Gruyter, 1980-1983, p. 106.

⑤ P. Steinkeller, “An Ur III Manuscript of the Sumerian King List”, p. 280.

⑥ C. Wilcke, “5. Inschriften 1983-1984 (7. -8. Kampagne)”, p. 92.

⑦ C. Wilcke, “5. Inschriften 1983-1984 (7. -8. Kampagne)”, p. 92.

⑧ V. Scheil, “Listes Susiennes des Dynasties de Sumer-Accad”, p. 156.

⑨ T. Jacobsen, *The Sumerian King List*, pp. 25, 114, n. 268.

⑩ V. Scheil, “Listes Susiennes des Dynasties de Sumer-Accad”, p. 164.

⑪ C. J. Gadd, *The Early Dyansties of Sumer and Akkad*, p. 6.

⑫ A. Poebel, *Historical Texts*, p. 77.

⑬ T. Jacobsen, *The Sumerian King List*, pp. 23-28, 115, n. 269.

⑭ C. Wilcke, “5. Inschriften 1983-1984 (7. -8. Kampagne)”, p. 92.

⑮ C. J. Gadd, *The Early Dyansties of Sumer and Akkad*, p. 7.

⑯ V. Scheil, “Listes Susiennes des Dynasties de Sumer-Accad”, p. 157.

⑰ V. Scheil, “Listes Susiennes des Dynasties de Sumer-Accad”, p. 165.

⑱ T. Jacobsen, *The Sumerian King List*, p. 115, n. 272.

⑲ V. Scheil, “Listes Susiennes des Dynasties de Sumer-Accad”, p. 157.

⑳ C. Wilcke, “5. Inschriften 1983-1984 (7. -8. Kampagne)”, p. 92.

㉑ V. Scheil, “Listes Susiennes des Dynasties de Sumer-Accad”, p. 165.

㉒ T. Jacobsen, *The Sumerian King List*, p. 115, n. 274.

[76]斯坦凯勒本载库达统治5年，并将其列为乌鲁克第四王朝的末王。①

[77]伊新本载普祖尔-伊里统治20年。②

[78]棱柱本所载乌尔-吉吉尔以下三位国王（库达、普祖尔-伊里和乌尔-乌图）不见于苏萨A本，根据雅格布森，苏萨A本似乎将原文的“lugal-e-ne”错误地理解为某个名为“lugal-me-lám”的王，并臆断其为乌尔-吉吉尔之子；并且，以上三位王中的前两位也不见于苏萨C本，雅格布森由此推测，二者的共同底本在苏萨A本抄写时期相较于之前苏萨C本抄写时期残损更为严重。③

[79]关于古提王朝，斯坦凯勒本载“*um-ma-núm*^{ki}-e lugal nu-tuku ní-bi-šè mu 3 íb-ba”，斯坦凯勒认为，其意为“这群人（古提军队）没有王，他们共享王权3年”。④然而，“*um-ma-núm*^{ki}”这一写法表明，该本似乎将其视为一个地点。

[80]尼普尔A本（CBS 14220）载古提王朝前四位王的名字分别作“im-bi-a”“in-gi$_4$-šúš”“wa-ar-la-ga-ba”和“ia-ar-la-ga-aš”，分别统治5年、7年、6年和3年。⑤

[81]基什本载西鲁鲁麦什统治7年。⑥

[82]尼普尔F本载西鲁鲁麦什（写作“si-lu-lu”）之后两位国王的名字分别作“du$_{10}$-ga”和“i-lu-DINGIR”，分别统治6年和3年。⑦关于古提王的记载仅出现在《苏美尔王表》的几个版本中，棱柱本记载最全，其次是斯坦凯勒本，尼普尔A本和尼普尔F本仅余几行。诸版本的记载并不统一，⑧其中，斯坦凯勒本与棱柱本的差异较大，在斯坦凯勒本中，除个别王的名字如舒尔麦、西鲁鲁（麦什）外，其他名字都不一致；并且，斯坦凯勒本还在古提王朝与乌图-黑伽尔（乌鲁克第五王朝）之间插入一个所谓“阿达布王朝”（并不同于棱柱本中的阿达布王朝）。斯坦凯勒认为，这可能意味着古提王朝的最后几位王已控制阿达布。⑨

[83]尼普尔F本载库鲁姆（写作“[ku-r] u-um”）统治3年。⑩

[84]尼普尔A本（CBS 14220）载古提王朝统治124年零40天，⑪尼普尔B本（CBS 14223）载125年零40天。⑫雅格布森认为，这两个版本的数据不实，源于对符号“eš”的误读。⑬

[85]在伊新本中，乌图-黑伽尔的名字写作“^{d}utu-en-gál”，统治26年[X]+2个月零15天。⑭棱柱本所载“427年……天”应系对底本残损部分的误读，雅格布森订正为“7年6个月零15天”。⑮莱

① P. Steinkeller, “An Ur III Manuscript of the Sumerian King List”, p. 272.

② C. Wilcke, “5. Inschriften 1983-1984 (7. -8. Kampagne)”, p. 92.

③ T. Jacobsen, *The Sumerian King List*, pp. 51, 116, n. 276-277.

④ P. Steinkeller, “An Ur III Manuscript of the Sumerian King List”, p. 280.

⑤ L. Legrain, *Historical Fragments*, p. 27; T. Jacobsen, *The Sumerian King List*, p. 118, n. 289-290, 293.

⑥ T. Jacobsen, *The Sumerian King List*, p. 12.

⑦ P. Michalowski, “History as Chapter. Some Observations on the Sumerian King List”, p. 246.

⑧ P. Michalowski, “History as Chapter. Some Observations on the Sumerian King List”, p. 247.

⑨ P. Steinkeller, “An Ur III Manuscript of the Sumerian King List”, p. 281.

⑩ P. Michalowski, “History as Chapter. Some Observations on the Sumerian King List”, p. 246.

⑪ L. Legrain, *Historical Fragments*, p. 28.

⑫ A. Poebel, *Historical Texts*, p. 78.

⑬ T. Jacobsen, *The Sumerian King List*, p. 120, n. 309.

⑭ C. Wilcke, “5. Inschriften 1983-1984 (7. -8. Kampagne)”, p. 92.

⑮ T. Jacobsen, *The Sumerian King List*, p. 121, n. 315.

兰本载“7年6个月零5天”，其中数字5应为原始数字15的残存部分。①

［86］莱兰本载乌尔-纳木统治10+［X］年。②《乌尔-伊新王表》（Ur-Isin King List）载18年，③与棱柱本一致。

［87］尼普尔D本载舒尔吉统治58年，④苏萨C本⑤与莱兰本⑥均载48年，棱柱本载46年，雅格布森认为，原本应载48年，数字6应源于残损的数字8，而尼普尔D本所载58应系误判数字50及其前面表示“年”的符号“MU”所致。⑦《乌尔-伊新王表》载48年，⑧已知舒尔吉的年名有48个。⑨

［88］苏萨C本载阿玛尔-辛统治25年，雅格布森认为，棱柱本及尼普尔D本所载9年应更准确，因为可得到阿玛尔-辛年名（已知9个⑩）的佐证。⑪《乌尔-伊新王表》载9年。⑫

［89］尼普尔D本载舒-辛统治7年，⑬苏萨A本载20余年，⑭苏萨C本载16年。⑮雅格布森认为，棱柱本所载9年应更准确，因为可得到舒-辛年名（已知9个⑯）的佐证。⑰《乌尔-伊新王表》载9年。⑱

［90］棱柱本与雅格布森本⑲载伊比-辛统治24年，尼普尔D本⑳与苏萨A本㉑载25年，而苏萨C本载15年，㉒莱兰本载23或25年。㉓雅格布森认为，原本所载应为25年，数字15应为数字25的讹误，但数字24如何而来则无法确定。㉔由于棱柱本载伊施比-埃拉统治33年，而尼普尔D本载32年，㉕即两个版本所载前后两位王的统治年限之和相同，也即24 + 33 = 25 + 32（伊比-辛的年名有24个，伊

---

① C.-A. Vincente, “The Tall Leilān Recension of the Sumerian King List”, p. 265.

② C.-A. Vincente, “The Tall Leilān Recension of the Sumerian King List”, p. 243.

③ A. R. George, *Cuneiform Royal Inscriptions and Related Texts in the Schøyen Collection*, p. 206.

④ A. Poebel, *Historical Texts*, p. 83.

⑤ V. Scheil, “Listes Susiennes des Dynasties de Sumer-Accad”, p. 166.

⑥ C.-A. Vincente, “The Tall Leilān Recension of the Sumerian King List”, p. 243

⑦ T. Jacobsen, *The Sumerian King List*, p. 122, n. 321.

⑧ A. R. George, *Cuneiform Royal Inscriptions and Related Texts in the Schøyen Collection*, p. 206.

⑨ M. Sigrist and P. Damero, “Mesopotamian Year Names, Neo-Sumerian and Old Babylonian Date Formulae”, https://cdli-gh. github. io/year-names/HTML/T6K2. htm, 2001.

⑩ M. Sigrist and P. Damero, “Mesopotamian Year Names, Neo-Sumerian and Old Babylonian Date Formulae”, https://cdli-gh. github. io/year-names/HTML/T6K2. htm, 2001.

⑪ T. Jacobsen, *The Sumerian King List*, p. 123, n. 326.

⑫ A. R. George, *Cuneiform Royal Inscriptions and Related Texts in the Schøyen Collection*, p. 206.

⑬ A. Poebel, *Historical Texts*, p. 83.

⑭ V. Scheil, “Listes Susiennes des Dynasties de Sumer-Accad”, p. 158.

⑮ V. Scheil, “Listes Susiennes des Dynasties de Sumer-Accad”, p. 166.

⑯ M. Sigrist and P. Damero, “Mesopotamian Year Names, Neo-Sumerian and Old Babylonian Date Formulae”, https://cdli-gh. github. io/year-names/HTML/T6K2. htm, 2001.

⑰ T. Jacobsen, *The Sumerian King List*, p. 123, n. 329.

⑱ A. R. George, *Cuneiform Royal Inscriptions and Related Texts in the Schøyen Collection*, p. 206.

⑲ T. Jacobsen, *The Sumerian King List*, p. 12.

⑳ A. Poebel, *Historical Texts*, p. 83.

㉑ V. Scheil, “Listes Susiennes des Dynasties de Sumer-Accad”, p. 158.

㉒ V. Scheil, “Listes Susiennes des Dynasties de Sumer-Accad”, p. 166.

㉓ C.-A. Vincente, “The Tall Leilān Recension of the Sumerian King List”, p. 266.

㉔ T. Jacobsen, *The Sumerian King List*, p. 123, n. 331.

㉕ A. Poebel, *Historical Texts*, p. 83.

施比-埃拉的年名有33个[①]），因而这两个版本可能在伊比-辛末年或伊施比-埃拉即位年的认定上存在差异。《乌尔-伊新王表》载24年。[②]

［91］棱柱本原载4位王，应为笔误。雅格布森推测，这一计数错误可能由阿玛尔-辛和舒-辛相同的统治年限造成。[③]尼普尔D本载乌尔第三王朝统治117年；[④]苏萨C本载123年，[⑤]比其所列国王统治年限之和多出1年，苏萨A本所载数字不完整，[⑥]但应与苏萨C本一致。[⑦]

［92］苏萨C本于其句末另加“suhuš mu-un-［sír］1 me（?）-［…］”，意为“苏美尔的根基被毁……”[⑧]

［93］尼普尔D本载舒-伊里舒统治10年，[⑨]苏萨A本载15年。[⑩]雅格布森认为，原本所载应为10年（已知舒-伊里舒的年名有10个[⑪]），棱柱本所载20年不确，因为棱柱本所载伊新第一王朝统治203年，这将使舒-伊里舒的10年统治期更为可信。[⑫]《乌尔-伊新王表》载10年。[⑬]

［94］棱柱本、尼普尔B本（CBS 13981）[⑭]和尼普尔D本[⑮]均载伊丁-达甘统治21年，苏萨A本载25年。[⑯]《乌尔-伊新王表》载21年。[⑰]

［95］《乌尔-伊新王表》载伊施麦-达甘统治19年。[⑱]

［96］尼普尔A本（Ni 9712）[⑲]与尼普尔B本（CBS 13981）[⑳]载乌尔-尼努尔塔为雷神之子，并附有对这位王的祝福：希望他长寿、统治安好、生活甜美。[㉑]

［97］《乌尔-伊新王表》载布尔-辛统治22年。[㉒]

① M. Sigrist and P. Damero, “Mesopotamian Year Names, Neo-Sumerian and Old Babylonian Date Formulae”, https://cdli-gh. github. io/year-names/HTML/T6K2. htm, 2001.

② A. R. George, *Cuneiform Royal Inscriptions and Related Texts in the Schøyen Collection*, p. 206.

③ T. Jacobsen, *The Sumerian King List*, p. 123, n. 332.

④ A. Poebel, *Historical Texts*, p. 83.

⑤ V. Scheil, “Listes Susiennes des Dynasties de Sumer-Accad”, p. 166.

⑥ V. Scheil, “Listes Susiennes des Dynasties de Sumer-Accad”, p. 158.

⑦ T. Jacobsen, *The Sumerian King List*, p. 124, n. 333.

⑧ T. Jacobsen, *The Sumerian King List*, p. 124, n. 336.

⑨ A. Poebel, *Historical Texts*, p. 83.

⑩ V. Scheil, “Listes Susiennes des Dynasties de Sumer-Accad”, p. 158.

⑪ M. Sigrist and P. Damero, “Mesopotamian Year Names, Neo-Sumerian and Old Babylonian Date Formulae”, https://cdli-gh. github. io/year-names/HTML/T6K2. htm, 2001.

⑫ T. Jacobsen, *The Sumerian King List*, p. 125, n. 343.

⑬ A. R. George, *Cuneiform Royal Inscriptions and Related Texts in the Schøyen Collection*, p. 206.

⑭ A. Poebel, *Historical Texts*, p. 76.

⑮ A. Poebel, *Historical Texts*, p. 83.

⑯ V. Scheil, “Listes Susiennes des Dynasties de Sumer-Accad”, p. 158.

⑰ A. R. George, *Cuneiform Royal Inscriptions and Related Texts in the Schøyen Collection*, p. 206.

⑱ A. R. George, *Cuneiform Royal Inscriptions and Related Texts in the Schøyen Collection*, p. 206.

⑲ F. R. Kraus, “Zur Liste der älteren Könige von Babylonien”, p. 37.

⑳ A. Poebel, *Historical Texts*, p. 76.

㉑ J. Black et al., “The Sumerian King List”, 365.

㉒ A. R. George, *Cuneiform Royal Inscriptions and Related Texts in the Schøyen Collection*, p. 206.

［98］尼普尔D本[①]与莱兰本[②]均载埃拉-伊米提统治7年，根据雅格布森，棱柱本所载8年应更准确。[③]《乌尔-伊新王表》载8年。[④]

［99］《乌尔-伊新王表》载伊特尔-皮沙统治3年。[⑤]

［100］《乌尔-伊新王表》载乌尔-杜库伽统治3年。[⑥]

［101］棱柱本载伊新第一王朝有十三位王，但实际上列出十四位王，数字13应为笔误；棱柱本载该王朝统治203年，但实际上总和为213年，若舒-伊里舒统治10年，则准确时长应为203年。[⑦]尼普尔D本载十六位王，统治225年零6个月，与棱柱本相比，另外两位王分别是埃拉-伊米提与恩利尔-巴尼之间、统治6个月的某位王（名字已佚失），以及辛-玛吉尔之子、统治3年的达米克-伊利舒（Damiq-ilishu）。[⑧]

The Sumerian King List of Ancient Mesopotamia: Sources, Text, and Commentary

Chen Fei (Peking University)

Abstract: The Sumerian King List is a historical text written in Sumerian, recording the Babylonian monarchs with their reign lengths before the 2nd Millennium BC. There are many sources belonging to more than 20 versions of Sumerian King List known so far, coming from different sites. Among those versions, the major and best preserved is the one inscribed on a four-sided prism. The editing of the text of the Sumerian King List is mainly based upon the prism version, supplemented by other versions. The commentary on the text of the Sumerian King List is made by comparing the discrepancies among different versions.

Key Words: Sumerian, King List, Mesopotamia, Babylonia

① A. Poebel, *Historical Texts*, p. 83.

② C.-A. Vincente, "The Tall Leilān Recension of the Sumerian King List", p. 243.

③ T. Jacobsen, *The Sumerian King List*, p. 126, n. 359.

④ A. R. George, *Cuneiform Royal Inscriptions and Related Texts in the Schøyen Collection*, p. 206.

⑤ A. R. George, *Cuneiform Royal Inscriptions and Related Texts in the Schøyen Collection*, p. 207.

⑥ A. R. George, *Cuneiform Royal Inscriptions and Related Texts in the Schøyen Collection*, p. 207.

⑦ T. Jacobsen, *The Sumerian King List*, p. 127, n. 363.

⑧ A. Poebel, *Historical Texts*, p. 83.

新发现的巴黎本《推原正達》整理与研究*

沈一鸣（北京大学）

摘　要：《推原正達》是收藏于法国原巴黎东方语言文化学院图书馆的一个中文伊斯兰文献抄本孤本。该抄本来源成谜，也不清楚抄写人、完成时间和文本译者。有学者认为该抄本系波斯苏非哲学散文《米尔萨德》的节译本，亦为《经学系传谱》所载之《推原正达》，为舍起灵所译。本文拟将该抄本进行全面而详细介绍，并通过比对波斯原文，伍遵契同源译本《归真要道》，和舍起灵同类译作《昭元秘诀》，对该抄本的译者、抄写人、读者及文本特点等进行辨析。

关键词：巴黎本《推原正達》　舍起灵　《米尔萨德》《昭元秘诀》《归真要道》

前　言

《推原正達》是列于法国原巴黎东方语言文化学院图书馆目录（Ecole das Langues Orientales catalogue）的一本中文伊斯兰文献抄本（以下简称巴黎本）。唐纳德·莱斯利（Donald D. Leslie）在1977年与路德米拉·潘斯卡亚（Ludmilla Panskaya）合作编辑的著作《巴拉第〈回人汉籍著述考〉简介》中曾提及该抄本。[①]莱斯利后在其于1982年发表的论文《刘智所使用的阿拉伯文和波斯文材料》（*Arabic and Persian Sources Used by Liu Chih*）中再次简要提及。[②]在文中，莱斯利介绍该抄本馆藏号为Chi. 845，是波斯苏非哲学散文《米尔萨德·阿巴德》（*Mirṣād al-'Ibād*，以下简称《米尔萨德》）的一个中文译本，其原文由库布拉维教团（Kubrawiyya order）苏非纳吉姆丁·拉齐（Najm al-Dīn Rāzī，1177—1256）创作。[③]

莱斯利在文中进一步写道，巴黎本包括“3册，共计20章。[……]其中第二和第三册（也可能只有第二册？）对应另一译本《归真要道》第三部分的二十章节”。[④]从该段分析推测，莱斯利并未

---

* 本文为国家社会科学基金一般项目“中国伊斯兰古典诗歌整理与研究”（23BZJ051）阶段性成果。

本文写作得到北京师范大学历史学院华喆副教授和中国社会科学院古代史研究所李鸣飞副研究员的启发和帮助，在此表示感谢。

① Ludmilla Panskaya, ed. *Introduction to Palladii's Chinese Literature of the Muslims*, Canberra: Australian National University Press, 1977, pp. 84-85.

② 莱斯利在1981年还出版了*Islamic Literature in Chinese Late Ming and Early Ch' ing: Books, Authors and Associates* (Canberra, Canberra College of Advanced education, 1981)一书，相关内容与1982年论文雷同。本文依发表顺序就新原则，主要参考莱斯利1982年论文成果。

③ Donald Daniel Leslie, “Arabic and Persian Sources Used by Liu Chih”, *Central Asiatic Journal*, 26, 1982, p. 90.

④ Ibid.

将巴黎本与《米尔萨德》原文比较，而是基于《米尔萨德》的另一中译本，即伍遵契（约1598—1698年）的《归真要道》，对章节和标题进行比对。[①]虽然莱斯利得出的巴黎本是《米尔萨德》译本的结论正确，但两者间实质对应关系在表述上却有出入，下文将详述。

莱斯利之后，巴黎本的信息在各类研究文献中鲜有提及。2013年，纳巨峰在其博士论文中根据莱斯利的线索，提出巴黎本即为舍起灵（1638—1703年）译作《推原正达》，并判定"巴黎藏本《推原正逵》当为《推原正達》之误"。[②]此后，德罗·威尔（Dror Weil）在其2016年博士论文中也发表了与纳巨峰相似的观点，并认为巴黎本是"被错误地写为《推原正逵》的唯一一份［舍起灵的译稿］抄本"[③]。

《推原正达》题名源于舍起灵学生赵灿（生卒年不详）撰写的《经学系传谱》（成书于1713年）。赵灿在舍起灵传中记载："先生［舍起灵］将《米而撒德》译以书字[④]，著其名曰《推原正達［达］[⑤]》。"[⑥]据《经学系传谱》所载，舍起灵一生共译成三部作品，分别为《昭元秘诀》《归真必要》和《推原正达》。其中《昭元秘诀》流传至今，[⑦]《归真必要》抄本也于2010年在民间发现并整理出版。[⑧]唯《推原正达》自《经学系传谱》后口耳相传，在历史资料和私人收藏中销声匿迹。鉴于《经学系传谱》记载的舍起灵三部译作中有两部传世，且《推原正达》相关史料由舍起灵学生所录，因此，此前虽无人见过《推原正达》文本，但学者们一般认可《推原正达》存在，且为《米尔萨德》的完整译本。

近日，笔者几经波折，通过澳大利亚国立大学图书馆终获巴黎本《推原正逵》影印件，由此得以一睹该抄本全貌。该抄本来源成谜，抄写人、完成时间和文本译者也未提及。因此，虽可确定巴黎本是《米尔萨德》译本，但无直接证据表明巴黎本即为《经学系传谱》中所载舍起灵译本《推原正达》。下文将以巴黎本《推原正逵》为中心，探讨《米尔萨德》在中国的翻译和流传，并通过比对《米尔萨

---

① 哈米德·阿尔加（Hamid Algar）1982年出版了《米尔萨德》的第一部完整英译本。由于英译本与莱斯利文章同年发表，因此莱斯利当时可能并未参看英译本，并将其与巴黎本比较。（参见Najm al-Dīn Rāzī, *The Path of God's Bondsmen from Origin to Return*, trans. by Hamid Algar, Delmar, N. Y.: Caravan Books, 1982。）

② 纳巨峰：《明万历至清康熙中国回回经学教育考：以〈经学系传谱〉为中心》，南京大学历史系博士学位论文，2013年，第170页。

③ Dror Weil, "The Vicissitudes of Late Imperial China's Accommodation of Arabopersian Knowledge of the Natural World, 16th-18th", PhD diss., Princeton University, 2016, p. 174.

④ 不同于经堂教育中使用的经堂语，书字是由中国伊斯兰经学派使用的一种书面表达方式，即用中国传统哲学术语和表述来阐释伊斯兰哲学。（详见沈一鸣：《中国伊斯兰经学派在明末清初的创立和发展》，李肖编，《丝绸之路研究》，北京：生活·读书·新知三联书店，2017年，第271—274页。）

⑤ 在《经学系传谱》抄本中，"达"以"達"书写。为避免字体相近混淆，下文如无必要，皆以简体字"达"用于《推原正達》的表述。

⑥ ［清］赵灿：《经学系传谱》，清抄本影印本，中国宗教历史文献集成编纂委员会编，《清真大典》，合肥：黄山书社，第20册，第69b页。

⑦ 《昭元秘诀》是中亚苏非贾米（1414—1492年）的波斯苏非作品《阿施阿特·拉玛阿特》（*Ashi'at al-Lama'āt*）》中译本，舍起灵《昭元秘诀》分别有手抄本和铅印本传世。（详见沈一鸣：《贾米哲学著作文本的中国化初探》，《回族研究》2019年第4期，第11页。）

⑧ 详见穆卫宾：《汉译〈研真经〉的重新发现及其版本源流考》，方立天主编：《宗教研究》，北京：宗教文化出版社，2013年，第263—272页。该译作题名在刘智《天方性理》中为《研真经》，但不清楚刘是否翻译了全文。该作品另有一译稿存世，为马德新（1794—1874年）的《汉译道行究竟》。

德》波斯原文、伍遵契译本《归真要道》和舍起灵另一译作《昭元秘诀》，对巴黎本作者和创作背景等进行分析。

一、《米尔萨德》在中国的流传与翻译

《米尔萨德》全篇分五部分。第一部分为前言，共三章，介绍创作原因和意义；第二部分共五章，讲解存在物的起源和创造；第三部分是全书重点，共二十章，用苏非哲学解读人的生命；第四部分有四章，解释了不同类型灵魂的回归；第五部分共八章，诠释了从帝王到底层手工业者等不同层次的人的举止。在书中，作者拉齐常引用《古兰经》经文，以此强调苏非哲学的《古兰经》渊源。

《米尔萨德》原文如何及何时进入中国并无文字记载。据推测，来自中亚和南亚的苏非行者很可能是携带经卷并传播苏非哲理的主体。①《米尔萨德》被认为是中国伊斯兰经学派最重要的经典之一。对这部经典的研读应不晚于伊斯兰经学派第三代学人冯伯庵（16世纪晚期至17世纪早期）。②据《经学系传谱》载，舍起灵约在1667年于河南襄城任教间即开始翻译《米尔萨德》。③当时，舍起灵约三十岁。作为舍起灵学生，赵灿记录其师在课堂上“日讲千言，中有拜益忒④之句，乃作诗歌以授”⑤。可见当时舍起灵对《米尔萨德》文本已了然于胸，甚至原文诗歌也以中文诗歌的形式在口头成形。

《米尔萨德》的另一中译本，即伍遵契完成于1678年的《归真要道》，与舍起灵译本同时。此后，略晚于舍起灵的中国穆斯林学者刘智（约1655—1745年）在其原创作品《天方性理》“本经”章中，多次提及《米尔萨德》。刘智亦将该文本列于《天方性理》和《天方典礼》的“采缉经书目”⑥中，采音译名《密迩索德》和意译名《道行推原经》，但刘智似仅作参考，未翻译全文。刘智之后，其他中国穆斯林学者也常提及《米尔萨德》，但未见其他译本讯息。⑦直至今日，中国民间仍流传大量《米尔萨德》波斯文手抄本。而就译本流传看，伍遵契的《归真要道》自光绪十七年（1891年）后多有刊印，在中国流传甚广。⑧20世纪初西方传教士在中国各地田野调查中收集的多份伊斯兰文献目录，也印证了《米尔萨德》原文和伍遵契《归真要道》译本在中国的广泛流传。⑨

与此同时，舍起灵的《米尔萨德》译作在其身后几被人遗忘。在巴黎本面世前，唯一有关舍起灵译文的可能线索源于俄国传教士巴拉第（Palladii，1817—1878年）提及的一篇名为“*T'ui yuan cheng-*

---

① 沈一鸣：《贾米哲学著作文本的中国化初探》，《回族研究》2019年第4期，第9—10页。

② 赵灿：《经学系传谱》，第53b页。

③ 同上，第135a页；[illegible]《[illegible]》[illegible]《[illegible]解原叙》，民国二十[illegible]年（[illegible]年）[illegible]，[illegible]《回族典藏全书》，甘肃文化出版社、宁夏人民出版社，[illegible]年，第[illegible]册，第1页。

④ “拜益忒”即波斯文*beyt*的转写，专指波斯文学中由上联和下联组成的双行诗，是波斯诗歌的基本单元。波斯古典诗歌常见体裁鲁拜或柔巴依（*Rubā'yī*），即由两个“拜益忒”组成。在苏非散文作品每一章论述尾声，作者常以四行诗总结并升华该章主旨。

⑤ 赵灿：《经学系传谱》，第135a页。

⑥ 刘智在《天方性理》和《天方典礼》开篇，分别列出一份包括约四十本阿拉伯文和波斯文的参考书目清单，称“采缉经书目”，即参考书目。

⑦ 1996年，天津刘国枢阿訇完成了汉译本《汉译经堂语米尔萨德》。作为现代译本，该译本不在本文讨论之列。（感谢陕西师范大学宗教研究中心马超老师提供的信息。）

⑧ 详见吴建伟、张进海编：《回族典藏全书总目提要》，银川：宁夏人民出版社，2010年，第21—22页。

⑨ L. Bouvat, “Une Bibliothèque De Mosquée Chinoise”, *Revue Du Monde Musulman*, IV, 1908, p. 521; Bouvat, “Recherches Sur Les Musulmans Chinois”, *Revue Du Monde Musulman*, VIII, 1909, p. 221.

te（*tao*?推原正道）”的抄本（以下简称巴拉第本）。在《巴拉第〈回人汉籍著述考〉介绍》中，有关巴拉第本的信息出现在对伍遵契《归真要道》介绍的注释中。据注释作者（应为巴拉第本人）介绍，该抄本为《米尔萨德》另一译本，来源和译者不详。该抄本包括5页前言和275页正文。文末提及一个伊斯兰历日期，为公元1223年，完全吻合《米尔萨德》的完成年份。①此外，巴拉第提到该译文的翻译工作始于1686年，完成于1687年。②

从以上对巴拉第本的概述推断，巴拉第应亲见并翻阅了该抄本，且对抄本内容有一定了解。遗憾的是，巴拉第本至今下落不明。据说巴拉第曾提到三十多篇中国伊斯兰文献，但在其传教团的北京图书馆中仅存十本。其他未见的抄本很可能已由巴拉第物归其主，或被送往俄罗斯。③

该书的编辑潘斯卡亚和莱斯利认为巴黎本《推原正達》“一定与帕拉迪（Palladii）看到的作品有关”。④但是，莱斯利在之后的文章中将巴黎本视为继伍遵契《归真要道》后的一个独立译本，且与巴拉第本不同，⑤即莱斯利从未将巴黎本和巴拉第本两者与舍起灵相联系，可见莱斯利似乎当时并不了解《经学系传谱》所载舍起灵译作《推原正达》。

巴拉第本翻译时间始于1686年，终于1687年，该时段晚于《经学系传谱》所述《推原正达》的翻译年份1667年。但巴拉第本提到的翻译时段仍契合舍起灵的翻译活跃时期，即约四十八岁。同时，巴拉第本的标题与已知的《推原正达》和《推原正達》略有差异，即前三字相同，但第四字读音不同。并且，*te*或*tao*皆不能对应“达”和“達”字。潘斯卡亚和莱斯利在前言中曾说明，在编译过程中已将原文中的人名、书名等所采用的“Adoratskii-Palladii”转写系统转化成韦氏拼音（Wade-Giles），并增加了中文字符，而后者在巴拉第原文中几乎没有。⑥在找到巴拉第原文前，笔者对巴拉第本的题名存疑，这也许即破解该疑题的一个突破口。因此，从标题和翻译时间看，不排除巴拉第本是舍起灵译文的可能性。如果猜测正确，那么这是舍起灵译本在《经学系传谱》后第一次再现于世，虽然目前仍不确定巴拉第本是否与巴黎本相同。

二、巴黎本《推原正達》抄本特点

巴黎本《推原正達》影印版前四页提供了原始手稿尺寸、来源和影印版制作过程的相关内容。首页展示了法国某胶片公司信息，包括公司名称和地址，并标有数字“2007”，应为该抄本数字化时间。第二页用法语书写“东方语学院目录”。第三页写有“reduction：9”和比例尺。第四页为目录抄本号“CHI. 845”。根据影印件提供的比例尺，推知该抄本每一合页约长24.5厘米，宽17.5厘米。由于未亲见，因此无法得知该抄本的纸张、装订方式等信息。

巴黎本正本封面以竖式书写“推原正達共三本”七字，说明该抄本题名，且共分三册。每一册首页又皆以单页题名“推原正達”始，并另起一页作目录。目录内容包括章节号和内容，无页码。巴黎本三册整体保存较完整，仅有几处空白页，如第98b页和第157a页。

① Panskaya, *Introduction to Palladii's Chinese Literature of the Muslims*, p. 72.

② Ibid.

③ Ibid., pp. 53-54.

④ Ibid., pp. 84-85.

⑤ Leslie, “Arabic and Persian Sources Used by Liu Chih”, p. 90.

⑥ Panskaya, *Introduction to Palladii's Chinese Literature of the Muslims*, p. 40.

从章节看，巴黎本三册的章节编号为连续计数，共二十章。整个文本对应《米尔萨德》波斯原文的第三部分，而并非莱斯利论文中所述仅第二和第三册对应原文第三部分。此外，巴黎本每一章依次对应《米尔萨德》原文第三部分的每一章节。第一册对应原文第一章至第五章，第二册对应原文第六章至第十章，第三册对应原文第十一章至第二十章。因此，巴黎本是《米尔萨德》节译本无疑。巴黎本是《米尔萨德》节译本有三种可能原因。第一种为译者只翻译了《米尔萨德》第三部分；第二种推测是译者翻译了全文，但抄写者只拥有译本的第三部分；第三种可能是抄写者本人决定只抄录第三部分。尽管尚无定论，但《米尔萨德》第三部分作为全书重点，显然受到包括巴黎本抄写者在内的读者重视。

从文字看，巴黎本语言简洁朴素，且表述清晰。在翻译风格上，逐字对译和意译并存，但也有少部分漏译。针对原文诗歌，译文正如《经学系传谱》所载，也以中国古典诗歌的律诗翻译。译文中诗歌单起一行排列，与波斯抄本布局相同，亦与中国传统诗散混合文本相似。

从抄写笔迹看，全文字体基本统一，偶有涂改。①正文主体为汉字，以楷体书写，近89000个字。抄写者字迹工整，字体略长，笔画不算方硬。中文正文夹有双行小注，注释体例与中国传统经注相同。在汉字间，常穿插波斯文或阿拉伯文②词或句。因波斯文从右至左书写，在中文竖版书中以横体自上而下书写，字迹清晰工整。从墨迹，及波斯文与中文间距两方面看，中文和波斯文的抄写一气呵成。因此可推测，中文和波斯文的书写应由抄写人独立完成。这表明抄写人具备良好的中文和波斯文书写和阅读基础，应是一位受过经堂教育和儒家教育的人士。

此外，在一些页面的页眉处也写有波斯文和中文。通过与正文的笔迹和墨迹比对，推测页眉书写者与正文抄写者似非同一人。（见附录1）根据中文抄本传统，抄书多为学者自己诵习，鲜为出售之用。③由此可推测，巴黎本抄写者应为教内人士，为自学《米尔萨德》而抄录该译文。而在抄录完成后，很可能也曾将该抄本传阅他人，并被批注。这也说明，巴黎本读者是当时中国穆斯林中受教育程度较高的群体，也反向映衬出该译本的学术价值受到中国穆斯林知识分子的认可。

从书写规范看，一些汉字多现几种写法，如“貫戀”④又作“貫恋”，“若還”又作“若还”，“籽種”又作“子種”，“山領”又作“山嶺”，“復返”又作“復反”等。甚至“若還”和“若还”两种写法出现在同一句中。⑤异体字在古汉语抄本中较常见，且巴黎本中异体字的用法似无规律可循，因此尚无法判断异体字是参照底本抄录，抑或是抄写者行为。此外，在抄本中偶有错字，如“相助”的写法，⑥且部分页面有添加和删改痕迹。（见附录2）这说明抄写者在抄写或阅读时对发现的错误进行了及时增补和修订。

抄本中的波斯文部分，可按出现位置归为两类，一类在正文，另一类于页眉。如前文所述，页眉和正文似非同一人书写。正文中出现的原文词句通常源自《古兰经》和圣训，下配有中文双行小注

---

① 《推原正達》，澳大利亚国立大学影印本，第9b页。

② 虽然译本中直接引用的原文多为阿拉伯语《古兰经》和圣训，但因《米尔萨德》主体以波斯文完成，且波斯文和阿拉伯文所用字母几乎相同，因此为行文简洁，下文以“波斯文”替代“波斯文或阿拉伯文”指代原文文字。

③ 毛春翔，《古书版本常谈》，北京：中华书局，1962年，第73页。

④ 为区分异体字，本文对此不做繁体转简体的处理，以还原抄本原貌。

⑤ 《推原正達》，第9a页。

⑥ 同上，第10a页。

翻译，形制与中国传统经注相似。通过比对原文，发现译者仅直接引用了原文中部分《古兰经》和圣训，并对另一部分进行了直译或意译。然而，目前尚无法分辨译者对直接引用和翻译的选取依据。相比正文，页眉中的波斯文字迹略显潦草。[①]从内容看，页眉中波斯文一般是将译文中已转写为中文的专有名词还原为波斯文。例如，页眉中波斯文*Abu Bikr*对应于译文中转写词“額補·白客而”[②]等。[③]这很可能是抄本读者为阅读和学习便利所做的批注。因此，页眉内容进一步证明了巴黎本读者兼具中文和原文的阅读和书写能力。

与中文经注传统相同，巴黎本标注位于正文每一行右侧，可分为句读和着重号两类。标注形式多为圈和线，偶有三角形和实心点。圈为句读，有大小之分：小圈分隔句，大圈则一般分隔段落。线为短线，一字对应一线，多用于强调对原文人名、地名、经名和专有名词的音译转写。点状和三角形批注，为着重号，且仅集中于正文的部分篇章，如第一册第1页和第二册第53—63页。同类型批注自第127页始又陆续出现。同时，在该部分还增加了空心圆符号，集中体现在第146页，且间断延续至第158页抄本尾声。从这些不连贯且独特的标注推测，巴黎本批注很可能由不同读者完成。这说明巴黎本读者对第二册和第三册的特定章节更感兴趣，曾精读该部分并集中标注。

三、巴黎本《推原正達》作者辨析

上述巴黎本抄写特点对找寻译者和抄写者依然无所助益。纳巨峰和德罗·威尔等学者依据题名相似性，将巴黎本等同于《经学系传谱》所载《推原正达》。《推原正达》题名在《经学系传谱》共被提及三次。最开始出现在马明龙（1596—1678年）传中，后两次在舍起灵传中。[④]杨晓春据此认为马明龙翻译了《米尔萨德》，且译作题名与舍起灵的《推原正达》相同。[⑤]威尔则认为《推原正达》是马明龙与舍起灵合作翻译的《米尔萨德》译本，且巴黎本即为马与舍合作的《推原正达》。[⑥]但无论在《经学系传谱》抑或其他资料中，对舍起灵与马明龙的生活交集皆无迹可寻，因此合作译经的可能性微乎其微。赵灿在马明龙传中提及《推原正达》的文字大意为，赵从马明龙研习《米尔萨德》一事引申至《米尔萨德》研习史，同时讲述了常志美（1610—1670年）独立解读《米尔萨德》，及舍起灵借《开幔经》之助译成《推原正达》的往事。[⑦]事实上，已确认的马明龙作品《认己醒语》从内容上与《米尔萨德》相近，已被一些学者认为系《米尔萨德》的“一种初译”。[⑧]因此，《经学系传谱》所载《推原正达》当为舍起灵独立完成的译作，与马明龙无关。

当然，一方面由于明清时期熟练运用“书字”写作的穆斯林人数有限，且其完成的汉译伊斯兰

---

① 《推原正達》，第39a页。

② 即艾布·伯克尔（573—634年），伊斯兰教史上第一任哈里发。

③ 《推原正達》，第143b页。

④ 详见赵灿，《经学系传谱》，第69b、135a、138b页。

⑤ 杨晓春，《早期汉文伊斯兰教典籍研究》，上海：上海古籍出版社，2011年，第101页。

⑥ Weil, “The Vicissitudes of Late Imperial China’s Accommodation of Arabopersian Knowledge of the Natural World, 16th-18th”, pp. 174-178.

⑦ 赵灿，《经学系传谱》，第69b页。

⑧ 王伟，《苏非理论与道家哲学——马明龙〈认己醒语〉思想探析》，《世界宗教研究》2021年第5期，第163—172页；李兴华等，《中国伊斯兰教史》，北京：中国社会科学出版社，1998年，第566页。

作品数量仅约40本；[①]另一方面，作为《米尔萨德》中译本，巴黎本与《推原正达》题名只一字之差，且“逹”与“逵”字形相近，因此，尽管无资料为证，但直觉上将巴黎本等同于舍起灵的《推原正达》亦合情理。

然而，对上述学者认为“逵”乃“逹”之误，笔者持不同观点。首先，从译名看，“逵”是名词，意为四通八达的道路，后泛指“大道”。“达（逹）”为动词，本义为“通”，后引申为“到达”“通到”。两字含义相近，词性不同。波斯原作题名中的关键词“米尔萨德”（*mirṣād*）意为“道路”[②]，源自《古兰经》经文（89：14）。伍遵契将《米尔萨德》题名译为《归真要道》，第四字“道”即通“逵”。因此，“逵”无论在字义还是词性上，皆更准确对应“米尔萨德”（*mirṣād*）。其次，从材料来源看，巴黎本为一手文献，《经学系传谱》被界定为最早于20世纪初抄写完成的二手材料。[③]笔者因此推断，《经学系传谱》中《推原正达》的“逹”字当为误抄。[④]

此前对巴黎本与《推原正达》间关系的辨析仅止步于标题，下文将尝试从文本入手，通过将巴黎本与已确定的舍起灵译作《昭元秘诀》，及伍遵契同原文译作《归真要道》比较，从语言和翻译策略上寻找异同。

在词汇翻译上，上述三个译本均采用音译和意译混合译法，即对专有名词，如人名、地名、书名等音译，对苏非哲学专有名词以意译为主。后者借用宋明理学、道家和释家术语，以中国传统哲学表达方式进行翻译。这种翻译处理方式与同期多数汉文译著相似，即所谓以“书字”翻译。

比较三个译本，常用人名重合较多，其中部分音译词转写相同，如母撒（波斯语：*Mūsā*）、尔撒（波斯语：*ʿīsā*）和阿丹（波斯语：*Ādam*）等。下表还列出了同一人名在巴黎本《推原正逵》、舍起灵《昭元秘诀》和伍遵契《归真要道》中的对译词：

<table>
<tr><th>波斯文</th><th>音译</th><th>《昭元秘诀》</th><th>巴黎本《推原正逵》</th><th>《归真要道》</th></tr>
<tr><td rowspan="4">ابو يزيد</td><td rowspan="4">Abū Yazīd</td><td>額不諤即得</td><td rowspan="4">額卜葉齊德</td><td rowspan="4">巴也几得</td></tr>
<tr><td>額不諤即德</td></tr>
<tr><td>額不亦即德</td></tr>
<tr><td>額卜亦即德</td></tr>
<tr><td rowspan="2">سليمان</td><td rowspan="2">Sulaymān</td><td>蘇來嗎吶</td><td>數賴媽吶</td><td rowspan="2">數賴媽吶</td></tr>
<tr><td>蘇倈嗎吶</td><td>數來媽吶</td></tr>
<tr><td rowspan="3">ابرهيم</td><td rowspan="3">Ibrāhīm</td><td>以卜喇欣</td><td>以補喇欣</td><td rowspan="3">以卜喇希默</td></tr>
<tr><td>以卜拉欣</td><td>以補拉欣</td></tr>
<tr><td></td><td>以補喇希默</td></tr>
</table>

从上表看，三部译作的音译词不完全重合，且同一译本中的人名也对应多种音译写法。如针对*Sulaymān*，巴黎本译为“數賴媽吶”和“數來媽吶”四字，仅第二字有“赖”和“来”字形区别，然

① Shen Yiming, “Jāmī, a Legend in China: A Study of the Transmission and Transformation of Jāmī’s Texts in China”, *Iranian Studies*, 54, 2021, p, 130.

② 英译本也译为“path”。（Najm al - Dīn Rāzī , *The Path of God’s Bondsmen from Origin to Return*, p. 16.）

③ ［清］舍蕴善修，赵灿撰，陈晖校注，《经学传谱校勘本》，北京：宗教文化出版社，2022年，第44页。

④ 笔者在2019年第五届全国伊斯兰教学术研讨会上以《舍起灵〈推原正达〉抄本的发现与探讨》为题介绍巴黎本，实不妥。

发音相同；《昭元秘诀》译*Sulaymān*为“蘇來嗎吶”或“蘇倈媽吶”，第二、三字同音不同形，且第一字与巴黎本相异；《归真要道》译为“數賴媽吶”，与巴黎本相同。在另一例中，*Abū Yazīd*①在《昭元秘诀》中有四种转写，巴黎本和《归真要道》中各有一种。巴黎本与《昭元秘诀》在读音上相似度更高，与《归真要道》译法相距较远。而在*Ibrāḥīm*案例中，巴黎本中出现的三种音译形式分别与其他两部译作相似。

在同期伊斯兰汉文译著中，音译词具有“重音不重形”的翻译特点。②即便在同一译作中，音译词用字也不唯一。这与经堂教育时音译转写的不规范性，及口语使用时方言的发音习惯等影响相关，也有可能是抄录者根据自身发音和转写习惯对音译词进行了改写。因此，在上述三篇译文中，音译词选字的灵活性使其无法作为判断译者风格的依据。

在苏非术语的翻译中，以*ḥaqīqat*、*fanā'*、*zāt*、*ṣifat*和*ism*为例。在巴黎本中，译者将*ḥaqīqat*译为“真”“真本”“真体”等；*fanā'*译为“浑化”；*zāt*、*ṣifat*和*ism*一组概念通常对译为“本然”“动静”和“名色”。上述译词选择与舍起灵《昭元秘诀》完全重合。其中“浑化”“本然”“动静”是宋明理学的核心概念；“真”“真本”多用于道教，而“名色”是佛教专有名词。在伍遵契的《归真要道》中，译者对上述术语选择也有重叠，如“真”“动静”等，但伍遵契在*fanā'*的翻译中选“化”字，而非“浑化”；且对*ism*只以“名”翻译。从对苏非专有名词译名比较中可见，三部译本中对译词的选择更稳定和单一，且巴黎本与《昭元秘诀》译词重合度较高。

在译文体裁上，两部波斯原作皆为诗歌和散文混合体，其中诗歌达近百首，且多为四行诗。巴黎本和《昭元秘诀》亦以五言或七言四行律诗体式对译原文，③而伍遵契的《归真要道》则以散文译诗，文前以“诗意”两字引导，使译作失去了原文诗散混合的特点。巴黎本展现了译者娴熟的诗歌创作能力，与《经学系传谱》提到的舍起灵在经堂讲授《米尔萨德》时“日讲千言，中有拜益忒之句，乃作诗歌以授”的史料相得益彰，更是与舍起灵在《昭元秘诀》中对诗歌的处理完全吻合。

自明朝始，诗歌创作已非如前朝被精英阶层把持。随着知识普及，诗歌创作和流传逐渐扩展至中低阶层。上至官僚富商，下至市井商贾，皆创作有大量诗作。这便是所谓的“市民化”转变，亦可称之为文学权力的下移。该时期的诗坛代表，如“前七子”中的李梦阳（1473—1530年）与“后七子”中的李攀龙（1514—1570年）俱出自农村侠客家庭。因此，吉川幸次郎将该类诗歌归为“市民诗”。④该时期诗歌无论数量、内容广度、受众人群等都得到极大扩展，逐渐融入生活的方方面面，诗歌功能相比唐宋时期也有所延伸和转变。至清代，诗歌数量更急剧扩张。尽管官僚、士人阶层的创作依旧占

---

① 即巴亚齐德·比斯塔米（*Bāyazīd Bisṭāmī*, 804—875/848年），在文本中以*Abū Yazīd*或*Bāyazīd*两种形式出现，后一称呼多流行于波斯语世界。巴亚齐德·比斯塔米是伊朗早期神秘主义者，与纳格什班迪耶教团谱系也颇具渊源。

② 详见沈一鸣：《从〈昭元秘诀〉的音译词看伊斯兰中国化翻译策略》，《回族研究》2021年第2期，第40—47页。

③ 从诗歌体式看，明末清初伊斯兰汉文译著中的诗歌虽多以波斯原文为底本，但也依循中国传统诗歌创作传统，以五言或七言律诗展现，偶有两行诗。波斯古典诗歌通常按内容划分，如叙事诗、抒情诗、颂诗等。唯有一种类型，俗称鲁拜或柔巴依（*Rubā'yī*），是按照诗歌长度划分。鲁拜，即阿拉伯文数字四，指该类诗共四行，因此中文也常译为四行诗。在中世纪的波斯苏非哲学诗散混合作品中，学者们也常采用鲁拜创作诗歌。究其原因，一是鲁拜在篇幅上较其他类型诗歌短小精悍，二是在诗歌内容上，鲁拜传承了海亚姆用该诗体阐述哲理的传统。鲁拜类型的诗歌，与中国文学中的理学诗（即江西学派）、佛教偈语在形式和内容上不谋而合。因此，在翻译鲁拜时，译者以中文古体四行诗对译，在结构上和语境上无疑贴合了原文和目标语言的文学传统。

④ （日）吉川幸次郎，李庆等译：《宋元明诗概说》，郑州：中州古籍出版社，1987年，第254页。

主体，但底层文人创作的诗歌也通过各种渠道得以保留，且成为民间社交的重要媒介。[①]

在明清诗歌蓬勃发展的文化背景下，中国穆斯林学者的诗歌创作正是时代大潮中的一朵浪花。明末清初穆斯林学者王岱舆、张中、马明龙、马注、舍起灵、刘智等在作品中展现的对波斯文和中文诗歌的理解鉴赏能力及创作能力，正是受益于大时代背景下中文诗歌的下沉和扩展。上述穆斯林学者均没有显赫的家世背景，[②]活动范围集中于江南、山东、两湖等当时诗歌创作和印刷产业较繁荣的地区。因此，舍起灵在讲授伊斯兰经典时即以诗译诗，甚至可能具备即兴吟诗的能力，在当时的中国社会不足为奇。

当然，中国穆斯林学者翻译波斯苏非诗歌，对译者提出了兼备原文诗歌阅读和中文诗歌创作能力的更高要求。译者无论在“形”（体式，格律）还是在“涵”（意象，哲理）的把握上，既要考虑对应原文，又要遵循中文诗歌的平仄和对仗规则，即在忠实转换原文含义的同时，力求保持中文诗歌的形式和特点。因此，尽管明清时期随着知识下沉，诗歌创作得以普及和繁盛，但能读原文诗且以诗译诗者极为有限。从伍遵契在《归真要道》中以散文对应原文诗歌的策略看，伍回避对诗歌的选择很可能是由于其诗歌创作能力的不足。巴黎本以诗译诗的处理，及多达上百首译诗的高产体现了译者超凡的诗歌创作能力，与《昭元秘诀》可谓“无独有偶”。

在诗歌风格上，巴黎本和《昭元秘诀》译诗在贴合原作阐述苏非哲理的同时，在语境上也借用中国古典诗词的传统主题和意象，如“海”“浪”“镜”“纤尘”“琼花”与“松柏”等。巴黎本中的一首译诗“丽人乘月步回廊，兰麝飘飘水殿凉。情属玉楼肠欲断，神魂不觉逐幽香”[③]表现了苏非神秘主义哲学的神爱，其中的“玉楼”“肠欲断”又呼应李清照的“吹箫人去玉楼空，肠断与谁同倚”。在《昭元秘诀》中，舍起灵作译诗一句“春江未着桃花面，秋气唯开丹桂香”[④]。该诗原文意为“他以何面展现真主，他在何镜中显现？”[⑤]，是原作者贾米质疑人浑化于真主后的状态。译者借“春江”和“桃花面”，及“秋气”和“丹桂香”两组中文古典诗歌意象，形象地回应了人浑化于真主后“有一象，或有一理之跡”[⑥]之意，同时呼应了苏轼名句“竹外桃花三两枝，春江水暖鸭先知”。

除与中国古典诗歌意象呼应的特点外，巴黎本和舍起灵《昭元秘诀》译诗间也存在“互文”。舍起灵在《昭元秘诀》有多句诗以“古海”和“浪”对应原文“海”“浪”的意象，如“古海浪生皆视浪，不知波静海潏潏”[⑦]“古海常存本一纯，不因浪作便更新。莫教波幔迷真海，遂浪随风永自沦”[⑧]等。巴黎本译诗也有“古海风生翻好浪，风停依旧复当时”[⑨]的诗句。对照巴黎本原文《米尔萨德》，上句直译为“存在之前，除我你之外无他；在爱的因与果中，我你共存；今日与昨日，后与先，正

① 朱则杰，《清诗史》，南京：江苏古籍出版社，2000年，第8页。

② 王岱舆先祖虽司职明钦天监，但随大明亡国而家道中落。

③ 《推原正逵》，第82b页。

④ 舍起灵：《昭元秘诀》，上册，第73b页；下册，第72b页。

⑤ Nūr al-Dīn ‘Abd al-Raḥmān Jāmī, *Ashi‘at al-Lama‘āt*, edited by Hādī Rastgār Muqadam Gawharī, Qum: Mu’asisa-yi Būstān-i Kitāb-i Qum, 2004, pp. 122, 217.

⑥ 舍起灵：《昭元秘诀》上册，第73b页。

⑦ 同上，第49b页。

⑧ 同上，第50a页。

⑨ 《推原正逵》，第20a页。

存在；非后非先，除我你之外无他”。[①]伍遵契《归真要道》的译文是：“诗意：人祖（指泥水）[②]未有之时，我（列圣）你（真主）就有了，情怀（喻喜情契合）的本利[③]就是我与你。今（色世）日与昨（妙世）晚是从先后上有的。先后未有之时，我与你就有了。”[④]由此可见，《昭元秘诀》诗句中的“海”“浪”对应原文诗歌，而巴黎本原文则无“海”“浪”意象，为译者附加。

在明末清初中文伊斯兰诗歌中，舍起灵和更晚些的刘智在译诗中即将“海”与“浪”的讨论解读为“古海”与“新浪”的辩证关系。海与浪是苏非神秘主义文学中的经典意象，诗人通过海浪间的关系隐喻真理与现象，真主与万物间的隐显关系。浪指世间万物，显于外；海指真主，隐于内。人见浪时，却不识海；只有当风平浪静时，方能看出这世间独有海，而无浪可言。

在明清伊斯兰诗歌中出现“古海”与“新浪”的诗句，通常对应原文诗歌中“海”与“浪”的关系辨析，只是译者将原文“海”与“浪”以古今时间先后关系解读为“古海”与“新浪”的辩证关系，实为译者对海与浪、隐与显关系发生先后的解读。[⑤]巴黎本“古海风生翻好浪，风停依旧复当时”一句对应的原文并未提及海浪，译者却将“今日”和“昨日”比作“风”与“浪”，将“古海”比作“除我你之外无他”，表明诗人受到同期中文伊斯兰诗歌“海浪”辩证关系的影响，并借此意象对原文进行了意译。海浪意象在中文伊斯兰诗歌中的“互文”，展现出巴黎本译者对“海浪”意象的熟悉和灵活运用，进一步验证了巴黎本与《昭元秘诀》间的紧密关系。

通过对巴黎本与舍起灵《昭元秘诀》和伍遵契《归真要道》的文本比较，译者的术语和诗歌翻译策略展现出巴黎本与《昭元秘诀》的强相关性，由此对巴黎本即为舍起灵《推原正达》的推测提供了更有力的证据。若笔者推测正确，则巴黎本《推原正逵》的发现，标志着《经学系传谱》中记载的舍起灵三部中文译作《推原正达（逵）》《昭元秘诀》和《归真必要》皆全部重现于世。这对舍起灵的哲学思想研究及伊斯兰哲学的中国化研究具有重大意义。

结　语

通过与原文对比，确定巴黎本是波斯苏非散文《米尔萨德》的节译本，涵盖了原文第三部分的全部二十章。对巴黎本《推原正逵》的抄本外观和文本特点的分析可知，该抄本无论中文还是波斯文皆字迹工整优美，批注和句读专业，展现出抄写者和阅读者在波斯文和中文的书写和阅读上具有较高修养，曾受到良好的中国穆斯林经堂教育和儒家教育。译文行文简洁、朴素，对专有名词和经训翻译准确，叙述部分夹杂直译和意译。但由于巴黎本缺乏序跋、来源等信息，无法确知其抄写年代和译

① Najm al-Dīn Rāzī, *Mirṣād al-ʻIbād*, edited by Muḥammad Amīn Riyāḥī, Tehran: Bungā-yi tarjuma-yi Nashr-i Kitāb, 1973, p. 68.

② 由Riyāḥī编辑的波斯文版读作*Āndam*，意为“那时”，Algar英译本亦对应翻译。伍遵契将该词读作*Ādam*，即阿丹，即*Āndam*脱落了字母n（*nūn*），可能其参照的抄本不同或存在误读。（Najm al-Dīn Rāzī, *Mirṣād al-ʻIbād*, p. 68; Rāzī, *The Path of God's Bondsmen from Origin to Return*, p. 142.）

③ 原文*sarmaya*与*sūd*本义为“原因”和“结果”，引申义为“本”和“利”。

④［清］伍遵契，《归真要道》清木刻本，卷二，第11—12页，《回族典藏全书》第29册，第216—217页。

⑤ 中国古典诗歌中一直存在海的意象，但无论从先秦文学到唐宋诗歌，及至明清小说，其中的“海”多为具象研究。即诗人以观鉴欣赏的角度，将海视作比湖更壮观的自然景象，而缺少对海的哲学思辨。（参见卢炜，《水和海——中西诗学的意象比较》，《齐齐哈尔大学学报》2002年第2期，第71—71页。）如曹操《观沧海》中“东临碣石，以观沧海；水何澹澹，山岛竦峙。”又如张九龄《望月怀远》中名句“海上生明月，天涯共此时”，“海”皆为“大湖”之意。可以说，中国穆斯林诗人对“古海”和“新浪”意象的创新也为中国古典文学做出了贡献，为“海”赋予了哲学层面的含义。

者。对题名及术语和译诗风格等的分析，展现出译者对中国传统哲学术语的掌握，及中文伊斯兰诗歌创作的娴熟程度，即巴黎本与舍起灵《昭元秘诀》译本间风格相近，与伍遵契译本《归真要道》差距较大，很可能即为如《经学系传谱》所载的舍起灵译作《推原正达》。当然，巴拉第本仍是未解之谜，该抄本若能重现于世，将很可能对《米尔萨德》译本和破解《推原正達》译者之谜起到关键作用。

附录 1

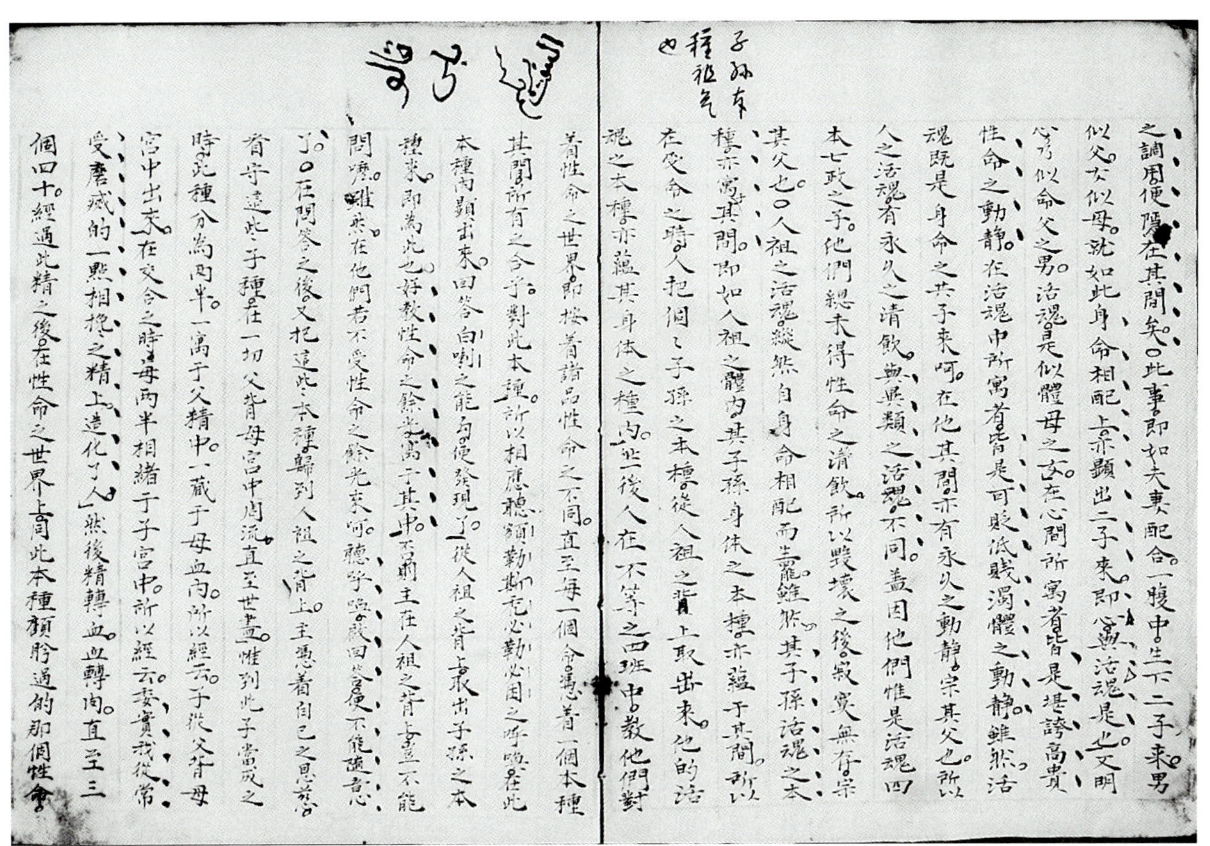

《推原正達》，第55a—b页。本页右侧页眉中的汉字为草书，内容为正文注释。左侧页眉中的波斯文字迹粗壮，与正文明显不同。但从字迹的线条和深度来看，对开两面的中文和波斯文应为一人书写。

附录 2

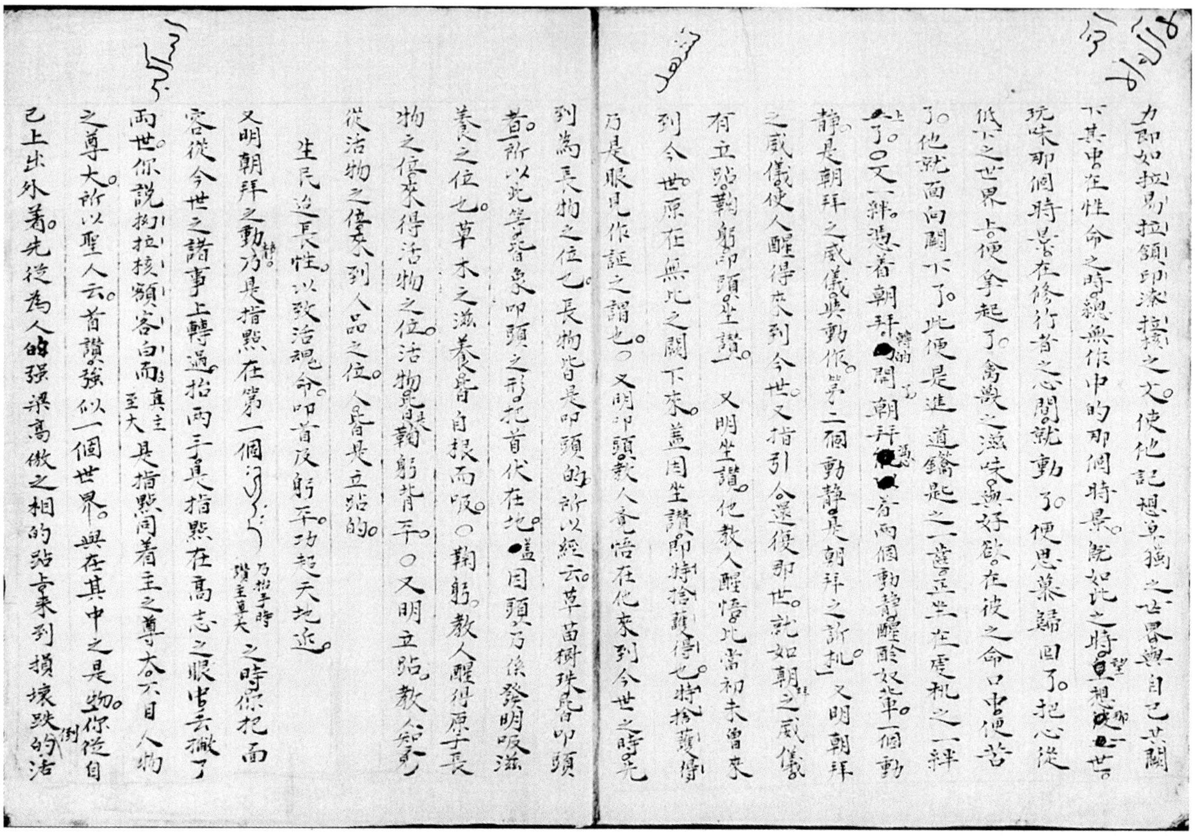

《推原正達》，第47a—b页。该页有多处改动和补充。增补的笔迹与正文相似，可见抄写者在抄写和审阅过程中及时纠正了发现的错误。这些修改包括对错字的更正，例如将“皇”改为“望”；补遗漏字，如在“动”后加“静”字，在“跌”后加“倒”字，分别组成“动静”和“跌倒”两个复合词；替换译词，如把“彼之世”改为“那一世”，即根据原词句ān ’ālam（那个世界）字面含义进行改动。

Studies on the Newly Discovered Paris Manuscript of *Tuiyuan zhengkui*

Shen Yiming (Peking University)

Abstract: The manuscript *Tuiyuan zhengkui*（推原正逵）is a Chinese manuscript of Islamic literature collected in the library of the Ecole das Langues Orientales of Paris, France. The source of the manuscript is a mystery — it is not clear who wrote it, when it was done, or the translator of the text. Some scholars believe that this manuscript is a translation of the Persian Sufi prose the *Mirṣād al-'Ibād*, and it is also the *Tuiyuan zhengda* mentioned in the *Jingxue xichuanpu*, which was translated by She Qiling. This article intends to give a comprehensive and detailed introduction to the Paris manuscript, and tries to analyse and identify the translator, scribers, readers and text characteristics of this manuscript, by comparing the Persian original text, Wu Zunqi's translation *Guizhen yaodao* and She Qiling's translation *Zhaoyuan mijue*.

Key Words: Paris manuscript *Tuiyuan zhengkui*, She Qiling, *Mirṣād al-'ibād*, *Zhaoyuan mijue*, *Guizhen yaodao*

中亚-阿富汗地区古代佛寺研究述评

——以佛寺形制布局为中心

廖志堂（中国社会科学院）
李兆鑫（延安大学）

摘　要：中亚-阿富汗地区作为古代佛教北传的重要中转站，其佛教的发展对佛教初传西域具有直接影响，是丝绸之路上东西方文明交流的重要见证。本文以佛寺的形制布局为中心，在该地区及周围地区佛教流布的大背景下，从学术史的角度，回顾、述评该地区古代佛寺被发现、被研究的历程，以期为进一步的佛教历史与文化的研究厘清思绪、铺垫基础。

关键词：中亚地区　阿富汗　古代佛寺　形制布局　研究述评

前　言

作为印度早期佛教对外传播的重要中转站，中亚-阿富汗地区①是目前学界关注较少的一片古代佛教文化流行区，以阿姆河为界大致可将其划分为阿富汗地区和中亚地区，后者包括乌兹别克斯坦、塔吉克斯坦、吉尔吉斯斯坦、哈萨克斯坦及土库曼斯坦。这一区域以南是佛教的“飞翔之地”犍陀罗（Gandhāra）及佛教的发源地印度，以东是东亚佛教的早期流布中心——古代西域（今新疆）。简言之，中亚-阿富汗地区佛教的初传、发展与中国佛教历史的进程息息相关，其最重要的物质遗存地面佛寺（ground monastery，区别于山地石窟寺而言，下文简称“佛寺”）的形制布局嬗变，更是发生在以丝绸之路为代表的商贸网络上的多元文化交流的重要见证。

本文将结合已有的新旧考古材料，从中亚、阿富汗两个片区的佛寺发现、考察、发掘历史出发，对古代中亚-阿富汗地区的古代佛寺研究——以形制布局为线索——做一个概观评述，以期为中亚-阿富汗地区佛寺的形制布局等方面的研究铺垫基础。

一、古代阿富汗地区的佛教历史沿革

作为古代犍陀罗与北巴克特里亚地区（Northern Bactria）之间的重要过渡地带，西南-东北走向的兴都库什山（Hindukush Mountain）贯穿阿富汗境内，由此出发，向东通过瓦罕走廊（Wakhan

① 本文所言之“中亚-阿富汗地区”包括今“中亚五国”（乌兹别克斯坦、塔吉克斯坦、吉尔吉斯斯坦、哈萨克斯坦和土库曼斯坦）及阿富汗，意在区别于狭义的“犍陀罗”地区（以巴基斯坦西北部白沙瓦盆地为核心）。

Corridor）可与古代西域相接，沿喀布尔河（Kabul River）向南穿过开伯尔山口（Kyber Pass）可与古代犍陀罗地区相通，四通八达的地理区位使得古代阿富汗地区在古代印度、犍陀罗佛教文化继续北传、东传过程中扮演着极其重要的角色。

图一　阿富汗地区主要佛寺遗迹分布、分期示意图①

结合相关文献及已有的考古材料，该地区的佛教初传可追溯至公元前3世纪的孔雀王朝（Mauryan Empire）——阿富汗南部的拉格曼（Lagman）、坎大哈（Kandahar）两地都曾出土阿育王法敕（Asoka Edict）②，说明至少在阿育王在位期间，佛教已传至此地。蒂拉特佩（Tillya Tepe）遗址所见公元前1世纪的金币、毕马兰（Bimarān）遗址出土的公元1世纪前后的舍利盒上均雕刻有明确的佛陀形象③，这两件实物进一步提示了发源于古代印度的佛教经过古代犍陀罗、进入古代阿富汗、越过

① 改自J. M. Deom, "Buddhist Sites of Afghanistan and West Central Asia(III BC-VIII AD)", http://www.lgakz.org/Texts/LiveTexts/Deom_2011Buddhist_sites_Afghanistan_West_CA.pdf。

② R. Salmon, *Indian Epigraphy, A Guide to the Study of Inscriptions in Sanskrit, Prakrit and the Other Indo-Aryan Languages*, New York and Oxford: Oxford University Press,1998, p. 152ff.

③ G. Fussman, "Numismatic and Epigraphic Evidence for the Chronology of Early Gandhāran Art", *Investigating Indian Art: Proceedings of a Symposium on the Early Buddhist and Hindu Iconography held at the Museum of Indian Art, Berlin 1986*, Berlin: Museum für Indische Kunst, 1987, pp. 70-71.

兴都库什山的大致传播路径与时代。孔雀王朝以后，亚历山大马其顿帝国（Macedonian Empire）、印度-希腊王国（Indo-Greek Empire）、贵霜王国（Kushan Empire）、萨珊王朝（Sassanid Empire）、嚈哒（Hephthalite）、突厥（Turkic）等势力先后进入这一地区，并在当地佛教发展进程中起着不同程度的推动作用①。公元5至6世纪，随着中亚贸易路线从喀喇昆仑山（Karakoram Mountain）一带向兴都库什山西移②，阿富汗地区——尤其是兴都库什山以北、阿姆河以南的南巴克特里亚地区（Southern Bactria）——的佛教进入一个发展的黄金时期，数量众多的佛寺被兴建，直至公元8世纪中期阿拉伯（Arab）人入侵，佛教在此地传播、发展千年。在此错综复杂的政治地缘背景下，古代阿富汗地区的佛教融合了古代印度、犍陀罗地区及中亚地区的多元文化传统，不仅形成了极具地域特色的以灰泥雕塑著称的“阿姆河流派”（The Oxus Style）③，还留下了诸如巴米扬（Bamiyan）佛寺遗址（图二）等享誉佛教世界的古代佛寺遗迹。

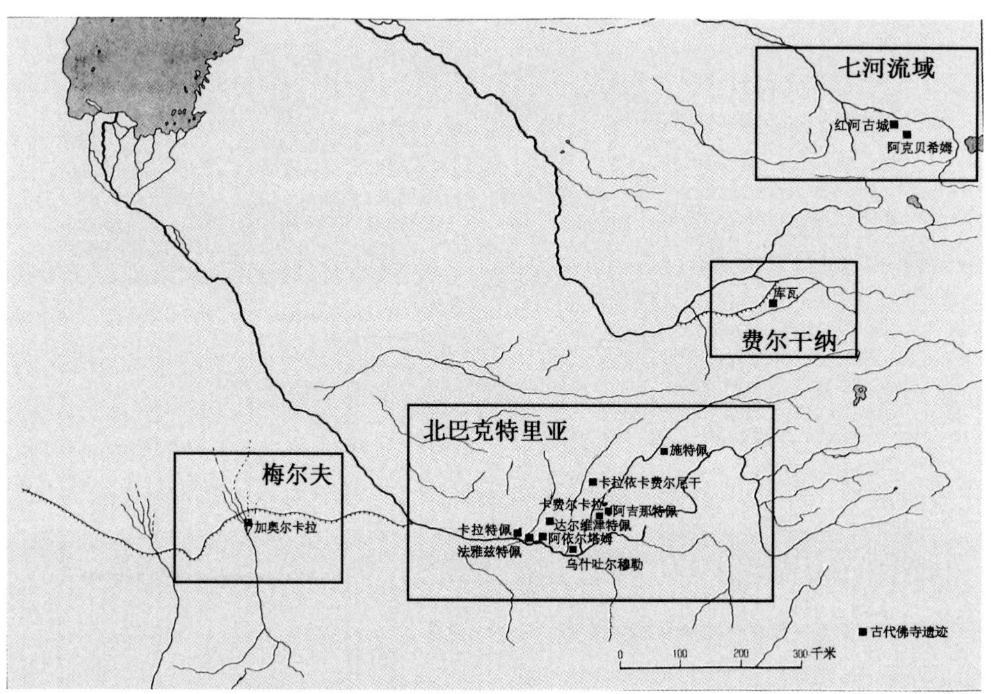

图二　中亚地区主要佛寺遗迹分布、分区示意图④

① 关于不同政权、势力统治南巴克特里亚地区期间当地佛教发展的情况，主要参见B.N. Puri, *Buddhism in Central Asia*, New Delhi: Motilal Banarsidass Publishers, 1996, pp. 89-104; X. Tremblay, “The Spread of Buddhism in Serindia—Buddhism among Iranians, Tocharians and Turks before the 13th century”, A. Heirman and S. P. Bumbacher eds., *The Spread of Buddhism*, *Handbook of Oriental Studies*, Vol. 16, Leiden-Boston, 2007, pp. 80-88。后者的汉译版参见佐维尔·特伦布莱：《佛教在塞林迪亚的传播》，安海曼、S. P. 鲍姆巴赫主编，董韵宜、盛宁译《佛教的传播》，北京：宗教文化出版社，2020年，第53—106页。

② D. Klimburg-Salter, *The Kingdom of Bāmiyān: Buddhist Art and Culture of the Hindu Kush*, Naples-Rome: Istituto Universitario Orientale and Istituto Italiano per il Medio ed Estremo Oriente, 1989, p. 42; Sh. Kuwayama, *Across the Hindukush of the First Millennium, A collection of the Papers by Sh. Kuwayama*, Kyoto: Kyoto University, 2002, pp. 107, 149-153.

③ 樋口隆康：《西域仏教美術におけるオクサス流派》，《仏教藝術》第71号，1969年，第42—62页；汉译版参见樋口隆康著、丛彦译：《西域美术上的阿姆河流派》，《新疆文物》1989年第1期，第135—144页。

④ 改自加藤九祚：《中央アジア北部仏教遺跡の研究》，奈良：丝绸之路学研究中心，1997年，第9页，图1-1。

二、古代中亚地区的佛教历史沿革

如果古代犍陀罗地区早期佛教仍可被视作“印度色彩”浓郁的外来信仰①，那么阿富汗以北的中亚地区历史上所流行的佛教文化则更具有中亚本土风情，这一点从当地保留下来的极具特色的“回”字形佛殿可见一斑②。鉴于目前文献记载的最早来中国传播佛教者并不来自古代印度，而多是生活在中亚地区的“支”“安”氏等③，可见中亚地区是佛教初传中国最重要的“中转地”，甚至是某些佛寺布局元素的发源地。

关于佛教最早传入中亚地区的时间尚无定论，但从文献、考古材料来看，公元前1世纪前后，佛教已在大夏（Tochari）④有所流布，最初的传入时间大致可追溯至公元前3—前2世纪⑤。当时“太阳神”（Mithra）与“尼刻神”（Nike）崇拜、琐罗亚斯德教（Zoroastrianism）亦已在当地流传。贵霜王朝建立后，在其治下，中亚、印度领土结合，不同地区之间经济、文化交流更加便利，佛教遂向北［阿姆河流域铁尔梅兹（Termez）一带］、向西［梅尔夫（Merv）一带］传播，以铁尔梅兹古城（Old Termez）⑥为中心的北巴克特里亚地区位于古代欧亚大陆东部交通贸易网络的关键位置，东西连接梅尔夫-喀什一线，南北沟通费尔干纳-撒马尔罕-巴尔赫（Ferghana-Samarkand-Balkh）一线，佛教与

---

① G. Fussman, “Upaya-kausalya: L’implantation du bouddhisme au Gandhāra”, F. Fukui and G. Fussman eds., *Bouddhisme et cultures locales: Quelques cas de reciproques adaptations*, Paris: Ecole Francaise d’ Extreme-Orient, 1994, pp. 17-51.

② 关于中亚地区带回廊佛寺的早期研究，主要参见Б. А. Литвинскийи, Т. И. Зеймаль: *Аджина-тепе: Архитектура, Живопись, Скульптура,* 1971, М.: Искусство, 1971, С. 145; H. G. Franz, *Von Gandhara bis Pagan: Kultbauten des Buddhismus und Hinguismus in Süd-und Zentralasien*, Granz-Austria: Akademische Drucku, Verlagsanstalt, 1979, pp. 14-60; B. J. Stavisky, “On the Formation of Two Types of Buddhist Temples in Central Asia”, *Orient und Okzident im Spiegel der Kunst: Festschrift Heinrich Gerhard Franz zum 70 Geburtstag*, Graz-Austria: Akademische Drucku, Verlagsanstalt, 1986, pp. 381-388。

③ 羽溪了谛著，贺昌群译：《西域之佛教》，北京：商务印书馆，1999年，第82—105页；许理和著，李四龙、裴勇等译：《佛教征服中国：佛教在中国中古早期的传播与适应》，南京：江苏人民出版社，2017年，第26—52页。

④ 此处的大夏是一个地理概念，大致相当于今阿姆河流域、兴都库什山以北的巴克特里亚地区。关于“大夏”概念的最新研究，参见袁炜：《两汉时期“大夏”（Tochari）名辨》，《丝路文明》第六辑，2021年，第31—40页。

⑤ 结合巴利文佛教经典《弥兰陀王问经》（*Milinda Pañha*）中讲述的印度-希腊王国（Indo-Greek Kingdom）国王弥兰陀王改宗“善法”的故事及考古发现其钱币上刻有的“法轮”形象，可以推测此时印度西北部已有佛教传入。参见巴宙译：《南传弥兰陀王问经》，北京：中国社会科学出版社，1997年；E. V. Rtveladze, *About the Periods of Buddhism in North Bactria, Social Science in Uzbekistan*, 4, pp. 9-13; 约翰·马歇尔著，秦立彦译：《塔克西拉Ⅰ》，昆明：云南人民出版社，2004年，第40—41页；N.札巴罗夫等著，高永久、张宏莉译：《中亚宗教概述》（修订版），兰州：兰州大学出版社，2002年，第103页。学者如师觉月（P. C. Bagchi）、许理和（E. Zürcher）认为公元前3世纪阿育王执政时期佛教就在大夏-吐火罗斯坦出现，但学者如富歇（A. Foucher）则认为应延至公元1至2世纪。参见P. C. Bagchi, *India and Central Asia*, Calcutta. Santinikenta Press,1955, pp. 31-36; A. Foucher, *La Vielle route de l’Inde de Bactres a Taxila*, Vol. Ⅱ, Paris: Editions d’ Art et d’ Histoire, 1947, pp. 280-284; 雅诺什·哈尔马塔（J. Harmatta）主编，徐文勘、芮传明译：《中亚文明史　第二卷：定居文明与游牧文明的发展（公元前700年至公元250年）》，北京：中国对外翻译出版公司，2002年，第82页；瑞德维拉扎著，高原译：《张骞探险之地》，桂林：漓江出版社，2018年，第122、226页。另一方面，目前中亚地区年代最早的佛寺遗迹被认为是法雅兹特佩（Fayaz-tepe）遗址中的早期佛塔建筑，阿依鲍姆（L. I. Albaum）将其定在公元前1世纪。参见L. I. Albaum, “About the Interpretation of Complexes of Kara-tepe（in the light of excavations of Fayaz-tepe)”, *Buddhist Monuments in Old Termez: Kara-tepe 5*, 1982, Moscow, pp. 60-68。

⑥ 铁尔梅兹古城，即下文《大唐西域记》中记载的“呾蜜”，历代典籍也称“怛满”“怛没”“迭尔密”“帖里麻”等。参见冯承钧编《西域地名》（增订本），北京：中华书局，1980年，第95页；玄奘、辩机著，季羡林等校注：《大唐西域记校注》，卷一《呾密国》，北京：中华书局，1985年，第103—104页；Sh. Pidaev, “The History of Termez (Prior to the Arabs): The Origins and Development of the City”, trans. by K. Kato, K. Kato ed., *Ay Khanum*, Tokyo: Tokai University Press, 2007, pp. 7-20。

源自不同地区的信仰在此相遇，并在当地发展融合后以新的面貌继续向周缘辐射，形成了中亚地区最早的佛教中心之一①。公元3世纪后，萨珊、寄多罗（Kidarite）、嚈哒等势力统治中亚期间，当地佛教在一定程度上受到打击②，后在公元6世纪中叶突厥势力对佛教的支持态度下，中亚佛教与佛寺恢复生机，并在唐朝于阿姆河以北设立行政机构期间达到又一发展高峰③，佛教遂在中亚更东北的费尔干纳盆地和七河流域（Semireche）继续发展起来。公元7世纪末阿拉伯势力入侵，中亚地区的佛教逐渐衰微，个别佛寺一直沿用至公元10世纪左右。

三、中亚-阿富汗地区古代佛寺的发现与研究

19世纪起，俄国（及之后的苏联）、法国、日本及独立后的苏联各加盟共和国均在中亚范围内进行了大量的考古调查和发掘工作。俄国学者巴托尔德早在正式考古调查前，就已指出佛教在阿拉伯征服中亚前很早就已传入中亚，并在中亚、伊朗历史上扮演着重要角色。19世纪中期至20世纪苏联解体期间，俄国和苏联在中亚地区进行了大量的佛教考古工作，并出版了数量众多的考古报告。早期的佛寺考古工作重点在北巴克特里亚地区。1926—1928年，丹尼克（B. P. Denike）领导的莫斯科东方博物馆（the Moscow Museum of Oriental Cultures）探险队在铁尔梅兹进行勘察时发现并确认了首处性质明确的佛寺遗存祖尔玛拉（Zurmala）佛塔。1933年、1937年，继“阿依尔·塔姆饰件”（Airtam Frieze）陆续出土后④，马森（C. Masson）带领铁尔梅兹考古队（Termez Archaeological Expedition）发现了阿依尔·塔姆（Airtam）佛寺遗迹，这通常被视为中亚地区佛寺考古的开端。1939年起，博恩施塔姆（A. N. Bernsthtam）等人陆续发现楚河流域（Chu Valley）的诸多佛寺遗迹，年代多在公元6世纪以后⑤。1934—1938年间，由帕夫洛夫（G. V. Parfyonov）、马松、普切琳娜（E. G. Pchelina）等人带领团队对卡拉特佩（Kara-Tepe）佛寺遗址进行清理挖掘，这是目前中亚地区发现的唯一一处地面佛寺与洞窟佛寺相结合的大型佛寺综合体。“二战”以后，尤其是在20世纪60年代至80年代期间，更多中亚佛寺遗址被发现、发掘，相关工作主要由三位考古人物主持：其一，普加琴科娃（G. A. Pugachenkova），主要在苏尔罕河流域（Surkhan Darya）组织佛教考古工作，1964年与哈基莫夫（Z. A.

① 晁华山：《从古代遗存看贵霜王朝佛教放射状外传的四重环带——兼论中国早期佛教遗存》，《西藏考古》第1辑，1994年，第165—177页。

② 羽溪了谛著，贺昌群译：《西域之佛教》，北京：商务印书馆，1999年，第79—80页。但也有学者认为嚈哒入侵后“并不打击、迫害佛教”，参见余太山：《嚈哒史研究》，济南：齐鲁书社，1986年，第148页；B. A. 李特文斯基主编，马小鹤翻译：《中亚文明史　第三卷：文明的交会（公元250年至750年）》，北京：中国对外翻译出版公司，2017年，第112—114、118页。

③ 国家文物局教育处编：《佛教石窟考古概要》，北京：文物出版社，1993年，第294—296页。

④ 该浮雕共发现至少有八件，均在莨苕叶片之间雕刻弹奏中亚乐器的半身人物形象。有学者认为这与佛陀涅槃时的奏乐天人“乾达婆”（gandharavas）、印度佛教的五种梵音有关，但目前尚无定论。笔者认为这应是佛教传入初期尚未发展成熟的产物，将中亚传统的雕塑题材、技法运用于佛教建筑是中亚地区佛教寺院建筑的一大特色，类似的柱头装饰物还曾发现于布特卡拉（Butkara）、苏尔科特（Surkh-Kotal）等贵霜时期的遗址中。参见斯塔维斯基著，路远译：《古代中亚艺术》，西安：陕西旅游出版社，1992年，第45页；普加琴科娃、列穆佩著，陈继周、李琪译：《中亚古代艺术》，乌鲁木齐：新疆美术摄影出版社，1994年，第11、32页；C. Lo Muzio, “On the Musicians of the Airtam Capitals”, *In the Land of the Gryphons: Papers on Central Asian Archaeology in Antiquity*, Firenze: Le Lettere, 1995, pp. 239-257。

⑤ V. A. Kolchenko, “Buddhism in the Chuy Valley (Kyrgyzstan) in the Middle Ages”, trans. Gulzat Usubalieva, *The Journal of Oriental Studies*, Vol. 30, 2020, pp. 67-101, esp. 75, Table 2.

Khakimov）合作再次发掘了祖尔玛拉佛塔；其二，斯塔维斯基（B. J. Stavisky），1961年至1994年带领莫斯科–列宁格勒考察队（Moscow-Leningrad Expedition）对卡拉特佩佛寺——尤其是南丘——进行了长期考古发掘，发表了详尽的多卷考古报告①；其三，阿依鲍姆（L. Albaum），他在1968—1978年发现了法雅兹特佩佛寺，塞马尔（T. I. Zeymal）发掘了乌什图尔穆勒（Ushtur-mullo）②。

近二十年，日本、法国、中国等外国团队也纷纷加入了北巴克特里亚的佛寺考古阵营。日本方面，1998年起即与乌兹别克斯坦历史考古研究院组成了乌日考古队（Uzbek-Japanese Expedition），由乌方代表皮达耶夫（Sh. Pidaev）和日方代表加藤九祚（K. Kato）共同带领继续发掘卡拉特佩佛寺遗址，工作主要集中于西丘和北丘③，加藤九祚与田边胜美合作发掘了达尔维津特佩（Dalvarzin-tepe）城址内外的多座佛寺遗迹④，日本还负责进行法雅兹特佩的修复与保护项目⑤。法国方面，法–乌联合考古队在乐瑞石（P. Leriche）的带领下对卡拉特佩进行发掘，主要清理发掘了北丘⑥。韩国文化财厅国立文化研究所（National Research Institute of Cultural Heritage of South Korea，简称NRICH）也加入了

① 关于卡拉特佩的发掘有多部考古报告及多篇研究论文面世，参见B. J. Stavisky ed., *Kara-Tepe* Ⅰ-Ⅳ (1964-1982), Moscow; Kara-Tepe Ⅵ, 1996, Moscow; "Kara-Tepe in Old Termez (Southern Uzbekistan)", E. Curaverunt, G. Gnoli and L. Lanciotti, eds., *Orientalia Iosephi Tucci Memoriae Dicata*, Serie Orientale Roma, LVI, Vol. 3,1988, pp. 1391-1405; "Kara-Tepe in Old Termez: A Buddhist Religious Center of The Kushan Period on the Bank of the Oxus", J. Harmatta ed., *From Hectaeus to Al-Huwarizmi*, Budapest, 1984, pp. 95-135; B. J. Stavisky and T. Mkrtychev, "Qara-Tepe in Old Termez: On the History of the Monument", *Bulletin of the Asia Institue*, New Series, Vol. 10, Studies in Honor of Vladimir A. Livishits,1996, pp. 219-232; B. J. Stavisky, "A Buddhist Cult Centre On the Right Bank of the Oxus. Excavations At Kara-Tepe in Termez in 1983-1992", *Ancient Civilizations from Scythia to Siberia*, 1997, pp.286-297。

② Т. И. Зеймаль, "Буддийская ступа у Верблюжьей горки (к типологии ступ правобережного Тохаристана)", *Прошлое Средней Азии*, Душанбе: Дониш, 1987, с. 70-86. Т. И. Зеймаль, Буддийский комплекс Шутур Мулло, в Археологические работы в Таджикистане, Вып. 19. (1979 г.), 1986, с. 186-202; Т. И. Зеймаль, "Буддийская ступа у Верблюжьей Горки (к типологии ступ правобережного Тохаристана)", в Прошлое Среней Азии, Орв. ред. В. А. Ранов, Душанбе, 1987, pp. 70-78; Т. И. Зеймаль, "Раскопки буддийского комплекса Уштур-мулло в 1981 г"., в Археологические работы в Таджикистане, Вып. 21. (1982 г.), 1990, с. 225-261.

③ Sh. R. Pidaev and K. Kato, "Archaeological Research at Buddhist Center Kara-tepe in Old Termez", *Archaeological Researchers in Uzbekistan: Season 2000*, Samarkand, 2001; Sh. R. Pidaev, K. Kato, "Archaeological Researches of Uzbek-Japan Expedition at Kara-tepe in Old Termez", *Archaeological Researchers Uzbekistan: Season 2002*, Tashkent, 2003, pp. 128-134; 皮达耶夫、加藤九祚:《カラテパ北丘・西（中）丘の發掘（1998-2007）》,《アイハ ヌム》, 2007年，第59—130页; T. Zeimal, K. Kato trans., "Excavations of the Northern Hill of Kara Tepe (1985-1989)", *Ay Khanum*, 2007, pp. 53-58; Sh. Pidaev and K. Kato, *The Excavation of the North and West (Central) Hill of Kara-Tepa (1998-2007)*, Tokyo: National Institute for Research in Cultural Exchange, Tashkent: "National Commission of Uzbekistan for UNESCO Affairs", UNESCO delegation in Uzbekistan, 2010, pp. 157-185。

④ 加藤九祚:《ダルヴェルジン・テペの都城址の２つの仏教寺院》，白鳥芳郎教授古稀記念論叢刊行会編:《アジア諸民族の歴史と文化：白鳥芳郎教授古稀記念論叢》，东京：六兴出版，1990年，第187—204页；田边胜美:《ダルヴェルジン・テペの発掘（1999年度調査の概報）》,《古代オリエント博物館研究紀要20号》，2000年，第101—162页;《ダルヴェルジン・テパの発掘（2000年度調査の概報）》,《古代オリエント博物館研究紀要21号》，2001年，第89—151页。

⑤ R. Salichov and Ch. Sultanov eds., *Preservation and Restoration of the Ruins of Fayaz Tepe: Final Report*, Tashekent, 2006; Д.ж. Аннаев, Т. Аннаев, "Архитектурно-планировочная структура и датировка буддийского монастыря Фаяз- тепа", *Традиции Востока и Запада в античной куль- туре Средней Азии* / Под ред. К. Абдуллаева, Таш- кент, 2010, с.53-66; Т. К. Мкртычев, *Буддийский монастырь Фаяз-тепе* (*Северная Бактрия*) *по исследованиям последних лет*, Российская Археология, 2013-2, с. 119-126.

⑥ P. Leriche, C.Pidaev, *Termez sur Oxus. Cité-capitale d Asie Centrale*, Paris : Maisonneuve & Larose, 2008.

卡拉特佩南丘西北部佛寺遗迹的清理发掘[1]工作。2014—2017年，日本立正大学和乌兹别克斯坦科学院美术研究所联合发掘卡拉特佩[2]。此外，施特佩（Kshit-tepe）[3]、扎尔特佩（Zar-tepe）[4]、成吉思特佩（Tchingiz Tepe）[5]等佛寺遗迹陆续被发现。

在北巴克特里亚地区[6]以外的梅尔夫（Merv）[7]、粟特（Sogdiana）[8]、费尔干纳盆地[9]、七河流域[10]

---

① *Uzbekistan: Kushan Dynasty and Buddhism*, Seoul: National Research Institute of Cultural Heritage, 2013; Ш. Р. Пидаев, Л. С. Баратова, Ким Донхун, Ли Чиён, А.Ф. Ульмасов, Ли Усоп, Чон Юнхи, и М.А. Стоякин, *Археологические Работы Узбекистано-Корейской Экспедиции в Буддийском Культовом Центре Каратепа в Старом Термезе в 2011-2014 гг*, Daejeon: National Research Institute of Cultural Heritage of Korea, 2019.

② 池上悟编：《カラ・テパ遺跡— 2016年度調査概要報告書》，立正大学乌兹别克斯坦学术调查队，2017年；池上悟编：《カラ・テパ遺跡— 2017年度調査概要報告書》，立正大学乌兹别克斯坦学术调查队，2018年;皮达耶夫著，加藤九祚、今村荣一译:《ウズベキスタンの仏教文化遺産》,《立正大学ウズベキスタン学術交流プロジェクトシリーズ》1，东京：六一书房，2019年；A. Iwamoto, "A Study on the Prosperity and Decline of Buddhist Sites in Northern Bactria: Kara Tepe and Zurmala", *The Rissho International Journal of Academic Research in Culture and Society 2*, 2019, pp. 151-178;ウズベキスタン共和国科学アカデミー芸術学研究所、立正大学乌兹别克斯坦学术调查队编:《カラ・テペ-テルメズの仏教遺跡》,《立正大学ウズベキスタン学術交流プロジェクトシリーズ》2，东京：六一书房，2020年。

③ М. М. Муллокандов, "Раннесредневековый буддийский монастырь Хишт-Тепа в Ховалингском районе Таджикистана", *в Международная ассоциация по изучению культур Центральной Азии*, Вып. 17, М., 1990, с. 12-20.

④ V. M. Masson, *Zar-tepe, eine Stadt der Kuschana in Südusbekistan*, *Das Altertum*, Bd. 33, H. 1, 1987, pp. 49-53; 加藤九祚、皮达耶夫编：《ウズベキスタン考古学新発見》，大阪：东方出版，2002年，第160页。

⑤ V. Martínez Ferreras, E. Ariño Gil, J.M. Gurt Esparraguera and Sh.R. Pidaev, "The Enclosure of Tchingiz Tepe (ancient Termez, Uzbekistan) during the Kushan and Kushano-Sassanian Periods: Archaeological stratigraphy and 14C dating analyses", *Iranica Antiqua,* Vol. XLIX, 2014, pp. 413-474.

⑥ 关于北巴克特里亚地区古代佛教遗址的考察史的更多信息，参见B. A. Litvinsky, *Outline History of Buddhism in Central Asia*, *Kushan Studies in U.S.S.R.*, Calcutta :Indian Studies,1970, pp. 53-132; B. J. Stavisky, *The Fate of Buddhism in Middle Asia—in the light of archaeological data*, *Silk Road Art and Archaeology*, *3(1993-1994)*, 1994, pp. 113-142；加藤九祚：《中央アジア北部仏教遺跡の研究》，奈良：丝绸之路学研究中心，1997年；B. A. Litvinsky, *Die Geschichte des Buddhismus in Ostturkestan*, Wiesbaden, 1999; V. Goryacheva, "Buddhist Heritage of Central Asia", K. Warikoo ed., *Bamiyan: Challenges to World Heritage*, New Delhi: Bhawana Books, 2002; J. Annaev, "History and Culture of the Buddhist Monuments of Bactria-Tokharistan", *International Journal of Scientific and Technology Research*, Vol. 9, Issue 4, 2020, pp. 1378-1381。

⑦ 部分学者认为佛教可能在更早的公元1至2世纪的帕提亚王国时期，甚至早至公元前1世纪就已经传入梅尔夫地区，参见B. A. Litvinsky and T. I. Zeimal, *Adzhina-Tepa: Architecture, Paintings, Sculpture*, Moscow,1971, pp.111-113; G. A. Koshelenko, "The Beginning of Buddhism in Margiana", *Acta Antiqua Academiae Scientiarum Hungaricae*, t. 14, Budapest 1966, pp. 175-183；Г. А. Кошеленко, "Судьба буддизма в Мерве (о некоторых аргументах в дискуссии)", *в Проблемы истории, филологии, культуры*, no.4, 2013, с. 192-204。普加琴科娃认为梅尔夫的佛教从吐火罗斯坦地区传入，其佛教建筑结合了吐火罗斯坦和梅尔夫本地的传统风格，是目前佛教从印度向外传播范围内分布最西北的佛寺遗址，参见G. A. Pugachenkova and V. Usmanova, "Buddhist Monuments in Merv", A. Invernizzi ed., *In the Land of the Gryphons: Papers on Central Asian archaeology in Antiquity*,1995, pp. 56-64。笔者偏向于年代较早的前者。

⑧ D. A. Utz, *A Survey of Buddhist Sogdian Studies*, Bibliographia Philologica Buddhica, Series Minor 3, Tokyo,1980.

⑨ V. A. Bulatova, *Ancient Kuva*, Tashkent,1972; A. Anarbaev and B. Matbabaev, "An Early Medieval Urban Necropolis in Fergana", *Silk Road Art and Archaeology*, 3(1993-1994), 1994, pp. 233-250.

⑩ V. D. Goryacheva and S. Ya. Puregudova, "Buddhist Monuments of Kirghizia", *VDI*, 1996, No. 2, pp. 163-183; V. Voropoeva and V. Goryacheva, "Kyrgyzstan on the Great Silk Road and Culture Relationship with India", *Himalayan and Central Asian Studies*, Vol. 2, Nos. 3-4,1998, pp. 67-83; P. Stobdan, "The Traces of Buddhism in the Semirech'e", *Himalayan and Central Asian Studies*, Vol. 7, No. 2, 2003, pp. 3-24.

也发现有多处古代佛寺遗迹，加奥尔卡拉（Gyaur-Kala）①、卡费尔卡拉（Kafyr-Kala）②、阿吉那特佩（Adzhina-tepe）③、卡拉依卡费尔尼干（Kalai-Kafirnigan）④、库瓦（Kuva）⑤、阿克贝希姆（Ak-beshim）⑥、红河古城（Kranasya Rechka）⑦等。其中，梅尔夫地区由于靠近古代贵霜佛教文化圈，遂成为北巴克特里亚地区后最先流行佛教的地方，粟特地区尚未发现具体的佛寺遗迹，但鉴于其地理位置及在佛教东传中国过程中扮演的重要角色，相关佛寺遗迹存在的可能性较大，有待进一步深入考察与发掘⑧。

在古代阿富汗地区，最早的佛寺发掘活动由一些非考古人士如马森（C. Masson）、辛普森（W. Simpson）、霍尼希格（M. Hönigherger）等进行⑨，他们以发掘钱币、舍利为主要目的，主要活动在卡里卡尔（Kharkhari）、喀布尔（Kabul）和贾拉拉巴德（Jalalabad）附近，基本未留下完整的考察报告。真正意义上的佛寺考古发掘工作始于法国驻阿富汗考古调查团（La Délégation archéologique française en Afghanistan，简称DAFA）的加入。1922年，法国政府与当时的阿富汗政权签订了三十年的考古发掘研究协定，首任团长为富歇，自此法国队几乎每年都在阿富汗进行考古发掘，如哈金（J. Hackin）对巴米扬佛寺、卡克拉克（Kakrak）、昆都士（Kunduz）、贝格拉姆（Begram）的发掘，卡尔（J. Carl）对丰都基斯坦（Foudukistan）、特佩马兰德津（Tepe-Marandjan）、古尔达克（Gul Dara）、内劳志（Nejrao）、特佩纳伦吉（Tepe Narenj）的发掘，巴尔图（J. Barthoux）、莫尼耶（J. Meunié）对哈达（Hadda）和绍托拉克（Shotorak）佛寺的发掘⑩。20世纪50年代后，法国垄断阿富汗考古的局面

---

① G. A. Pugachenkova and Z. Usmanova, "Buddhist Monuments in Merv", A. Invernizzi ed., *In the Land of the Gryphons, Papers on Central Asian Archaeology in Antiquity*, Firenze: Le Lettre,1995, pp. 51-82.

② B. Litvinsky, V. Solovev, "The Architecture and Art of Kafyr Kala (Early medieval Tokharistan)", *Bulletin of the Asia Institute*, New Series, 4, 1990, pp. 61-75.

③ B. A. Litvinsky and T. I. Zeimal, *The Buddhist Monastery of Ajina-Tepa, Tajikistan: History and Art of Buddhism in Central Asia*, Rome, 2004; Б. А. Литвинский, Т. И. Зеймаль, *Буддийский монастырь Аджина-тепа (Таджикистан): раскопки, архитектура, искусство*, Санкт-Петербург: Нестор-История, 2010.

④ B. A. Litvinsky, "Kalai-Kafirnigan: Problems in the Religion and Art of the Medieval Tokharistan", *East and West*, 31/1-4, 1981, pp. 35-66.

⑤ В. А. Булатова, Буддийский храм в Куве, СА, 1961, no. 3, c. 241-250; Древная Кува, Ташкент, 1972.

⑥ 苏联、日本、中亚学者队关于碎叶古城的考古调查、发掘报告及研究结果目录，参见努尔兰·肯加哈买提：《碎叶》，上海：上海古籍出版社，2007年，第78—81页。

⑦ Asan I. Torgoev, Alexey V. Kulish, Evgeny A. Kiy and Valery A. Kolchenko, "The Buddhist Monastery of Krasnaya Rechka Settlement: The Main Findings 2010-2015", Ch. Baumer and Mirko Novák eds., *Urban Cultures of Central Asia from the Bronze Age to the Karakhanids: Learnings and Conclusions from New Archaeological Investigations and Discoveries. Proceedings of the First International Congress on Central Asian Archaeology held at the University of Bern, 4-6 February 2016*, 2019, pp. 349-363. 又参见陕西省考古研究院、吉尔吉斯斯坦科学院历史考古与民族研究所：《吉尔吉斯斯坦红河古城西侧佛寺遗址2018—2019年度发掘简报》，《考古与文物》2020年第3期，第37—51页。

⑧ Б. Я. Ставиский, *Судьбы буддизма в Средней Азии: по данным археологии*, Москва: Восточная литература, 1998, c. 160-163; B. Marshak and V. Raspopova, "Buddha Icon from Panjikent", *Silk Road Art and Archaeology*, 5 (1997-1998), 1998, pp. 297-305. M. Compareti, "Traces of Buddhist Art in Sogdiana", *Sino-Platonic Papers*, No. 281, 2008, pp. 1-42。经李肖教授提醒，近年来卢拜沙（Pavel B. Lurje）在片治肯特城内发掘出一处佛寺遗迹，但笔者尚未见到相关考古报告，这将在很大程度上弥补中亚北部地区从北巴克特里亚到费尔干纳盆地之间佛寺文化传播的"缺环"。

⑨ 19世纪阿富汗佛教遗迹的考察与发掘的相关记录，参见E. Errington, *The Western Discovery of the Art of Gandhāra and the Finds of Jamālgarhī*, Ph. D. Dissertation, School of Oriental and African Studies, London, 1987, pp. 59-61,420-429; "Numismatic Evidence for Dating the Buddhist Remains of Gandhāra", *Silk Road Art and Archaeology 6*, 1999-2000, p.196, esp. note. 37。

⑩ 相关考察报告目录参见W. Ball, *Archaeological Gazetteer of Afghanistan*, Oxford: Oxford University Press, 2019。

被打破：日本京都大学考察队在水野清一（S. Mizuno）的带领下对阿富汗境内的佛教遗址进行了小规模的调查和发掘，后由樋口隆康（T. Higuchi）带领对巴米扬遗址进行了考察测绘。意大利考古队对塔帕·萨达尔（Tepe Sardar）佛教遗址进行发掘①，阿富汗本土的考古学家塔尔齐（Z. Tarzi）接替穆斯塔明迪（Ch. Mustamindy）继续发掘哈达佛寺遗址，还对泰佩绍托尔（Tepa-e-Shotor）②、巴米扬佛寺③——其中东寺（Monastère oriental）的发现尤其丰富——等新发现的佛寺遗迹进行发掘，派曼（Z. Paiman）和海尔扎德（K. M. Khairzada）主持对喀布尔地区及周围的数处佛寺遗址进行发掘与整理，如在特佩那兰（Tepe Naranj）④等大型早期城址中也发现佛塔等佛教遗存。近年，以艾娜克（Mes Aynak）⑤为代表的大型佛教遗址的发现与发掘为阿富汗地区佛寺形制布局的研究提供了更加丰富的考古材料。

四、中亚－阿富汗地区古代佛寺的研究现状

阿富汗地区的古代佛寺考古起步很早，“二战”前的相关工作长期由法国驻阿富汗考古调查团垄断，“二战”后意、日、美、德、苏、英、印等国及阿富汗本土的考古团队也陆续加入其中。相关考古遗址的前期考古报告较为丰富（如法国⑥、日本两国的考古报告），但相关佛寺材料的整理工作亟待进行。波尔（W. Ball）著有《阿富汗的遗迹：历史、考古与建筑》、《阿富汗考古地名辞典》，按地域对包括古代佛寺在内的阿富汗历史遗迹进行了目前最为详细的梳理。作者指出古代阿富汗佛教建筑的一大特点是回廊结构，建造于坎大哈－巴尔赫（Kandahar-Balkh）一线以东的佛寺对中亚及其以东的地区同类建筑发展影响较大⑦。福斯曼（G. Fussman）也曾对古代阿富汗地区⑧，尤其是喀布尔地区古代

① M. Taddei and G. Verardi, “Tapa Sardar: Second Preliminary Report”, *East and West*, 28, 1978, pp. 33-136.

② Z. Tarzi,“Hadda à la lumière des trios demières campagnes de fouilles de Tapa-è-Shotor (1974-1976)”, *Comptes Rendus des Sèances de l’ Académie des Inscriptions et Belles-lettres*, 1976, pp. 381-410; Sh. Kuwayama, “Tapa Shotor and Lalma: Aspects of Stupa Court at Haḍḍa”, *AIUON*, Vol. 47, fasc. 2, Naples,1987, pp. 153-176; Z. Tarzi, *Haḍḍa à la lumières des fouilles afghanes de Tapa-e Shotor et Tapa-e Tope Kalān*, 4 Vols., Strasbourg,1991.

③ Z.塔尔齐著，岩井俊平译：《バーミヤーン東方伽藍の調査成果 - タルズィー隊による新たな発掘》，《アジア仏教美術論集・中央アジア》（ガンダーラ～東西トルキスタン），2017年，第257—282页。

④ Z. Paiman, “Kaboul, Les Bouddhas colorés des monastères ”, *Archéologia*, no. 473, 2010, pp. 52-65.

⑤ 艾娜克遗址目前正在由阿富汗－法国联合考古队进行发掘，主要参见Susanne Annen et al., *Mes Aynak-Recent Discoveries along the Silk Road*, Kabul, 2011; Éléonore Fouriné, “Mes Aynak,joyau bouddhique de l’Afghanistan”, *Religions et histoire*, no. 37, pp. 10-15; Andrew Lawler, “Mining Afghanistan’s Past”, *Archaeology*,Vol. 64, no.1, 2011, pp. 18-23; Khair Mohammed Khairzada, “Mes Aynak”, *Archéologia*, no. 508, 2013, pp. 62-71。

⑥ 关于法国驻阿富汗考古调查团的考古活动及成果的相关评介，可参见G. Fussman, “Southern Bactria and Northern India before Islam: A Review of Archaeological Reports”, *Journal of the American Oriental Society*, Vol. 116, No. 2, American Oriental Society, 1996, pp. 243-259; P. Bernard, “L’ œuvre de la Délégation archéologique française en Afghanistan (1922-1982)”, *Comptes rendus des séances de l’Académie des Inscriptions et Belles-Lettres*, 146e année, N. 4, 2002, pp. 1287-1323; N. H. Dupree, “AFGHANISTAN viii. Archaeology”, Encyclopaedia Iranica, Online Edition, 1982, available at http://www.iranicaonline.org/articles/afghanistan-viii-archeo。

⑦ W. Ball, *The Monuments of Afghanistan: History, Archaeology and Architecture*, London: I. B. Tauris, 2008, pp.104-115; *Archaeological gazetteer of Afghanistan*, Oxford: Oxford University Press, 2019.另参见W. Ball, “EXCAVATIONS ii. In Afghanistan,” *Encyclopaedia Iranica*, IX/1, pp. 94-96, available online at http://www.iranicaonline.org/articles/excavations-ii。

⑧ G. Fussman et al., “Des Monastères Bouddhiques d’Asie Centrale Au Cap Comorin: La Photothèque de l’Institut d’Études Indiennes (Collège de France)”, *Arts Asiatiques*, Vol. 74, École française d’Extrême-Orient, 2019, pp. 157-160.

佛寺进行了系统整理，出版了内容丰富的研究性考古报告①。

国内学者对阿富汗佛寺的研究工作尚在起步阶段，除了对个别文章进行翻译外②，主要以佛寺考察史的整理为主，如邵学成的《巴米扬佛教美术的早期研究探讨——以法国独占阿富汗考古时期的调查经纬为中心（1922—1952）》③、康熙阳的《阿富汗与阿姆河北岸地区佛教考古综述》④等。

中亚地区早期的佛寺考古工作在20世纪中期之前长期被俄国（及之后的苏联）“垄断”，这一状况直至以加藤九祚为代表的日本学者加入才有了变化。因此，相关研究工作的展开也就具有了明显的区域性和国际性。

俄国（及之后的苏联）方面，早期出版的佛寺考古报告、研究论著十分丰富，惜多以俄语著述，且少有再版，资料的获取难度较大。李特文斯基⑤、斯塔维斯基⑥、梅科切夫（T. Mkrtychev）⑦三位学者对该地区的佛教历史及相关佛寺遗迹进行了较为系统的归纳，其中卡拉特佩、法雅兹特佩、阿吉那特佩三处大型佛寺又因发掘最充分、材料最丰富而成为诸多学者进行佛寺研究的对象。鉴于许多佛寺目前在早期发掘后已损毁严重、难以复原甚至消失，俄国（及之后的苏联）的许多考察、考古报告遂成为如今研究佛寺形制布局时可利用的最基础的原始资料。关于中亚地区佛寺形制布局的研究最早见于李特文斯基《中亚佛教历史纲要》一文中，作者指出中亚北部带回廊的结构源于古代印度佛教“右绕”礼拜佛塔的仪式，最先出现在犍陀罗地区，是印度佛教建筑吸收来自琐罗亚斯德教建筑理念的产物⑧。作者在与梅科切夫合著的《铁尔梅兹古城的卡拉特佩：关于建筑的历史》一文中就卡拉特佩遗址佛寺的布局指出其后期佛寺建筑从三面环绕中央庭院的“庭院式”布局源于巴克特里亚本土的伊朗系宗教建筑传统⑨。斯塔维斯基在其《古代铁尔梅兹的卡拉特佩》一文中将此类“庭院式”布局的佛

---

① G. Fussman, M. Le Berre, E. Ollivier and B. Murad, *Monuments bouddhiques de la région de Caboul*. Diffusion De Boccard. *Monuments Bouddhiques De La Région De Caboul*, I, Paris: Diffusion De Boccard, 1976 ; G.Fussman, *Monuments Bouddhiques de la région de Coboul*, II, 2 Vols.,Paris: Diffusion De Boccard, 2008.

② 费安娜著，陈晶鑫译:《阿富汗塔帕·萨达尔佛教遗址管窥》；塔尔齐著，段晴译:《阿富汗巴米扬——2002—2006年法国的最新考古发掘》；白爱丽著，张雯译:《阿富汗巴米扬与热瓦克佛塔比较研究——基于法国近年的考古发现》，均收入李崇峰主编:《犍陀罗与中国》，北京：文物出版社，2019年，第91—111、113—159、205—225页。

③ 邵学成:《巴米扬佛教美术的早期研究探讨——以法国独占阿富汗考古时期的调查经纬为中心（1922—1952）》,《美术研究》2016年第6期，第101—110页。又参见作者:《大佛重现——东西方学者对巴米扬佛教美术的研究》，中央美术学院博士学位论文，2016年。

④ 康熙阳:《阿富汗与阿姆河北岸地区佛教考古综述》，李崇峰主编:《犍陀罗与中国》，北京：文物出版社，2019年，第161—203页。

⑤ B. A. Litvinsky, “Outline History of Buddhism in Central Asia”, *Kushan Studies in U.S.S.R.*, 1970, Calcutta: R. D. Press, pp. [illegible]; *Die Geschichte des Buddhismus in Ostturkestan*, Studies in oriental religions, Vol. 44, Wiesbaden: Harrassowitz Verlag, 1999.

⑥ B. J. Stavisky and G. M. Bongard-Levin, “Central Asia in the Kushan Period: Archaeological Studies by Soviet Scholars”, *Kushan Studies in U.S.S.R.*, 1970, Calcutta: R. D. Press, pp. 27-52; B. J. Stavisky, “The Fate of Buddhism in Middle Asia—in the light of archaeological data”, *Silk Road Art and Archaeology*, Vol. 3(1993/1994), 1994, pp.113-142; “Discoveries and Simple History of Research on Buddhist Sites in Central Asia”, trans. K. Kato, *Ay Khanum*, Tokyo, 2007, pp. 25-40.

⑦ T. Мкртычев, Буддийское искусство Средней Азии (I-X вв.), Москва: Академкнига, 2002.

⑧ B. A. Litvinsky, “Outline History of Buddhism in Central Asia”, *Kushan Studies in U.S.S.R.*, Calcutta: R.D. Press, 1970, pp. 127-129, note 265; “Archaeology and Pre-Islamic Art”, *Iranian Studies*, Vol. 31. No. 3/4,1998, pp. 333-348; B. A. Litvinsky and T. I. Zeimal, *The Buddhist Monastery of Ajina Tepa, Tajikistan: History and Art of Buddhism in Central Asia*, Rome, 2004.

⑨ B. J. Stavisky and T. K. Mkrtychev, “Qara-Tepe in Old Termez: On the History of the Monument”, *Bulletin of the Asia Institute*, Vol. 10, 1996, pp. 219-232.

寺——甚至包括印度本土的石窟寺——追溯到中东-中亚地区的早期宗教建筑，认为它们都由一个内殿和环绕的回廊组成①。普加琴科娃在其为《伊朗学百科全书》编写的条目“建筑·中亚篇”中总结道，巴克特里亚地区和马吉亚纳地区（Margiana，即梅尔夫）佛教寺院的形制布局基本由“小庭院、佛殿、回廊、小房间和佛塔”组成，作者还提示了塔吉克斯坦南部和吉尔吉斯斯坦公元7—8世纪佛寺中“双回廊庭院”布局的特殊性②。

日本方面，樋口隆康最早对中亚地区的古代佛寺进行专门研究，在《丝绸之路考古学》丛书中即对这一片区的佛教遗迹进行了梳理，指出兴都库什山南北两侧佛教艺术风格的差异，其提出的“阿姆河流派”至今在学界仍具有重大影响③。加藤九祚著有《中亚北部的佛教遗迹的研究》一书，利用大量俄语材料，梳理了早期俄国（及之后的苏联）学者发掘的古代佛寺遗迹的基本状况，也是目前非俄语出版物中对中亚地区佛寺遗迹记录最全面者④。林俊雄（T. Hayashi）著有长文《天山北麓的佛教遗迹》，以鲜被关注的楚河流域为中心的中亚最北部草原地带的古代佛寺（文中还包括西域北庭西大寺）为研究对象，指出这一地区佛寺的平面布局较为统一：佛寺平面多呈方形，入口附近建造居住区及生活区，中央佛殿周围多修有回廊。林氏还特别指出楚河流域当时作为粟特的殖民地，其佛教的兴盛可能和粟特佛教移民的西来有关⑤，这一点进一步向学界揭示了粟特及粟特人在中亚地区佛教发展与传播历史中所扮演的媒介角色。

乌、法、韩、中等国近年来也积极参与中亚地区古代佛寺的发掘和研究工作。皮达耶夫（Sh. Pidaev）作为长期参与铁尔梅兹古城考古发掘的中亚本土学者，对当地古代佛教遗迹也做过很好的考古学梳理和总结，先后出版了《乌兹别克斯坦考古学新发现》⑥、《乌兹别克斯坦的古代佛教与佛教文化遗产》⑦，其另一篇文章《关于铁尔梅兹佛教建筑的历史》以各个佛寺遗迹为线索重新梳理了佛教在古代巴克特里亚地区——尤其是铁尔梅兹地区——的出现、发展和衰落的年代学线索，提出了比以往

---

① B. J. Satvisky, “Kara-tepe in Old Termez”, J. Harmatta ed., *From Hecataeus to al-Ḫuwārizmī: Bactrian, Pahlavi, Sogdian, Persian, Sanskrit, Syriac, Arabic, Chinese, Greek, and Latin Sources for the History of pre-Islamic Central Asia*, Budapest: Akadémiai Kiadó, 1984, pp. 95-135. 又参见B. J. Stavisky, “Kara-Tepe. A Buddhist Monument of Ancient Ties between Central Asia and India”, *Central Asia: New Monuments in Writing and Art*, Moscow: Publishing House of Nauka, 1987, pp. 282-284; 李特文斯基主编：《中亚文明史　第三卷：文明的交汇（公元250年至750年）》，中国对外翻译出版公司、联合国教科文组织，2003年，第111—116页。

② G. A. Pugachenkova, “Architecture iv: Central Asian”, *Encyclopedia Iranica* Ⅱ/4, London, 1986, pp. 334-339. 又参见G. A. Pugachenkova, “Sur la typologie de l’ architecture monumentale des anciens pays de l’ Asie Centrale”, *Iranica Antiqua*, Leiden, 1982, Vol. 17, pp. 21-42。

③ 樋口隆康：《シルクロード考古学第1巻・インド・中央アジア》，京都：法藏馆，1986年，第125—151页；《シルクロード考古学第4巻・西域発掘誌》，京都：法藏馆，1986年，第196—214页。

④ 加藤九祚：《中央アジア北部の仏教遺跡の研究》，《シルクロード学研究》1997年第4卷，奈良：丝绸之路学研究中心，1997年。又参见加藤九祚、皮达耶夫著：《ウズベキスタン考古学新発見》，大阪：东方出版，2002年；皮达耶夫著，加藤九祚、今村荣一译：《ウズベキスタンの仏教文化遺産》，《立正大学ウズベキスタン学術交流プロジェクトシリーズ》1，东京：六一书房，2019年。

⑤ 林俊雄：《天山北麓の仏教遺跡》，《ダルウェルジンテパDT25発掘調査報告》，1996年，第154—178页。

⑥ 加藤九祚、皮达耶夫：《ウズベキスタン考古学新発見》，大阪：东方出版，2002。

⑦ 皮达耶夫著，加藤九祚、今村荣一译：《ウズベキスタンの仏教文化遺産》，《立正大学ウズベキスタン学術交流プロジェクトシリーズ》1，东京：六一书房，2019年。

观点更早的佛教衰落年代，即公元3世纪末[①]。阿兹莫夫（I. M. Azimov）在其文章《中亚的佛教建筑》中，从宏观角度分析了中亚地区范围内佛寺的类型，认为这一地区频发地震的历史状况深刻影响了佛寺形制布局的发展[②]。法国学者福斯曼所著《铁尔梅兹的佛教建筑》一书结合卡拉特佩北丘及法雅兹特佩的最新发掘成果对相关佛寺形制布局做出了较为全面的分析，结合佛寺出土的铭文，作者指出卡拉特佩佛寺北丘呈现出典型的印度佛寺样貌，纠正了以往诸多学者认为法雅兹特佩佛塔平面呈“十”字形的错误认识[③]。

国内方面，目前对于中亚地区佛寺的研究以翻译[④]与部分大型佛寺的概述性介绍为主，对佛寺形制布局的关注多集中在与西域古佛寺有关的“回”字形佛殿上[⑤]。晁华山在《佛教石窟寺概要》的“阿姆河以北的佛教遗址”一章中首次对卡拉特佩、法雅兹特佩、阿吉那特佩、阿克贝希姆四座著名的佛寺进行了提纲挈领式介绍，指出该地区出现的回廊院落、较低的中庭等形制特征贯穿该地区佛寺早晚期发展[⑥]，至今仍是中国学者对中亚地区佛寺进行研究的较重要的资料来源。贾应逸、祁小山在《印度到中国新疆的佛教艺术》一书中均对阿姆河以北的佛教遗址进行了梳理，前者相比于晁氏补充了一些新发现的佛教遗址，提出中亚地区逐渐流行的封闭式的中央佛殿及其周围的回廊源于拜火教建筑中用于保存圣火的祭堂[⑦]。沈爱凤著有《从青金石之路到丝绸之路——西亚、中亚与亚欧草原古代艺术溯源（下册）》一书，提出兴都库什山以北的古代佛寺中回廊来自米迪亚-波斯文化的猜想，并指出中亚佛寺的东方特征明显强于西方特征[⑧]。林立在《西域古佛寺——新疆古代地面佛寺研究》中对西域与域外佛寺进行对比研究中多次论及中亚佛寺布局，虽较为简短，但仍是目前国内最新的研究成果[⑨]。李肖、林铃梅所著《中亚地区佛教遗存中的中国元素》以佛教艺术的风格学分析为主，利用俄语材料首次向国内学界介绍了一些中亚地区佛寺的布局状况[⑩]。

---

① 皮达耶夫著，川崎建三译：《タルミタ=テルメズの仏教建築の歴史に関して》，《东洋学术研究》第184号，2020年，第137—158页。

② I. M. Azimov, “The Architecture of Buddhist Buildings in Central Asia”, *India and Central Asia (Pre-Islamic Period)*, Tashkent, 2000, pp. 91-92.

③ G. Fussman, *Monuments Bouddhiques de Termez: Termez Buddhist Monuments* Ⅰ, *Catalogue des inscriptions sur poteries*, 2 Vols., Paris: Edition-Diffusion de Boccard, 2011.

④ 斯塔维斯基著，马鹏云译：《乌兹别克的佛教遗址》，《世界宗教》1981年第4期，第24—39页；弗鲁姆金著，新疆维吾尔自治区博物馆编译：《苏联中亚考古》，乌鲁木齐：新疆维吾尔自治区博物馆，1981年；樋口隆康著，丛彦译：《西域美术上的阿姆河流派》，《新疆文物》1989年第1期，第135—144页；斯塔维斯基著，路远译：《古代中亚艺术》，西安：陕西旅游出版社，[illegible]《南哈萨克斯坦与七河流域的佛教遗迹》，[illegible]吐鲁番学资料中心、台北《南海》杂志社编：《敦煌吐鲁番学研究论集》，1996年，第60—67页。

⑤ 陈晓露：《西域回字形佛寺源流考》，《考古》2010年第11期，第79—90页。

⑥ 国家文物局教育处编：《佛教石窟考古概要》，北京：文物出版社，1993年，第294—312页。又参见晁华山：《佛陀之光——印度与中亚佛教胜迹》，北京：文物出版社，2001年，第144—150、209—214页。

⑦ 贾应逸、祁小山：《印度到中国新疆的佛教艺术》，兰州：甘肃教育出版社，2002年，第152—196页。又参见贾应逸：《新疆佛教寺院遗址研究概况》，《中华佛学学报》2002年第15期，第141—153页。

⑧ 沈爱凤：《从青金石之路到丝绸之路——西亚、中亚与亚欧草原古代艺术溯源》（下册），济南：山东美术出版社，2009年，第523—535页。

⑨ 林立：《西域古佛寺——新疆古代地面佛寺研究》，北京：科学出版社，2018年，第40—42、64—65、162—163页。

⑩ 李肖、林铃梅：《中亚地区佛教遗存中的中国元素》，荣新江主编：《丝绸之路上的中华文明》，北京：商务印书馆，2022年，第201—224页。

近年来，不少中国学者重点关注唐代中原王朝在楚河流域所设碎叶镇及“大云寺”的比定与相关研究[①]，其中尤以努尔兰·肯加哈买提在其博士论文《碎叶考古与唐代东西方文化交流》中对古代碎叶城三处佛寺遗迹进行的考古学分析最深入，作者划分出汉风、中亚风、吐蕃风三种佛寺风格，指出碎叶佛寺建筑布局细节与同时期粟特地区建筑多有类似，认为佛寺建筑很可能由汉人和中亚人共同完成，因此与中原汉寺的风格差别较大[②]。

结　语

综上，中亚-阿富汗地区的佛寺发展历史悠久，来自中亚、南亚、西亚、东亚的不同文化在此碰撞、交融，深刻影响了佛寺的形制布局。中亚地区古代佛寺数量众多，分布广泛，其中佛寺类型较多。年代最早者至少可至贵霜时期，能反映印度佛寺传至域外发生的重要嬗变，也是研究佛教初传中国西域地区的重要物质遗存，相关形制布局的研究基本囿于北巴克特里亚一带，但国内已有不少机构、学者开始对更广泛区域内的中亚佛寺进行实地考察与研究[③]，利于不断拓宽研究视野。关于阿富汗地区古代佛寺的形制布局研究，学界尚未出现专门的研究成果，但一方面目前意大利、日本等国在阿富汗仍在进行佛寺发掘工作，另一方面，早期法国在阿富汗考古工作尚未发表的成果也逐渐对外公布[④]，在此基础上，学者可尝试对更具体的佛寺形制布局问题进行探讨，如兴都库什山南北两侧的佛寺遗迹的文化对比研究将揭示出伊朗、印度等不同文化对佛寺布局的不同影响，阿富汗地区作为犍陀罗与中亚地区佛教文化过渡地带的佛寺布局的特殊性也将是未来深入研究西域佛教的传入与发展、不同区域之间佛寺形制布局差异等课题时不可跳过的内容。只有厘清前人所做工作的内容与不足，拓宽研究视野，关注考古、历史、美术等领域对佛教研究的最新进展，中亚-阿富汗这一片鲜被关注区域的佛寺发展史及其在佛教发展过程中的地位方可被更全面、更科学地认识。

---

① 张建林：《中国学界对吉尔吉斯阿克贝希姆（碎叶）遗址考古发现的了解与研究》，朱玉麒、周珊主编：《明月天山——“李白与丝绸之路国际学术研讨会”论文集》，北京：国家图书馆出版社，2018年，第187—198页。

② 努尔兰·肯加哈买提：《碎叶考古与唐代东西方文化交流》，北京大学博士学位论文，2007年，第122—145页。又参见作者：《碎叶》，上海：上海古籍出版社，2007年。

③ 西北大学丝绸之路文化遗产保护与考古学研究中心、中国国家博物馆、陕西省考古研究院：《塔吉克斯坦、乌兹别克斯坦考古调查——前贵霜时代至后贵霜时代》，《文物》2015年第6期，第17—33页。

④ Susanne Novotny, “The Buddhist Monastery of Fondukistān, Afghanistan - A Reconstruction”, *Journal of Inner Asian Art and Archaeology*, Vol. 2, 2007, pp. 31-37.

Review of the Researches on Ancient Buddhist Monasteries in Central Asia-Afghanistan Area: Focusing on the Architectural Layouts

Liao Zhitang (Chinese Academy of Social Sciences)
Li Zhaoxin (Yan' an University)

Abstract: Central Asia-Afghanistan area is an important transfer zone during the development of Northern Buddhism. It has direct influence upon the initial introduction of Buddhism into the western regions(Xiyu) of ancient China. This thesis, focusing on the layouts of Buddhist monastery, aims to review the relevant explorations and past researches on the ancient Buddhist ground monasteries. Hopefully, such reviewing effort will help further researches on the historical and cultural developments of Buddhism in these areas.

Key Words: Central Asia, Afghanistan, Buddhist monasteries, layouts, review of researches

译　作

物作有地，技传无疆

——中国西北发现约2700年前亚述风格皮鳞甲

玛尔亚木·依不拉音木（M. Yibulayinmu）① 邓永红① 魏骏骁（Patrick Wertmann）② 徐东良① 伊琳娜·叶利基纳（Irina Elkina）③ 瑞吉娜·福格尔（Regine Vogel）④ 佟湃（Pavel E. Tarasov）⑤ 唐纳德·若嘉（Donald J. La Rocca）⑥ 王睦（Mayke Wagner）⑦

（翻译 陈晓程 李晓哲）

摘 要：公元前一千纪是欧亚大陆中、东部地区历史发展中的一个重要阶段。在这个时期，社会变革的脚步不断加快，自然环境和人类社会均发生了巨大变化。其中，骑马活动的推广成为社会变革的主要推动力之一。人类的活动范围不断扩大，骑兵部队应运而生，成为庞大军团中的生力军。随着军事力量的变化，具有强大扩张力和凝聚力的帝国相继崛起和陨落，此消彼长，不断更迭，并由此带来军事技术的广泛传播。能够反映这种技术传播的考古发现资料多为金属装备遗存，因为它们的制作材料本身利于保存；而以有机材料制成的装备和护具，尽管生产量很大，对经济和环境都具有重要影响，但却很难留存下来。因此，吐鲁番洋海墓地出土的一领皮质鳞甲残件，就成为宝贵的实物资料。本项课题细致考察了该甲衣的结构、形制，并测得碳十四年代数据，同时与美国纽约大都会艺术博物馆收藏的一领同时代皮鳞甲（出处不详）以及在近东、相邻北方草原和中国境内其他地区发现的相关资料进行了比较研究。洋海皮甲年代为公元前786—前543年（95%置信区间），由约5444块小型甲片和140块大型甲片组成，加上串联甲片所用皮绳和皮质内衬，总重量约为4—5千克。复原研究表明，该甲衣为背带式铠甲，开合口位于右腋下，穿着简便、快捷，无须他人协助。具体穿着方式可能是先将较长的左腰部分绕过后背而与较短的右腰部分相系绑结并固定于右臂下，再将双肩甲带于后背交叉后固定于左右臀部位置，是一种既轻便又高效的护具，且适合各类身材。与大都会皮甲相较，二者在年代范围、结构细节和整体外观等方面相似，但在功能用途方面不同，可能分别为同一军队中不同兵种的制式装备，比如轻骑兵和重步兵。公元前7世纪时期，只有新亚述军队的军事装备标准化程度能达到如此高的水平，因此我们认为这两领皮甲的制造地为新亚述帝国。若此推论不错，则洋海皮甲即为公元前第一千纪前半叶时期东西方军事技术在欧亚大陆间传播的罕见考古实物之一，而此时正是欧亚大陆社会变革和经济转型之际。

① 中国新疆维吾尔自治区吐鲁番学研究院。

② 瑞士苏黎世大学亚洲与东方研究所。

③ 俄罗斯科学院考古研究所。

④ 德国波恩LVR国立历史博物馆。

⑤ 德国柏林自由大学地球科学系地质科学研究所古生物部。

⑥ 美国纽约大都会博物馆兵器盔甲部。

⑦ 德国柏林德国考古研究院欧亚考古研究所及北京办公室。

关键词： 早期铁器时代　中亚　军事技术　护甲　古代皮革服装　欧亚大陆科学技术传播

一、简　述

最近发表的一份全新世时期土地利用情况全球性评估报告显示，大多数人类聚居区的自然环境早在3000年前就已发生了巨大的变化①。在欧亚大陆，气候因素以及农牧业的不断发展、扩张，造成中亚东部和中国北部、西部地区逐年干旱，这也成为改变植物—动物—人类三者之间复杂关系的主要推动力之一②。尤其是公元前一千纪时期骑马活动的逐步推广，完全改变了人类的政治和经济生活面貌，并使之由此迈入了一个全球化的新阶段。马匹的使用加速了人类的扩张，拓宽了活动范围；战车和骑兵应运而生，开始成为军团中的一股新生力量。

上述因素导致人类社会的迁徙日益活跃，具有了更大的流动性，各势力之间的联合或竞争逐级上升，从而引发更加快速的政治更迭。两三千年前，帝国相继崛起，文明璀璨生辉，如古希腊、古罗马、亚述、阿契美尼德、帕提亚、秦汉王朝等。这些帝国均具有强大的扩张力和凝聚力，在全盛时期拥有广阔的疆域，成为当时的政治文化中心，对位于其北部草原地区的各大势力，如斯基泰、塞人或匈奴等，在政治、技术、环境等各方面都产生了较大影响③。考古发现资料证实了南北之间的紧密联系，尤其是在军事技术传播方面，出土实物以金属装备遗存为主，而以有机材料制成的装备，特别是防护服装，尽管生产量应该很大，对当时的社会经济和环境都具有重要影响，但却很难完整地保存下来。因此，本文所述皮甲实为难得的考古资料，能够突出体现公元前一千纪早期欧亚大陆在技术传播方面的密切沟通和交流。

铠甲是用于身体格斗时的一种特殊防护服装，可谓身外之身④。它一方面要为武士提供身体保护，一方面还要尽最大可能保持穿着时的灵活度，是集保护、震慑、示威等功能于一身的装备。铠甲的材质与设计取决于可利用的原材料资源、制作技术、战斗形式、特定时期和地域及社会的不同审美，还有武士的社会地位或等级等方面。由于制作成本高昂，甲衣被视为珍贵装备，只有贵族阶层才可以穿

① W. Ruddiman, “The Anthropogenic Greenhouse Era Began Thousands of Years ago”, *Climatic Change* 61, 2003, pp. 261-293; ArchaeoGLOBE Project, “Archaeological Assessment Reveals Earth’s Early Transformation through Land Use” *Science* 365, 2019, pp.897-902.

② 例如M. Wagner, X. Wu, P. Tarasov, A. Aisha, C. Bronk Ramsey, M. Schultz, T. Schmidt-Schultz, J. Gresky, “Radiocarbon-dated Archaeological Record of Early First Millennium B.C. Mounted Pastoralists in the Kunlun Mountains, China”, *Proc. Natl. Acad. Sci. Unit. States Am.* 108 (38), 2011, pp. 15733-15738; R.N. Spengler III, N. Ryabogina, P.E. Tarasov, M. Wagner, “The Spread of Agriculture into Northern Central Asia: Timing, Pathways, and Environmental Feedbacks”, *Holocene* 26 (10), 2016, pp. 1527-1540; P.E. Tarasov, D. Demske, C. Leipe, T. Long, S. Müller, P. Hoelzmann, M. Wagner, “An 8500-year Palynological Record of Vegetation, Climate Change and Human Activity in the Bosten Lake Region of Northwest China”, Palaeogeogr. *Palaeoclimatol. Palaeoecol.* 516, 2019, pp. 166-178。

③ 例如C.I. Beckwith, *Empires of the Silk Road: A History of Central Eurasia from the Bronze Age to the Present*. Princeton: Princeton University Press, 2009。

④ E. Coccia, *Sinnenleben: Eine Philosophie. Übersetzt von Caroline Gutberlet*, München: Carl Hanser Verlag, 2020.

着[①]；且通常会被保存于宫殿[②]或宝库之中[③]，代代相传，鲜少随葬[④]。在中国，成套铠甲甚至会成为向皇家进贡的贡品[⑤]，如《三国志》所载：景元三年（262年），肃慎国遣使重译入贡，献其国皮骨铁杂铠二十领。

相较于珍贵的高级铠甲，那些兵精将广的古代军事强国也为广大士兵制作出低成本、高效能的普通铠甲，鳞甲即为其中一种。这种铠甲根据时代和文化以及材质之不同，可有皮制、铜制和铁制之分，其甲片呈小型盾形，按照一定的排列顺序进行编缀。甲片的横向编联方式是上片压下片，即上片的右侧边叠压在下片的左侧边之上（反之亦然）。甲片编联成排后，再进行纵向排列，并缝缀于内衬之上，排列方式为上排压下排，即上排甲片的下半部分叠压在下排甲片的上半部分之上，以便完全覆盖住连缀甲片的绳带；上下两排甲片互相错置，下排甲片正好位于上排两片甲片之间。如此排列所形成的甲面酷似鱼鳞，曲线流畅，结构紧凑。希罗多德曾这样描述公元前5世纪时期的波斯战士："他们身着各色带袖上衣，铁制鳞甲看上去就像鱼鳞一样。"[⑥]时至今日，内芯填充金属鳞甲的防弹背心仍然是昂贵的个人防护装备之一[⑦]。

鳞甲的发明与马拉战车的使用息息相关，这种战车轻便、迅捷，可作为移动射击平台投入战斗[⑧]，甚至早在公元前二千纪前半叶近东地区发生的战役中[⑨]，就已将马拉战车作为多用途的特殊部队[⑩]来使用了。为使宝贵的、训练有素的马拉战车队伍尽可能长时间地保持战斗力，保护战车手就成为极其重要的战斗任务。相较于步兵，战车手要立于车上，位置暴露，这就需要为其提供一种类似盾牌式的护甲，这种护甲既要足够坚硬，又要轻巧灵活以便随时披挂、战斗。铜、铁以及皮制的鳞甲都满足这种要求。约在公元前二千纪中叶，伴随着战车的沙场驰骋，鳞甲向西传入了埃及，向东传入了伊

---

① T. Dezsö, *The Assyrian Army. I. The Structure of the Neo-Assyrian Army as Reconstructed from the Assyrian Palace Reliefs and Cuneiform Sources. 1. Infantry*, Budapest: Eötvös University Press, 2012b. *The Assyrian Army. I. The Structure of the Neo-Assyrian Army as Reconstructed from the Assyrian Palace Reliefs and Cuneiform Sources. 2. Cavalry and Chariotry*, Budapest: Eötvös University Press, 2012a.

② W. Ventzke, "Der Schuppenpanzer von Kamid el-Loz", R. Hachmann, ed., *Kāmid el-Lōz 1977-1981, Saarbrücker Beitrage zur Altertumskunde 36*. Bonn: Rudolf Habelt, 1986, pp. 161-182.

③ E.F. Schmidt, *Persepolis. Volume II. Contents of the Treasury and Other Discoveries*, Chicago: The University of Chicago Press, 1957.

④ J.O. Manchen-Helfen, *The World of the Huns. Studies in Their History and Culture*, Berkeley, Los Angeles, London: University of California Press, 1973, p. 241.

⑤ B. Laufer, *Chinese Clay Figures. Part I. Prolegomena on the History of Defensive Armor*, Chicago: Field Museum of Natural History, 1914, p. 185; H. Ikeuchi, *A Study of the Su-Shen. Memoires of the Research Department of the Toyo Bunko*, Tokyo: The Toyo Bunko, 1930, p. 136.

⑥ Book VII, 参见 A.D. Godley, *Herodotus. The Persian Wars, Vol. III: Books 5-7*, Cambridge: Harvard University Press, 1922, p. 378。

⑦ Y.H. Kim, C.H. Choi, S.K.S. Kumar, Ch.G. Kim, "Behavior of Dragon Skin Flexible Metal Bumper under Hypervelocity Impact", *Int. J. Impact Eng.* 125, 2019, pp. 13-26。

⑧ M.A. Littauer, J.H Crouwel, "Wheeled vehicles and Ridden Animals in the Ancient Near East", *Antiquity* 54 (212), 1979, pp. 247-258.

⑨ T. Dezsö, "Scale Armour of the 2nd Millennium BC", T.A. Bács, ed., *A Tribute to Excellence. Studies Offered in Honor of Erno Gaál, Ulrich Luft, László Török*, Budapest: Studia Egyptiaca XVII, 2002, pp. 195-216.

⑩ Th. Hulit, "Tut'Ankhamun's Body Armour: Materials, Construction, and the Implications for the Military Industry", R.J. Dann, ed., *Current Research in Egyptology 2004: Proceedings of the Fifth Annual Symposium*. Oxford: Oxbow Books, 2004, pp. 100-111.

朗[①]。德斯索（Dezsö）[②]曾统计过在埃及、塞浦路斯、黎巴嫩、以色列、叙利亚、伊拉克、土耳其、亚美尼亚和伊朗发现的所有公元前18世纪至公元前7世纪时期的铠甲，但至今未见有完整的鳞甲出土。胡利特（Hulit）甚至计算出，“所有来自近东地区青铜时代晚期的金属甲片加起来都凑不齐一副完整的铠甲”[③]。到目前为止，保存最好的铜制鳞甲出土于黎巴嫩的卡米德埃尔洛兹（Kāmid el-Loz），年代约为公元前1400年，甲片约有180片[④]。

出土于伊拉克努兹遗址（Nuzi）的楔形文字泥板书中（公元前15世纪晚期至前14世纪早期），记载有使用皮质甲片或铜、皮甲片组合来制作不同类型铠甲的方法[⑤]，但仅于1922年在埃及底比斯图坦卡蒙[⑥]墓中发现有一领完整的皮鳞甲尚未全部腐烂。该甲衣出土时非常脆弱，在之后的70年中保存状态更是逐步恶化，以至于待胡利特[⑦]进行研究时，只能查看到零星甲片、个别残排、系带残段以及内衬残片，而该甲的整体结构已无法重建、复原。肯德尔（Kendall）、扎克格尼尼赫（Zaccagninih）和德斯索曾对青铜铠甲做过复原，所得甲衣重量在15—25千克[⑧]；维特克（Ventzke）也复原过青铜背心式铠甲和长款铠甲，重量分别为10千克和27千克[⑨]。综合考虑这些数据，很有可能重量较青铜为轻的皮甲，在实际使用中比我们通过考古发现所认知的要更为普遍，尤其是在皮质铠甲还具有相当好的保护性能的情况下，而这一点已被胡利特的实验所证实[⑩]。

公元前9世纪上半叶，亚述开始向四周扩张，成为近东霸主[⑪]，当时的军队中已为战车部队和所有精锐部队装备了鳞甲，士兵种类包括长矛手、弓箭手和投石机手等，发现于伊拉克尼姆鲁德遗址

---

① T. Dezsö, “Panzer”, E. Ebeling, B. Meissner, eds., *Reallexikon der Assyriologie und Vorderasiatischen Archäologie*, Berlin, New York: Walter de Gruyter, 2003-2005, pp. 319-323.

② T. Dezsö, “Scale Armour of the 2nd Millennium BC”, T.A. Bács, ed., *A Tribute to Excellence. Studies Offered in Honor of Erno Gaál, Ulrich Luft, László Török*, Budapest: Studia Egyptiaca XVII, 2022, p. 196.

③ Th. Hulit, “Tut’Ankhamun’s Body Armour: Materials, Construction, and the Implications for the Military Industry”, R.J. Dann, ed., *Current Research in Egyptology 2004: Proceedings of the Fifth Annual Symposium*, Oxford: Oxbow Books, 2004, p. 110.

④ W. Ventzke, “Zur Rekonstruktion eines bronzenen Schuppenpanzers”, R. Hachmann, ed., *Frühe Phöniker im Libanon. 20 Jahre deutsche Ausgrabungen in Kāmid el-Lōz*, Mainz am Rhein: Philipp von Zabern, 1983, pp. 94-100; “Der Schuppenpanzer von Kamid el-Loz”, R. Hachmann, ed., *Kāmid el-Lōz 1977-1981, Saarbrücker Beitrage zur Altertumskunde 36*, Bonn: Rudolf Habelt, 1986, pp. 161-182.

⑤ 例如Lachemann, E.R., *Excavations at Nuzi. Vol. VI: the Administrative Archives*. Harvard Semitic Series, Vol. XV, Massachusetts: Harvard University Press, 1955; T. Kendall, *Warfare and Military Matters in the Nuzi Tablets*, Massachusetts: Brandeis University, 1979; T. Dezsö, “Scale Armour of the 2nd Millennium BC”, T.A Bács, ed., *A Tribute to Excellence. Studies Offered in Honor of Erno Gaál, Ulrich Luft, László Török*, Budapest: Studia Egyptiaca XVII, 2002, pp, 195-216。

⑥ 继承王位的时间在公元前1353—前1331年之间，参见C. Bronk Ramsey, M.W. Dee, J.M. Rowland, T.F.G. Higham, S.A. Harris, F. Brock, A. Quiles, E.M. Wild, E.S. Marcus, A.J. Shortland, “Radiocarbon-based Chronology for Dynastic Egypt”, *Science* 328, 2010, pp. 1554-1557。

⑦ Th. Hulit, “Tut’Ankhamun’s Body Armour: Materials, Construction, and the Implications for the Military Industry”, R.J. Dann, ed., *Current Research in Egyptology 2004: Proceedings of the Fifth Annual Symposium*, Oxford: Oxbow Books, 2004, pp. 100-111.

⑧ 均引自T. Dezsö, “Scale Armour of the 2nd Millennium BC”, T.A. Bács, ed., *A Tribute to Excellence. Studies Offered in Honor of Erno Gaál, Ulrich Luft, László Török*. Budapest: Studia Egyptiaca XVII, 2002, pp. 195-216。

⑨ W. Ventzke, “Der Schuppenpanzer von Kamid el-Loz”, R. Hachmann, ed., *Kāmid el-Lōz 1977-1981, Saarbrücker Beitrage zur Altertumskunde 36*, Bonn: Rudolf Habelt, 1986, p. 179.

⑩ Th. Hulit, *Late Bronze Age Scale Armour in the Near East. An Experimental Investigation of Materials, Construction, and Effectiveness, with a Consideration of Socio-Economic Implications*, Doctoral Thesis, University of Durham, 2002.

⑪ K. Kessler, “Die Assyrer”, B. Hrouda, ed., *Der Alte Orient. Geschichte und Kultur des alten Vorderasien*, Gütersloh: Bertelsmann, 1991, pp. 112-150.

（Nimrud）的宫殿浮雕上就描绘有亚述军队中着鳞甲士兵的形象①。公元前9世纪时期的浮雕也同样记录了装甲骑兵的存在。亚述人从位于其东北部、以养马为生的邻居那里借鉴了骑兵的形式，又进一步将骑兵发展成为一个独立的军事兵种②。至公元前8世纪时，军队对马匹的需求量越来越大，并开始征召外国骑兵入伍，这些外来士兵很可能也装备了亚述的武器和战甲③。罗亚博科瓦（Ryabkova）④曾指出，乌克兰扎博京（Zhabotin）发现的考古遗存证明，在公元前8世纪时期，鳞甲已经越过高加索，传播到了北方地区。公元前7世纪初，出于共同对抗辛梅里亚人、埃及人和米底人的需求，亚述人和斯基泰人之间的关系变得更加紧密⑤，反映到考古资料上，库班河地区出土的鳞甲数量即有所增加，如在克列尔梅斯3号冢（Kelermes kurgan，约公元前650年）中的发现⑥。在米底人分别击败斯基泰（公元前616年）和亚述（公元前612年）后，幸存的斯基泰人携带着鳞甲，撤退到了黑海以北、以东地区，自此（公元前6世纪）鳞甲便开始在该地区迅速、广泛地传播开来⑦。但是，从多瑙河流域到乌拉尔河流域，出土的青铜和铁质鳞甲，多出自公元前5—前3世纪的墓葬；且到目前为止，尚未在文献中找到任何关于皮鳞甲的记载⑧。西伯利亚的各个部落似乎从来没有使用过鳞甲，如著名的巴泽雷克墓地（Pazyryk）和阿尔赞墓地（Arzhan）⑨，出土随葬品丰富，保存状况完好，但并没有发现任何鳞甲；在中亚地区，最古老的鳞甲也仅可追溯到公元前4—前3世纪⑩。

鳞甲对于希腊人来说相对陌生，是外来品，但他们通过与斯基泰人和阿契美尼德帝国（公元前550—前330年）的接触，仍然接受了这种新式装备⑪。目前希腊境内尚未出土有鳞甲遗存，仅在神庙和墓葬中发现零星甲片（神庙甲片被用作祭品，墓葬甲片被用作战利品随葬）⑫。有关希腊鳞甲的具体

① T. Dezsö, *The Assyrian Army. I. The Structure of the Neo-Assyrian Army as Reconstructed from the Assyrian Palace Reliefs and Cuneiform Sources. 1. Infantry*, Budapest: Eötvös University Press, 2012, p.99.

② T. Dezsö, *The Assyrian Army. I. The Structure of the Neo-Assyrian Army as Reconstructed from the Assyrian Palace Reliefs and Cuneiform Sources. 2. Cavalry and Chariotry*, Budapest: Eötvös University Press, 2012, p.13.

③ T. Dezsö, *The Assyrian Army. I. The Structure of the Neo-Assyrian Army as Reconstructed from the Assyrian Palace Reliefs and Cuneiform Sources. 1. Infantry*, Budapest: Eötvös University Press, 2012, p.99.

④ N.V. Ryabkova, "Kurgan 524 u s. Zhabotin v sisteme pamyatnikov perioda skifskoy arkhaiki [Kurgan 524 near the village of Zhabotin in the system of Scythian archaic monuments]", *Rossiysky Arkheologichesky Ezhegodnik*, Vol. 4, 2014, pp. 236-277 (in Russian).

⑤ K. Kessler, "Die Assyrer", B. Hrouda, ed., *Der Alte Orient. Geschichte und Kultur des alten Vorderasien.* Gütersloh: Bertelsmann, 1991, pp. 112-150.

⑥ E.V. Černenko, R. Rolle, R. Kenk, H. Seemann, *Die Schutzwaffen der Skythen*, Stuttgart: Steiner Verlag, 2006, p.58, L.K. Galanina, "Die Fürstengräber von Kostromskaja und Kelermes", *Im Zeichen des Goldenen Greifen. Königsgräber der Skythen*, München: Prestel Verlag, 2007, pp. 198-203.

⑦ E.V. Černenko, R. Rolle, R. Kenk, H. Seemann, *Die Schutzwaffen der Skythen*, Stuttgart: Steiner Verlag, 2006, p.135.

⑧ E.V. Černenko, R. Rolle, R. Kenk, H. Seemann, *Die Schutzwaffen der Skythen*, Stuttgart: Steiner Verlag, 2006. N.V. Ryabkova, "Cheshuychatyye pantsiri ranneskifskogo vremeni [Scale Armor of the Early Scythian period]", A.J. Alekseev, ed., *Archaeological Papers, 38*, St. Petersburg: The State Hermitage Museum, 2010, pp. 87-106 (in Russian).

⑨ K.V. Čugunov, H. Parzinger, A. Nagler, *Der Skythenzeitliche Fürstenkurgan Ar˘zan 2 in Tuva. Archäologie in Eurasien, Band 26*, Mainz: Philipp von Zabern, 2010.

⑩ E.V. Černenko, R. Rolle, R. Kenk, H. Seemann, *Die Schutzwaffen der Skythen*, Stuttgart: Steiner Verlag, 2006, p.129.

⑪ A.M. Snodgrass, *Arms and Armor of the Greeks*, Baltimore: John Hopkins University Press, 1999, p.91.

⑫ V. Karageorghis, E. Masson, "A Propos De La Découverte DE´cailles DArmure En Bronze à Gastria-Alaas (Chyphre)", *Archäologischer Anz.* 90, 1975, p.222.

形状，最清晰、直观的两个证据分别来自乌克兰索洛卡古冢（Solokha）出土的战斗浮雕金梳（约公元前400年）①和一领半鳞甲铠甲。前者为斯基泰人所戴，梳子顶部的浮雕中，有一希腊人身穿完整鳞甲，该类铠甲属“东方类型”；后者只在胸部位置配有鳞甲，属“新希腊类型”②。

在东方，最迟不晚于公元前1200年，亚述式战车已传入晚商时期的京畿地区③，但没有证据表明当时有青铜鳞甲随之一同出现。到目前为止，仅河南安阳侯家庄商王陵出土有一甲衣残件④。发掘者认为这是一件漆皮甲，但由于腐蚀严重，漆皮下的结构已无法确定。此外，陕西长安普渡西周（公元前1046—前771年）墓地18号墓出土了42片青铜甲片，甲片四角有孔，发掘者推测为供披挂的铜甲⑤。公元前一千纪中叶，中国中部、中南部和北部地区开始广泛使用由甲片组合而成的铠甲，所用材质不拘一格。中部地区以连缀式为主流⑥，即将甲片分为若干排，每排若干片，相邻各排平行排列，用绳带或皮条穿过甲片四角的穿孔（或沿甲片四边）进行连缀组合⑦。由于甲片之间没有水平和垂直叠压关系，所以连缀用的绳带清晰可见。而以甲片叠压为特点的鳞甲，在中国则被认为是外来品⑧。

之前，在从地中海到黄海的广大区域内，从未出土有任何属于公元前二千纪中叶至前一千纪晚期阶段的完整鳞甲。直至2013年，中国新疆洋海墓地IIM127⑨出土了一领形状基本完整、保存情况尚佳的皮鳞甲后，这一情况才发生改变。陈新勇首次将其与中原地区的防御性铠甲进行了比较研究⑩。

本文介绍了洋海皮鳞甲的考古背景、绝对年代和技术细节，包括对甲衣形状和穿着方式所进行的图形重建。在讨论章节，我们将其与纽约大都会艺术博物馆收藏的一件同时代皮鳞甲⑪，以及在近东、埃及和中国境内其他地区发现并发表的相关资料进行比较，以期从古代制甲技术早期发展历史的角度来评估洋海鳞甲发现的意义。

二、材料与方法

（一）洋海墓地

洋海墓地位于吐鲁番盆地东北部，西北距今吐鲁番市约43公里，最早发现于20世纪70年代初。2003年，新疆文物考古研究所与吐鲁番市文物局联合组建考古队，对遗址进行了抢救性发掘，共清理

---

① A. Alekseev, “Skythische Könige und Fürstenkurgane”, W. Menghin, H. Parzinger, A. Nagler, M. Nawroth, eds., *Zeichen des Goldenen Greifen: Königsgr äber der Skythen*, München: Prestel Verlag, 2007.

② A.M. Snodgrass, *Arms and Armor of the Greeks*, Baltimore: John Hopkins University Press, 1999, p.91.

③ H.Ch. Wang, *Writing and the Ancient State: Early China in Comparative Perspective*, Cambridge: Cambridge University Press, 2002.

④ 梁思永、高去寻：《侯家庄（河南安阳侯家庄殷代墓地）1004号大墓》，台北：“中研院”历史语言研究所，1970年。

⑤ 中国社会科学院考古研究所沣西发掘队：《1984年长安普渡村西周墓葬发掘简报》，《考古》1988年第9期，第769—777页。

⑥ A.E. Dien, “A Brief Survey of Defensive Armor across Asia”, *J. East Asian Archaeol.* 2 (3-4), 2000, p.18.

⑦ B. Thordeman, *Armour from the Battle of Wisby, 1361*, Stockholm: Chivalry Bookshelf, 1939-1940, pp.244-255.

⑧ A.E. Dien, “Armour in China before the Tang Dynasty”, *J. East Asian Archaeol.* 2 (3-4), 2000b, p.24.

⑨ 吐鲁番市文物局、新疆文物考古研究所、吐鲁番学研究院、吐鲁番博物馆编著：《新疆洋海墓地》，北京：文物出版社，2019年，第354—355页。

⑩ 陈新勇：《吐鲁番鄯善洋海墓地出土皮铠甲》，《吐鲁番学研究》2019年第1期，第24—33页。

⑪ D.J. La Rocca, *Arms and Armor: Notable Acquisitions, 1991-2002*, New York: The Metropolitan Museum of Art, 2002, pp.42-43.

墓葬521座，面积约5.4万平方米①。在随后出版的发掘报告中，这些墓葬被分为四期（I至IV），年代分别为公元前13—前11世纪、前10—前8世纪、前7—前4世纪、前3—2世纪。得益于该地区极其干燥的气候②，有大量的有机物质，包括纺织品、皮革、木器以及人类遗骸和动植物遗存等，都被较好地保存下来，也由此引发了一系列关于植物③或有机实物④的专题研究。

随着研究的深入，获得的信息不断增多，我们对吐鲁番盆地早期居民的了解也愈加丰富和多元。公元前一千纪时期，生活在那里的先民没有留下任何关于自身的文字记载。这就意味着，在该地区考古工作开展之前，只能通过其他历史文献⑤来对其加以了解，而这些资料显示，吐鲁番盆地先民与车师国（Chü-shih）有关。据《汉书》卷九十六载⑥，车师国在公元前一千纪下半叶占领了广大的吐鲁番地区，居民善骑射，事农牧业⑦。持续不断的田野发掘，频频出土的完整器物遗存，为研究车师人在技术、制造等方面的实际发展情况提供了重要的考古资料。

（二）洋海II号墓地M127（II M127）

出土皮甲的II M127（图一）为长方形竖穴土坑墓。墓口距地表深0.2米，墓长1.65米、宽0.84米，墓深1.32米⑧。墓底有四足木尸床，长1.5米、宽0.6米、高0.18米。床上有人的腿骨和髋骨，颅骨移位于床下北侧。单人二次葬，壮年男性，年龄30岁左右。床上散布有木镳1件、角镳2件、木钉5支、陶器若干（钵、单耳杯、单耳壶、单耳罐各1件）、木梳1件、木取火棒1件、骨扣1件和一只羊头骨。皮甲位于床上中南部，除较大的两块残件外，还有些许零散小块残件，可能也是甲的一部分。

---

① 吐鲁番市文物局、新疆文物考古研究所、吐鲁番学研究院、吐鲁番博物馆编著：《新疆洋海墓地》，北京：文物出版社，2019年。

② M. Domrös, G. Peng, *The Climate of China*, Berlin: Springer, 1988.

③ 例如H.E. Jiang, X. Li, Y.X. Zhao, D.K. Ferguson, F. Hueber, S. Bera, Y.F. Wang, L.C. Zhao, C.J. Liu, C.S. Li, “A New Insight into Cannabis Sativa (Cannabaceae) Utilization from 2500-year-old Yanghai Tombs, Xinjiang, China”, *J. Ethnopharmacol*, 108, 2006, pp. 414-422; H.E. Jiang, X. Li, D.K. Ferguson, Y.F. Wang, C.J. Liu, C.S. Li, “The Discovery of Capparis Spinosa L. (Capparidaceae) in the Yanghai Tombs (2800 years b.p.), NW China, and Its Medicinal Implications”, *J. Ethnopharmacol*, 113, 2007, pp. 409-420; H.E. Jiang, Y.B. Zhang, X. Li, Y.F. Yao, D.K. Ferguson, E.G. Lü, C.S. Li, “Evidence for Early Viticulture in China: Proof of a Grapevine (Vitis vinifera L., Vitaceae) in the Yanghai Tombs, Xinjiang”, *J. Archaeol. Sci.*, 36, 2009, pp. 1458-1465。

④ 例如U. Beck, M. Wagner , X. Li, D. Durkin-Meisterernst, P. Tarasov, “The Invention of Trousers and Its Likely Affiliation with Horseback Riding and Mobility: A Case Study of Late 2nd Millennium BC Finds from Turfan in Eastern Central Asia”, *Quat. Int.*, 348, 2014, pp. 224-235; A. Kramell, X. Li, R. Csuk, M. Wagner, T. Goslar, P. Tarasov, N. Kreusel, R. Kluge, C.-H. Wunderlich, “Dyes of Late Bronze Age Textile Clothes and Accessories from the Yanghai Archaeological Site, Turfan, China: Determination of the Fibers, Color Analysis and Dating”, *Quat. Int.*, 348, 2014, pp. 214-223; P. Wertmann, X.Y. Chen, X. Li, D.L. Xu, P.E. Tarasov, M. Wagner, “New Evidence for Ball Games in Eurasia from [illegible] 3000-year-old Yanghai Tombs in the Turfan Depression of Northwest China”, *J. Archaeol. Sci. Rep.*, 2020, p. 102576。

⑤ D. Sinor, *The Cambridge History of Early Inner Asia*, Cambridge: Cambridge University Press 1990; G.D. Zhang, X.J. Rong, “A Concise History of the Turfan Oasis and Its Exploration”, *Asia Major, Third Series* 11.2, 1998, pp. 13-36.

⑥ J.P. Mallory, V.H. Mair, *The Tarim Mummies: Ancient China and the Mystery of the Earliest Peoples from the West*, London: Thames & Hudson, 2000, pp.143-144.

⑦ 例如R. Ghosh, S. Gupta, S. Bera, H.E. Jiang, X. Li, C.S. Li, “Ovi-caprid Dung as an Indicator of Paleovegetation and Paleoclimate in Northwestern China”, *Quat. Res.*, 70, 2008, pp. 149-157; X. Li, M. Wagner, X. Wu, P. Tarasov, Y. Zhang, A. Schmidt, T. Goslar, J. Gresky, “Archaeological and Palaeopathological Study on the Third/second Century BC Grave from Turfan, China: Individual Health History and Regional Implications”, *Quat. Int.*, 2013, pp. 290-291, 335-343。

⑧ 吐鲁番市文物局、新疆文物考古研究所、吐鲁番学研究院、吐鲁番博物馆编著：《新疆洋海墓地》，北京：文物出版社，2019年，第354页。

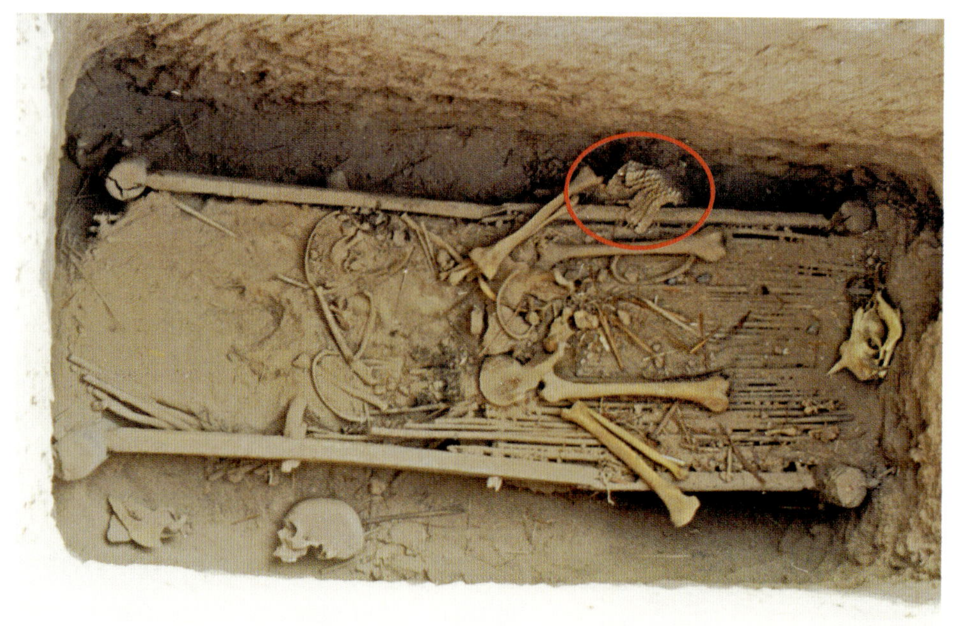

图一 洋海Ⅱ M127，红色圆圈为皮甲出土位置
图片来源：《新疆洋海墓地》，2019年，第354页，图606（对不同颜色的图例释义，请参见本文网络版）

（三）洋海墓地皮鳞甲

发掘报告中详细描述了两块尺寸较大且保存较好的皮甲残件（II M127：11-1和II M127：11-2）。皮甲共由5000余块皮甲片（生牛皮）组成，甲片相互串联并缝缀于皮质内衬之上①。由于皮甲有部分地方缺失，特别是内衬朽烂导致大量甲片脱落，所以皮甲的初始设计和样貌无法识别，复原重建也异常困难。2015年，在中德合作皮革文物保护修复技术培训班上，由吐鲁番博物馆和德国考古研究院共同组建的联合工作小组对该皮甲进行了考察。本文中的数据皆基于当时的观察和记录，以及后来笔者所做的补充。

在为碳十四测年做采样时，我们遵照吐鲁番博物馆的规定，从一甲片深处采集到一根植物尖刺，并获得了有效的碳十四年代数据。经过仔细观察，我们认为这根尖刺很有可能是在皮甲被埋葬前的最后时刻才刺入甲片的，代表着皮甲使用时间的下限。参考以前洋海考古研究成果②可知，生命周期较短的植物样本可以提供相当可靠的年代数据。反之，生命周期较长者，则所得测年数据会产生偏差。如同样位于吐鲁番绿洲的胜金店墓地，从公元前一千纪时期的墓葬中分别采集了皮条样本和植物样

① 吐鲁番市文物局、新疆文物考古研究所、吐鲁番学研究院、吐鲁番博物馆编著：《新疆洋海墓地》，北京：文物出版社，2019年，第355、356页，图608，表224.8。

② 例如H.E. Jiang, X. Li, Y.X. Zhao, D.K. Ferguson, F. Hueber, S. Bera, Y.F. Wang, L.C. Zhao, C.J. Liu, C.S. Li, "A new Insight into Cannabis Sativa (Cannabaceae) Utilization from 2500-year-old Yanghai Tombs, Xinjiang, China", *J. Ethnopharmacol*, 108, 2006, pp. 414-422; H.E. Jiang, X. Li, D.K. Ferguson, Y.F. Wang, C.J. Liu, C.S. Li, "The Discovery of Capparis Spinosa L. (Capparidaceae) in the Yanghai Tombs (2800 years b.p.), NW China, and Its Medicinal Implications", *J. Ethnopharmacol*, 113, 2007, pp. 409-420; H.E. Jiang, Y.B. Zhang, X. Li, Y.F. Yao, D.K. Ferguson, E.G. Lü, C.S Li, "Evidence for Early Viticulture in China: Proof of a Grapevine (Vitis vinifera L., Vitaceae) in the Yanghai Tombs, Xinjiang", *J. Archaeol. Sci.*, 36, 2009, pp. 1458-1465.

本，所得碳十四测年数据中，皮条的年代就明显比植物的要早①。这表明鞣皮的加工过程可能会对年代的测定产生影响，同时也证明我们选取植物样本来确定皮甲的使用年代是正确的。

为推断出皮甲的整体形状、制作技术及穿戴方式，我们测量了内衬、穿绳和甲片，统计了甲片数量和行数，分别测量了相邻甲片水平叠压数值和上下排甲片垂直叠压数值，并根据所得测量结果，计算出皮甲原来每排甲片的长度以及不同部位所具有的高度。为了确定已经脱落的肩部甲带的位置，我们测试了几种可能性，并提出了目前为止最合理的解释。

三、结　论

（一）洋海ⅡM127皮鳞甲年代测定

通过分析墓葬结构和随葬品形式变化，发掘者将ⅡM127的年代定为公元前7—前4世纪②。所获得的碳十四测年数据（波茨南-74942：2515±30 ^{14}C BP），经校正曲线IntCal20③和树轮校正程序OxCal v4.4.2（https:// c14.arch.ox.ac.uk/oxcal.html）④校正后，年代范围在公元前786—前543年之间（95.4%置信区间）。这一数据有助于验证该墓葬的类型学年代，并确定该墓所出皮鳞甲为目前欧亚大陆已知最早者。

（二）洋海皮鳞甲相关数据

1. 甲片的形状与尺寸

甲片共有三种类型，厚度均为3毫米左右，基本呈纵长方形，尺寸大小不一（表1，图二）。Ⅰ型甲片的数量最多，长25毫米、宽15毫米，重约0.5克（图二A）。每一甲片的右下角均为圆弧形。距顶边3毫米处有一排纵向穿孔，共三道。经统计，尺寸较大的皮甲残件上所保存的此型甲片有4011片，已脱落的有1148片，共计5159片。

Ⅱ型甲片长80毫米、宽15毫米，重2.7克。数量较少，皮甲残件上未脱落的有56片，已脱落的有59片，共计115片（图二B）。同样是圆弧形右下角，但每片有三排纵向穿孔，每排三道；第一排距顶边6毫米，第二排距顶边32毫米，第三排距底边20毫米。

Ⅲ型甲片长70毫米、宽15毫米，重1.6克。数量最少，单成一排，不与甲衣其他部位相连。未脱落的有28片，已脱落的有39片，共计67片。每片有两排纵向穿孔，每排三道；上排距顶边12毫米，

---

① X. Li, M. Wagner, X. Wu, P. Tarasov, Y. Zhang, A. Schmidt, T. Goslar, J. Gresky, "Archaeological and Palaeopathological Study on [illegible] Years from Turfan, China: Individual Health History and Regional Implications", Quat. Int., 2015, pp. 290-291, 335-343.

② 吐鲁番市文物局、新疆文物考古研究所、吐鲁番学研究院、吐鲁番博物馆编著：《新疆洋海墓地》，北京：文物出版社，2019年，第625页；陈新勇：《吐鲁番鄯善洋海墓地出土皮铠甲》，《吐鲁番学研究》2019年第1期，第33页。

③ P.J. Reimer, W.E.N. Austin, E. Bard, A. Bayliss, P.G. Blackwell, C. Bronk Ramsey, M. Butzin, H. Cheng, R.L. Edwards, M. Friedrich, P.M. Grootes, T.P. Guilderson, I. Hajdas, T.J. Heaton, A.G. Hogg, K.A. Hughen, B. Kromer, S.W. Manning, R. Muscheler, J.G. Palmer, C. Pearson, van der J. Plicht, R.W. Reimer, D.A. Richards, E.M. Scott, J.R. Southon, C.S.M. Turney, L. Wacker, F. Adolphi, U. Büntgen, M. Capano, S.M. Fahrni, A. Fogtmann-Schulz, R. Friedrich, P. Köhler, S. Kudsk, F. Miyake, J. Olsen, F. Reinig, M. Sakamoto, A. Sookdeo, S. Talamo, "The IntCal20 Northern Hemisphere Radiocarbon age Calibration Curve (0-55 cal kBP)", *Radiocarbon* 62 (4), 2020, pp. 725-757.

④ 参见C. Bronk Ramsey, "Radiocarbon Calibration and Analysis of Stratigraphy: The OxCal Program", *Radiocarbon* 37, 1995, pp. 425-430。

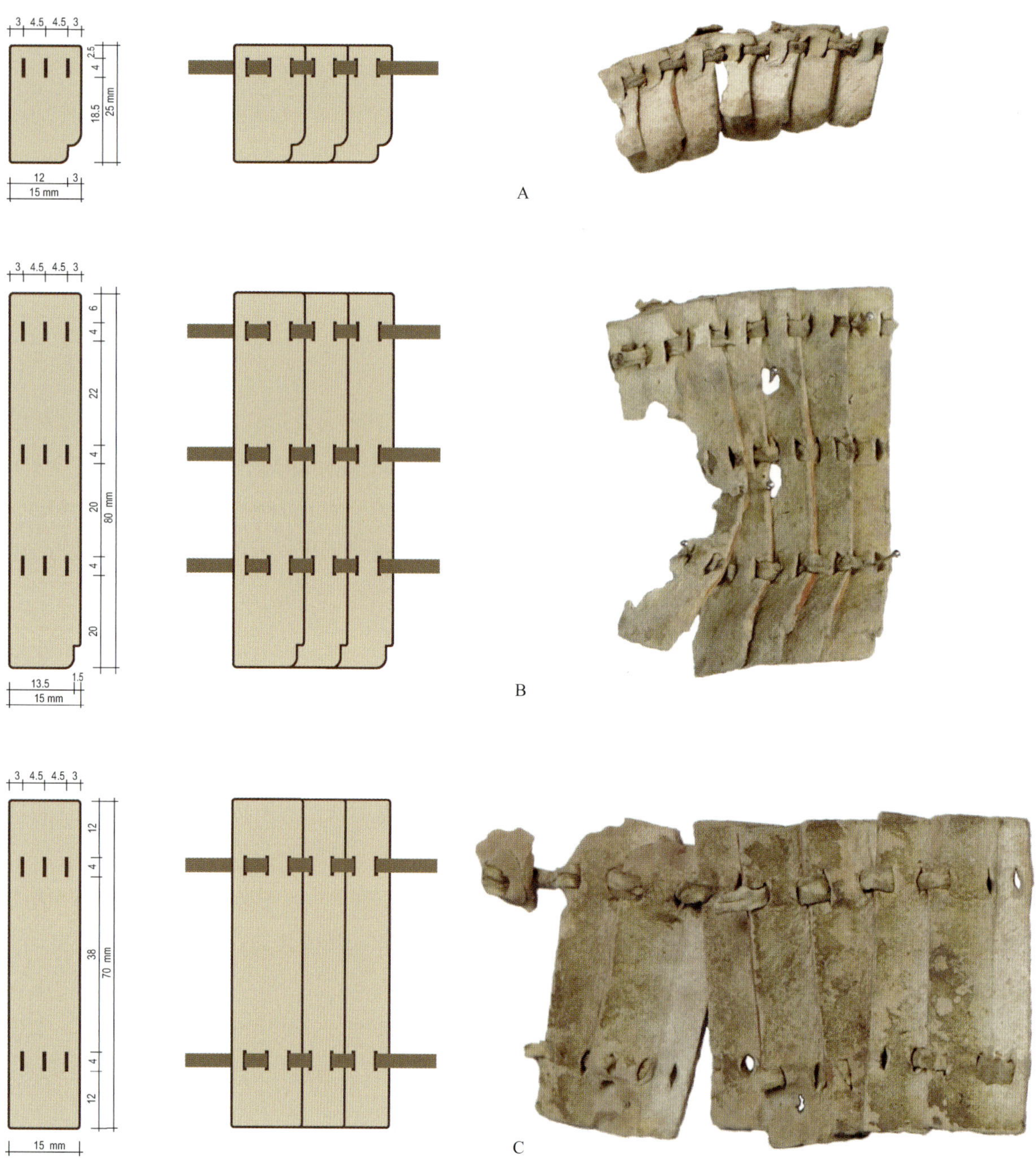

图二 洋海皮甲：甲片类型：A为Ⅰ型甲片（约5159片），B为Ⅱ型甲片（约115片），C为Ⅲ型甲片（约67片）
图片拍摄：魏骏骁，绘图：伊琳娜·叶利基纳

下排距底边12毫米。无圆弧形角（图二C）。三种类型所有甲片上的纵向穿孔都整齐划一，长均为4毫米，以4.5毫米等距离排列，左右穿孔距甲片两侧边均为3毫米。由Ⅲ型甲片组成的一排甲带独立于其他，且该型甲片在尺寸较大的皮甲残件上未有发现，故其原始位置和用途仍然未知，也有可能并不属于这领皮甲。但甲带下缘保留有皮绳，说明它曾与某件物品相连。

鉴于三种类型的所有甲片在形状和大小上基本相同，可以推测它们是由硬质模版或定型模具统一从皮革上压切而得。甲片的切边被染成红色，目前还未做过任何化学分析来确定颜料的种类及皮革的加工方法。部分甲片表面呈深色且带有光泽，说明皮革在鞣制过程中可能添加了油脂，以提高甲片的

表 1

出土地点	年代（公元前）	材质	最小型甲片 长×宽（厘米）	最大型甲片 长×宽（厘米）	最常见甲片 长×宽（厘米）	边缘穿孔数量	甲片底边形制	参考文献
卡米德埃尔洛兹（Kāmid el-Loz）	1400	铜	3.9×1.5	9.0×2.4/2.6	6.2×2.4	5，7，7	尖状	Ventzke, 1986
图坦卡蒙，底比斯（Tutankhamun Thebes）	1320	皮	2.5×0.9	5.8×2.4	不明	5，7，9	尖状	Hulit, 2004
普渡	1046—771	铜	10.4×4.0	7.2×4.2	7.2×4.2	4	平直	中国社会科学院考古研究所沣西发掘队,1988年
沙尔玛纳塞尔要塞（Fort Shalmanser SW7，尼姆鲁德（Nimrud）	8世纪晚期—7世纪晚期	铜，铁	2.4×1.5	6.3×1.4	不明	不同	圆弧，平直	Mallowan, 1966, 410; O. Muscarella, 1988, 317-321
洋海	786—543	皮	2.5×1.5	8.0×1.5	2.5×1.5	3	半圆弧，转折	本文
库托尔克兰索赞姆亚（Khutor Krasnoe Znamya）9号墓	7世纪中期	铜			3.4× 2.0	3	圆弧	Černenko et al., 2006, 58, pl. 19.334
兹维耶（Ziwiye）	7世纪晚期	金	5.0×1.9	8.5×1.8	不明	3	圆弧	Černenko et al., 2006, 129
基斯沃洛茨克“因杜斯瑞亚”（Kislovodsk “Industrija”）遗址4号墓	7世纪下半叶	铜			3.4×2.0	3	圆弧	Černenko et al., 2006, 58, pl. 19.335
克列尔梅斯土丘墓地（Kelermes mound）19、24、29号古冢	7世纪晚期	铜，铁	3.0×2.5	1.4×1.1	1.6×1.3	3	圆弧	Rzabkova, 2010, 101
扎博京（Zhabotin）	7世纪晚期/6世纪早期	铜，铁	2.5×2.0	1.8×1.4	不明	2	圆弧	Černenko et al., 2006, 58, pl. 2.51
波斯波利斯（Persepolis）	550—330	铜，铁	1.6× 1.2	4.7×4.4	不明	2，4，5	平直，圆弧	Schmidt, 1957, pl. 77
帕萨尔加德，塔勒塔克（Pasargadea, Tall-i Takht）94号房间	4世纪	铁	1.2×2.8	不明	不明	?	圆弧	Muscarella, 1988, 212
秦始皇陵陪葬坑K9801T2G2，西安	210年卒	石	4.8×4.1	6.8×5.8	4.8×4.1	8，12	平直	始皇陵考古队，2001
齐王墓随葬坑，淄博	187年卒	铁	3.0×2.5	4.0×3.2	3.2-3.5×2.4-2.6	8，6，10	圆弧	山东临淄博物馆等，1987年

防潮性能。与这种干旱地区（如吐鲁番盆地）使用的皮革加工方法相类似的生产工艺，在其他地区也有发现，例如埃及①。

2. 甲片的编缀方式

三种类型的甲片均为横向编联，由穿过穿孔的皮绳相连。带有圆角的甲片右侧边始终叠压于下一甲片左侧边之上，约占一半；甲片方向保持一致。穿连甲片的皮绳，每隔一个串连循环，就穿透垫在甲片下方的软皮内衬，进行一次缝缀固定（图三黄色标识）。

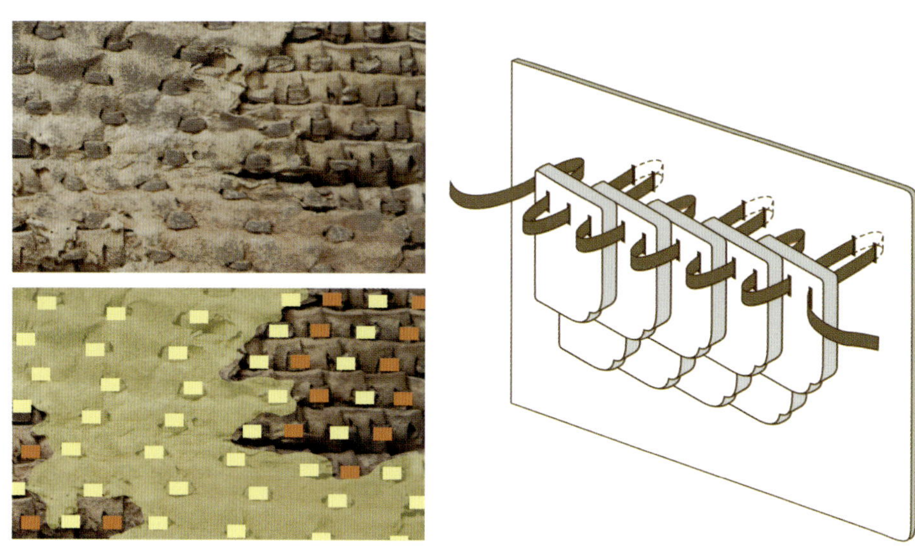

图三 洋海皮甲：Ⅰ型甲片的编缀方式及与内衬的缝缀方式（黄色区域）。甲片横向顺序叠压，每片均覆盖约一半。串联甲片和缝缀内衬使用同一条皮绳，每隔一个串联循环，皮绳（黄色方块）就穿透内衬，进行一次缝缀、固定。橙色方块表示内衬缺失处显露出来的皮环

图片拍摄：魏骏骁，绘图：伊琳娜·叶利基纳（对不同颜色的图例释义，请参见本文网络版）。

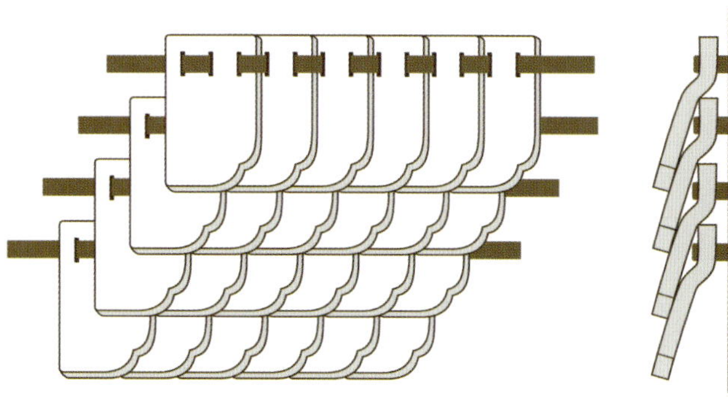

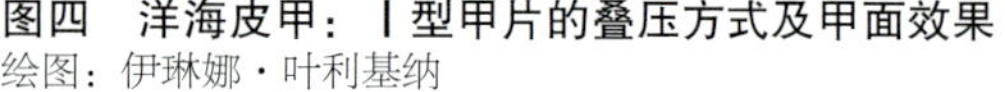

图四 洋海皮甲：Ⅰ型甲片的叠压方式及甲面效果

绘图：伊琳娜·叶利基纳

皮甲的主体部分由大量的小型甲片（Ⅰ型）组成。编联方式为：先单片横向排列，上片叠压下片约三分之一的宽度，再成排由下至上排列，上排叠压下排约二分之一的长度，如此以遮盖穿孔和皮绳（图四）。这种排列具有两个基本特征：①甲片叠压，增加了皮甲的厚度，可达到约12毫米，如果再加上厚1—2毫米的内衬，则皮甲更为厚实；②甲片右下圆角呈小弧形，若干小弧形经统一几何排列后，形成的甲面没有直角，也甚

① C. Van Driel-Murray, "Leatherwork and Skin Products", P.T. Nicholson, I. Shaw, eds., *Ancient Egyptian Materials and Technology*, Cambridge: Cambridge University Press, 2000, p.303; A.J. Veldmeijer, J. Laidler, "Leather Work in Ancient Egypt", H. Selin, ed., *Encyclopaedia of the History of Science, Technology, and Medicine in Non-western Cultures,* 2 Volumes, Berlin, Heidelberg, New York: Springer, 2008, p.1216.

为美观。图坦卡蒙墓出土的铠甲也具有类似效果①。之所以将甲片右下角做成圆弧形，除审美原因外，还考虑到圆角相比直角，更不易随时间推移而起翘、卷边。

3. 皮鳞甲的结构

2015年对皮甲进行考察时，发现除两块尺寸较大的皮甲残件和一些松散的甲片外，还有更多脱落的甲片、独立的甲带、留有缝缀痕迹的薄皮、厚度不一的皮绳等。由于无法确定这些残件究竟是属于皮甲还是其他器物（如皮靴、皮胄或马镳、马衔等马具），我们就主要组装了最有可能属于皮甲的部分，包括前身（含两侧相连的甲带残段）（图五和图六中的A-1），左侧脱落的甲带尾部（图五和图六中的A-2）和双肩甲带（图五和图六中的A-3和A-4）。

为了推断出皮甲的整体形状、制作方法和可能的穿戴方式，我们首先仔细观察了皮甲背面，即内衬一面（图五A）。内衬由以下几部分组成（图五B）：前身（L1—L5）（含顶边两侧各拼接的一块三角形衬片和底边两侧各拼接的一块梯形衬片）、左侧带（L6）、右侧带（L7）。除被发掘者确认为双侧肩带的残件外（图五：A-3、A-4、B L8和L9，图六：A-3和A-4），皮甲从正面看不到任何串联、缝缀的痕迹（图六）。

皮甲在有些部位出现边缘腐烂和皮革变形等情况，因此，对其完整形态的勾勒只能通过测量各残件尺寸、统计甲片数量和行数、根据甲片叠压情况计算原始行列的长度和高度等手段来实现。

4. 前身部分

前身内衬：分为五片。正中大片基本呈长方形，从顶边（颈部）至底边，右侧长67.5厘米，左侧较右侧短3厘米，顶、底边均宽约45厘米。沿顶边拼接的两个三角形衬片，将领口宽度向肩膀两侧各延伸约6厘米；沿底边拼接的两个梯形衬片，将底边向左右两侧各加宽约10厘米（图五B）。整个前身部分呈沙漏形。五块衬片的拼接处可见缝合针孔，表明这些衬片最初是缝合在一起的，但并未发现有任何缝合线保存下来。现状是各衬片互不相连，仅由缝缀其上的一排排甲片来固定。

前身甲片：正中部分，从上至下，包括23排Ⅰ型甲片（领口至与侧带连接处之上缘）、22排Ⅰ型甲片（与侧带连接处之上缘至与Ⅱ型甲片连接处）、一排Ⅱ型甲片和Ⅱ型甲片以下部分（右半边存13排Ⅰ型甲片，左半边存10排Ⅰ型甲片）。领口一排有甲片57片，Ⅱ型甲片下的第一排有甲片56片，现存最短排位于前身与侧带连接处上方，有甲片45片。

前身下摆（腰部至大腿）（图五和图六）左右并不对称，似有意为之。左半部分有甲片10排，右半部分13排，左短右长。从Ⅱ型甲片往下第四排开始，有一片三角形内衬显露出来（与正身大片内衬部分相连），上面未覆甲片（图七）。这样的设计使得左大腿护甲短，右大腿护甲长，在裆部留下了活动空间，更便于上、下马或骑行。

5. 左右侧甲带

在两侧腰部位置，三角形和梯形拼接片之间，有两个长方形衬带，上覆甲片（图五）。甲带一端与前身相接，另一端向侧腰部延伸（图六），高度约为28厘米（22排Ⅰ型甲片加1排Ⅱ型甲片）。右侧甲带长度较短，每排有甲片约35片，仅能覆盖右腰部分。左侧甲带较长，每排有甲片约60片，可

① Th. Hulit, “Tut’Ankhamun’s Body Armour: Materials, Construction, and the Implications for the Military Industry”, R.J. Dann, ed., *Current Research in Egyptology 2004: Proceedings of the Fifth Annual Symposium*, Oxford: Oxbow Books, 2004, fig. 41.

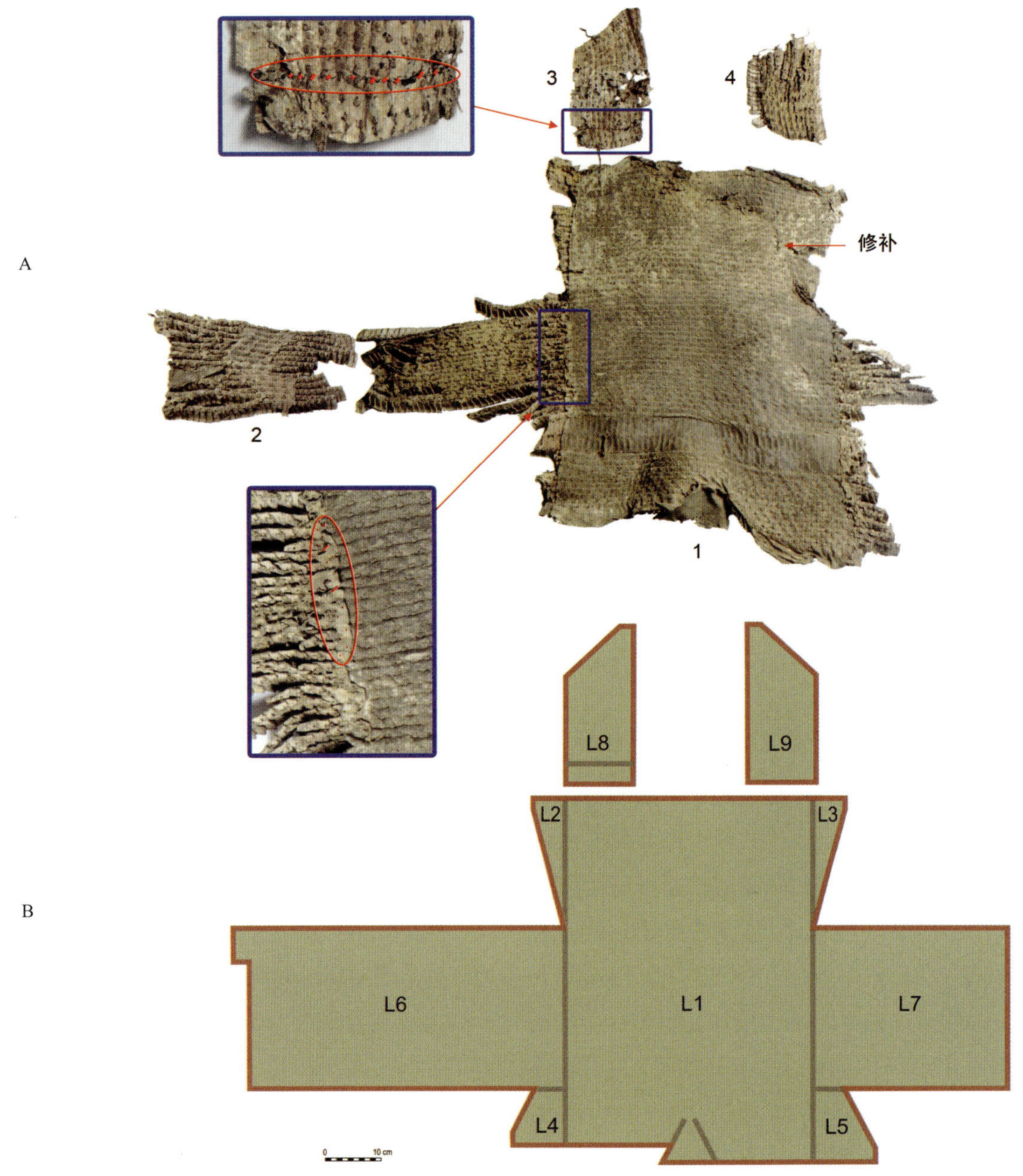

图五 洋海皮甲（ⅡM127：11）：大块残件背面，可见内衬。A–1为前身及左、右侧带，A–2为左侧带尾部（脱落），A–3、A–4为左、右肩带。B为内衬各部分示意图（L）：L1是前身，L2、L3是前身胸部位置左、右三角形拼接片，L4、L5是臀部位置左、右梯形拼接片，L6是左侧带（包括脱落的尾部），L7是右侧带，L8、L9是肩带
图片拍摄：徐东良、魏骏骁、玛尔亚木·依不拉音木，绘图：伊琳娜·叶利基纳

以绕过左腰、后腰直至右臂下结束。左侧甲带最上三排边缘处，增缀有3片甲片，形成一圆弧形突起（图八）。穿戴者可抓握此处，将左侧甲带经后腰拉至较短的右侧甲带处，并用皮绳固定于右臀处（图六B）。我们根据原始尺寸复原了皮甲，第一次的实验结果表明，皮甲上身后，两侧甲带会在背后自然向下倾斜，只有用上述方法才能与身体紧密贴合。值得注意的是，左侧甲带边缘突出的抓手，恰可与右臂用于绑系的皮绳相接。从外表看，整个前身腰部和两侧甲带连起来就像一条结实的腰带，总长含140片甲片（图六），以位于臀部位置的那一排Ⅱ型甲片为腰带底边。

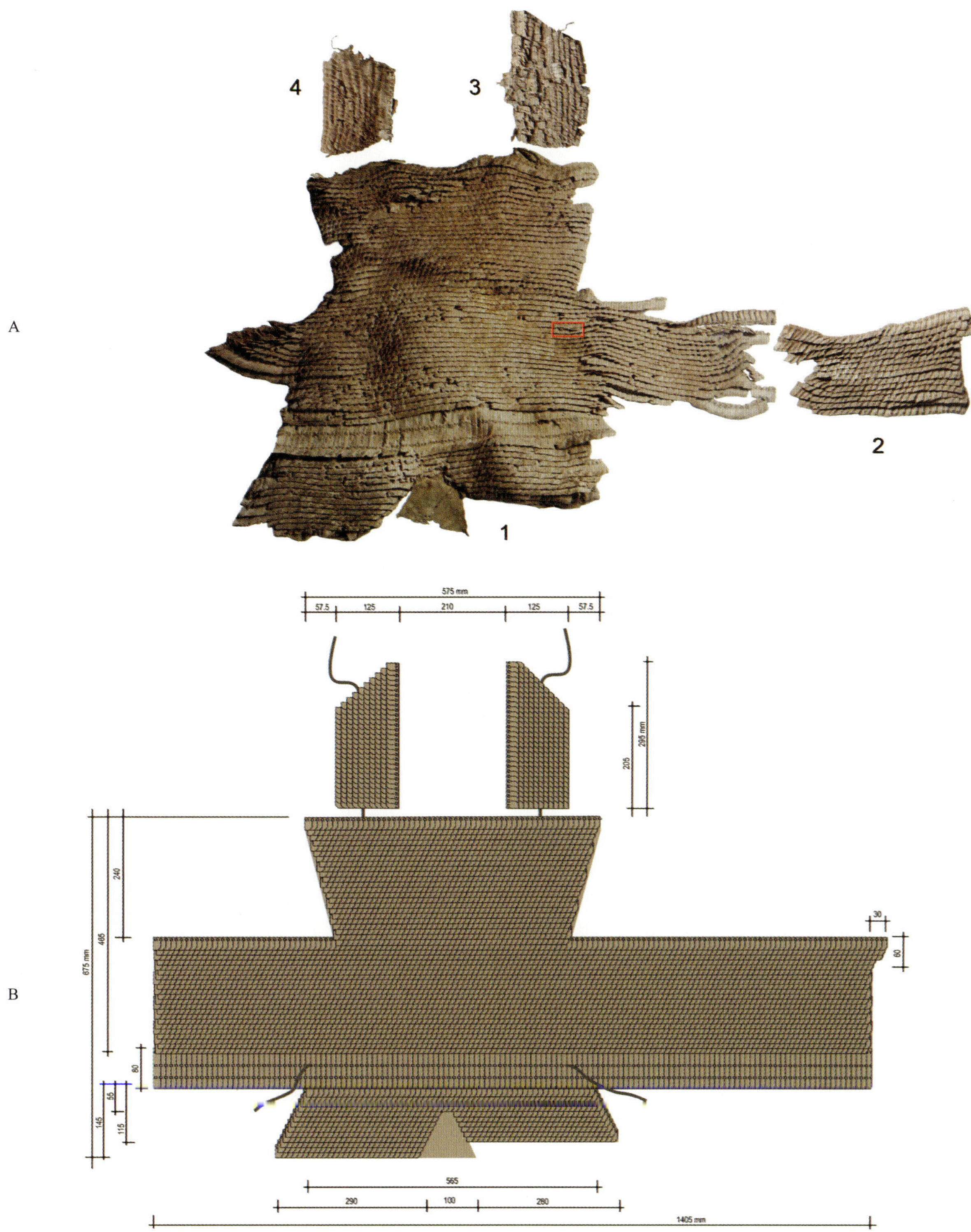

图六　洋海皮甲（ⅡM127：11）：大块残件正面，可见甲片。A-1为前身及左、右侧甲带，A-2为左侧甲带尾部（脱落），A-3、A-4为肩甲带；B为复原的皮甲。试穿实验表明，侧甲带只有在向下倾斜时才能平稳地贴在背部。这样，较长的左侧甲带边缘突出的抓手，与右臂用于绑系的皮绳相接，可以绑结、固定

图片拍摄：徐东良、魏骏骁、玛尔亚木·依不拉音木，绘图：伊琳娜·叶利基纳

正面

背面

图七　洋海皮甲（ⅡM127：11）：裆部位置
图片拍摄：魏骏骁

A

B

图八　洋海皮甲（ⅡM127：11）：左侧甲带尾部，A为背面，B为正面
图片拍摄：魏骏骁

6. 肩部甲带

系两块尺寸较小的梯形残件（图五和图六中的A-3和A-4），发现时已与皮甲完全脱离，故其原始位置无法确定。发掘报告中将其视为两侧肩部甲带，应该可信①。需要解决的问题是，它们是如何与皮

① 吐鲁番市文物局、新疆文物考古研究所、吐鲁番学研究院、吐鲁番博物馆编著：《新疆洋海墓地》，北京：文物出版社，2019年，表224.8。

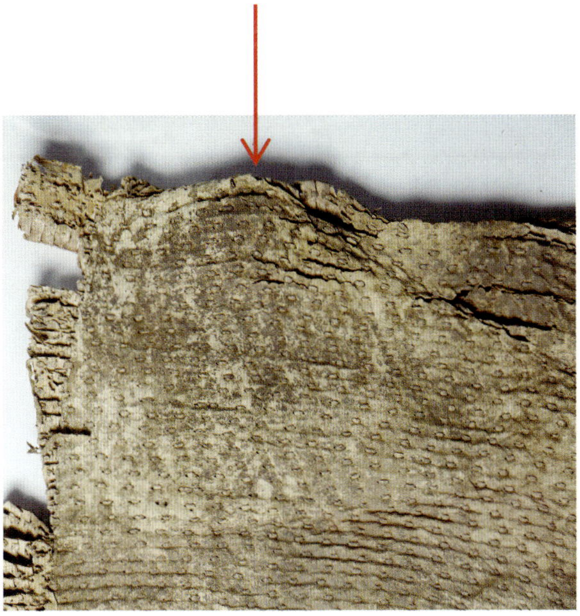

A

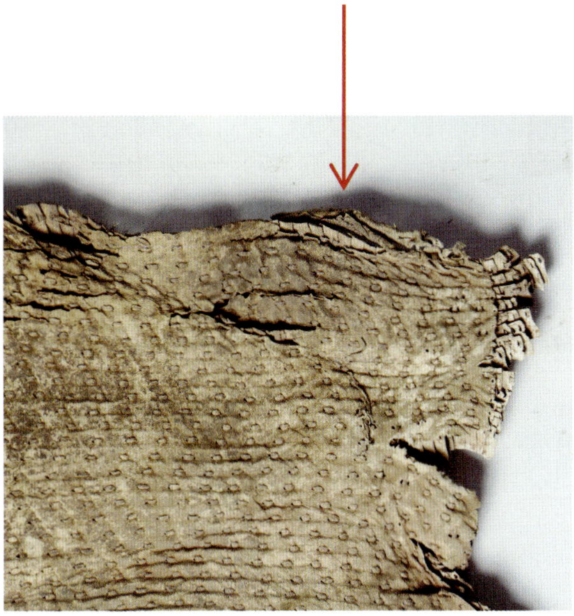

B

图九　前身和肩带连接处，可见因牵拉而变形的领口，背面。A为左侧，B为右侧
图片拍摄：魏骏骁

甲前身相连的。两肩带高度基本一致，均有11排甲片，约合12.5厘米，但长度不同，因其中一片有一端受损。肩带1仍保留有完整的皮质内衬，由一大一小两块皮革拼接而成（图五A-3）。借此可以推测出肩带1的原始尺寸，即长边有29片甲片，长约29.5厘米；短边有20片甲片，长约20.5厘米。两端边一直一斜，应系专门设计。两端用于绑结、固定的皮绳清晰可见（图五A-3）。肩带2平直一端的甲片仍保存完整，但另一端的甲片已经脱落，串联甲片的皮绳呈松散状态：第一排（最底端）仅留20片甲片，约20.5厘米；最后一排（最顶端）仅存13片甲片，约13.5厘米（图五和图六中的A-4）。目前推测两肩带的原始尺寸相同，二者的主要区别在于，位置和形状相对，甲片叠压方向正好相反。在考虑肩带与前身的连接问题时，我们注意到，前身领口两边的甲片，因大力牵拉而产生变形，痕迹非常明显（图九），因此推测变形处即为前身与两肩甲带平直一端相连接处。若以此种方式连接，则当肩带系紧时，领口第一排的甲片就会贴紧脖颈。领口附近和两肩带上的甲片，其叠压方向应当冲外。如此，则肩带1就应当放置在左肩处，肩带2放置在右肩处（图六）。这样，当做抬肩、举臂等动作时，甲片可以顺畅伸缩，灵活方便。这是目前我们认为最合理的肩带摆放位置。但由于皮甲缺失后身，故有关肩带斜边一端以何种方式固定系紧这一问题，仍悬而未决。有可能从左右肩带斜边一端各拉出一根皮绳，在后背交叉，再与左右臀部位置仍保留的皮绳相绑系、固定（图六）。具体可参考秦始皇（公元前210年卒）兵马俑所示前身甲样式[①]（图十）。

7. 重量

为了估算皮甲的重量，我们根据复原结果，做了如下计算：5444片Ⅰ型甲片×0.5克=2722克；140片Ⅱ型甲片×2.7克=378克；二者相加，重量为3100克；再加上内衬和皮绳，整个皮甲的总重量

① 刘永华：《中国古代军戎服饰》，上海：上海古籍出版社，2003年，图11。

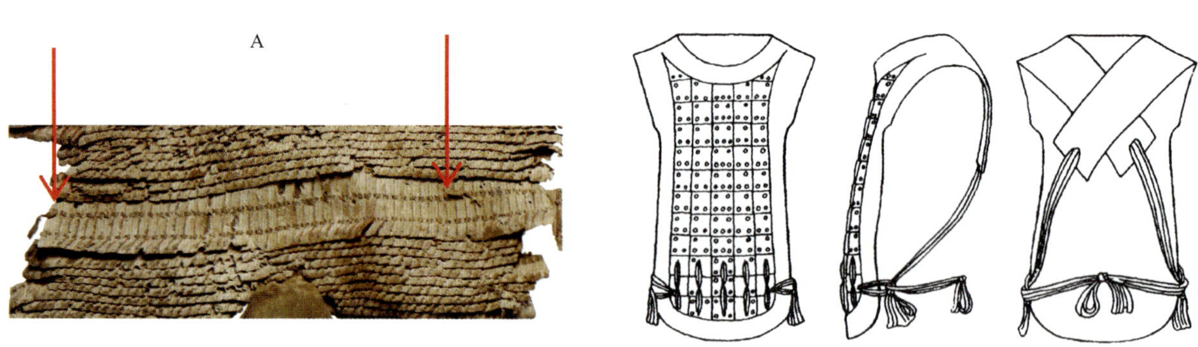

图十　A为洋海皮甲两侧臂部位置残留的皮绳。B为秦始皇兵马俑所穿背带式甲衣系结方法示意图
图片拍摄：魏骏骁，线图来源：刘永华，《中国古代军戎服饰》2003年，第24页

可能在4—5千克。

8. 小结

总体来说，洋海皮甲的样式为背带式，主要保护身体正面、左侧、后腰及臀部等部位。穿着简便、快捷，无须他人协助。具体穿着方法是，先将较长的左腰部分绕过后背与较短的右腰部分相系并绑结、固定于右臂下，再将两肩甲带尾端甩至身后，可能在背后交叉，然后与对侧臀部位置上的皮绳绑结、固定。这种设计可通过调整系带皮绳来改变皮甲的宽度和高度，因此适合各类身材，使之成为军队中一款轻便、高效、适用范围广泛的防护性服装。皮甲整体长度较短，能够在覆盖住左半身的同时，为右臂活动留下足够空间，似对需要快速移动的骑兵和必须自己承担所有装备重量的步兵均适用。而与皮甲同墓出土的木镳、角镳等，也表明墓主的确是一名骑手。

四、讨　论

值得注意的是，在洋海墓地其他520座已发掘的墓葬中，再未出土有鳞甲，甚至连一片鳞甲甲片都未曾发现。在中国西北地区公元前二千纪和前一千纪早期阶段的其他考古遗址中也没有发现任何鳞甲。就洋海皮甲的整体外观、结构、甲片的大小和形状及排列方式而言，除纽约大都会艺术博物馆所藏的一件皮鳞甲外，目前在世界上再也找不到任何可与之直接比对者。洋海皮甲和纽约大都会皮甲，二者在某些方面可以找到有意义的相似点，本节将就此进行相关讨论。

（一）与大都会皮鳞甲相比较

在年代、材质、基本结构、甲片形状与排列方式等方面，与洋海皮甲最接近的是纽约大都会艺术博物馆兵器盔甲部收藏的一领皮鳞甲（藏品编号：2000.66a-c）（图十一）。根据该馆策展团队和文物修复部门提供的测量结果，经仔细观察单片甲片横向叠压和成排甲片纵向叠压情况、共同比对照片、线上综合讨论等过程，我们计算出了每排甲片的长度及皮甲各部位的高度。日后进一步的分析将会提供更为精确的数据和信息，并会对本文所提论点加以验证，同时希望能够解决一些悬而未决的问题。

大都会皮甲出处不详，但可通过碳十四测年来获取其年代数据。从松散的皮甲片上共提取了两个样本，其中样本1被送至迈阿密Beta实验室，样本2 被送至苏黎世联邦理工学院（ETH）实验室，所得碳十四年代分别为距今2480±40年（Beta-126351）和距今2285±85年（ETH-19983），校正后，样

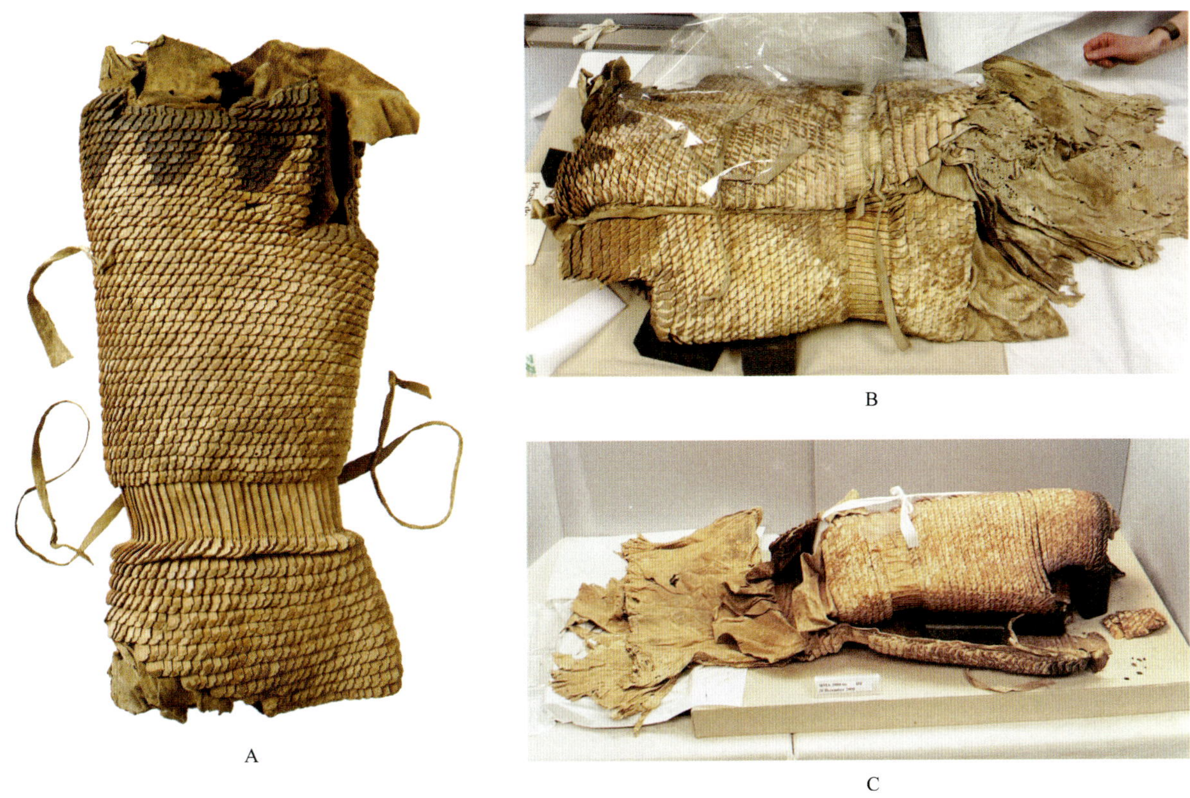

图十一　大都会皮甲（藏品编号：2000.66a-c）。后背肩带系由铠甲内部延伸出来的皮质内衬做成，宽度不一，皮上没有缝缀甲片（A），右肩带可能与右半身相系，尚可见残存的绑带痕迹
图片拍摄：大都会艺术博物馆兵器盔甲部

本1的历史年代为公元前773—前421年（95.4%置信区间），样本2的历史年代为公元前746—前58年（95.4%置信区间）①。这些结果表明，大都会皮甲很可能与洋海皮甲（公元前786—前543年）属同一时期制造。

大都会皮甲基本保存完好，仅有个别地方出现组织结构松散、脱落、保存状况不佳等情况。修复报告指明，皮甲的甲片和内衬均由牛皮制成，生皮在鞣制过程中可能加入了动物脑髓、油脂，或采用了烟熏法。大都会皮甲较洋海皮甲更为坚硬，因其内衬的厚度是洋海的2倍。整体外观上，前身通高约80厘米，宽约35厘米（图十一A），看起来较洋海皮甲高挺、修长。此外，在皮甲左半身下摆处，还接缀有多褶裙式软皮下摆，长约50—60厘米（图十一B、C）。

1. 大都会皮甲甲片的形状、尺寸和编缀方式

与洋海皮甲一样，大都会皮甲的组成也以小型甲片（Ⅰ型）为主体，另在腰部用尺寸较大的甲片（Ⅱ型）围成一排，呈腰带状。Ⅰ型甲片在顶边下方等距离开有三道纵向穿孔；Ⅱ型甲片则是在顶边下方和底边上方各有三道，而中间没有。大都会皮甲的甲片，整个底边均呈圆弧形，而非洋海甲片的一角圆弧，但其中一角也带有转折，与洋海甲片相同。对于专门将甲片设计成圆角的目的，两领皮甲应该一致。此外，尽管二者甲片圆角的形状不同，但在甲片叠压排列时，均只露出转折处和部分圆弧

① 档案收藏于纽约大都会艺术博物馆兵器盔甲部。

底边，故二者呈现出来的甲面实际效果异曲同工。

大都会皮甲整体比洋海皮甲稍大，相应地，Ⅰ型和Ⅱ型甲片的尺寸也比洋海的要大一些，但编缀方式相同：同一横排中，上片叠压下片约甲片一半的宽度；上下竖排中，上排叠压下排约甲片一半的高度，并互相错置约甲片三分之一的宽度；甲片一排排缝缀于内衬上，内衬较洋海为厚，但仍具有弹性。

与洋海甲片排列方法有所不同的是，大都会皮甲的甲片在叠压时有方向上的变化。在后背中部以脊柱甲片为中轴线，两侧甲片向中心依次叠压，每一排均保证带有转折的圆弧角始终倾向中心方向，从而在脊柱两侧形成对称布局。脊柱甲片为第三种类型，呈蝴蝶状，被两侧甲片叠压于下，并由此形成一道纵向条脊，覆盖整个脊柱。脊柱甲片的高度与Ⅰ型、Ⅱ型甲片一致，但翅膀造型使其宽度增加了两倍。因每排只需一片脊柱甲片，故数量不多，其中39片来自Ⅰ型甲片排列，1片来自只有1排的Ⅱ型甲片排列。

这种以背部脊柱为中心线而两侧甲片呈相向或反向叠压的现象，在叙利亚哈玛遗址（Tell Ahmar）发现的鳞甲残件（公元前9世纪）上也可见到。根据其甲片上系带穿孔的位置变化，德巴克（De Backer）[①]认为，甲片叠压方向发生改变的中心线分别位于前胸和后背。与大都会皮甲不同的是，中心线处的甲片叠压于左右两侧甲片之上，而非其下。与哈玛鳞甲相同的结构也出现在中国年代稍晚的一些铠甲身上，如秦兵马俑陪葬坑发现的石鳞甲（图十二）[②]、西汉齐王（公元前179年卒）墓随葬坑发现的铁鳞甲（图十三）[③]等，它们也存在以中心线为轴而两侧甲片叠压方向不同的现象。这种工艺直到公元15—17世纪左右，仍然在西藏鳞甲中常见[④]。

值得关注的是，与洋海鳞甲一样，大都会皮甲的甲片边缘也被染成了红色。但其领口处有部分甲片表面呈深棕色，且组成连续阶梯状三角形装饰图案，后领处也有一道由甲片组成的深棕色饰边（图十一）。这种如犬牙般深浅交错的三角形图案，也在洋海出土的木器、陶器及毛布裤等纺织品上反复出现过[⑤]。甲片除深棕色外，其余皆为浅色。而这种浅色是皮革的自然光泽还是某种染料的残留，目前尚未可知（浅色甲片虫蚀严重，深褐色甲片则不受影响）。

2. 大都会皮甲的结构

经保护、修复后的皮甲仍处于卷曲状态，无法展开以便对正、背面进行全面检查，因此目前仍然无法确定皮甲的具体形制和结构细节，尤其是肩部和下摆部分。总体来说，大都会皮甲的设计为整体环绕包裹式，肩部甲带与躯干部分连为一体，开合口在右侧，无袖。穿时首先固定右胸部分，然后将甲衣绕身体一周，最后回到右身侧，与腋下绑带相系。由Ⅱ型甲片组成的腰带上仍保留有一对绑带，

① F. De Backer, *Scale-Armour in the Neo-Assyrian Period: Manufacture and Maintenance*, Saarbrücken: Lap Lambert Academic Publishing, 2013, p.26, fig. 160.

② 始皇陵考古队：《秦始皇陵园K9801陪葬坑第一次试掘简报》，《考古与文物》2001年第1期，第16、26页。

③ 山东省临淄市博物馆、临淄区文管所、中国社会科学院考古研究所技术室：《西汉齐王铁甲胄的复原》，《考古》1987年第11期，第1041页。

④ D.J. La Rocca, *Warriors of the Himalayas: Rediscovering the Arms and Armor of Tibet*, New Haven and London: The Metropolitan Museum of Art, Yale University Press, 2006, cat. nos. 1, 2, and 3.

⑤ U. Beck, M. Wagner, X. Li, D. Durkin-Meisterernst, P. Tarasov, “The Invention of Trousers and Its Likely Affiliation with Horseback Riding and Mobility: A Case Study of Late 2nd Millennium BC Finds from Turfan in Eastern”, *Central Asia, Quat. Int.*, 348, 2014, p.228.

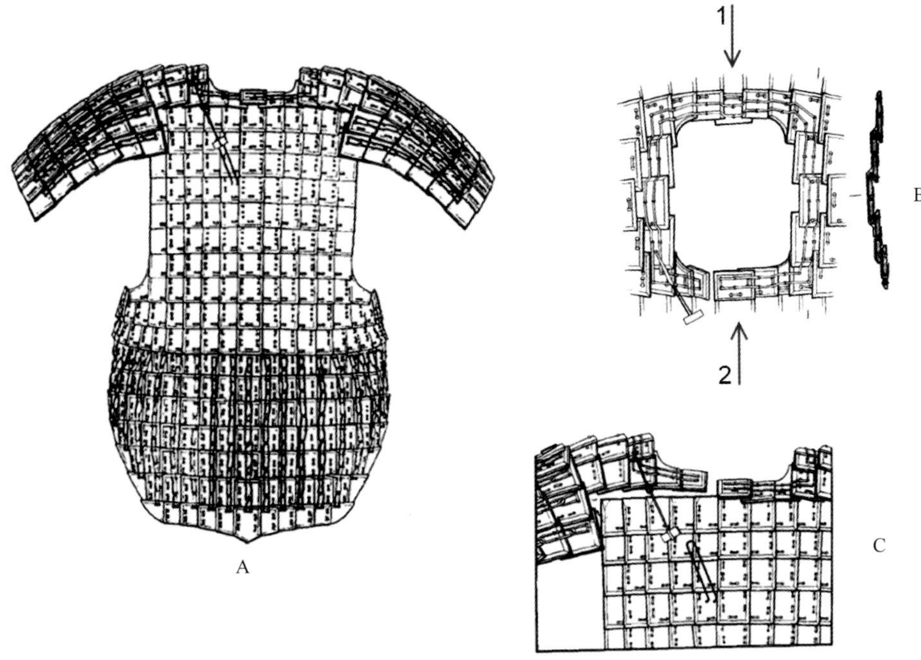

图十二　陕西西安秦始皇陵陪葬坑K9801出土的石甲。A为正视图；B为领口俯视图，后身背部正中（脊柱）甲片被叠压于两侧甲片之下（箭头1），前身正中（胸部）甲片叠压于两侧甲片之上（箭头2）；C为领口正面图，左肩与甲身相连，右肩为开合口，用两根细绳和一个扣环来固定

线图来源：始皇陵考古队，2001年，第16页，图16、26、30、31

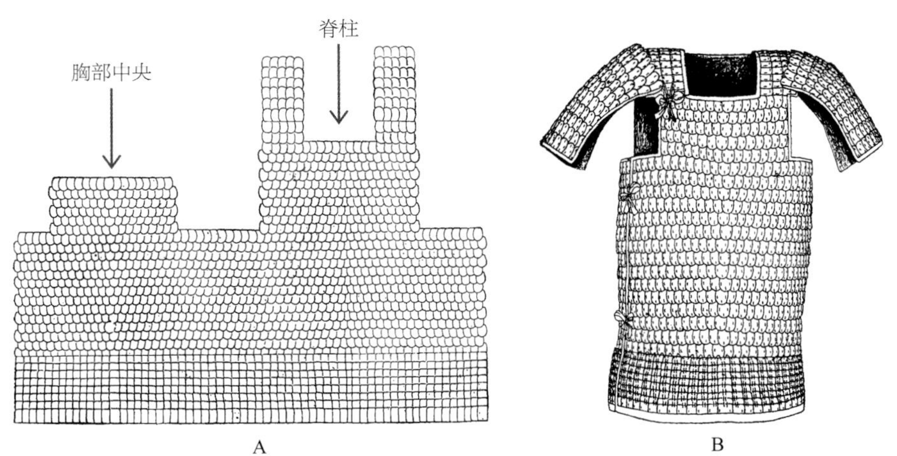

图十三　山东淄博西汉齐王墓随葬坑出土的汉代鳞甲，A为复原后的鳞甲平面图，B为复原后的鳞甲立体图

线图来源：山东临淄博物馆等，1987年，第1093页，图9、13

固定在脊柱附近，长度足够从后背绑至前身（图十一A）。前身肩部位置，由两排甲片组成前肩带护甲，与前身连为一体，结构简单。但后背肩带与前身的连接方式仍不清楚。后背肩带（1和2）系由铠甲内部延伸出来的皮质内衬做成，宽度不一，皮上没有缝缀甲片（图十一A）。肩带2可能与右半身相系，尚可见残存的绑带痕迹。此外，还有一块残件已从甲身脱落，其在形状和尺寸上均与洋海肩部甲带相似，有可能属于左右肩带护甲之一（图十一C，图片右下角），若推测正确，说明两肩肩带护甲的形式并不相同。在秦兵马俑陪葬坑（图十二）和西汉齐王墓随葬坑（图十三）发现的甲衣上，左肩披膊与前胸和后背紧密相连，而右肩披膊则为甲衣开合口。或许大都会皮甲肩部结构亦如是。

与洋海皮甲类似，大都会皮甲的下摆也长至腰腹以下，并同样呈不规则状态（半边较长，有甲片12排；另半边则较短，有甲片7排），长短落差之间形成的三角形开口，也露出皮质内衬。不同的是，随着甲片排列的横向错移，三角形开口的位置并不像洋海皮甲那样位于前身，而是转到了后身尾骨下方。露出的内衬较厚，向下延长约20厘米，呈短裙状，裙摆在三角形开口处裁开。短裙左半部分上另覆有一块长约50厘米的皮片，皮质细腻，亦呈裙状，多褶，缝合范围从左半身至背部中线位置（图十一B和C），长、短裙之间的缝合处被甲身最底一排甲片遮盖。因裙摆的保存状态较差，不能完全打开，故只能对其长宽进行估算。就目前的考察结果来看，长裙是专门设计用来覆盖前身和左侧大腿至膝盖的位置，短裙是对右侧大腿正、侧面进行保护，而右大腿后侧则呈开放状态。这种不对称式裙装是新亚述时期重装步兵中投掷手、长矛手和弓箭手军事着装的一个特点，在伊拉克尼尼微（Nineveh）古城遗址的宫殿浮雕上可看到具体形象（图十四A）①。

总之，大都会皮甲与洋海皮甲在结构和外观方面存在着诸多细节上的相似点，包括：甲片、内衬、绑带均为皮制（生皮）；甲片形状虽不完全一致但已足够相似（均有转折和圆角），甲片叠压形成视觉效果相同的甲面；所有甲片的边缘均为红色；均出现两种类型的甲片——小型甲片用于皮甲主体，大型甲片只有一排，仅用于腰部；甲身均为环绕式，穿着时绕过左半身，在右半身绑结、固定；均有不对称下摆，均形成三角形开口，但大都会皮甲下摆三角形开口的位置有变化，且有加长的多褶软皮裙摆，甲身更加结实、强韧，但灵活性稍差。相似的风格、略异的功能表明，这两领皮甲可能是为同一军队中不同兵种而设计的装备：洋海皮甲可能服务于轻骑兵（图十四B），大都会皮甲可能服务于重步兵（图十四A）。在公元前8—前5世纪时期，如此高水平的军事装备标准化程度，只有经过亚述王西拿基立［辛那克里布（Sennacherib），公元前704—前681年在位］改革后的新亚述军队才能达到，尤其是在他的继任者亚述巴尼帕（Ashurbanipal，公元前668—前631年在位）统治时期，重步兵和骑兵的重要性（可能还包括鳞甲的生产）达到了顶峰②。

（二）洋海皮甲在欧亚大陆皮甲发展史上的地位

近东是鳞甲发展的核心区域。公元前二千纪末，鳞甲在此诞生；公元前7世纪，鳞甲进入蓬勃发展阶段。但无论是在近东还是中亚或东亚，无论年代较早还是同时代，均未发现有可以与洋海皮甲相比较的完整铠甲存在。可供比对的仅为零星或成排的甲片、皮甲使用者的记述及当时的文献资料。尽管努兹（Nuzi）楔形文字泥板书中③提到了皮鳞甲，但之前发现的唯一证据只有图坦卡蒙墓中出土

① T. Dezsö, *The Assyrian Army. I. The Structure of the Neo-Assyrian Army as Reconstructed from the Assyrian Palace Reliefs and Cuneiform Sources. 1. Infantry*, Budapest: Eötvös University Press, 2012.

② T. Dezsö, *The Assyrian Army. I. The Structure of the Neo-Assyrian Army as Reconstructed from the Assyrian Palace Reliefs and Cuneiform Sources. 2. Cavalry and Chariotry*, Budapest: Eötvös University Press, 2012, p. 160ff; F. De Backer, "Scale-Armours in the Neo-Assyrian Period: A Survey", *State Arch. Assyria Bull.* XIX (2011-2012), 2013b, pp. 175-202, 186ff.

③ E.R. Lachemann, *Excavations at Nuzi. Vol. VI: the Administrative Archives*, Harvard Semitic Series, Vol. XV. Massachusetts: Harvard University Press, 1955; T. Kendall, *Warfare and Military Matters in the Nuzi Tablets*, Massachusetts: Brandeis University, 1979; T. Dezsö, "Scale Armour of the 2nd Millennium BC", T.A. Bács, ed., *A Tribute to Excellence. Studies Offered in Honor of Erno Gaál, Ulrich Luft, László Török*, Budapest: Studia Egyptiaca XVII, 2002, pp. 195-216.

A

B

图十四　A为伊拉克尼尼微西拿基立（公元前704—前681年在位）西南宫殿浮雕上描绘的穿鳞甲亚述步兵弓箭手，B为尼尼微亚述巴尼帕（公元前669—前631年在位）宫殿浮雕上描绘的着鳞甲亚述骑兵弓箭手

图片拍摄：大英博物馆理事会

的皮甲。胡利特①观察到，该甲包括有大量的尖头甲片，分大、小两种规格，甲片顶边和两侧长边上均有不同数量的系带穿孔（表1）。从甲片轮廓及系带穿孔的数量和位置来看，它们与出土于卡米德埃尔洛兹的铜甲片②相似但尺寸更小。在将数量众多的洋海Ⅰ型甲片与同时代的金属甲片做对比时，也出现同样情况。对比的甲片包括：铜甲片，俄罗斯库托尔克兰索赞姆亚9号古冢出土③；铜甲片，俄罗斯基斯洛沃茨克“因杜斯瑞亚”遗址4号墓出土④；铜甲片、铁甲片，俄罗斯克列尔梅斯土丘墓地19、24、29号古冢出土⑤；铜甲片、铁甲片，乌克兰扎博京遗址出土⑥；金甲片，伊朗兹维耶遗址出土⑦。通过比对发现，皮甲片和金属甲片在外形轮廓及系带穿孔的数量和位置上均非常相似，但皮甲片的尺寸

① Thom Hulit, “Tut’Ankhamun’s Body Armour: Materials, Construction, and the Implications for the Military Industry”, R.J. Dann, ed., *Current Research in Egyptology 2004: Proceedings of the Fifth Annual Symposium*, Oxford: Oxbow Books, 2004, p.104, fig.6.

② W. Ventzke, “Der Schuppenpanzer von Kamid el-Loz”, R. Hachmann, ed., *Kāmid el-Lōz 1977-1981, Saarbrücker Beitrage zur Altertumskunde 36*, Bonn: Rudolf Habelt, 1986, p.168, fig. 28.

③ E.V. Černenko, R. Rolle, R. Kenk, H. Seemann, *Die Schutzwaffen der Skythen*, Stuttgart: Steiner Verlag, 2006, p.58, pl.19.334.

④ E.V. Černenko, R. Rolle, R. Kenk, H. Seemann, *Die Schutzwaffen der Skythen*, Stuttgart: Steiner Verlag, 2006, p.58, pl. 19.335.

⑤ N.V. Ryabkova, “Cheshuychatyye pantsiri ranneskifskogo vremeni [Scale Armor of the Early Scythian period]”, A.J. Alekseev, ed., *Archaeological Papers*, 38, St. Petersburg: The State Hermitage Museum, 2010, p.101 (in Russian).

⑥ E.V. Černenko, R. Rolle, R. Kenk, H. Seemann, *Die Schutzwaffen der Skythen*, Stuttgart: Steiner Verlag, 2006, p.34, pl. 2.51; N.V. Ryabkova, “Kurgan 524 u s. Zhabotin v sisteme pamyatnikov perioda skifskoy arkhaiki [Kurgan 524 near the village of Zhabotin in the system of Scythian archaic monuments]”, Rossiysky, *Arkheologichesky Ezhegodnik*, Vol. 4, 2014, pp. 236-277 (in Russian).

⑦ E.V. Černenko, R. Rolle, R. Kenk, H. Seemann, *Die Schutzwaffen der Skythen*, Stuttgart: Steiner Verlag, 2006, p.129.

更小（表1），而大都会皮甲的甲片比这些金属甲片的尺寸要大，说明在公元前8—前6世纪时期，甲片的大小也是有变化的。

对比年代较早的卡米德埃尔洛兹铜甲（公元前1400年），洋海和大都会皮甲具有两个显著特点。第一，甲片开始标准化，尺寸规格的差异性有所减小。一件铠甲中，主体部分只使用一种尺寸的甲片，仅在腰部位置改用尺寸稍大的甲片。第二，甲片的编联方法有所简化。甲片之间以及甲片和皮质内衬之间只需通过甲片顶边的三个穿孔相连。科尔诺肯等（Černenko et al.）①认为，这种新方法始于公元前一千纪之初，法老舍顺克一世（Pharao Sheschonk I，公元前946—前925年在位）的铠甲是为年代最早的例证。但直至公元前7世纪，老方法才被完全取代。这种技术上的简化与规格标准化方面的改进是进行批量生产的先决条件，以满足日益壮大的亚述军队对装备的需求，尤其是在西拿基立和亚述巴尼帕统治时期，征募的大量外国兵均需要配备亚述军队的装备②。鳞甲虽为普通防御装备，但仍可通过材质和设计的不同来反映穿者的等级。对于数量庞大的重装步兵和骑兵来说，皮革可能是最经济、实用的材料，而金属材料（如青铜、铁、金）则成本更昂贵，加工更耗时，属贵族精英阶层专享。例如，伊拉克尼姆鲁德沙尔玛纳塞尔要塞遗址（Fort Shalmanser）③出土的数百片鳞甲甲片，多为铜制或铁制，应为军队高层所用，年代为公元前8世纪晚期至前7世纪晚期（表1）；而同时期石刻浮雕上所描绘的士兵形象，则身穿普通鳞甲，长至腰际，由圆角长方形甲片组成④。

公元前7世纪，铜制、铁制鳞甲及其制作技术传入美索不达米亚和高加索以北地区［传入时间甚至有可能早至瑞亚布科娃（Ryabkova）推测的公元前8世纪］，并得到发展。伊朗兹维耶和北高加索出土的甲片显示，甲片的编联方法有了新的变化⑤。随着早期斯基泰人向近东的扩张以及新亚述帝国的衰落，斯基泰人进一步发展和推广了鳞甲的生产⑥。在其南边，据史料记载，波斯人继续使用鳞甲来装备重步兵和骑兵，但阿契美尼德时期（公元前6—前4世纪）的鳞甲遗存却鲜有出土⑦，仅在波斯波利斯和帕萨尔加德遗址有所发现⑧（表1）。与洋海皮甲的甲片相比，这些甲片的标准化程度较低，在尺寸大小、系带穿孔和形状外观等方面存在较多变化。需要说明的是，到目前为止，尚未发表过任何有

① E.V. Černenko, R. Rolle, R. Kenk, H. Seemann, *Die Schutzwaffen der Skythen*, Stuttgart: Steiner Verlag, 2006, p.126.

② T. Dezsö, *The Assyrian Army. I. The Structure of the Neo-Assyrian Army as Reconstructed from the Assyrian Palace Reliefs and Cuneiform Sources. 2. Cavalry and Chariotry*, Budapest: Eötvös University Press, 2012, p. 34; F. De Backer, "Scale-Armours in the Neo-Assyrian Period: A Survey", *State Arch. Assyria Bull.* XIX (2011-2012), 2013b, pp. 175-202.

③ D. Oates, "Fort Shalmaneser: An Interim Report", *Iraq* 21 (2), 1959, pp. 98-129; M.E.L. Mallowan, *Nimrud and its Remains,* Vol. II, London: Collins, 1966. p.410; T. Dezsö, Panzer, E. Ebeling, B. Meissner, eds., *Reallexikon der Assyriologie und Vorderasiatischen Archäologie*, Berlin, New York: Walter de Gruyter, 2003-2005, pp. 319-323.

④ F. De Backer, *Scale-Armour in the Neo-Assyrian Period: Manufacture and Maintenance*, Saarbrücken: Lap Lambert Academic Publishing, 2013a; "Scale-Armours in the Neo-Assyrian Period: A Survey", *State Arch. Assyria Bull.* XIX (2011-2012), 2013b, pp. 175-202.

⑤ E.V. Černenko, R. Rolle, R. Kenk, H. Seemann, *Die Schutzwaffen der Skythen*, Stuttgart: Steiner Verlag, 2006.

⑥ E.V. Černenko, R. Rolle, R. Kenk, H. Seemann, *Die Schutzwaffen der Skythen*, Stuttgart: Steiner Verlag, 2006, pp.128-129.

⑦ T. Dezsö, *The Assyrian Army. I. The Structure of the Neo-Assyrian Army as Reconstructed from the Assyrian Palace Reliefs and Cuneiform Sources. 2. Cavalry and Chariotry*, Budapest: Eötvös University Press, 2012, p.26, footnote 101.

⑧ E.F. Schmidt, *Persepolis. Volume II. Contents of the Treasury and Other Discoveries*, Chicago: The University of Chicago Press, 1957, pl. 77; O. Muscarella, *Bronze and Iron. Ancient Near Eastern Artifacts in the Metropolitan Museum*, New York: The Metropolitan Museum of Art, 1988, p.212; F. De Backer, "Scale-armour in the Mediterranean area during the Early Iron Age: A) from the IXth to the IIIrd century BC", *Revue Des E´tudes Militaires Anciennes* 5, 2012, p. 11ff.

关阿契美尼德出土鳞甲的综合研究成果。以波斯波利斯出土鳞甲甲片为例，美国芝加哥大学东方研究所仅对其中的一小部分进行了测量和数字化工作。此外，相关的宫殿浮雕上也没有出现穿鳞甲士兵的具体细节刻画。因此，我们对阿契美尼德鳞甲形状及制造工艺等情况知之甚少，难以将其与洋海鳞甲进行比较。

在中国，一般将普渡遗址出土的西周时期青铜甲片①视为中国金属铠甲开始生产的标志。甲片所呈形状（长方形）和尺寸均比较明确（表1）②，比近东出土的铜甲片要大得多，且四角穿孔，表明甲片所使用的编联方法不同，甲片之间没有叠压关系。此后再未发现有任何属于西周之后几百年历史时期的金属甲片，反而是几件出土的漆皮甲，成为东周时期（公元前770—前256年）中国早期皮甲生产高超水平的代表③。出土地点包括山东长清仙人台遗址④、河南固始白狮子地遗址⑤、河南桐柏月河遗址⑥等，但这些铠甲多来自楚国，年代为公元前5—前4世纪。多数情况下，皮甲的皮质已经全部腐烂，仅残留漆皮，但湖北随县曾侯乙墓出土的12套漆皮甲⑦和枣阳县九连墩1号墓出土的28套漆皮甲⑧仍可复原。曾侯乙墓漆皮甲的材料经鉴定为生牛皮⑨。在九连墩漆皮甲中，皮革部分亦全部腐烂，仅残留漆皮。皮甲共有7种不同类型，多由尺寸较大的甲片组成，但甲片大小和形状不一，有些长超过17厘米，宽超过13厘米。有一类皮甲由尺寸较小的甲片组成，如M1：242，其前、后身所用甲片长6—6.2厘米，宽4.8—6.2厘米，穿孔多达16个，用于丝绳或皮绳的穿连。小型甲片在形状和尺寸上与普渡遗址发现的铜甲片相似，而连缀方式不同⑩。另外，在《左传》（公元前300年左右完成）等文献资料中，也常有春秋晚期使用犀牛皮、水牛皮和野牛皮的记载，且髹红漆以为保护和装饰⑪。但这种类型的皮甲至今尚未发现。通过上述梳理可以看出，当西北地区在制造和使用洋海皮甲时，东部诸国也在生产皮甲，只是二者的制作技术和审美传统截然不同。

秦始皇陵陪葬坑出土的兵马俑又是另外一番景象：武士俑、骑士俑和御手俑等所着铠甲共有四种类型⑫，这些铠甲造型被认为是对漆皮甲的模拟⑬，比较特别的是骑士俑所着铠甲无披膊，呈背心状，与洋海皮甲非常相似（图十）。由此可以合理推测，洋海皮甲的结构是部分兵马俑所着背带式铠甲的

① 刘永华：《中国古代军戎服饰》，上海：上海古籍出版社，2003年。

② 中国社会科学院考古研究所沣西发掘队：《1984年长安普渡村西周墓葬发掘简报》，《考古》1988年第9期，第769—777页。

③ H. Yang, *Weapons in Ancient China*, New York, Beijing: Science Press, 1992, p.91.

④ 山东大学考古系：《山东长清县仙人台周代墓地》，《考古》1998年第9期，第11—25页。

⑤ 信阳地区文管会、固始县文化局：《固始白狮子地一号和二号墓清理简报》，《中原文物》1981年第4期，第21—28页。

⑥ 南阳市文物研究所、桐柏县文管办：《桐柏月河一号春秋墓发掘简报》，《中原文物》1997年第4期。

⑦ 中国社会科学院考古研究所、湖北省博物馆编：《曾侯乙墓》，北京：文物出版社，1989年，第332—352页。

⑧ 王先福：《湖北枣阳九连墩一号墓皮甲的复原》，《考古学报》2016年第3期，第417—444页。

⑨ 中国社会科学院考古研究所、湖北省博物馆编：《曾侯乙墓》，北京：文物出版社，1989年，第333页。

⑩ 关于这些漆皮甲的复原，详见中国社会科学院考古研究所、湖北省博物馆编：《曾侯乙墓》，北京：文物出版社，1989年，第335页；王先福：《湖北枣阳九连墩一号墓皮甲的复原》，《考古学报》2016年第3期，第417—444页。

⑪ 英译本见J. Legge, *The Ch'un Ts'eu, with Tso Chuen. The Chinese Classics*, Vol. V, London: Trubner, 1872; 另见B. Laufer, *Chinese Clay Figures. Part I. Prolegomena on the History of Defensive Armor*, Chicago: Field Museum of Natural History, 1914, pp. 181-182, 190; H.R. Robinson, *Oriental Armour. Dover Publications*, New York: Mineola, 2002, pp.126-128。

⑫ A.E. Dien, "Armour in China before the Tang Dynasty", *J. East Asian Archaeol.* 2 (3-4), 2000b, pp.27-30 and citations therein.

⑬ 杨泓：《甲和铠——中国古代军事装备札记之三》，《文物》1978年第5期，第116页；A.E. Dien, "A Study of Early Chinese Armor", *Artibus Asiae* 43 (1/2), 1981, p.11.

前身[①]。

陪葬坑K9801T2G2出土的87领石甲，引起研究者的兴趣。其中的人甲[②]，与近东地区发现的鳞甲相比，甲片尺寸较小，叠压方式也有所不同，主要表现在纵向叠压时，上下排对应的甲片呈垂直排列（图十二），甲片底边平直，四周布有很多穿孔（表1），以铜丝串连。若非石质（大型石甲片，每片重35—40克；小型石甲片，每片重25—30克），则这批铠甲看上去具有很强的实穿性，其中有部分被认为是金属铠甲的模拟物，但目前还未有秦始皇统治时期（公元前3世纪左右）的金属铠甲出土。根据历史文献[③]和考古资料[④]，公元前2世纪时，铁鳞甲开始流行，这也许是受到游牧民族尤其是斯基泰鳞甲的影响[⑤]，以西汉齐王墓随葬坑出土的两领铁鳞甲为代表。二者分别由2244和2142片铁甲片组成，以麻线连缀[⑥]，甲片仍然沿四边开孔。新的变化是胸、腹、背及护膊等处所用甲片的形状改为叶形（上平下圆）（图十三）。其中一领铠甲原有两层衬里，内层为皮革，外层为丝绢，包边处有织锦痕。

综合来看，在吐鲁番绿洲及整个中国西北地区相关考古发现中，洋海皮鳞甲显得非常独特。它是军队装备大批量专业化生产的产物，不仅具有近东鳞甲的所有技术特征，且与公元前9世纪或前8世纪亚述发明的装甲骑兵所配备的背心式鳞甲非常相似（公元前7世纪时广泛用于装备新亚述军队）。鉴于洋海皮甲的绝对年代为公元前786—前543年，它的生产者有可能是处于亚述统治时期的亚述人，或取代了亚述的波斯人，抑或是其他将这种制甲技术传播到欧亚草原的人。因其是目前发现的唯一一件具有明确考古背景的近东风格的皮鳞甲，故不能将此孤例视为中国西部开始规模化生产鳞甲的信号，反而可以证明鳞甲制作技术在当地出现的时间比目前已知的要早。这可能与中亚东部人群日益活跃的迁徙动态有关[⑦]，如在蒙古和贝加尔地区提取的古DNA个体样本中，识别出非常明显的来自高加索/伊朗高原/中亚河中地区的基因遗传特征。样本的年代为公元前750年，即阿契美尼德帝国形成前两百年左右[⑧]。

---

① 刘永华：《中国古代军戎服饰》，上海：上海古籍出版社，2003年。

② 始皇陵考古队：《秦始皇陵园K9801陪葬坑第一次试掘简报》，《考古与文物》2001年第1期，第3—34页。

③ B. Laufer, *Chinese Clay Figures. Part I. Prolegomena on the History of Defensive Armor*, Chicago: Field Museum of Natural History, 1914, p.189.

④ 参见杨泓：《中国古代的甲胄（上篇）——殷商—三国》，《考古学报》1976年第1期，第32—43页；A.E. Dien, "A Study of Early Chinese Armor", *Artibus Asiae* 43 (1/2), 1981, p.11; H. Yang, *Weapons in Ancient China*, New York, Beijing: Science Press, 1992, pp.214-220。

⑤ B. Laufer, *Chinese Clay Figures. Part I. Prolegomena on the History of Defensive Armor*, Chicago: Field Museum of Natural History, 1914, p.200; A.E. Dien, "A Study of Early Chinese Armor", *Artibus Asiae* 43 (1/2), 1981, p.13.

⑥ 山东省临淄市博物馆：《西汉齐王墓随葬器物坑》，《考古学报》1985年第2期，第253—254页；山东省临淄市博物馆、临淄区文管所、中国社会科学院考古研究所技术室：《西汉齐王铁甲胄的复原》，《考古》1987年第11期，第1032—1046页；刘永华：《中国古代军戎服饰》，上海：上海古籍出版社，2003年，第36—37页。

⑦ M. Wagner, X. Wu, P. Tarasov, A. Aisha, C. Bronk Ramsey, M. Schultz, T. Schmidt-Schultz, J. Gresky, "Radiocarbon-dated Archaeological Record of Early First Millennium B.C. Mounted Pastoralists in the Kunlun Mountains, China", *Proc. Natl. Acad. Sci. Unit. States Am.*, 108 (38), 2011, pp. 15733-15738.

⑧ C. Jeong, K. Wang, S. Wilkin, W.T.T. Taylor, B.K. Miller, J.H. Bemmann, R. Stahl, C. Chiovelli, F. Knolle, S. Ulziibayar, D. Khatanbaatar, D. Erdenebaatar, U. Erdenebat, A. Ochir, G. Ankhsanaa, C. Vanchigdash, B. Ochir, C. Munkhbayar, D. Tumen, A. Kovalev, N. Kradin, B.A. Bazarov, D.A. Miyagashev, P. B. Konovalov, E. Zhambaltarova, A. Ventresca Miller, W. Haak, S. Schiffels, J. Krause, N. Boivin, M. Erdene, J. Hendy, C. Warinner, "A Dynamic 6,000-year Genetic History of Eurasia's Eastern Steppe", *Cell* 183, 2020, pp. 890-904.e29.

图文史料证实，中亚地区于公元前一千纪末开始使用鳞甲①。在中国，秦汉时期对军事装备的大量需求，推动了与西方的沟通交流，鳞甲技术随之传入，并与本土的制甲工艺和服饰潮流相结合。

五、结　语

吐鲁番洋海墓地II M127出土的一领皮鳞甲，由5000多片甲片编联而成。经加速器质谱（AMS）碳十四测年法测定，其校正年代为公元前786—前543年（95%置信区间）。根据对甲片形制、尺寸、编缀方式和皮甲结构等方面的研究成果，复原了该甲的整体外观，了解了其使用功能。通过与纽约大都会艺术博物馆（MET）收藏的一件同时代皮甲（出处不详）以及来自近东、相邻北方草原地区和中国境内其他地区发现的相关资料进行比较，我们得出以下结论：

（一）根据复原，洋海皮甲最初共使用了5444片小型甲片和140片大型甲片；加上皮绳和内衬，总重量约为4—5千克。单体甲片横向排列，左右叠压；成排甲片纵向排列，上下叠压，甲面规整。

（二）洋海皮甲属背带式甲衣，可以覆盖前胸、腰部、大腿及身体两侧。右侧开合，穿卸方便、快捷，无须他人帮助。具体方法是先将左腰部分绕过后背与右腰部分相系并固定于右臂下，再将双肩甲带于后背交叉后固定在左右臀部位置。这种皮甲适合各类身材，是一种轻便、经济、高度专业化的防护装备。与之同墓出土的马镳等马具，表明墓主可能是一名骑手。

（三）在具体年代、结构细节和整体外观等方面，与洋海皮甲最接近的是大都会皮甲。二者风格相似，但功能不同，可能分别为同一军队中不同兵种的防护装备：洋海皮甲可能用于轻骑兵，大都会皮甲则更可能用于重步兵。而在军事装备上达到如此高度的标准化，正是公元前7世纪时期新亚述军队的一个重要特征。综上所述，我们推测这两领皮甲的生产地点均为新亚述帝国。

目前仍无法确定洋海皮甲的穿用者是否为在亚述服役且配有亚述军队装备的外国士兵，皮甲是否由他从亚述带回了家乡，或是从当时其他人那里缴获而得。至今仍未有一领完整的亚述鳞甲出土，而现有的证据（特别是石刻浮雕所绘内容）亦不足以对洋海皮甲的来源做出确切判断。但毋庸置疑的是，洋海皮甲确实是公元前一千纪早期东西方技术在欧亚大陆间传播的罕见例证之一，而此时正值欧亚大陆社会变革和经济转型之际。

作者贡献声明

文章构思：魏骏骁、佟湃、王睦。

材料与数据收集：魏骏骁、王睦、徐东良、玛尔亚木·依不拉音木、伊琳娜·叶利基纳、瑞吉娜·福格尔、唐纳德·若嘉。

研究方法：魏骏骁、王睦、徐东良、玛尔亚木·依不拉音木、伊琳娜·叶利基纳、瑞吉娜·福格尔、唐纳德·若嘉、佟湃。

数据分析：佟湃。

初稿撰写：魏骏骁、佟湃、王睦。

---

① 相关讨论详见A.E. Dien, “A Brief Survey of Defensive Armor across Asia”, *J. East Asian Archaeol,* 2 (3-4), 2000a, pp. 1-22。

文章审阅及编辑：唐纳德·若嘉、魏骏骁、佟湃、王睦。

图片资料：伊琳娜·叶利基纳、魏骏骁、王睦、唐纳德·若嘉、佟湃。

数据可用性

研究期间产生的所有数据均已包含在本篇文章中。

利益冲突声明

本文作者在此声明，无任何竞争性经济利益或个人关系影响本文所报告的研究工作。

鸣谢

非常感谢吐鲁番博物馆及吐鲁番学研究院允许我们对洋海皮甲进行考察并提取碳十四检测样本，感谢高斯勒教授（Prof. T. Goslar）对碳十四年代的测定，以及莱佩博士（C. Leipe）在地图绘制方面所提供的帮助。诚挚感谢纽约大都会艺术博物馆兵器盔甲部的策展团队，不仅提供了馆藏皮甲的详细信息、碳十四年代，还有美国自然历史博物馆人类学部文物保管员朱迪斯·列文森（Judith Levinson）于1999年出具的鉴定报告。此外，由衷感谢圣彼得堡艾尔米塔什博物馆的潘科娃博士（S.Pankova）、德国考古研究院的舒尔茨豪尔博士（U.Schlotzhauer）和格特教授（R.Goette）、苏黎世大学亚洲与东方研究所的沃夫冈·拜尔教授（Wolfgang Behr）、萨缪尔·穆勒（Samira Müller）和米拉德·阿拜德（Milad Abedi）等对文章提出的宝贵意见。最后，感谢两位匿名评审员的仔细审核及提出的建设性建议。本研究与苏黎世大学亚洲与东方研究所“千年万缕一线牵——汉、梵、古伊朗语的词汇交流及其物质文化”研究项目相关，该项目由瑞士国家科学基金会（SNSF）提供资金支持。本研究系德国考古研究院欧亚考古研究所北京办公室“跨越欧亚”研究项目和由德国联邦教育与科研部（BMBF）提供资金支持的中德合作项目“丝路霓裳”（01UO1310）的科研成果。

马达汉对亚洲腹地若干部族的体质人类学贡献*

——根据马达汉所收集的记录

卡尔洛·希尔登 撰　许建英 译

一、调查的资料和方法

在1906年到1908年，马达汉男爵在其穿过亚洲的旅行中收集的人类学资料包括165人，都是男性。他们来自下列这些部落。

阿布达尔（Abdals）……………………17人

什克韶（Shiksho）……………………8人

帕合甫（Pakhpo）……………………4人

刀郎（或者图浪）（Dolans or Tulans）……………………9人

卡尔梅克（Kalmuks）……………………37人

柯尔克孜（Kirghiz）……………………28人

土尔扈特（Torguts）……………………50人

裕固人（Yogurs）……………………12人

虽然这些资料并不丰富，此外样本分布也不均衡，但是由于他们涉及的部落和民族的人种学信息我们所知甚少或者一无所知，所以对其观察和测量的资料应该是值得出版的。

当然，用于人类学测量和观察的方法颇多。在20世纪之初，这种方法使用程度甚至比目前还高。考虑到这一点，叙述马达汉所采用的方法似乎是适当的。

下表就是观察和测量的情况。

<table>
<tr><td>日期</td><td colspan="2">名字</td><td colspan="2">职业</td><td>性别
年龄</td><td>总体情况</td></tr>
<tr><td colspan="3">部落
地点</td><td colspan="3">语言或者方言</td><td>评价</td></tr>
<tr><td>a.未暴露部分肤色</td><td colspan="2">b.眼睛颜色</td><td>c.内眼角皮肤褶痕</td><td>d.毛发颜色</td><td>e.毛发特点</td><td>f.毛发量（脸部，肢体）</td></tr>
<tr><td>g.脸型</td><td colspan="2">h.鼻子轮廓</td><td>i.嘴部脸颌或者凸出</td><td>j.嘴唇</td><td>k.脸部凸出或平整</td><td>l.头的最大长度</td></tr>
</table>

* 本文系根据芬兰-乌戈尔学会1940年出版的《1906—1908年马达汉由西向东穿越亚洲》（卷二）翻译的，原文题目是：*A Contribution to the Physical Anthropology of Some Peoples in Central Asia*，*Based on Records Collected by G.G. Mannerheim*。本译文个别引文略有删节；限于篇幅，马达汉的人体测量数据附录亦未纳入。另外，注释均改为脚注。特此说明。——译者注

续表

2.头的最大宽度	3.鼻子的长度	4.鼻孔处宽度	5.头顶至鼻根	6.头顶至嘴部	7.头顶至下巴	8.头顶到耳屏或耳上的凸出部分	9.脸部双颧骨宽度	9a.脸的长度（从鼻根到下巴，到下巴下）	10.上肢长度
11.肘的长度	12.手背长度	13.脚长	14.坐高	15.跪高	16.站高（不穿鞋）	17.头顶到下巴处的高度	18.头顶到胸骨切骨	19.从内踝骨到地面高度	20.臂展

在观察和测量中，我们遵循约翰·乔治·噶尔森和卡尔斯·赫克勒斯·里德所编写的《人类学注释与问答》（1802年），提出如下主要特点。

a.未暴露部分肤色

黑色	纯黑	1
	灰黑	2
棕色	红棕色	3
	黄棕色	4
红色		5
黄色		6
白色	淡黄	7
	淡棕	8
	苍白	9
	玫瑰红	10

b.眼睛颜色

各种浅暗色		1
棕色	所有中浅色 无绿色	2
	绿色	3
红色	各种浅淡 无蓝色	4
	蓝色	5

c.内眼角皮肤褶痕

（0）无；（1）保留的退化器官的痕迹；（2）覆盖肉冠三分之一到二分之一；（3）覆盖肉冠；

d.毛发颜色

（1）黑色；（2）深棕色；（3）中间色；（4）各种色调的黄色或白色；（5）红色；

e.毛发特点

（1）直的；（2）起伏状或者波浪状；（3）卷曲状；（4）羊毛状；

f.毛发量，Ⅰ）脸部；Ⅱ）肢体

（0）无；（1）稀少；（2）中度；（3）多。

g. 脸型

（1）长而窄；（2）中间；（3）短而阔；（4）金字塔形，即由下向上渐窄；（5）楔形的，即下巴处变尖。

h. 鼻子轮廓

（1）直的；（2）鹰钩鼻；（3）凹形的，或者上翘形的；（4）高鼻梁；（5）弯曲的，或者波浪形的；（6）中国类型的；（7）黑人类型的；（8）奥地利类型的。

i. 嘴部脸颌或者凸出

（0）无；（1）轻微；（2）凸出适当；（3）相当凸出。

j. 嘴唇：（1）薄；（2）适中；（3）厚；（4）外翻。

k. 脸部凸出或平整

前倾脸型（脸部凸出，面颊骨不明显）	相当凸出	1
	适中	2
中度脸型		3
偏平脸型（脸部平，面颊骨明显）	颇为标准的	4
	过分凸出的	5

1. 头的最大长度：测量眉毛间额头最凸出处到头后最凸出的中线处。这条中线的长度就为头的最大长度。对于那些不对称的头来说，其最长的线可能在中线的这一侧或者那一侧。

2. 头的最大宽度：头部的最大宽度，无论测量哪里（除了耳朵后面的低处外），都横向测量到长度。仪器的各点必须完全在同一水平面上，否则测量在长度和水平方面都不会真正横向。

3. 鼻子的长度。在进行此测量时，仪器要保持垂直，其最低点要轻轻正对着鼻孔间的隔膜下表面最远的后点——即上嘴唇唇根位置，上点放在两眼之间的鼻根或者鼻子终点的上点处。这有时是有点困难。在鼻根部的皮肤处有一条小的横褶（有时是两条）。仪器的上点通常放在该横褶（当有两条横褶时则放在其中间）处，即双眼横轴线上面两毫米处。

4. 鼻孔处宽度：鼻孔处于仪器两尖点之间，在不挤压鼻孔情况下测量鼻子横向最宽部分。

5—8. 头的凸出部分：研究对象必须身体坐直，头放正，视线直视前方不远处的一个点，与眼睛在同一个高度。

5. 头顶至鼻根：与测量的鼻根上的点和测量鼻子长度的一样。

6. 头顶至嘴部：当嘴合拢时，下嘴唇线就是低点。

7. 头顶至下巴：下巴上的点对应下颌表面。

8. 头顶到耳屏或耳上的凸出部分：把仪器转到头的一侧，仪器水平臂在头顶。仪器下臂凸出靠在耳屏中间处，即从脸侧开始的那一点。

9. 脸部双颧骨宽度：双耳前的骨弓之间的最大宽度。

10. 上肢长度：双臂伸直，并沿身体两侧垂直下垂，然后进行测量。若非双臂都要测量，就测量右臂。把仪器的滑臂顶放在肩窝里，测量仪滑臂的另一端向下，直到中指的顶端。在测量时，仪器一定要和身体的中轴线保持平行。在进行此测量时，小臂一定要保持水平移动，直至超出另一个手臂所需的距离，就像头部的投影一样。

11. 肘的长度：前臂尽力向上臂弯曲，直到肘尖部完全凸出，拇指保持向上。仪器随后沿着前臂的外侧放置，即手的小拇指一侧。肘的顶部放在固定的仪器臂上，而另一个仪器臂移回（此前沿着杆抽出），直到它触到中指尖为止。

12. 手背长度：用食指和拇指找到上肢或前臂的茎突，位于受试者手腕的拇指和小指两侧，在上面系一根小绳，以显示它们的连接线。手的长度是从这条线的中心沿着手背测量到指尖的中指的长度。

13. 脚长：测量方式与鞋匠测量靴子的方式一样。

14. 坐高：受测量者应该坐低一些，必须注意其身体完全坐直。当测量其凸出部分时，头保持在同一位置，双腿紧紧并拢。测量从头顶到坐骨平面处，或者从头顶到臀部骨头凸出处。

15. 跪高：受测量者跪下，身体和头保持竖直。双腿并拢，脚趾尖尽可能和膝盖保持在一个平面上。如果受测量者不愿完全跪下，可代而测量第19项前膝盖骨的下面到地面的高度。

16. 站高：可能的话，进行此测量时要脱掉鞋子。如果受测者不愿意脱鞋子，可以穿着鞋子测量，结果要减去鞋底的厚度。

17. 头顶到下巴处的高度：头顶到下巴的高度是测量从地面到下颚下表面，即头部到下巴的投影停止点。进行测量时，必须注意头部保持笔直，如测量投影。

18. 头顶到胸骨切骨：上测量点位于身体中线上，胸骨上边缘，锁骨凸出端之间的中间处。

19. 从内踝骨到地面高度：测量从内踝尖（或大腿骨向下凸出处）到地面，通过将仪器水平臂向下滑动至踝关节点的水平线上进行测量。

20. 臂展：手臂必须水平伸展，使其轴线与身体轴线成直角，手掌向前，测量杆放在受试者的背部，而不是胸前，测量手臂伸展时一只手中指尖到另一只手中指尖的最大距离。这种测量最好是在受试者背部和手臂靠墙站立时进行。

正如这份清单所见，马达汉对这些人进行了各式各样的、细致的测量。因此，很容易理解的是——正如马达汉在他的日记（第109页）中提到的那样——每个人都需要半个小时。在这种情况下也可以理解的是，尽管为人类学观察和测量牺牲了可观的时间，但是个体数量还是相当少。

二、阿布达尔人

1906年12月6日，在和阗[①]附近的塔玛格黑尔（Tamaghil）村，马达汉遇到一个非常有意思的乞丐部族，并在日记中就其命运和生活进行了描述（日记第92—93页）。后来，1906年12月28日，他有机会在叶尔羌地区哈兰·巴格（Hayran Bagh）村研究阿布达尔人；1907年1月28日—30日，他在喀什噶尔地区的派纳普（Painap）村进行研究。

关于阿布达尔人的起源、命运、生活和风俗，读者可参考马达汉日记第92—93、110、114—115页，也可参考附在本研究中的G.拉奎特（G. Raquette）的调查。我只是在此提一下，根据穆斯林的传统，阿布达尔人最初居住在突厥汗国，他们因此分布到西亚，而目前在中国新疆、波斯和印度所居住

① “和阗”即现“和田”。——译者注。

的只是一个小群体。他们很大程度上都是靠乞讨谋生。

有17名阿布达尔人接受了测量。其中6人是叶尔羌地区哈兰·巴格村的，11人是喀什噶尔地区派纳普村的。根据马达汉的记录，6名接受测量者是从事农业（均为哈兰·巴格村的）的，6名是乞讨者，3名为商人，1名是匠人，1名是厨师，所有的都是男性。其中16人基本上处于实际的人类学的年龄，从25岁到55岁，只有1名较年轻，为20岁。

当然了，基于对数量如此少的个体的测量，即使要理出一份关于阿布达尔人部族体质不那么详尽的情况报告，也是不可能的。但是，就我所知，由于此前并没有发表过关于阿布达尔人的人类学调查，下列提要该是有益的。

总体状况。身体的总体状况是瘦，或者相当瘦。在这些受测量者中，8个属于第3种类型（匀称），8个是第2种类型，1个属于第1—2种类型。

肤色总的来说相当白：玫瑰色（第10种类型）或者苍白（第9种类型），共有16名如此。只有1名（那位20岁的青年）肤色呈黄色（第7种类型）。

大多数人的眼睛（13人）是黑色，有4人的眼睛适中。后面4人都来自派纳普村。

这些受测量的人并没有蒙古人的皱褶，或者“内眼角皮肤褶痕”。

所有受测量者头发的颜色都很黑：15人是黑色，2人是黑棕色。

所有受测量者的头发的特点是直的。

其中5人面毛丰富（第3类型），4人适中（第2类型），7人稀少（第1种类型），1人（年轻人）没有（第0种类型）。2人身体上的汗毛丰富，2人适中，10人稀少，3人没有。

脸型各异：3人的脸长而窄，4人适中，8人短而宽，2人为楔形（即尖下巴）。

大多数（12人）鼻子轮廓为直的；3人略微瘦削（图一2，或者图一4），2人明显瘦削。

嘴部凸出情况：3人不凸出，8人轻微凸出，3人（都是来自哈兰·巴格村）凸出较明显。

6人嘴唇薄，11人适中。

关于脸横向凸出有以下要注意的：4人脸适度凸出（面颊骨部凸出），6人脸中度脸型，7人脸平（面颊骨明显）。

头的尺寸和形状差别很大（图一）。

头的最大长度可由下列数字说明：$M \pm m = 183.71 \pm 2.03$毫米，最小为165毫米，最大为204毫米，$\sigma = 8.38$，$v = 4.56$。下表也可以见其变化。

165—169.9毫米（1人）	185—189.9毫米（4人）
170—174.9毫米（1人）	190—194.9毫米（3人）
175—179.9毫米（3人）	195—199.9毫米（无）
180—184.9毫米（4人）	200—x毫米(1人)

头的最大宽度也颇富变化：$M \pm m = 150.12 \pm 1.46$毫米，最小为137毫米，最大为159毫米，$\sigma = 6.01$，$v = 4.00$。如果我们把材料按照每5厘米为一级，可列出下表：

图一

1、2. 阿布达尔人，霍加阿合买提，50岁；3、4. 阿布达尔人，穆拉·阿伊萨，48岁；5、6. 阿布达尔人，铁木儿，45岁；7、8. 阿布达尔人，买买提，30岁；9、10. 阿布达尔人，赛杜拉，20岁；11、12. 阿布达尔人，萨的江，30岁；13. 阿布达尔人，阿赫迈特，34岁；14. 阿布达尔人，阿布特·福奴特

x—139.9毫米（2人）	150—154.9毫米（4人）
140—144.9毫米（无）	155—159.9毫米（4人）
145—149.9毫米（7人）	

如果我们根据纯粹的直径来计算头的指数的话，我们可以得到下列总的数值：M ± m=81.75+0.76，最小为75.49，最大为87.85，σ=3.12，v=3.82。因此，根据平均数来看，阿布达尔人是短头颅的。不过，平均数在此案例中指导性很小，这在下列已经建立起来的指数组中个体的分界线是很明显的：

长头型（指数x—75.9）：1个人

中头型（指数76.0—80.9）：7个人

短头型（指数81.0—x）：9个人

在这些短头型中，有2个是超短的，其指数在85.5以上。显然，整体上将这些所测量的阿布达尔人描述为短头型几乎是不可能的——其变异性非常大。

头的纯粹高度由凸尺从头顶到耳屏加以图解并测出来。其总的数值如下：M ± m=127.82 ± 2.08毫米，最小115毫米，最大147毫米，σ=8.57，v=6.70。由此看来，高度的变化性也是相当大的——人们只需考虑此变化系数值。这在下表也是明显的：

115—119.9毫米（3人）	135—139.9毫米（2人）
120—124.9毫米（3人）	140—144.9毫米（1人）
125—129.9毫米（6人）	145—x毫米（1人）
130—134.9毫米（1人）	

考虑到绝对直径变化很大，高度－长度和高度－宽度指数可以体现头部相对高度的情况，自然也应该提供非常不同的数值。

高度－长度指数：M ± m=69.62 ± 1.04，最小60.7，最大77.3，σ=4.28，v=6.15。

高度－宽度指数：M ± m=85.1 ± 1.18，最小76.3，最大94.2，σ=4.86，v=5.71。

按习惯的指数，根据高度－长度指数我们从材料中可得到的限度为：

正头型（指数57.7—62.5）：1个人

尖头型（指数62.6—x）：16个人

根据高度－宽度指数：

短头型（指数x—78.9）：3个人

中头型（指数79.0—84.9）：5个人

尖头型（85.0—x）：9个人

从高度－长度指数来看，所测量的阿布达尔人几乎全部是尖头型的。不过，高度－宽度指数则总体上更可能较好地体现头的高度，所有组都可代表这些分组。的确，经常有尖头型的情况，不过，在所测量过的这些人中只有一半略多一点属于该组。根据我们的资料，我们只能说阿布达尔人的头总的来说是高的，或者说相对较高。

脸的尺寸和形状从双颧骨宽度和面部总高度（从鼻根到下巴），以及它们之间关系来说明。

脸的双颧骨宽度总的来说是很大的：M ± m=142.00 ± 1.26毫米，最小133毫米，最大154毫米，σ=5.18，v=3.65。

脸的高度记录如下：M ± m=115.88 ± 1.01毫米，最小102毫米，最大132毫米，σ=7.96，v=6.87。

以完全值为基础计算的脸的指数如下：M ± m=81.59 ± 1.08，最小74.1，最大88.6，σ=4.46，v=5.47。关于此特点，我们会注意到其可变性也是很大的。如果我们将这些材料分成传统的分组，会得到下表：

特别阔面型（指数x—78.9）：5个人

阔面型（指数79.0—83.9）：5个人

中度型（指数84.0—87.9）：6个人

窄面型（指数88.0—92.9）：1个人

平均值在阔面型一组中，实际上并非阿布达尔人的特点。

鼻子的高度或者从鼻基到鼻根的长度如下：M ± m=47.35 ± 1.04毫米，最小40毫米，最大54毫米，σ=4.28，v=9.04。

跨过鼻孔的鼻子的宽度如下：M ± m=36.53 ± 0.71毫米，最小31毫米，最大43毫米，σ=2.94，v=8.05。

在完全测量的基础上所获得的鼻子指数包括下列数据：M ± m=77.47 ± 1.82，最小61.1，最大88.4，σ=7.48，v=9.65。鼻子指数可分成下列既定数据组：

长鼻型（指数55.0—69.9）：2个人

中鼻型（指数70.0—84.9）：12个人

扁鼻型（指数85.0—99.9）：3个人

因此鼻子尺寸和鼻子指数变化颇大——比其他公制差异度还要高。中型鼻子是最为普遍的形式。

身材和身体的比例。下表呈现的是身体及其变化的比例。

	M ± m	变化	σ	v
站高	163.12 ± 1.78	149.7—179.0	7.32	4.40
至胸凹口高度	132.39 ± 1.5	121.8—146.7	6.18	4.67
上肢长度	73.63 ± 1.09	66.9—85.7	4.5	6.11
肘的长度	45.43 ± 0.70	40.3—51.6	2.87	6.32
手背长度	17.86 ± 0.51	16.3—23.1	2.09	11.68
脚长	23.73 ± 0.49	18.4—26.0	2.02	8.52
坐高	85.80 ± 0.96	79.0—91.9	3.94	4.59
臂展	165.31 ± 2.36	150.0—187.0	9.80	5.91

因此身材变化是非常大的。为了使该情况更为清楚，我们把这些材料按每5厘米为一段，分成下列数值：

x—149.9（1人）	165.0—169.9（5人）
150.0—154.9（2人）	170.0—174.9（1人）
155.0—159.9（3人）	175.0—x（1人）
160.0—164.9（4人）	

根据现有材料判断，在阿布达尔人中，男性的身材大多在1.60米和1.70米之间。不过，身材矮的很多，而真正高个子是少见的。

身体比例显示出巨大的个体可变性。坐高占身材高度平均值为52.6%，最小为48.4%，最大为56.4%。如果我们从身材高度中减去坐高，那么剩下部分即是下肢高度，下肢高度占身材的平均值为47.4%，最小为45.6%，最大为51.6%。在两种情况里，该比例数字只是略高于50%（分别是51.0%和51.6%）；而在所有其他的测量中，都低于50%。上肢相对长度是非常大的，平均值为45.1%，最小为43.5（年龄为20岁的青年），最大为48.8。手背的相对长度的平均值为10.97，脚的相对长度的平均值为14.5；这些尺度其可变性是非常大的。在大多数情况里，臂展比身高略微大一些，只有6人略微小一点。

我们所掌握的阿布达尔人的资料虽然少，但却真实。从人类学角度看，阿布达尔人是一个非常异类的人种。阿布达尔人头的12次测量和指数的平均变化系数是5.96；上面提到的身体的8次测量的平均系数是6.54；而所有20个人测量的变化系数是6.19。不过，因为自然的原因，无论在何种情况下，进行详细的种族分析是可能的。根据上面提到的观察和测量数据及其所在地的说明可以判断，阿布达尔人不能归为蒙古人种（Mongolide），虽然他们可能受到其影响（见图一9—10的年轻人）。毫无疑问，欧罗巴人（Europide）各种因素构成阿布达尔人部落特征的框架。或许用凡·埃克斯泰德的术语来说，东方人（the Orientalide）和亚美尼亚人（Armenide），可能还有突雷尼人（Turanide），在此调查中都有涉及。考虑到前面所述，相当明确的"犹太人的"类型应该出现在阿布达尔人中间（见图一3—4和图一5—6），这是具有指示性的和可以理解的。如果我们认可传统，据此阿布达尔人最初源自土耳其，并在几个世纪里向东扩展，准确地说，他们的人类学特征也反映出该部落所经历的命运。根据此种方法，阿布达尔人特点巨大的可变性也是相当易于理解的。

三、帕合甫和什克韶

1906年12月底在叶城（Karghalik）停留时，马达汉和鲜为人知的山地部落帕合甫（Pokhpo）及什克韶（Shiksho）建立起联系。这两个部落生活在提兹纳夫（Tiznaf）河畔，前者生活在该河的下游，后者生活在该河的上游。

马达汉在其日记①中对这两个部落的生活条件、语言和服装等都进行了详细叙述（图二）。

在叶城停留时，马达汉在1906年12月20日有机会对该部落12个人进行人类学测量，这些人是应其要求从山里带来的。在这些受测量人中，4名属于帕合甫部落，8名是什克韶部落。实际上他们全都是农民，其中1名帕合甫人被描述成牧人，1名什克韶人被描述为商人。

① 马达汉：《1906—1908年马达汉由西向东穿越亚洲》，芬兰-乌戈尔学会，1940年，第445—449、108—109页。

图二

15、16. 帕合甫人，穆拉·阿克胡木，35岁；17、18. 帕合甫人，艾克白，20岁；19、20. 阿布达尔人/帕合甫人？伊玛亦·阿克胡木，49岁；21、22. 帕合甫人，卡比尔，50岁；23、24. 什克韶人，陶克塔，20岁；25、26. 什克韶人，陶克塔拜，26岁；27、28. 什克韶人，扬，40岁

就我所知，现在没有关于什克韶人的人类学调查。在帕合甫部落中，奥莱尔·斯坦因爵士测量过25人，他是1906年至1908年在靠近塔克拉玛干沙漠西南边缘的山中考察时测量的。这些观察报告被T.A.乔伊斯在其关于中国新疆和帕米尔人[①]的体格人类学笔记中得到利用，后来G.M.莫兰特（Morant）在其关于中亚[②]人类学的比较调查中也使用过。

由于在马达汉数据系列中受测量个体数目很少，不足以将其编列成细纲。考虑到一些其他的原因，测量记录的不完全性导致它们不能被使用。这些描述性特点仅仅出现在个体案例中。根据这些数据表，这些人眼睛没有蒙古人的褶痕，或者仅仅有褶痕的"迹线"，头发的颜色是黑色的，头发直，脸和身体多汗毛，脸大多较宽或者相当宽，鼻子通常挺直，双唇一般是厚的。什克韶人似乎很大程度上和帕合甫人相似。根据这些记录，其肤色苍白或者呈玫瑰红，眼睛一般为棕色，双眼内眼角皮肤没有蒙古人的褶痕，发色为黑的，头发为直的，脸上的汗毛丰富或者中等，但是身体通常汗毛稀少，脸宽或者相当宽，也有一些脸平阔；鼻子一般笔直，偶尔有曲线的；中等的嘴唇厚实。

从这些迹象来看，显然帕克甫人和什克韶人与蒙古人并不一致。从所附照片来看，他们的总体特征和蒙古人完全不同，与一般所描述的突雷尼人也不一致。不过，以我们有限的资料为基础，就这些部落的种族构成发表意见是徒劳无益的，但是似乎可以肯定他们主要是由欧洲人种成分组成。

四、刀郎人或者图浪人

1927年2月8日和9日，马达汉在巴楚（Marabashi）对当地的刀郎人或者图浪人进行人类学调查，"刀郎人"或者"图浪人"是他们的自称[③]。在日记中他也对其一般生活条件予以描述，读者可以参考其日记[④]。

奥莱尔·斯坦因在其1906—1908年的探察旅途中，曾经做了大量的测量，对象有16人之多，其地点和马达汉测量的地点相邻。T.A.乔伊斯在其关于中国新疆和帕米尔[⑤]一些部落的差别指数中使用斯坦因的部分结果。不过，在乔伊斯的著作中刀郎人的总体特征并没有总结出来。关于该部落尚没有其他人类学的调查。

不幸的是，马达汉所测量的刀郎人数量很少，只有9个男性，年龄在18岁到46岁之间，其职业均为农民。不过，尽管资料极少——从人类学的角度来看，刀郎人不怎么为人所知——简短的观察概要并非不恰当。

在所有案例中总的情况记录适度。在其日记中，马达汉在谈到刀郎人时说："他们所处环境好，吃的充足。"[⑥]

---

① T.A.乔伊斯：《中国新疆和帕米尔的体格人类学笔记》，《人类学研究所季刊》第42卷，1912年，第450—484页。该文作为1921年奥莱尔·斯坦因爵士《西域》附录的个体测量表的附加而重印。

② G.M.莫兰特：《斯瓦特、洪扎河谷体格人类学研究——基于奥莱尔·斯坦因爵士记录》，《人类学研究所季刊》第66卷，1936年，第19—42页。

③ 马达汉：《1906—1908年马达汉由西向东穿越亚洲》，芬兰-乌戈尔学会，1940年，第124页。

④ 马达汉：《1906—1908年马达汉由西向东穿越亚洲》，芬兰-乌戈尔学会，1940年，第124—127页。

⑤ T.A.乔伊斯：《中国新疆和帕米尔的体格人类学笔记》，《人类学研究所季刊》第42卷，1912年。

⑥ 马达汉：《1906—1908年马达汉由西向东穿越亚洲》，芬兰-乌戈尔学会，1940年，第126页。

其肤色是白色、黄色或者浅淡色的。马达汉在日记中提及“刀郎人比萨特尔人肤色更为白皙”①。

其眼睛是黑色或者中间色。

没有蒙古人的眼睛内眼角皮肤褶痕。

发色是黑的，有1人被记录是深棕色的；所有人的头发都是直的。

脸部汗毛适中，偶尔也有稀少的；有的很多；身体上的汗毛一般稀少。

脸的形状各异。

鼻子的轮廓虽然不是所有都是笔直的，但是通常是笔直的。

嘴部微凸，有些人适度凸出。

几乎所有人的嘴唇厚度适中，只有1例被记述为厚嘴巴。

脸部凸显：在所测量的人中，大多数脸是平的，脸颧骨明显；有1人脸很平阔，有1人脸是中度脸型。马达汉在日记中说，“颧骨相当凸出，但是他们的脸并不难看”②。

关于头的测量，下列是包括最小值和最大值在内的平均值：

头长：186.78（177—203）毫米。

头宽：157.89（147—164）毫米。

从头顶到耳屏的高度：126.67（112—134）毫米。

因此变化度是相当大的。这同样参考头的指数：

宽度-长度指数：M ± m=84.77 ± 1.94，变化度：75.77—92.13，σ=5.83，v=6.87。

高度-长度指数：M ± m=66.85 ± 1.37，变化度：62.56—75.28，σ=4.12，v=6.17。

长度-宽度指数：M ± m=79.01+1.35，变化度：68.71—82.99，σ=4.10，v=5.18。

根据头的指数，2个人是长头型的、4个人是短头型的和3个人是特别短头型的。——根据高度-长度指数，在此资料中，有4个短头型和5个尖头型人。

在此测量中，脸的变化也是非常多的。

脸的颧骨是145.56（134—153）毫米。

脸的总高度为122.22（117—126）毫米。

脸的指数值如下：M ± m=83.39 ± 1.20，变化度：77.78—90.30，σ=3.61，v=4.33。在这些所测量的人中，1人脸超阔，5人脸宽阔，2人中面型，1人长面型——脸型相当混合（图三）。

鼻子的变化程度更大。中等鼻子高度为53.78（45—59）毫米，鼻子宽度为38.67（34—43）毫米。鼻子指数值如下：M ± m=72.22 ± 1.88，变化度：65.38—82.22，σ=5.65，v=7.82。在所测量的这些人中，4人为高鼻型，5人是中鼻型。

在身体测量中，可提及下列绝对和相对数字（不包括对18岁那人的测量）：

站高167.44（153.6—173.7）厘米。

上肢的绝对长度是74.86（68.8—80.9）厘米，相对长度是44.72%。

绝对坐高是85.35（80.1—90.6）厘米，相对长度是50.97%。

---

① 马达汉：《1906—1908年马达汉由西向东穿越亚洲》，芬兰-乌戈尔学会，1940年，第127页。

② 马达汉：《1906—1908年马达汉由西向东穿越亚洲》，芬兰-乌戈尔学会，1940年，第125页。

29 30 31 32 33

图三

29、30. 刀郎人，马杜拉库木，27岁；31、32. 刀郎人，阿卜杜拉，20岁；33. 刀郎人，塞达库姆，40岁

下肢绝对长度是82.01（73.2—85.4）厘米，相对长度是49.03%。

手的绝对长度是18.35（16.5—19.8）厘米，相对长度是10.96%。

脚的绝对长度是24.52（20.7—26.4）厘米，相对长度是14.65%。

双臂展开的绝对宽度是171.60（152.0—182.1）厘米，相对长度是102.18%。

下面的测量记录是马达汉日记，可以引述为这些测量的补充："刀郎人似乎比萨尔特人要高。他们的手型和脚型颇好，其手指细长，第二个脚趾头比大拇指长。"①

对上面所提出的中间值和乔伊斯所提到的中间值加以比较，可以看出其间有相当大的一致性。最大的分歧是鼻子的尺寸（根据乔伊斯，中间值是51.19 ± 0.62），宽度39.91 ± 0.51，鼻子的指数为（78.19 ± 1.42）；脸的长度（117.12 ± 1.13），脸的指数（80.50 ± 0.97）；头发为波浪形，而不是直的。这些差异可能是由于两个样本系列非常小，所以偶然的情况起着重要的作用。最后，应该提及的是"细微差异指数"，乔伊斯根据斯坦因的资料称，"刀郎人、科尔品人（Kelpin）和柯尔克孜人形成一个密切关联的人种集团（第459页）"。

五、卡尔梅克人

卡尔梅克人（卫拉特人）据查属于苏尔干（Surgan）总属，来自伊犁以东的特克斯河周围不同的地方。该调查主要是在1907年5月底进行的，该资料中涉及柯尔克孜人的大部分随后要处理。马达汉在其日记中（第249、252、279—280页）就卡尔梅克人的外表、身体特征提供了一些有趣的信息，我将其提交给读者。

卡尔梅克人资料共包括37个男性，其年龄从19岁到51岁。虽然一些人相当年轻，1个19岁，2个20岁，但都被认为是完全发育成人，我也将其包括在内。因为在我看来，在很大程度上他们无论如何都能够被看作是"成年人"。

根据这些笔记，其总体情况是31人为第2种类型（中等型），6人为第3种类型（单薄型）。

肤色大多数或者说23人为棕色（第8种类型）、4人为苍白色（第9种类型）、4人为玫瑰红（第10种类型），其余肤色为玫瑰红（3人）、暗玫瑰红（2人）或者棕白色（1人）。

眼睛的颜色总体上为黑色。在受测量的人中，27人被描述为黑眼睛，9人内眼角皮肤有中度褶痕

① 马达汉：《1906—1908年马达汉由西向东穿越亚洲》，芬兰-乌戈尔学会，1940年，第125页。

（除了年轻人外，所有人眼睛内眼角皮肤都有中度褶痕），1人是所描述的1—2中的情况。

一般都有蒙古人的眼睛褶痕。有18人褶痕覆盖肉冠的三分之一到二分之一，有6人完全覆盖着肉冠，有9人眼睛有皱褶的痕迹。只有4人眼睛（占10.8%）没有褶痕，这几人年龄都在40多岁。在日记中，马达汉写道："年轻人的肉冠大多数都略微被覆盖一点；说来奇怪，年龄较大的人则几乎看不到这种情况。"①

头发的颜色实际上都呈黑色。只有一个人头发被描述为深棕色。

所有人的头发都是直的。

毛发量总的来说非常稀少，或者实际上没有头发。几乎所有人（35人）身上的汗毛被描述为没有，有1人稀少，有1人中等。有8人被描述为没有胡须，25人胡须稀少，4人中等。马达汉在其日记中描述道："他们的胡须稀疏，长得晚。直到25岁或者30岁，其胡须才隐约可见。除了腋窝和腹股沟外，其身体几乎没有任何汗毛。"②

脸型颇为不一。在表中最一般的是第5种类型"楔形，即尖下巴"；有17人属于该种类型。有9人脸型"短而阔"（第3种类型），9人"中间"（第2种类型），只有1人是"长而窄"（第1种类型）；1人被记录为2—5。在其日记中，马达汉写到他们的脸型："他们的下巴是尖的，因此他们头长面阔，形成底部为尖状的三角形。"③

鼻子的轮廓多变。我提请读者参考与此相关的个体数据表。马达汉在日记中写道："他们的鼻子大多数小且形状好看。"④

嘴部凸出的有19人，一般的为17人，相当凸出的1人。

关于嘴唇，记录如下：15人为薄嘴唇，15人中等嘴唇，6人厚嘴唇，1人嘴唇外翻。

脸横向凸出。通常脸为平的，颧骨非常凸出。有19人的这种平阔脸"很明显"，14人的阔脸"特别凸出"。只有4人被描述为中度脸型。

头的长度和宽度相当大，虽然比后面要谈的柯尔克孜人的小。

关于头的最大长度，有下列一般数值：M ± m=185.62 ± 1.24毫米，最小168毫米，最大201毫米，σ=7.54，v=4.01。

头的最大宽度是相当大的：M ± m=159.53 ± 1.09毫米，最小146毫米，最大170毫米，σ=6.53，v=4.095。

单就直径来说，头部指数是很高的：M ± m=86.04 ± 0.74，最小76.8，最大93.85，σ=4.43，v=5.15。所接受测量的人都在下列既定数值之内：

中头型（指数76.0—80.9）：5人或者13.9%

短头型（指数81.0—85.4）：13人或者36.1%

特短头型（指数85.5—x）：18人或者50.0%

因此，特短头型准确地占50%。在这些特短头型中，还应进一步提及有5人的头指数超过91，通

① 马达汉：《1906—1908年马达汉由西向东穿越亚洲》，芬兰-乌戈尔学会，1940年，第280页。

② 马达汉：《1906—1908年马达汉由西向东穿越亚洲》，芬兰-乌戈尔学会，1940年，第270页。

③ 马达汉：《1906—1908年马达汉由西向东穿越亚洲》，芬兰-乌戈尔学会，1940年，第280页。

④ 马达汉：《1906—1908年马达汉由西向东穿越亚洲》，芬兰-乌戈尔学会，1940年，第270页。

常被描述为极短头型，或者叫作“等高头颅”。尽管头的测量上有如此巨大的变化，但是卡尔梅克人应该理所当然地被描述为短头型（图四）。

从头顶至耳屏的头部高度总的通常很小：M ± m=122.67 ± 1.15毫米，最小107毫米，最大138毫米，σ=6.98，v=5.69。

头的高度和头的最大长度及最大宽度之间的关系值如下：

高度-长度指数：M ± m=66.11 ± 0.55，变化幅度：58.71—73.74，σ=3.36，v=5.09；

高度-宽度指数：M ± m=77.01 ± 0.79，变化幅度：69.23—87.34，v=6.08。

根据高度-长度指数，该资料所在的习惯指数等级如下：

正头型（指数57.7—62.5）：4或者10.8%

尖头型（指数62.6—x）：33或者89.2%

图四

34、35. 卡尔梅克人，努木干，35岁；36、37. 卡尔梅克人，下级军官，26岁；38、39. 卡尔梅克人，军官；40、41. 卡尔梅克人，乌尔扎芒克，20岁；42、43. 卡尔梅克人，萨赫卡，23岁

根据高度-宽度指数，该资料可划分如下：

短头型（指数 x—78.9）：23或者63.9%

中头型（指数79.0—84.9）：11或者30.6

尖头型（指数85.0—x）：2或者5.5%

在对长度的比率上，头通常是高的，但是在对宽度的比率上，头则是低的或者相当低。

根据头的双颧骨宽度和高度，脸的尺寸和形状可得如下说明。

双颧骨宽度：M ± m=153.14 ± 0.98毫米，变化幅度：140—166毫米，σ=5.95，v=3.89。

脸的高度：M ± m=117.00 ± 1.195毫米，变化幅度：103—130毫米，σ=7.27，v=6.21。

因此双颧骨宽度特别大，变化在相当狭窄的范围，但是普通的长度肯定是小的，但是变化非常大。

从上面可以看出，脸的指数总的来说显得非常低：M ± m=76.37 ± 0.69，最小为68.39，最大为86.99，σ=4.18，v=5.47。

因此，该平均数值在特阔脸型类。如果我们把这些测量过的人纳入既定类型，得到下表：

特阔脸型（指数x—78.9）：29人或者78.4%

阔脸型（指数79.0—83.9）：6人或者16.2%

中阔脸型（指数84.0—87.0）：2人或者5.4%

特阔脸型人占绝大多数，几乎占所收集资料的五分之四，而阔脸型与中阔脸型占小部分，长脸型根本就没有。

不过，特阔脸型的鼻子并非宽而短，鼻子通常都相对高而窄。

鼻子的绝对尺寸及其变化见下列数值：

鼻高：M ± m=49.95 ± 0.56毫米，变化度41—56毫米，σ=3.38，v=6.76。

鼻宽：M ± m=36.41 ± 0.46毫米，变化度31—42毫米，σ=2.81，v=7.73。

因此，纯粹的尺寸变化颇大，不过总的来说高度数值颇大，而宽度数值则小。这在鼻子指数的数值上也较明显。M ± m=73.17 ± 1.12，变化度58.18—81.96，σ=6.83，v=9.33。

根据中间数值，鼻子是中鼻型的，与狭窄鼻型的界限颇为接近。根据为人所接受的分类，这些资料可划分如下：

狭长鼻型（指数55.0—69.9）：13人或者35.44%

中间鼻型（指数70.0—84.9）：23人或者占62.16%

扁鼻型（指数85.0—99.9）：1人或者占2.70%

因此，除了中间鼻型外，狭长鼻型的人数在所统计资料中也相当多，而扁鼻型现象则极为罕见。

关于身体的身高和比例，可见下列所列出的中间数据：

	M ± m	变化	σ	v
站高	162.15 ± 1.15厘米	150.0—178.9厘米	7.01	1.32
头顶到胸骨切骨	132.43 ± 1.02厘米	121.2—146.0厘米	6.22	1.69
上肢长度	73.22 ± 0.66厘米	66.6—81.0厘米	3.99	5.15
肘的长度	45.71 ± 0.38厘米	41.5—50.6厘米	2.31	5.06

续表

	M±m	变化	σ	v
手背长度	17.38±0.18厘米	15.9—19.2厘米	1.08	6.23
脚长	24.51±0.25厘米	22.4—26.9厘米	1.48	6.06
坐高	85.85±0.56厘米	80.6—96.9厘米	3.38	5.97
臂展	171.90±1.50厘米	154.4—193.6厘米	9.44	5.82

根据中间数值，卡尔梅克人身材短。不过，他们的身高变化颇大，见下表。

150.0—154.9厘米（7人）	165.0—169.9厘米（3人）
155.0—159.9厘米（6人）	170.0—174.9厘米（4人）
160.0—169.9厘米（15人）	175.0—x（2人）

上肢长度中等的占45.45%，这是一个相对高的数字。臂展也相当长，超过所有案例中的身材。中等臂展的比例占106%。中等坐高占身高的比例为52.9%，或者相对高一些，这总的来说和蒙古人的一样。手相当小，手背的中等长度比例为10.7%。如果我们从身材中减去坐高，并且描述下肢长度的差异，后者的中等长度为76.36厘米，或者所占身材的比例为47.06%。脚的相对长度为15.12。不过，应该注意的是，所有这些测量的变化相对较大。

所有这些变化和头指数的平均系数为：有12个测量是5.79，有8个测量为5.3，所有这20人的为5.53。

这种在马达汉的资料基础上所获得的关于卡尔梅克人的观点，整体上和我们从早期探险者描述中发现的颇为一致。卡尔梅克人（连同蒙古人“本部”，布里亚特人和一些较小的部落）[①]被认为是蒙古人种最为典型的代表，这在上面所引述的报告中得到显示。在伊万诺瓦斯基（Iwanowaski）的划分中，他们属于“蒙古人种组”；而在蒙坦敦（Montandon）的划分中，他们则属于蒙古主要人种的辅助性人种。

六、柯尔克孜人

所测量的柯尔克孜（哈萨克-柯尔克孜）部族位于伊犁东部德什噶兰（Dshirgalan）河周围。这些测量是在1907年5月底和6月初进行的。至于柯尔克孜人的测量和外貌，马达汉在其日记中记载有一些情况，读者可以参考。[②]

测量的29人中，除了一位21岁青年外，其他人都是25岁，不过，前者包括在下列概述中。

总的环境。马达汉在其日记中写道（第261页）：“他们的脸色健康，环境则普普通通。有一些人颇为瘦削，但是鲜有矮胖的。他们的肌肉只是略微发达。”[③]在接受人类学测量的人中，有23人属于类

① 根据沃乌（Woo）和莫兰特基于种族相像系数基础之上的调查，卡尔梅克人最接近于索约特斯人（Soyotes）、布里亚特人及蒙古人；见T.L.沃乌和G.M.莫兰特：《基于头盖测量的亚洲人种初步分类》，《生物统计学》第24卷，1932年，第108—134页。

② 马达汉：《1906—1908年马达汉由西向东穿越亚洲》，芬兰-乌戈尔学会，1940年，第252、261页。

③ 马达汉：《1906—1908年马达汉由西向东穿越亚洲》，芬兰-乌戈尔学会，1940年，第261页。

型2（中等），6人属于类型3（瘦削）。

肤色为白色，有16人为苍白（第9类），11人为淡黄色（第7类），2人属于玫瑰红（第10类）。

眼睛的颜色，大多数或者说有17人为黑色。9人则被描述为中等，4人是淡色——这似乎是很引人注目（图五）。

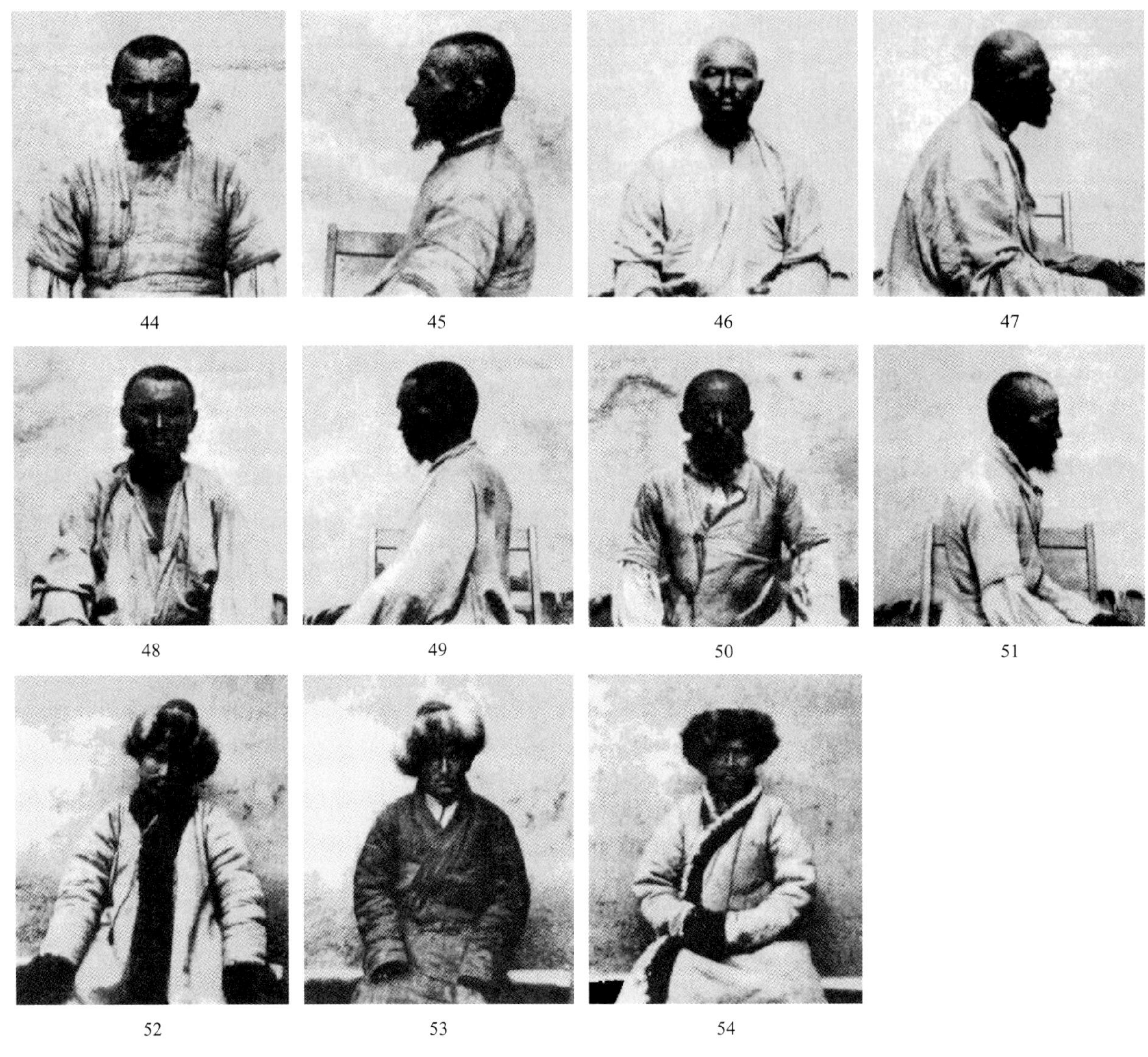

图五

44、45. 柯尔克孜人，查卡维，50岁；46、47. 柯尔克孜人，马尔车·拜，50岁；48、49. 柯尔克孜人，塔纳德江，33岁；50、51. 柯尔克孜人，多罗克·拜，41岁；52. 柯尔克孜人，37岁；53. 柯尔克孜人，23岁；54. 柯尔克孜人，47岁

多数人内眼角皮肤没有蒙古人所有的褶痕，或者有22人如此（占75.9%）。4个人（占13.8%）可见褶痕。只有3人（占10.3%）褶痕覆盖肉冠的三分之一到一半。马达汉在其日记中说："眼小，但是肉冠一般几乎没有被覆盖着。"①

大多数人的头发是黑色的，或者说有26人如此；而有2人被描述为黑棕色，1人为中等颜色。

① 马达汉：《1906—1908年马达汉由西向东穿越亚洲》，芬兰-乌戈尔学会，1940年，第261页。

被测量的所有人的头发都是直的。

毛发量：有19人（占65.5%）的胡须长得稀少，有10人（占34.5%）适中。身体上的汗毛更少，有19人没有汗毛，9人稀少，仅有1人适中。

根据这些记录，脸型变化相当大，有6人是第2种类型（中间型），第2—5种类型的有2人，第3种类型（短而阔）的有9人，第3—5种类型的有4人，第5种类型（楔形，但是适中）的有8人。在这些人中，没有一个人的脸是长而窄型的。

鼻子的轮廓也不一，但是第1种类型（直的）最为普遍。详细情况读者可参考附表。马达汉的日记提到“鼻型好，精致，但是小”①。

嘴部凸出情况记录说明如下：12人轻微凸出（占41.4%），凸出适当的有15人（占51.7%），不凸出的有2人（占7.0%）。

11人的嘴唇薄，18人的嘴唇适中。

脸横向凸出：在所测量的这些人中，不止一个人脸凸出，所有这些人的脸多少都是平的。23人（占79.3%）被描述为扁平型（占79.3%），12人脸颊颇为明显，11人脸颊骨过分凸出。仅有6人（占20.7%）被描述为中度脸型的，尽管其中2人扁平脸型的趋势颇为明显（第3—4种）。尽管这个所说的扁平脸型和面颊凸出有关，但是马达汉在日记中声明“其脸颊骨和卡尔梅克人相比不怎么凸出”。

头相当长：M ± m=188.76 ± 1.01毫米，最小为178毫米，最大198毫米，σ=5.42，v=2.87。因此其变化并不是特别大，如果将这些数据按每5厘米分为一级，从中也可以看出：

x—179.9毫米（1人）	190.0—194.9毫米（9人）
180.0—184.9毫米（8人）	195.0—x毫米（4人）
185.0—189.9毫米（7人）	

头宽度的变化比其长度要大，就平均值来讲可称得上非常大。M ± m=163.62 ± 1.05毫米，最小153毫米，最大177毫米，σ=5.66，v=3.46。如果我们把这些材料按每5厘米分级，可得到下表：

x—154.9毫米（1人）	165.0—169.9毫米（9人）
155.0—159.9毫米（8人）	170.0—174.9毫米（无）
160.0—164.9毫米（9人）	175.0—x毫米（2人）

正如完全用直径来表示的那样，头的指数相当高。M ± =86.89 ± 0.69，最小79.8，最大96.2，σ=3.70，v=4.20。正如卡尔梅克人的情况那样，平均数落在特圆头型上。各组人数情况如下：

中头型(指数76.0—80.9)2人	或者占6.9%
圆头型(指数81.0—85.4)10人	或者占34.5%
特圆头型(指数85.6—x)17人	或者占58.6%

① 马达汉：《1906—1908年马达汉由西向东穿越亚洲》，芬兰-乌戈尔学会，1940年，第261页。

因此，这些所测量的人中只有2个是在中头型的范围内，两者均接近圆头型。在所测量的人中有超过一半的是特圆头型，其中3人是极圆头型，或者头部等高型（其指数超过91）。这种极圆头型和柯尔克孜人主要区别在于头宽的绝对尺寸，比头长的短直径要小些。

从头顶至耳屏的顶点计算，头高总的来说相对较小，但是变化幅度颇大。M ± m=125.27 ± 1.31毫米，最小112毫米，最大137毫米，σ=7.03，v=5.61。

我们计算高度-长度和高度-宽度的指数，将会使我们对头盖骨相对高度有了解，在绝对直径的基础上，得出下列数值：

长度-高度指数：M ± m=66.41 ± 0.82，最小58.08，最大73.77，σ=4.39，v=6.62；

长度-宽度指数：M ± m=76.60 ± 0.81，最小67.07，最大83.44，σ=4.36，v=5.69。

根据高度-长度指数，这些资料可划分如下：

正头型（指数57.7—62.5）：5人或者占17.2%

尖头型（指数62.6—x）：24人或者占82.8%

根据高度-宽度指数，这些资料可划分如下：

短型头颅（指数x—78.9）：19人或者占65.5%

长头颅（指数79.0—84.0）：10人或者占34.5%

因此，和长度相比，该头盖骨相当高，正如卡尔梅克人的一样。和宽度相比，它则是低的，甚至是很低的。

对脸部的测量上，我们提及颧骨的宽度和从鼻根到下巴的脸部高度。

脸是相当宽的，由于脸颊骨凸出，脸宽在情理之中。M ± m=153.41 ± 0.93毫米，最小142毫米，最大163毫米，σ=5.01，v=3.27。和颧骨的宽度相比较，脸的高度小。这从下列数值可以看出：M ± m=113.90 ± 1.35毫米，最小90毫米（！），最大124毫米，σ=7.29，v=6.40。

脸的指数总的来说保持低指数，这从上面明显可见。M ± m=74.27 ± 0.84，最小58.8，最大81.5，σ=4.56，v=6.12。

根据一般所公认的分级，这些资料可以划分如下：

特圆头型（指数x—78.9）：25人或者占86.2%

圆头型（指数79.0—83.9）：4人或者占13.8%

特圆头型是非常突出的，中头型就在此等级中。应该注意的是，即使圆头型和特圆头型也非常接近。中度脸型则根本没有。

不过，特宽脸型的鼻子并不是宽而短型，其鼻子并不比卡尔梅克人的宽，而是相当高而窄。

鼻子高度：M ± m=52.06 ± 0.63毫米，最小46毫米，最大61毫米，σ=3.37，v=6.47。

鼻子宽度：M ± m=38.52 ± 0.52毫米，最小34毫米，最大46毫米，σ=2.78，v=7.22。

鼻子指数：总的来说，所记录的数值很低，尽管其变化程度相当大。M ± m=74.19 ± 1.13，最小55.7，最大86.8，σ=6.10，v=8.22。

这些资料被划分成下列公认的指数组：

长鼻型（指数x—69.9）：4人或者占13.8%

中鼻型（指数70.0—84.9）：24人或者占82.8%

阔鼻型（指数85.0—x）：1人 或者占3.4%

有意义的是在该资料中仅有1人是宽鼻型，即阔鼻型。

身材和比例从下表可得以说明：

	M ± m	变化	σ	v
站高	165.68 ± 1.03厘米	154.1—178.7厘米	5.54	3.35
头顶到胸骨切骨	134.94 ± 0.92厘米	125.6—145.8厘米	4.96	3.68
上肢长度	75.14 ± 0.52厘米	70.3—81.8厘米	2.79	3.72
肘的长度	46.72 ± 0.35厘米	43.2—50.3厘米	1.88	4.03
手背长度	17.65 ± 0.196厘米	16.3—20.6厘米	1.06	5.97
脚长	24.48 ± 0.25厘米	22.4—27.0厘米	1.34	5.45
坐高	87.30 ± 0.64厘米	81.7—95.3厘米	3.42	3.92
臂展	173.92 ± 1.32厘米	155.9—189.0厘米	7.11	4.09

似乎值得指出，根据其变化的标准偏差和系数，其可变性完全小于卡尔梅克人的。12人尺寸的变化系数及其头的指数是5.52，因为8人身体的系数为4.28，所有20人的指数是4.44。

其身材平均值比卡尔梅克人的略微大一点。下表表明其在资料上的划分：

x—154.9厘米（1人）	165.0—169.9厘米（8人）
155.0—159.9厘米（1人）	170.0—174.9厘米（2人）
160.0—164.9厘米（15人）	175.0—x厘米（2人）

因此，和卡尔梅克人的情况一样，身高普遍在160—164.9厘米这个范围内。

下列相关的中等数值可见其比例情况，可加以引述：上肢占身体的45.3%，下肢占47.3%，坐高占52.7%，臂展占104.9%，手占10.7%，脚占14.8%。我们看到，这些数字和卡尔梅克人的几乎完全一样。

在那些通常被描述为典型的蒙古人的某些方面，柯尔克孜人是令人印象深刻的，不但我们不多的资料如此显示，而且先前的调查也如此显示。吉弗里达-鲁杰里（Giuffrida-Ruggeri）①把柯尔克孜人和卡尔梅克人（包括其他几个族群：通古斯人、布里亚特人、土尔扈特人和Tolengets等）都归入“亚洲黄肤色人”中，即中央亚洲人类。但是，在柯尔克孜人和卡尔梅克人及蒙古人之间所存在的差异也还可以得到证明，正如我们的资料也明示的那样，蒙古人通常眼睛有皱褶。 因此，习惯上在许多分类中或者说大多数的分类中，把柯尔克孜人归为另一个人类学组中，而不是卡尔梅克人，这我们已经讨论过了。例如，伊万诺夫斯基（Iwanowski）②谈到《中亚人类学分组》，除了许多其他种族和部落外，主要提及伊犁地区的柯尔克孜人，而没有提到卡尔梅克人。蒙坦敦③和凡·埃克斯泰特（Von

① V. 吉弗里达-鲁杰里：《亚洲系统人类学初级概要》，哈兰查恩德拉·查克拉达译自意大利文，加尔各答，1921年。

② A.A.伊万诺夫斯基：《关于俄国人口的人种成分》，莫斯科，1904年。

③ 乔治·蒙坦敦：《人种和种族——以体质民族学为中心》，巴黎，1933年。

Eickstedt）[①]确定了图兰人（法文“race tourannienne”，德文“die turanide Rasse”），其活动范围包括西亚的众多地区。正如蒙坦敦所言，柯尔克孜人所属的该种族可以说是介于欧洲人和蒙古人主要种族之间的种族。但是，当蒙坦敦将图兰人归为大蒙古的一个分支民族的时候，凡·埃克斯泰特则断然将其归为欧洲的主要民族，虽然承认他们有些“蒙古特征”。他后来在其著作中就这些蒙古特征做了如下说明：事实上，图兰人自远古以来——在一定程度上自人类存在以来——就生活在欧洲人与蒙古人这两个人类亚种之间；可以肯定地说，在这两个亚种最终分野之前，图兰人就和古蒙古人种产生联系并且有着生物意义上的交织。[②]

但是，怎样描述该种族的特点？其中包括柯尔克孜族人吗？伊万诺夫斯基指出，其眼睛和头发是黑色的，虽然也有浅色的例外；身高适中，偶尔会见高个子者；身体躯干长，头型为短头颅型，或者说（只是在柯尔克孜人中）非常短；鼻子为狭长形，偶尔也有扁宽形的。蒙坦敦将其特征进行了补充，“肤色在白、黄和棕褐色之间，头发比蒙古人浓密，平均身高166厘米，多为短头型，头指数为86（欧洲极短头型与蒙古极短头型结合，产生了超短头型），长脸型，颧骨相对凸出，有的嘴唇较厚，鼻梁高耸挺直，眼睛为半蒙古式”[③]。必须承认，这些描述整体上和我们上面所讨论的材料一致，但是也有例外。根据马达汉记载，脸型很少被描述为长型的。据凡·埃克斯泰特描述，“图兰人中等身材，但也有苗条纤弱者，中等长脸，鼻子直而有力，毛发茂密。在普通的欧洲脸型上长着小眼睛和略微凸出的颧骨，可以认为是蒙古方面的遗传。”根据我们的材料，他们无论如何不能被描述为“头发茂密”，也不足以被描述为脸颊“有点”凸出。

对我来说，图兰人种族问题似乎仍未确定，因此柯尔克孜人种族问题也悬而未决。此外，我需要指出根据我们的材料（实际上样本为数不多），在柯尔克孜人和被认为是典型蒙古人的卡尔梅克人之间尽管有不同之处，但是其相似性显而易见——其相似性是如此明显，以至于像凡·埃克斯泰特在二者之间所找出的明显区别似乎并非出于情愿。对我来说，柯尔克孜人有相当多的蒙古人成分——此成分和构成卡尔梅克人主要结构的一样，也和土尔扈特人的组成结构一致，关于这一点我们稍后再谈。拜阿苏提（Biasutti）[④]似乎是非常正确的，他把柯尔克孜人称为突厥-通古斯人。

七、土尔扈特人

马达汉从中亚带回最多的是土尔扈特人的资料，这些资料出自伊犁与喀喇沙尔之间天山山脉中的玉尔都斯（Yuldus）河周围地区。该调查是在1907年6月17日和8月8日间进行的。

这些调查包括50名男性，其年龄在19岁到48岁之间。在接受测量的人中，19岁的有2人，20岁的有4人，21岁的有7人，22岁的有3人，23岁的有3人，24岁的有3人，其余的28人为25岁或者25岁以上。因此，可能并不是所有的受测量者都是完全发育的成人，但是正如所描述的那样，无论如何，在很大程度上他们都是成年人，因为完全发育成年的年龄界限并没有能够确立起来。我在下面将总体

① 艾贡·凡·埃克斯泰特：《种族研究与人类历史》，斯图亚特，1934年。

② 艾贡·凡·埃克斯泰特：《种族研究与人类历史》，斯图亚特，1934年，第170页。

③ 乔治·蒙坦敦：《人种和种族——以体质民族学为中心》，巴黎，1933年，第234页。

④ R.拜阿苏提：《G·戴奈力对克什米尔、拉达克和努布雷西进行的人类学考察》，《意大利人菲利比在中国喜马拉雅山、喀喇昆仑山和新疆的旅行(1913—1914)》系列二第二卷，第230页，博洛尼亚，1934年。

上处理这些资料，希望这样做不出现任何大的错误。

根据记录，大多数案例（即32人）总的情况是中等（第2类），10人瘦削（第3类），6人短粗（第1类），2人没有总体情况记录。

所有这些人肤色为白色（第7—10类）：其中25人为苍白（第9类），6人为玫瑰红（第10类），3人为淡黄色（第7类），3人为棕黄色（第8类），7人为白中透着玫瑰红（第9—10类），5人为白中透着淡黄色（第7—9类），1人为棕黄中透着玫瑰红（第8—10类）（图六）。

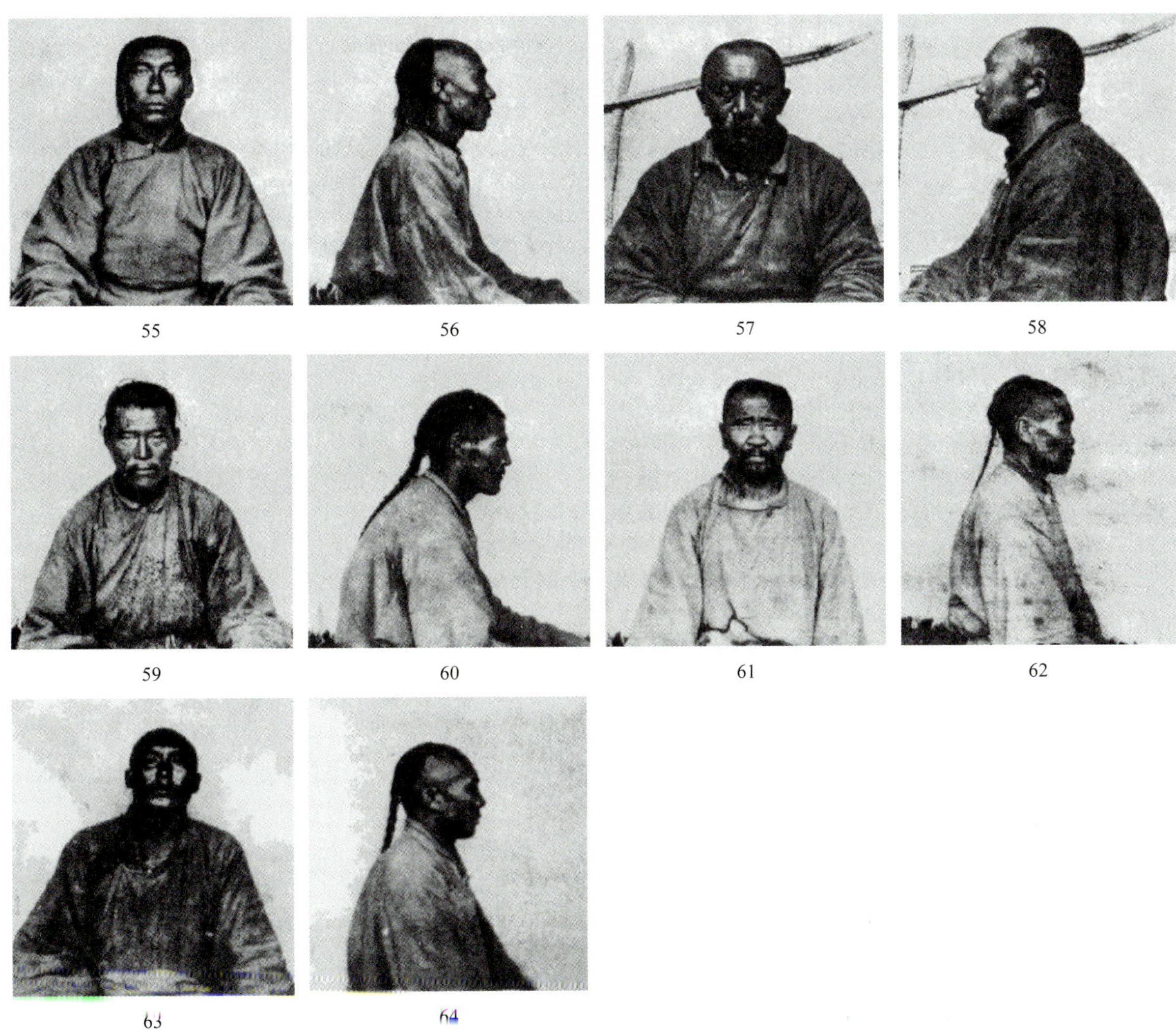

图六

55、56. 土尔扈特人，包木巴，24岁；57、58. 土尔扈特人，皮拉，34岁；59、60. 土尔扈特人，甘恩达，57岁；61、62. 土尔扈特人，多尔济，48岁；63、64. 土尔扈特人，艾乌噶，29岁

眼睛的颜色变化颇大。测量的大多数（即29人，占58%）为黑眼睛（第1类），这点是事实。但是，多达20人（占40%）眼睛的颜色被描述为中等色调（“除了绿色外，所有均为中等色调”），有1人是浅色。

实际上，所有受测者的内眼角皮肤均有蒙古人所有的褶痕，无论为何种形式——只有1人没有。有32人（占64%）被描述为覆盖“肉冠的三分之一到一半”，有9人（占18%）覆盖整个肉冠，而有8

人（占16%）仅有一点“残留的褶痕”。在所有这些人中，内眼角皮肤的褶痕不起眼或者没有的，其年龄都在25岁以上，大多数超过30岁。[①]

几乎所有人头发都为黑色：40人（占80%）为黑色，9人（占18%）为黑棕色，只有1人是（占2%）是中等色。

头发是直的，只有1人被描述为卷曲的。

毛发量：所有人头发稀少或者没有，2人没有胡须（1人是19岁，另一人是21岁），37人胡须稀疏，11人胡须适中，42人没有体毛，8人体毛稀少。

脸型可有下列记录说明。第1类（长而窄）有1人，第2类（中等）有9人，第3类（短而阔）有16人，第5类（楔形，即尖下巴）有16人，第3—5类有8人。

关于鼻子的轮廓记录如下：直鼻梁（第1类）为26人，鹰钩型鼻子（第2类）为1人，凹形鼻子或者上翘形鼻子（第3类）为4人，高鼻子（第4类）为7人，弯曲形或者说波浪形鼻子（第5类）为5人，中国类型鼻子（第6类）为1人。中间型（第1—2类）有1人，第1—3类的有3人，第1—4类的有1人，第1—5类的有1人。可见，鼻子轮廓颇富变化，尽管直鼻梁总的来说占大多数。

嘴部脸颊凸起适中者占大多数，有34人（占68%），微凸者10人（占20%），较凸者6人（占12%）。

嘴唇厚度适中者33人（占66%），薄嘴唇者13人（占26%），厚嘴唇者4人（占8%）。

脸横向凸出情况，平脸上有着很凸出的颧骨是土尔扈特人一个显著的特点。有31人是偏平脸型（占62%），有18人是显著平脸型（占36%），只有1人被描述为中度脸型。

头的最大长度并不是很大，其变化幅度相当小。M ± m=184.60 ± 0.72毫米，最小172毫米，最大196毫米，σ=5.13，v=2.78。

通常头的最大宽度都很大，不过其变化比头的长度还要更大。M ± m=158.02 ± 0.97毫米，最小140毫米，最大175毫米，σ=6.83，v=4.32。

正如上面的数字那样，头指数记录着很高的标准，M ± m=85.63 ± 0.51，最小78.06，最大92.59，σ=3.60，v=4.20。

平均值处于特圆头型的分类中，虽然它比短头颅的柯尔克孜人和卡尔梅克人的略微低一些。这些受测量者情况符合下列数据：

中头型（指数76.0—80.9）：6人或者12%

短头型（指数81.0—85.4）：18人或者36%

超圆头型（指数85.5—x）：26人或者52%

在特圆头型中，有7人的指数超过90；有4人指数超过91，或者是所谓等高头型，或者是极短头型。像柯尔克孜人和卡尔梅克人一样，这个短头型是缘于其头过宽。

头高：M ± m=123.04 ± 0.81毫米，最小108毫米，最大133毫米，σ=5.70，v=4.63。头的相对高度从下面指数可以看出：

高度-长度指数：M ± m=66.68 ± 0.44，变化幅度：59.34—73.08，σ=3.08，v=4.62。

---

① T.A.乔伊斯：《中国新疆和帕米尔的体格人类学笔记》，《人类学研究所季刊》第42卷，1912年。

高度-宽度指数：M ± m=77.95 ± 0.55，变化幅度：70.63—87.76，σ=3.87，v=4.97。

根据高度-长度指数，这些材料都符合下列指数范围：

正头型（指数57.7—62.5）：4人或者8%

尖头型：（指数62.6—x ）：46人或者92%

根据高度-宽度指数，我们得到下表：

短头型（指数x—78.9）：34人或者68%

中头型（指数79.0—84.9）：14人或者28%

尖头型（指数85.0—x）：2人或者4%

与头的长度相联系，头的高度最大；但是和头颅巨大的宽度比例相对照，头是小的，或者非常小的——正像在卡尔梅克人和柯尔克孜人中的情况一样。

脸的尺寸有下列数值表示：

颧骨的宽度：M ± m=151.50 ± 0.85毫米，变化幅度：134—169毫米，σ=6.01，v=3.97。

脸的高度：M ± m=119.10 ± 0.85毫米，变化幅度：102—130毫米，σ=5.999，v=5.04。

因此，与柯尔克孜人及卡尔梅克人比较起来，土尔扈特人的脸较窄，但却更长。脸的指数不像柯尔克孜人和卡尔梅克人的这样低。M ± m=78.696 ± 0.62，最少68.46，最大91.04，σ=4.41，v=5.60。

如果我们根据通常的指数划分，可得到下列划分脸型的指数：

特阔面型（指数x—78.5）：29人或者58%

阔面型（指数79.0—83.9）：15人或者30%

中间型（指数84.0—87.9）：5人或者10%

狭窄脸型（指数88.0—92.0）：1人或者占2%

在鼻子的尺寸方面，我们得到下列数值：

鼻高：M ± m=50.02 ± 0.41毫米，变化幅度：43—57毫米，σ=2.93，v=5.86。

鼻宽：M ± m=37.52 ± 0.31毫米，变化幅度：32—43毫米，σ=2.18，v=5.82。

与柯尔克孜人及卡尔梅克人对应的数值相比较，可见此变化幅度相当小。与这两个部落情况类似，土尔扈特人鼻子相当高而窄，因此和脸宽而平相比，显得“不协调”。

鼻子指数的数值如下：M ± m=75.22 ± 0.79，变化幅度：61.54—9.11，σ=5.60，v=7.45。根据通常的划分基础，受测量者可分为如下不同的数据组：

长鼻型（指数x—69.9）：7人或者14%

中鼻型（指数70.0—84.9）：41人或者82%

阔鼻型（指数85.0—x）：2人或者4%

可见，中鼻型最为普遍，但是长鼻型并非罕见。

身高和身体比率如下表：

	M ± m	变化幅度	σ	v
站高	164.16—0.90厘米	152.7—177.5厘米	6.697	3.897
头顶到胸骨切骨	135.20—0.80厘米	121.7—146.6厘米	5.68	4.20

续表

	M±m	变化幅度	σ	v
上肢长度	73.92—0.44厘米	66.7—80.0厘米	3.14	4.23
肘的长度	45.98—0.299厘米	40.9—49.9厘米	2.12	4.61
手背长度	17.64—0.13厘米	15.6—19.8厘米	0.93	5.29
脚长	24.23—0.17厘米	22.1—26.3厘米	1.17	4.84
坐高	86.796—0.54厘米	79.4—96.7厘米	3.79	4.37
臂展	173.13—1.00厘米	155.5—186.1厘米	7.10	4.10

根据这些资料，土尔扈特人为短身材，虽然不像卡尔梅克人那样矮，也不像柯尔克孜人那样高。上肢身材所表示的平均相对长度为45.03，下肢对应长度——即减去坐高的身材——是47.14。坐高的相对长度是52.86，这是个相对高的数字。双手小，为10.77；脚也小，为14.76。臂展相当可观，相对为105.46；但是在该批材料中有4人的臂展略小于此长度。

蒙古人（土尔扈特）长得中等身材，小个子多于大个子。他们的毛发黑、硬，相对较稀薄。胡须非常短而稀，25岁以前不长胡须。八字胡同样也是薄而短。在被衣着覆盖的身体部位，只有腋下和耻骨结合处长有黑色毛发。整个身体的剩余部位缺少毛发。蒙古人的肤色在有衣着覆盖的部位是亮的，暴露部位因日照而呈棕色。“黄种人”的名称对蒙古人种完全不适用。眼睛的颜色是黑色，并且在高龄时变得更亮。蒙古人内眼角皮肤的褶痕到20岁时才清晰分明，在高龄时变得完全模糊不清。头相对大，最重要的是对于高个子而言是绝对大的，对于小个子是相对大的。头盖骨的长度和高度方面发育中等，与之相反重要的是宽度，以至蒙古人的头部指数表现为短头颅。面部器官同样在长度方面发育中等，在宽度方面发达。根据这个面部指标，蒙古人是大脸。重要的是鼻子不仅是相对长，而且是绝对的长。鼻子的宽度也相当显著，鼻子在根部被压得很平，鼻子背宽。蒙古人的躯干相对不大，骨盆宽。蒙古人的臂和腿独特，它们的上部（也就是上臂和大腿）大，但是下部却显得相对小（图七）。

65

66

图七

65. 土尔扈特妇女及其两个儿子；66. 土尔扈特妇女，28岁

土尔扈特人已经是此前人类学调查的主题。我主要指伊万诺夫斯基关于塔尔巴哈台南部的阔伯克扎利（Kobokzari）山谷土尔扈特人的长篇宏论。我不能忽略伊万诺夫斯基根据德文概述所做的一般性归纳。①

人们会看到，我们这些资料所提供的图片和伊万诺夫斯基记述的十分吻合。

① 伊万诺夫斯基：《蒙古人类学》，《人类学档案》24，1897年，第82页。

像卡尔梅克人一样，土尔扈特人被认为是蒙古人种很好的代表，在大多数分类中，这两个部落因此被放在同一组中。我仅提及伊万诺夫斯基[①]（除了其他部族和民族外，他将这两个部族列入其“蒙古人类学族群”中）、吉弗里达-鲁杰里[②]（他谈及“中亚人种”）；蒙坦敦[③]（他称其为“北蒙古亚种，蒙古人体质”）、凡·埃克斯泰特[④]（他分类时将这两个部族纳入“蒙古主要部落的通古斯德人”中）。在研究卡尔梅克人时，我列出一些详情，就卡尔梅克人和土尔扈特人所属部族如何简要辨别其各自特质。

我们的资料趋向于确定这两个部族之间的一致性。对于这些人的大多数特征，我们发现总体上这两个部族具有同样的标准值——尽管附带条件是在以标准差和变异系数表示的变异性上土尔扈特人几乎普遍小于卡尔梅克人。头的指数和12次测量的可变性平均系数是4.94，身体8次测量的指数和可变性平均系数为4.44，所有20人的系数是4.71。

不过，我们最后应该指出土尔扈特人和柯尔克孜人也存在着相似性，对此我们已经谈及。

八、裕固人

1907年12月底，马达汉有机会在撒里裕固人和西拉裕固人地区度过几天，这是两个小部落，都被称为“黄藩”，位于甘州-河州地区的南山北麓，处于山脚下的平原。在这些颇不为人所知的部落中，马达汉发表了一个有趣的记述，[⑤]读者可参考。

在康隆寺停留期间——西拉裕固人的一个主要寺庙，马达汉有机会进行人类学的测量，共测量了12个男性，均属于裕固人部落。这些报告的详情作为附录包含在马达汉的一个出版物中。这些资料似乎是裕固人部落仅存的人类学详细资料。

在所测量者中，有8人是喇嘛，4人是牧羊人。有1人仅为16岁，1人系20岁，1人为21岁，其余的在26岁到60岁之间。当然，这些资料太少，不能就该部落提供可靠的人类学看法。我仅做简短概括，读者可参考本文结尾所附的个体测量表。

肤色有棕色、黄色、苍白色和玫瑰红。

眼睛的颜色是黑色，偶尔有淡黑色。年轻人内眼角皮肤一般都有褶痕，但是老人没有。

头发的颜色是黑色，通常是直的，偶尔为卷曲的或者波浪状。

都没有胡须，也没有汗毛。

鼻子的轮廓有变化，大多数是直的。

脸大多数是平的，但是没有过分的脸颊骨，只有几个是中度脸型。

头显然偏长。头的平均最大长度是189.92毫米，其变化幅度在178毫米至199毫米之间。头的宽度则相反，相当小，平均仅为150.83毫米，其变化的幅度在139—159毫米之间。头的指数因此相当低：M ± m=79.46 ± 0.95，变化幅度为74.11—84.49，σ=3.29，v=4.13。根据习惯的划分法，所测量的

① A.A.伊万诺夫斯基：《关于俄国人口的人种成分》，莫斯科，1904年，第209页。

② V.吉弗里达-鲁杰里：《亚洲系统人类学初级概要》，哈兰查恩德拉·查克拉达译自意大利文，加尔各答，1921年。

③ 乔治·蒙坦敦：《人种和种族——以体质民族学为中心》，巴黎，1933年，第224、226页。

④ 艾贡·凡·埃克斯泰特：《种族研究与人类历史》，斯图亚特，1934年，第197页。

⑤ 马达汉：《访问撒里裕固人和西拉裕固人》，《芬兰-乌戈尔学会杂志》第27卷，赫尔辛基，1911年。又见马达汉：《1906—1908年马达汉由西向东穿越亚洲》，芬兰-乌戈尔学会，1940年，第445—449、459—472页。

人中有2名是短头型（指数x—75.9），5人是中头型（指数76.0—80.9），5人是尖头型（指数81.0—85.49）。根本没有超级尖头型，虽然有1人很接近此类头型。

头的高度（从头顶至耳廓）较大，平均为125.83毫米，其变化幅度在113毫米至142毫米。考虑到头颅较高的高度值，高度-长度指数相当低，为M ± m=66.26 ± 1.00，变化幅度为61.50—71.36，σ=3.46，v=5.22。对所测量数据进行分类，其中3人是正头型，9人是小头畸形型。高度-宽度指数通常记录价值大，但是变化幅度很大：M ± m=83.54 ± 1.62，变化幅度为72.78—92.57，σ=5.61，v=6.59。根据习惯分类，有2人是短头型，5人是中头型，5人是尖头型。根据我们所掌握的材料，按照头的最大长度和宽度比例，裕固人总的来说头颅高或者说相当高（图八）。

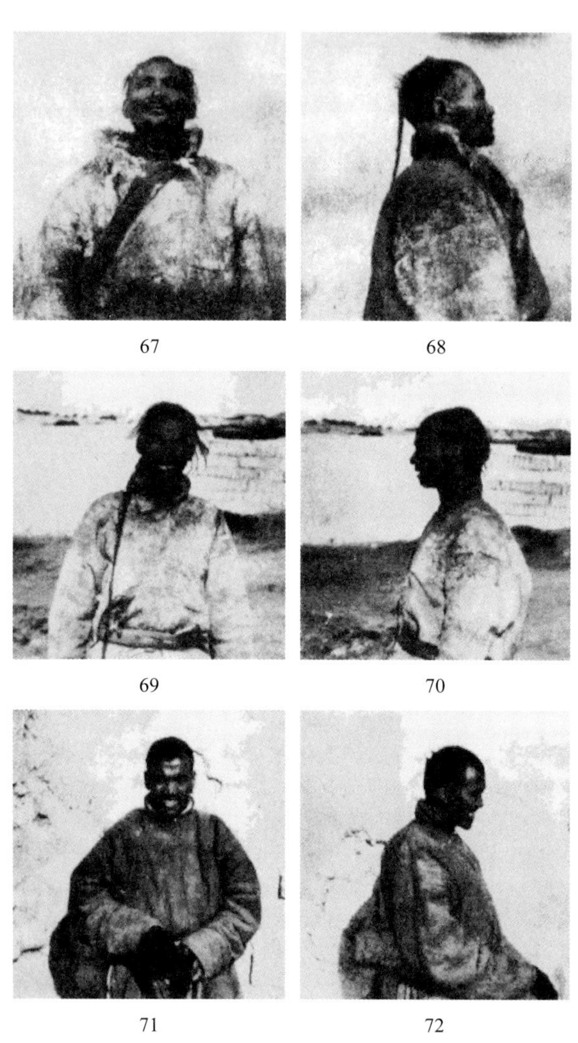

图八

67、68. 裕固人，诺尔哈普，54岁；69、70. 裕固人，男子；71、72. 裕固人，男子

相对而言脸庞较宽，但是并不十分宽。一般颧骨宽度为147.58（136—154）毫米，脸的高度为122.25（113—134）毫米。脸的指数有变化，但是大多数记录了相当高的标准：M ± m=82.92 ± 1.24，变化幅度为77.12—91.16，σ=4.30，v=5.19。根据习惯划分，在此资料中有3人是特宽脸型，4人是宽脸型，3人为中宽脸型，2人为窄脸型。

鼻子的平均高度是50.58（43—53）毫米，鼻子的宽度是38.58（30—44）毫米。鼻子的指数如下：M ± m=76.54 ± 2.17，变化幅度为57.69—89.80，σ=7.52，v=9.82。因此鼻子的尺寸变化非常大。根据指数，所测量的人中，1人为高鼻型，9人为中鼻型，2人为阔鼻型。

身高（除了16岁的青年外，有11人）变化较大，平均为164.51（157.3—173.0）厘米，坐高为86.42（81.6—91.0）厘米，占身高的52.3%；上肢73.84（68.2—78.7）厘米，占身高的44.88%；下肢为78.80（72.6—85.0）厘米，占身高的47.47%；手的长度为17.77（15.8—19.4）厘米，占身高的10.08%；脚长为24.52（22.7—26.2）厘米，占身高的14.76%；臂展的跨度为170.36（158.9—179.1）厘米，为身高的103.56%。

根据我们不充足的资料判断，裕固人和我们所处理的中亚族群之间有着相当大的差别，后者被认为是典型的蒙古人。这首先是从头的尺寸和形状来说。根据绝对的尺寸，裕固人头颅一般比卡尔梅克人、土尔扈特人和柯尔克孜人的要长，也更窄，由此可见其头颅指数是相当低的数值。卡尔梅克人、土尔扈特人及柯尔克孜人的特短头颅，在裕固人中间并没有出现。头的绝对高度的平均值稍高于所提及的中亚诸部落，特别是卡尔梅克人和土尔扈特人。由于这些与先前所讨论的部族中的差异，高度-宽度数值记录了完全不同的标准。脸的尺寸也不相同：颧骨宽度相当小，脸的高度相当大，以至于脸的平均指数相当高，即脸较窄。相反，身高和比例并没有大的差异。

不过，应该强调的是上面评述基于相当有限的资料，因此其结果并不能被视为定论。

为了完成裕固人身体人类学的描述，我引述部分马达汉的记述（第37页，1911年）：

> 西拉裕固人中等身材，体格不错。相反，那些我有机会测量的人手脚颇好，腕关节和踝关节小。区别于卡尔梅克人的粗糙的外表没有什么可记述。没有见到矮壮的人——许多人甚至相当瘦弱。他们的脸既不特别长，也不特别短，虽然有些人脸颊骨发育得颇好，宽脸颊骨罕见，并且许多人的并不凸出。嘴正常，嘴唇既不薄也不厚；鼻子笔直，形状颇好。不过，有些人有着宽而上翘的鼻子，鼻梁非常小。大多数人眼睛之间的距离相当宽，尽管有一些人的是正常的。小孩眼角靠近眼睑处长得略过满，但是这种奇怪的情形在其长大后就消失了。眼睛是黑的，或者暗的，略有变化，我没有看到蓝色的眼睛。他们的头发是黑色的，或者说是相当的暗，有的有卷，儿童通常长着棕色的头发。男人从不秃顶，不过经常可以看到他们头发非常灰，并且在女人看来，长头发并不是特别好。他们的胡须稀少，身体上几乎没有汗毛。①

在我看来，就其物理特点而言，裕固人应该主要是指蒙坦敦称为的“中国族群”、哈敦所谓的“中国人”和凡·埃克斯泰特所谓的“中国种族”（图九）。图片似乎也支持此说。值得特别提及的是，根据马达汉能够搜集到的裕固人起源和命运的信息，该部族来自中国地区颇为靠北的地方。马达汉写道：“他们一度居住在口外（长城外），大概在北面，但是可能在西部或者西北部，该地在中国叫作唐古塔（Tanguta），用他们自己的语言叫作赛且-哈且（Seche-Hache），有的人叫作希拉胡（Shilahu）。他们很久以前就离开了，迁徙到现在的地方。”②

73

图九

73. 两名裕固人

作者借此机会表达其对斯德哥尔摩的斯文·赫定博士、巴黎的乔治·蒙坦敦教授和艾考尔·德安斯罗珀罗吉教授、北平联合医疗学院的P.H.斯蒂文森教授的感激之情。作者和他们有过有益的讨论，受到了善意的帮助，得到了劝告和观点。

① 马达汉：《访问撒里裕固人和西拉裕固人》，《芬兰-乌戈尔学会杂志》第27卷，赫尔辛基，1911年，第470页。

② 马达汉：《访问撒里裕固人和西拉裕固人》，《芬兰-乌戈尔学会杂志》第27卷，赫尔辛基，1911年，第23页。